スウェーデン王カール11世の幻視について

——奇譚迷宮の散策への誘い——

佐藤恵三

鳥影社

スウェーデンの王カール十一世の幻視について——奇譚迷宮の散策への誘い　目次

スウェーデン王カール十一世の幻視について

——奇譚迷宮の散策への誘い

初めに

まず筆者が初めてこの物語に接したのは、クライストが自身で発行した「ベルリーン夕刊新聞」の一八一〇年十月二十五日付けの二二号、及び次号に再録した「スウェーデン王カール十一世の幻視」と題する小欄《コラム》においてである。そこでは同年の七月一日以来、Friedrich Christoph Perthes（フリードリヒ・クリストフ・ペルテス、一七七二〜一八四三）氏によって発行された«Vaterländisches Museum»（祖国の博物館）なる雑誌から引用したというふうに、前書きではっきりと紹介されている。そこでその原型である「祖国の博物館」なるものに遡《さかのぼ》れば、実はErnst Moritz Arndt（エルンスト・モーリッツ・アルント、一七六九〜一八六〇）という作家の、«Brief über Gripsholm»（「グリプスホルム（城）に関する書簡」）と題された記事から引用したものであることがわかる。「グリプスホルムに関する書簡」そのものは、一八一〇年六月十六日にストックホルムから一友人に宛てた書状という体裁をとっていて、四六二頁に始まって五一一頁に終わるけっこう長いものであるが、そのなかの四七七頁からわずか一五頁分が「カール十一世の幻視」に費やされている。ただし、クライストがこのアルントの報告文をほんの二、三の、例えば „bey“ や „sey“ が、„bei“ や „sei“ にというふうに、古い用字表記を当代風に標準化した部分が見当たるだけで、ほとんどそっくりそのまま借用して読者に引き渡したことは、両者を対照すれば一目瞭然である。従って元の形のアルントのものとクライストのものとは同質と捉えられるので、今後の論述のなかではアルント（＝クライスト）という併称のもとにまとめ、原典テクストとしてはクライストの夕刊新聞で代表させ、以下にその翻訳を載せることにする。

カール十一世の幻視にまつわる物語

一、アルント（＝クライスト）のヴァージョンについて

「ベルリーン夕刊新聞」（二三号、一八一〇年十月二十五日）

スウェーデン王カール十一世の幻視

ハンブルクにおいて本年七月一日以来、ある雑誌が発行された。すなわち「祖国の博物館」というのであるが、その新聞事業者にして出版社主であるペルテス氏の立派な思考様式と高邁な公共感覚を考えると、全ドイツの人々の関心を必ずや喚び起さずにおかないであろう。我々はその雑誌に出ている「グリプスホルムに関する書簡」のなかの一部として、次のような公文書類があったことをお伝えしたい。その公文書はスウェーデンではかなり以前から出まわっており、最近起こった出来事を見ると種々の引き合いに出されたものである。ここに述べられている事態は、すでにドイツでも人の口の端にのぼって久しいのであるが、多くの点で歪曲されて伝えられており、わが読者は正確な形で伝えられたものに接したいと思うことであろう。

（公）文書

『今日現在スウェーデンの王である余《よ》、カール十一世は、一六七六年十二月十六日から十七日にかけての夜半、いつにも増して抑鬱症《よくうつしょう》に悩まされていた。十一時半ごろ目が醒めて起き、たまたま窓に目をやったところ、王国議会の会議室に明々《あかあか》と灯がともっているのに気づいた。そこで余は、ちょうど同室して余のそばにいた王国官房長官のBjelke（ビェルケ）に向かって話しかけた。会議室のあの明りは何事だ、火事でもあったのでないかと思うが、と。相手は「それは違います、陛下、月明りのせいですよ、窓にきらきら反射しているのでございますよ」と答えた。余はこの返事を聞いてひとまず満足し、いくらか落着きを得ようと壁のほうに向き直ったものの、心の中ではどうにも言いようがないほど不安を感じ、またも前方に振り向くや、以前の明りをまたも認めた。そこで余は再び声を発した。あそこで起こっているのは決してまともなことじゃないぞ、と。「そんなことはございません。あれは月のほかには考えられませんので」と体格が大きく愛すべき官房長官ビェルケが申し立てた。官房長官がこう申し立てているときもとき、王国顧問官のBjelke（ビェルケ）が、余の体具合やいかにと気遣って入室してきた。そこで余はこの実直な男に質問してみた。あの会議場で何か事故か火事があったらしいのをそちは気づかなかったのか、と。彼はしばらく沈黙の間をおいてから返答した。「いいえ、神は称《たた》えられるべし。あそこには何事もありません、ただ月明りがあるばかりです。そのために会議場に灯明がともされたように見えるだけでございますよ」と。余は今度も胸をなでおろしたものの、視線を再び前の場所に向けると、まさにどうしてなのか、そこには人間がいるような気がした。そのあと余は立ちあがりナイトガウンをはおり、窓辺に寄って窓を開けると、そこは灯明で全面が明々《あかあか》と照らされているのを認めた。それを見て余は言った。皆の者、あそこでは何かただならぬことが起こっている。神を畏《おそ》れる者は、世に起こる何ものも恐れてはいけない、と皆の者も信を置くべし。いったい何が起こっているのか確かめるために、あそこに出かけてみようと思う、と余は言って、当直曹長のところまで足を運んで鍵を持ってあがってくるよう、頼んで来てくれる者はいないか、とその場にいた者たちに申しつけた。この注文に応じて当直曹長がやって来たので、余はこの曹長を従え、錠のかかったひっそりした廊下に向かった。そこは余の居室の上階に当たり、Gustav Erichson*（グスタヴ・エーリクソン）の寝室の右手になっていた。余らがそこまで達したとき、曹長にそこのドアを開錠するように言いつけたが、不安な気持からだろう、そのことはどうかご勘弁いただきたいと哀願するばかりだった。そこで余は、王国官房長官に話を向けたが、この男も辞退する始末。何事にも物怖じしたことのなかった王国顧問官のOxenstierna（ウクセンシェールナ）に、ドアの錠を開けるよう頼んだところ、彼は余にこう応じた。陛下のためなら身命を擲《なげう》つと誓った者ですが、このドアの錠を開けるのだけは断じてできません、と。こうなると余すらも正気を失いかけたけれども、気を引きしめて自ら鍵を手にとり、ドアの開錠にとりかかった。開けてみると、そこは部屋だけでなく床面すらも一面に黒い布で覆われていた。お供の者たちともども、余はぶるぶる震え出した。こうして余らは王国会議場に通ずるドアのところまで進んだ。余は曹長に再びドアを開けるように命じたが、ご容赦下さいと頼むばかり。そこでほかの随行の者に頼んだが、そんなことは致しかねます、と皆が異口同音に赦免を請《こ》うた。そこで余は、自分で鍵を手にとりドアを開けた。そしてなかに一足踏み入れて、仰天のあまりその足をぴくっとひっこめた。そういうふうにして少しばかり面食らっていたが、やがて余はこう口を開いた。皆の者、お前たちが余についてくる気があれば、ここがどうなっているのかわかるであろう。ひょっとしたら、慈悲深い神が余らに何かを知らせようとしているのかもしれない、と。ところが随行の者たちは、揃いも揃って震える言葉で「ごもっともにございます」と返すばかり』

（つづく）

＊（原文注）どうやらGustav I. Wasa（グスタヴ一世ヴァーザ）、つまりErich Wasa（エーリク・ヴァーザ）の息子のことを指している公算が大きい。（筆者訳注）スウェーデンでは現在Vasa（ヴァーサ）と音読みされるようだ。

「ベルリーン夕刊新聞」（一三号、一八一〇年十月一十六日）

スウェーデン王カール十一世の幻視（承前結末）

『余らはなかへ入って行った。余ら全員が、ひとつの大きなテーブルが置かれているのに気づいた。周りに十六人もの威儀をただした男たちがとり囲み、全員が大型の本を自分の前に拡げ、そのなかに十六歳から十七、十八歳くらいの若い王が、頭上には冠を戴き、王笏《しゃく》を手にしていた。その右側に四十歳ぐらいと思われる背の高い美形の人物が坐っていて、誠実そうな顔をしていた。左側には七十歳ぐらいの老人が占めていた。奇妙にもこの若い王が何度か首を振ると、そのたびに居並ぶ威厳ある家臣たちが、いっせいに片手で本を強く敲《たた》いた。余が次に彼らから視線をずらすと、テーブルのすぐ横わきに斬首台がずらりと並んでいて、刑執行人らしき者たちがいるのを認めた。それぞれ腕まくりをして、次から次へと首を斬りまくっていて、その鮮血が床に沿ってだらだらと流れ始めた。余が不安どころの騒ぎでなかったことは、神が余の証言者となろう。少しでも血の奔流が押し寄せてきていないかと上履《うわばき》に目をやったが、そういうことはなかった。首を斬られたのは、大部分が若い貴族たちだった。そのことから余は視線をずらし、隅っこのテーブルの奥にひとつの玉座を認めたが、玉座はひっくり返らんばかりになっていて、そのそばに王国の代表と思しき人物がいた。四十歳ぐらいと思われる。余は、ドアに向かいながらぶるぶる震えっぱなしであったが、高い声で叫んだ。余が耳を傾けるべき主《ぬし》はどんな声をしているのだろうか。神よ、このことが起こるのはいつのことだというのか、と。この余の問いに対しては返事がなかった。余はまたも声を上げた。おお、神よ、このことが起こるのはいつのことだというのか、と。ところが余の問いは、またしても返事を得られなかった。しかし、ほかの威儀をただした男たちがそれぞれの本を強く敲《たた》いている間、年若い王は何度も首を振っているばかり。余は以前にも倍する声を張り上げ、おお、神よ、このことはいつ起こるというのですか。そうだとしたら、どうか大いなる神よ、どうかお慈悲を垂れたまえ、そしてそんなときにはどうすべきか教えたまえ、と。すると年若い王は余にこう答えた。

「このことは御身《おんみ》の時代に起こるわけではない。そうではなくて御身から六代目の統治者の時代に起こるだろう。その者は、いま御身が目にしている当方に年齢も姿格好もまさにそっくりの者であろう。ここに立つ者は、その後見人がまさにこの通りの容姿であることを示している。王権はちょうど後見人の最後の年に、数人の少壮貴族によって転覆されるであろう。しかしながら後見人は、その統治下でこれら少壮貴族たちを追及し、自分の責務として任に当たり、周囲の面々も王権をもっと強固なものにし、スウェーデンに以前はなかったし、将来も絶対に現れることもないほどの偉大な王に自ら成長し、その御世《みよ》にスウェーデンの人々は幸せになろう。その人物はめったに見られない高齢に達し、王国を借財皆無《かいむ》と成《な》し、国庫に数百万の財貨を残すであろう。しかし、そういう人物が玉座の地位を万全にする前に、スウェーデンの地に起きたことがなく、その後も起きるはずもない大きな流血の惨事が起こるであろう。御身はその人物にスウェーデンの王としてよき訓戒を与えられよ」と。――その者がそんな言葉を口にしたかと思うと、途端にすべてが跡形もなく消えた。そして余らは、ただ灯明を持ったままそこにつっ立っていた。余らは、誰もが想像できるように唖然呆然として歩み出した。そして黒幔幕の部屋に達したとき、先ほどあった幕もなくなっていて、すべてがいつもの調子に返っていた。それで余らはなんとか余の部屋に戻り、余はすぐにも腰をおろし、次の警告文をできる範囲で書状にしたためた（その警告文には封印がなされ、王から王へと開封され、読まれ、再び封印がなされた）。如上《にょじょう》のことは真実である。そのことを余は身をもって宣誓する、神が余を助けたまう限り。

（署名）カール十一世
本日現在スウェーデンの王

その場に居合わせた証人として、私どもは今上《きんじょう》陛下が先にお書きなされたとおりの一切を目撃し、そのことを私どもは身をもって証言いたします、神が私どもを助けたまう限り。

Karl Bjelke,
（カール・ビェルケ）
王国官房長官

U. W. Bjelke,
（U・W・ビェルケ）
王国顧問官

A. Oxenstierna,
（A・ウクセンシェールナ）
王国顧問官

Peter Granslén
（ペーター・グランスレーン）
副曹長』

コメント

以上のような出来事はあまりに奇異な幽霊物語というだけでなく、何百年も先の政権交替という歴史事実を、予言しているかに見える真に珍しい超常現象であり、誰の目にも極めて興味深い内容であることは確かだろう。といって、ここでその内容自体を吟味しようというのではない。むしろここで問題にしたいのは、のちのちこの物語がいろんな作家に採りあげられていること、しかも、基本は最初に紹介したアルント（＝クライスト）のものと似通いながら、その採りあげ方がさまざまだという点である。まず、ドイツの作家のうちでアルント＝クライストは、それぞれ Ernst Moritz Arndt（エルンスト・モーリッツ・アルント、一七六九〜一八六〇）、及び Heinrich von Kleist（ハインリヒ・フォン・クライスト、一七七七〜一八一一）のことであるが、前にも紹介したようにクライストは、アルントの文章をそのままなぞっているだけで、自分の独自性を極力控えたものにしている。それ以降の作家について年代的に古い順にあげれば、Willibald Alexis（ヴィリバルト・アレクシス、一七九八〜一八七一）、Theodor Fontane（テーオドーア・フォンターネ、一八一九〜一八九八）、Prosper Mérimé（プロスペル・メリメ、一八〇三〜七〇）、ということになるが、ここで名を挙げた作家たちが、それぞれどんな書き振りなのかを見ていきたいと思う。一応年代順が穏当なところだろうが、ただメリメはフランスの作家なので、最後にまわすことにする。単に筆者の扱いに便宜だと思うだけで、ほかに他意はない。

二、ヴィリバルト・アレクシスのヴァージョンについて

アレクシスの『スカンディナヴィア諸地域の秋の巡歴』第二部（ベルリーン、一八二八年刊）

この作品の第七章からの筆者の抜粋訳（一六一―一六三頁、一六八―一七六頁）

Ornäs*（ウールネース）の屋敷。ヴァーサ（ザ）の大広間。大きな悲劇。
　登場人物たちと種々の得体の知れぬ前兆。新しい王家。

『・・・・・・・・Dalecarlien**（ダレカルリエン）の全地域のうちでもウールネースの屋敷は有名である。その場所はスウェーデン全体にとっても、歴史的な光輝を放つ点である。いわば神聖なものとして崇められた聖遺物であって、そこの建物は梁だけでもどれだけよく組み立てられていたことだろう。どんな党派に属そうと祖国を愛する者にとっては、依然として価値があり大事なものなのである。その建物にさまざまな回想が結びついている王家が、たとえ統治するのをやめてしまおうとも。この場所でグスタヴ・エーリクソンは、ダレカルリエンで長いことあちこちさ迷い歩き、彼の臣下たちの勇気を、デンマークの暴君にたいする憤激に燃えあがらせようと努めたのに、それが無駄骨に終わった挙げ句、彼が友人と思い込んでいたひとりの男のところに立ち寄った。客を歓待した友人は、この高貴な逃亡者に自分を縛りつけている二重の桎梏《しっこく》を切り捨て、この者のことをデンマークに通報するために出かけた。グスタヴはその男の女房の誠実な心根によって、迫りくる危険からあやうく逃れた。女房はこの勇気ある若者を内緒の出口から逃がしてやり、彼が小説のような辛酸をなめて、ついには王座に至る道を見つけられるようにしたのである。ヴァーサ家の一統は、その王朝の創始者にこのような難儀が降りかかった場所を、神聖なところとして祀ったのであり、その建物は往時の状態のまま保存され、いやそれどころか、いわば一族の過去帳のように崇められ、今日でもまだ現政府の特別な庇護のもとにある。ウールネースは貴族と繋がりのあるやや規模の小さな屋敷であり、私が思うに、歴史で有名になった例の所有者たちの女系列のもとで引き継がれた末裔の所有に、今もってなっている。
　その土地を最初に目にしただけで、何か尋常ならざるものを感じさせる。ウールネースは、スウェーデンマイルにして一マイルばかり、ファールンから南にくだったところにある。この町の野ざらしのままにされている鉱滓《こうさい》の一帯から足を伸ばすと、草木もまばらでいかにも北欧らしい地域にまたも出る。細身の白樺の樹々が青白い天空に向けてすっくと伸び、柔和な緑が遠い湖の平たんな岸辺一面に覆い、突き出た半島の突端からは高くて赤い建物が、この辺りとしては城ともいえる建物なのだが、われわれの目に飛びこんでくる。ほかの農場経営用の建物や屋敷の付帯的な建物が、古い城館に向かいあわせに建てられていて、しかも城館が日常の使用によってまったく穢《けが》されずに、ひたすら歴史的な使用目的に任せられていた。そのために中庭に面した外側にひとつの回廊が張り巡らされ、塔状建物の張り出し部分にはひとつの螺旋階段がついていて、それを降りるとまたも回廊に出るようになっている。パルティア人＊＊＊の小札《こざね》鎧を摸した赤いこけら板が、屋根や屋根に似たどの張り出し部分をも葺《ふ》いていて、建物がそれだけをとりあげてみても、古めかしい一風変わった特徴を際立たせる印象を醸し出している。にもかかわらず、周囲のロマンティックな一帯と対立するとは、決して映らない。・・・・・・・

彼らの悲劇的な課題は、彼らが生まれ来たった貴族階級を相手に戦うことだった。すでに早い時期から彼らの騎士精神は間違った道を選んでいた。自分たちの力を内部に集中する代わりに、外部に向けて煌《きら》びやかさを見せようと願った、つまり彼らの武勲こそ照り映えれば、彼らの王の威厳を磐石《ばんじゃく》のものにするに決まっていると思ったのである。ただ最初のグスタヴだけが、「偉大な」という名前を付与するのが当然といえるところがあるが、王朝の創始者とし

＊Ornäs（ウールネース）は、大きい地図でも発見しにくい。スウェーデンの銅山で有名なFalun（ファールン）の近くにあり、経緯度で示せば大体東経15／北緯60の地点にあるRunn（ルン）湖の南西に臨む小さな町のこと。一五二〇～二一年頃グスタヴ・ヴァーサが、デンマークの追手に追い詰められたとき、ここにあった知人の農家の地下の穴蔵に隠れたといわれている。

＊＊Dalecarlien（ダレカルリエン）はスウェーデン中央部にある地域の古称、Dalarna（ダーラルナ）ともよく併称される。経緯度で表わせば、東経12―16／北緯60―62という割に広い範囲のことで、さらには、そこに住んだ住民のことをも指した。

＊＊＊パルティア人とは、カスピ海南東部を拠点にしたイラン系の民族のこと。前二五〇～ほぼ二三八年にかけて、東イラン系の民族のパルナ人が、その指導者アルザケースの指揮のもとにアレクサンダー大王の武将だったセレウコス家の一州パルタヴァを征服した。侵入したパルナ人は、パルタヴァに定住したことに基づいてパルティア人という名で呼ばれた。というのは、パルタヴァは古代ペルシャ語の「周縁の人々」、つまりは山裾から来た人々を意味していたからだ。

て、スウェーデンの地からヨーロッパの列強のなかへと踏み出し――国外ではあまりよく知られていないカール十一世のように――この点で光栄ある例外をなした。彼はただ国内向けに力を発揮しただけだった。次にはポーランドを相手にその王冠をめぐる不毛の戦争が続いた。人間の偉大さという地平線上に明るく輝く星であるグスタフ・アードルフ*もまた、天の摂理がスウェーデンの王として彼に課した課題をはるかに踏み越えたが、これは彼にとってはもっとも緊急で、しかももっとも神聖なものであった。スウェーデンの名は大きくなったし、戦争の旗手たちやそのほかの者たちは、バルト海を越えて宝物をも国内にもたらしたが、こうした種々の努力に向ける責務は、それだけで生来備わっている力を優に超えていた。ある大きな理想が高貴なる主人公である彼をまだ鼓舞する一方で、その果敢な後継者たる人物にみられる騎士精神は、軍事的な闘争欲や侵略欲に堕することとなった。なかなかな大物、カール十二世の治世下では、喧嘩ぱやい兵士気質が旺盛となったが、スウェーデンの地にしっかりと玉座を据えることに、この王はなんと遠かったことだろう！　それから長い合間を経て再び明るく輝く現象が起こった。グスタヴ三世が貴族階級と戦って斃《たお》れた。彼の息子がその戦いを継続しようと思った。しかし、王国の国境の外側で、彼の先祖たちの騎士精神を念頭に彼が戦ったのは、彼の負けず嫌いや彼の経験では太刀打ちできない新勢力だった。

　大いなるWasa（ヴァーサ）の悲劇そのものを、余分なところはそぎ落して現代風な運命劇に練りあげるために、カール十一世の有名な幻視が一枚つけ加わる。ある真夜中、どんよりほの明るんだ王国の議会会議場で、王は玉座に座っている一人の子供を目にし、その薄明りをすかして処刑の斬首と流血の屍骸《しがい》を目にした。『このことはこれから誰に起こるというのだ』と、この君主は気味わるい幽暗にむかって叫んだ。するとその子供の声がこう答えた。『汝《なんじ》から下って七代目の者にだ』と。この言葉を王の随員たちも耳にしたという。幻視《ヴィジョン》は微細な点では、それぞれ違ったふうに語られている。しかし、多くの人たちが語り伝えてすでに長い時がたち、スウェーデンの第一身分にあって教養ある人士は、われわれにこう話していた、自分たちの仲間うちでは幼い時からお定まりの幽霊譚のように見なされていたものだが、王冠か首そのものかが、転げ落ちて惨血にまみれた子供は、他でもないグスタフ・アードルフであり、しかも同じ名を名乗る四世なのだ、と。この王がウプサラで戴冠式のために乗り出だそうとしたとき、その乗馬が棹立ちとなり、若き君主の身から王冠と王笏《しゃく》がずれ落ち、王自身も馬上に跨っていられなかったことは、誰にも知られていたことだし、また事実と認められたとされている。この奇妙だがありのままの説明も、俗信で凶兆とされる考え方を弱めることはできなかった。

一方で広い範囲から求められる要請と、他方で男らしい果敢さとがあいまって、ヴァーサ家の最初の者を王座にと押し上げてくれたのに対して、一面でそのときよりももっと緊急度の高い要請と、他面、融通のきかない反抗心に堕してしまった自尊心とが、グスタフ四世アードルフを王座から転落させたのである。彼は自分のためを思って行動したのでなく、その王家の精神にのっとって行動したのであり、それゆえに王家は彼とともに没落しなければならなかった。さし迫る要請、そのことはかつて党派閥の激怒よりも声高に口にされたし、いまなら刺戟された虚栄心の何千もの声よりも声高に口にされさえしているわけであるが、つまりは——永続的な平和のことなのである。スウェーデンが要請しているのは、国土に対する懸念を抱きつつ、光輝ある政治の何百年間に受けた傷痕《きずあと》から立ち直らんとする王朝なのである。このような行政体制ののちにも、まだ依然として損失を蒙るものが少しはあるのだから、スウェーデンは最も豊かな国だ、と表明したフリードリヒ大王の言葉がよく引き合いに出される。かつての輝ける時代に生まれ育ち、国内の繁栄のため破産没落すらもしっかり洞察におさめながら、スウェーデン人がその時代のことを誇りにして忘れずにいることを、一体誰が悪意にとる者がいようか！　同じくかつての時代からの唯一の成果である見事な記憶をスウェーデン人に手放せ、と誰にいえるだろうか。

そこには、次のことが注目に値する現象のように立っている。すなわちスウェーデンはその嫡出の王たちの統御のもとで、危なっかしい企てのために国力がむだに費消されて貧しくなる一方で、ある外国に対しては、つまり戦争のお蔭で幸運を恵まれた外国に対しては平和を守り、その恩恵が疲弊した国土に広がるように残してあげている。周囲の事情のほうが意志よりももっと決定力が強いし、以前に増してこの瞬間には、君主の恣意に歯止めとなるのは、国

＊ここでのグスタフ・アードルフは、生没年が（一五九四〜一六三二）で、三十年戦争で勇名を轟かした人物を指すようだ。

家を代表する形態によってではなく、ヨーロッパの共和国全体の奇妙な関係によってであるのは確かである。しかしながら、その称讃されるべき成果が必然性に同時に条件づけられているからといって、その真価をなぜ認めないのだろうか？　カール・ユーアンの政府は節度という空気を呼吸していて、スウェーデンの真の利益を見通し、前代の王家の傑出した人たちの一連の長い列のなかに、その節度なるものを求めてもいかに無駄かという洞察について、指摘してみせる。人に好感を与えるカール・ユーアンの個人的な人柄は、すべての身分や男女の別なく、人の心を捉える術《すべ》を心得ている。彼の軍人としての評判はスウェーデン人の虚栄心をくすぐり、その私的な資産はこのような貧しい国に慈善効果をもたらした。多くの由緒ある家柄の人たちが、噂によれば、負債に深くあえいでいた彼らの財産を維持できたのは、彼のお蔭によっていたとのこと。このことを賢明さと呼べるにしても、統治者たる者の最高に称讃されるべきことは、天の摂理の不思議な導きが彼を国家の王座に据えたのだから、その国家と一心同体になるよう自分のすべての努力を傾けることなのである。彼自身、武器をとりつつ白髪を増やしたフランスの将軍であるわけで、もちろん自分の祖国を否定することはできないし、それと同じく自分が幸運にもなれた身分も否定することはできない。しかし、カール十二世の王座にふさわしかったのは、拍車と制服を身につけた君主といえる。それに反して王位を継ぐ公子は、スウェーデン人になるように教育され、完全にスウェーデン人になった。人に好感を持たれた彼の奥方は、母方からドイツの血筋を受け継いでいた（訳者注、アレクシスのこの指摘は、どうも間違いのようだ。ウィキペディアが「デジデリア」の項で紹介しているように、彼女の血筋をかなり詳細にわたって追究していて、フランス各地に分散しているのが見られるとしているが、ドイツとの関係は触れていない）が、短期間に同じように自分をスウェーデンの女性につくりかえた。征服した国々に任命派遣されたナポレオンの王侯たちは、どれだけ違った振舞いをしたことだろう。彼らはフランス人のままにとどまるか、ばかげた優越感にひたりながら、支配した国の全民衆をフランス人につくりかえようとさえ望んだ。

ある一つのことが他国の人を喜ばせなければならない。他国の人が違う国のなかに悲しい反対物を見る度合が多ければ多いほど、それだけ一層喜ばせる必要がある。つまり古い家系の聖遺物に対する崇敬心のことである。どんな名前もどんな紋章も抹消されず、どんな画像も禁止されず、従ってどんな書籍も禁じられなかった。ヴァーサ家の勲章は、これからもどんどん与えつづけられる。人は敬愛と称讃の気持で偉大な君主たちのことや、彼らがつくった慈善的な公共施設のことを口にする。ウールネースそのものが、維持管理がいきとどいたヴァーサの居室とともに、そのよい証拠を見せてくれる。ある種の養子縁組によって家系が受け継がれていくという虚構《フィクション》も、同じようなものである。この場合でも依然として賢明さや、それぞれ異なる事情や、それどころか必然性すらも引き合いに出されるかもしれない。ちっぽけで憎々しげな心根があると、こうした配慮も台無しにされるのだから。こうした賢明な節度は、例えばフランスとは反対に、なんと心地よいものだろう。そこで優勢だったすべての党派のうちで、どの党派が果敢にそれを遂行しただろう、それとも追い落とされた先行党派に対する尊敬によって、自分自身を尊重するぐらいに賢かったのだろうか？ ナポレオンを描いた画は、パリの絵画ショップで大っぴらに売られていたからといって、ブルボン家に損害をもたらさなかっただろう。ひそかに党派の賛同者に売り渡されれば、そうした画像は党派を表わす目印となり、いわばほの白く燃え残る遺骸の灰の上に人目を忍んで、ふっとひと吹きする呼気のようなものである。ナポレオンの遺骸をヘレナから迎え入れ、かつて最高指揮官だった国に戻して、その遺骸に一つの棺《ひつぎ》をあてがうのが相当に立派なことと思うブルボン家の一員ならば、自分の家系の玉座をこの棺の上に再びしっかりと据えられると思うだろう、それは検閲機関やイエズス会や憲兵達の上に据えるよりも、ずっと強固だと思って。

グスタフ四世アードルフは倒されなければならなかった、ということは、むしろスウェーデンそのものが倒壊したのである。王国全体のうちで判断力ある人たちが、そのことについて一致した意見であることに、旅をしてまわる者は気づく。絶対妥協しない彼の反抗心が、耳目を惹くほどの盲信的な面と相まって、別の逃げ道をとることを許さなかった。彼のなした種々の行為を、いやむしろ何をなさなかったかを、一人の統治者における狂気と人は呼べるだろう。彼の失脚は、スウェーデンの歴史のなかでひとり孤立してあるわけでもない。これまでの前例が、スウェーデンにとってこの失脚にある種の正統的な性格を与えている。しかし、行為はあくまでも行為のままに終わり、由緒ある伝統とか神聖化された権限の所有とかによって傷つけられることが、不気味な畏怖を自らに伴う。神聖なものに手を出すことに初めて挑む者たちには、なんとなく畏怖の念がつきまとうものである。ひとつの本能、ひとつの畏怖の念が国民の慈善のためにと生まれるのである。玉座を救ったのは、大いに立派な動機ばかりではない。しかし、まさにこうした正統と認められる心組みにとって、新しい王朝が非常に清潔に存立していることが慰めなのである。新王朝は成果を収穫するだけであり、まったく無縁のままだった国家の転覆からは、ほんの些少の負い目すらも受け継がなかったのである。それゆえに新王朝が過去を振り返るのにびくびくする必要はなく、それだけ未来をも勇気を持って見通すことができるのである。ストックホルムで囁かれた噂では、カール・ユーアンの即位で事実上最も深く傷つけられた者たちが、その機会に彼に祝福の言葉をかけたとされる。グスタフ四世アードルフに関して、ある種の偉大さが見られないことを、歴史は否定しないだろう。しかし、人を思い遣らない強情が、高貴な人たちにも身の破滅をもたらすこともあり得る。注目すべきは、ウールネースのヴァーサに奉献された陳列室の四方の壁に残されている余白が、最後のグスタフにいたる王たちの肖像画でびっしり飾られているので、次の後継者の画像を飾る余地はなさそうだということである。・・・・・・・・・・』

コメント

かなり長い引用となったが、それにしてもほかの作品と較べて、これがカール十一世の幻視と関係する文章なのかと驚かれたと思う。物語構成というよりは、むしろヴァーサ（ザ）家の歴史に中心を置いた回想記という趣向で、他とはかなり違っていよう。そのジャンル的な種類別に見るのではなく、あくまでも「カール十一世の幻視」という超自然的な現象をもしっかり前向きにとらえ、歴史の視野の中におさえ込んでいるという点で、いわばここにあげるだけの同等の資格を有していると考え、紹介することにした。

三、テーオドーア・フォンターネのヴァージョンについて

フォンターネの『嵐の前』第一巻、第六章「暖炉のそばで」

（ニュンフェンブルク社一九七四年発行作品を原典に、筆者による抜粋訳、原典の四二頁〜四五頁）

『…………ショルレンマー叔母とマリーは、物語に熱心に聴き耳を立てていた。レナーテのほうは半畳を入れた。「上等舶来にして、なんとも教訓的な話よね！　露独間の宿駅についての本当の一般報告なのよね。それもさ、あなたがた大都会の殿方《とのがた》さんよ、あなたがたときたら、何とも下手な語り手なんですからね。下手っぴーであればあるほど、お利口というところなんですものね、あなたがたは。いつも演説ばかりで、おしゃべりは決してしないのよ！」

「まあ、そういうことにしておこう、レナーテ。反論する気はないよ。でも、わたしたちが語るのが下手だとすれば、あなたがたご婦人がたは聞くのがもっと下手なんですからね。あなたがたはからきし辛抱というものがないし、そんなものが少しでもあると分かりゃ、わたしたちをうろたえさせるし、紡いでいる糸の端っこを見失わせ、右や左に手探りさせてだらだら長広舌へと駆りたてるんだからね。あなたがたは覗き装置《からくり》のなかの映像みたいなものを見たがるんですよ、モスクワの炎上、ラスタプチン*やクレムリンや、ベレジーナの渡河**など、それら全部を三分以内につてね。あなたがたやその興味を乗せて運ぶことになるお話は、華美なるクッションつきの小舟のように快適でない

---

*ラスタプチン（Rostoptschin, 一七六三〜一八二六）は皇帝の不興を一時こうむったが、一八一二年にはモスクワの司令官に返り咲いた。ナポレオンがモスクワ入城を果たしたとき、そこが炎上したのは、自身の宮殿に放火したからだとして彼の不注意が非難されたが、彼自身はその罪責を否認していた。しかしのちに部分的に認め、戦略上の功績とされた。

**ベレジーナ（Beresina, または Berezina, または Bjaresina 小学館の最新の世界地図では最後尾の表記をとり、ビヤレジナとしている）は、現在の国名でベラルーシの中央部を北から南に流れる川。一八一二年ナポレオンがモスクワから撤退を開始し、ポーランドに向かう心算で十一月の二十六日から二十九日にかけこの川を渡ろうとして、ミハイル・クトゥゾフ率いるロシア軍に迎撃され、二万五千の将兵と二万の非戦闘員を失うなどの壊滅的な打撃をこうむった。これに相応する被害がロシア軍にも及んだわけだが、両国の算定する統計は政治的な隠蔽もあって正確なところは不明。フランスではこの川の名は「大惨事」の同意語となった。

といけないし、しかも同時にちっぽけな船のように、小回りがきかないといけない、ときているんですからね。そんな厄介ごとの根っこがどこにあるのか、わたしにはちゃんと分かっているんですがね。つまりあなたがたにとっちゃ、物事の関連なんてどうでもいいのさ。あなたがたはあっちこっち跳ねまわるバッタなのさ」

レナーテは笑った。「そうね、わたしたちって、そんなところがあるわね。でも、わたしたちが跳ねまわりすぎるとしたら、あなたがたは跳ねまわりすぎないのよ。あなたがたの徹底的なところが、こちらの気持を傷つけるんだわ。いつだってあなたがたは、わたしたちが世界史のなかじゃ、ずっと遅れたところにいる、と思っているんですからね、ところがわたしたちだって、皇帝がパリに到着したことぐらい知っているわよ。そりゃわたしだって、もうこのホーエン＝ヴィーツ*からだって、広報などがいつ発行されたか言えるかもしれないわよ。だけど恨みがましいやり合いなんかやめときましょう、レーヴィーン。ベルリーンの宮殿の赤い窓ガラスがどうしたんだって？　新聞なんかではただ上《うわ》っ面をほのめかしただけだったけど、カティンカはもっと詳しく書いていましたよ」

「彼女が何を書いたって？」

「あれっ、あなたはどうなっているのかしら。カティンカが何を書いたか、またも気になりだしたわけね。名前を出すなんて、わたしも馬鹿なことをしたもんね」

レーヴィーンはちょっとの間、困惑を隠そうとした。「あなたは、ぼくが気をそらさないと思い違いしておられる。あの出来事でぼくはとっても気がかりになったのだから。三回も起こったし、三日目にはこの目で見たんだからね」

「それで、どんなことだったの？」

「その三日という三日も、それも日没からほぼ三十分たったころに、古い宮殿の上階の窓が急に明々《あかあか》と輝き出したのさ。当番の守衛たちがそのことを報告してきた。太陽がもうとうに沈んでしまっていたので、人々は火事じゃないかと思った。でも、そんなことは何ひとつ起こっていなかった。宮殿の新館のほうは窓が暗いままだった。人々は、戦争の前兆かな、と言い合った」

「ちょっとした吉凶占いというところね」ショルレンマー叔母が静かに言った。「その年は戦争があったから、またもあらたな戦争に持ち越していくだろうというところね」

「ぼくの思うところでは」とレーヴィーンは話しつづけた。「出来事の全部もたちまち忘れ去られてしまっただろうさ、あなたがたの手元に届かない新聞のひとつが、次の日にも話を載せなかったとしたらね。なにしろその新聞は、何もかも不明なのに、城内で起こった出来事にもっと意味深《いみしん》なことをつけ加えよう、と目論んでいたのは確かだね、いわば前兆とか霊験のようなものとしてね」

「そうとくれば、話を聞かせてよ！」

「いいとも。だけど、辛抱できなくなっちゃいけませんよ」

「気にさわった？」

「それじゃ、始めますかな。スウェーデン人から伝えられた話なのだ。その新聞がそれにつけた題名は、《カール十一世とストックホルムの王国議会会議場の幽霊》、というんだがね。新聞に報道されたものと寸分たがわずぼくが話している、とはぼくも保証しかねますが、主要なところはぼくの言っていることは確かだよ。好きなものはちゃんと覚えているもんさ。『記憶は愛だ』とトゥーバルは昨日も言っていたばかりだし、カティンカすら賛意を表していたな」

＊ホーエン＝ヴィーツ（Hohen-Vietz）は普通の地名辞典には記載が見当たらない。どうやらフィクティブな地名のようだ。フォンターネは『嵐の前』の第二章第一節において、「ホーエン・ヴィーツは淵源を辿れば、最後のアスカニエン王家の治世時代に由来する城壁と濠をそなえた古城で、オーダー川の東側を広々と望める地点だった。前章の終わりでわれわれのほうに影法師のような姿を向けてきた教会と同じ丘にあって、横幅の広い流れと、それに負けず劣らずフランクフルトからキュストリンへと川の左岸に伸びている街道の景観を制していた」と初紹介していた。アスカニエン家というのは一一〇〇年ごろに史書に登場し、一九一八年まで統治していた由緒ある一族だという。フランクフルト（アン・デア・オーダー）もキュストリンも実在の地名であるから、完全な虚構というわけでもないらしい。フォンターネは十九世紀中葉の数年間、いわゆるOderbruch（オーダー沼沢地）にあるLetschin（レチーン）に暮らし、『梨の木のもとで』なる作品を書いたが、ここをTschechin（チェヒーン）という名に変えている。

トゥーバルという名前を耳にすると、レナーテはぽっと顔を赧《あか》らめた。レーヴィーンのほうは、そんなことに気づかないふりをして、話をつづけた。「カール十一世は病気だった。夜も遅くなって王は自室で横になっていたが、よく眠れずに過ごしていて宮殿の中庭の反対側に目をやった、ちょうど王国議会が開かれる会議場の窓のあたりだった。王の傍にはただひとり内膳頭《ないぜんのかみ》ビェルケがついていただけだった。そのとき、会議場の窓が明々とし出したように王には思えて、そのあたりを指さしながら内膳頭に尋ねた。『あれはなんの灯《あか》りだ』と。内膳頭は答えた。『月の光ですよ、窓にあたってきらきら反射しているんですよ』と。まさにこのときもとき、王国顧問官のウクセンシェールナが、王の容態はいかにと気遣って入室して来たので、王は明々と光る窓ガラスをまたも指さして、この王国顧問官に質問した。『あれは何という明りだ。火事じゃないか、と思うのだが』と。するとやはり顧問官も答えた。『いいえ、とんでもありません。火事なんかじゃありません。窓に反射している月の明りですよ』と。しかし、王の不安は募るばかりで、ついにこう言った。『方々《かたがた》、あそこでは何か変なことが起こっている。どんなことなのか、余はあそこまで行って確かめてみようと思う』と。彼らはそれからグスタヴ・エーリクソンが使っていた部屋の前を通る廊下をつたって、最後に会議場の大きな扉の前にたどりついた。その扉をあけるように内膳頭に命じたが、今夜は閉じたままにしておきますように、と内膳頭のほうが懇願するものだから、王自身が鍵をひったくり解錠した。王が敷居に足を踏み出した途端、あわててその足をひっこめたが、こう言い放った。『方々《かたがた》、余について来たまえ、そうしたらここで何が起こっていたのか余らの知るところとなろう。ひょっとしたら慈悲深い神が、余らに何かを知らせようとしているのかもしれない』と。随行した者たちは『ごもっともにございます』と答えたのさ」

ここで人が入って来て、レーヴィーンは話の腰を折られた。果物を盛った皿をテーブルに出すためにイエーツェが入って来たからだが、ホーエン＝ヴィーツで見事に実った苺やグラーヴェンシュタイン種のリンゴだった。ショルレンマー叔母は、この合間を利用して、二、三の野良仕事の指示を出していたが、レナーテのほうはこう口を開いた。

「話の筋道がつかめないのが残念ね。でも、勿論奥ゆかしければ奥ゆかしいだけ、かえって空想にはたまんないわ」と。

レーヴィーンは相槌をうつように頭を頷《うなず》かせた。「そうした印象は、あんたの心のなかではますます強くなるだろうよ」そう区切りをつけてから彼は話をつづけた。「王のカールと二人の顧問役たちがなかへ入ったとき、長いテーブルがあるのに気づいた。テーブルには威儀をただした相当数の男たちが座っていたが、真ん中あたりに若い君主とおぼしき人がおり、それと特徴づけているのは、紋章をあしらった楯や赤いつづれ織りで飾られた玉座だったが、その人物のすぐ後ろに高々と突き出ていた。なにか裁判でもしているらしいことが見てとれた。テーブルの末端には処刑台が据えられていて、その台のまわりに被告人たちが大きな半円をなして取り巻いていた。豪華な服装に身を包んでいたが、当時スウェーデンで着用された衣装ではなかった。裁判のために席についていた人たちは、手にしていた本を指さした。彼らは若い君主の意のままに動きたくないと思っているようだが、君主のほうは誇り高くも首を横に振って、テーブルの向こう端をさし示した。そこでは、首が次から次へと刎《は》ねられ、やがて鮮血が床面にそってだくだくと流れ始めた。カール王と随行の者たちは、仰天してこの光景から顔をそむけた。再びそちらに目を向けると、玉座は崩れ落ちていた。王は内膳頭《ないぜんのかみ》ビェルケの手を握りながら、大声でしかも頼むように叫んだ。『余が耳を傾けるべき統治者の声というのはどんな声なんだ。神よ、いったいこういう事態はいつ起こるというのだ?』と。さらに神よ、と三度も呼びかけたとき、答がこう響いた。『このことは御身《おんみ》の御世《みよ》には起こらない、しかし、御身から六代あとの統治者の御世に起こることになろう。こんなことがこのスウェーデンの地にいまだかつて起こったことのないほどの流血の惨事となろう。しかし、そのあとで偉大な王が現れ、その王とともに平和と新時代が到来するだろう』と。この言葉が響いたと同時にその光景は消えた。カール王は自分を持ちこたえるのに苦労した。それから、さきほど来た廊下をつたって、自分の寝室に戻った。二人の顧問役も後につき従ったのさ」

レーヴィーンは口を閉ざした。居間は静かになった。扇子は動きを止め、編み棒すら動きを止めた。誰しもが呆然として前を見やった。ひととき間をおいてからレナーテが質問した。「スウェーデンで六番目の統治者というのは誰のこと?」

「グスタフ四世のことだよ、彼の王座は崩壊したからね」

「それじゃ、あなたはその話全部が本当で間違いないと思っているの、本当の幻視《ヴィジョン》だとでも？」

「ぼくはそうだとも、そうでないとも言いません。その事態について報告している文書は、ストックホルムの文書館に保管されているんだよ。その当夜に王の直筆によって書かれたものであり、当日随行した二人が一緒に署名していたんだ。王の手書きの文書は真正のものとされた。そのような出来事があった可能性を否定する権能も勇気もぼくにはありません。こう言わせてくれませんか、レナーテ、われわれにはそんな権能なんかない、とね」

レーヴィーンは「われわれ」という言葉を強調した。そう言ってから彼は再びからかうような調子をとり戻し、ショルレンマー叔母とマリーのほうに振り向き、この出来事を信ずるかそれとも信じないか、はっきり表明するようにと迫った。

マリーは立ちあがった。さっきの物語が彼女にどんなに深い印象を与えたか、誰もが今になってようやく見てとった。彼女がその間にどうしてなのか気づきもせずに、折りとっていた樅の木の枝を小束に丸めこんで、半ば消えかかった熾《おき》に全部くべていた。ぱぱっと炎をあげ燃え移ったかと思うと、次には煙がもくもくと舞い起こり、それに包まれると彼女自身は一瞬、幽霊のように立っていて、ただ輪郭だけ、彼女の髪の毛や項《うなじ》にかかる赤い飾り紐が見えるだけだった。彼女の側からはそれ以上の告白は必要なかった。彼女自身がレーヴィーンの質問に対する答だった。

ショルレンマー叔母のほうは編み棒をまたも手にとり、不機嫌そうに頭を横に振って、それから、まるで幽霊を祓《はら》う主の祈りを漫然とひとり呟くかのように、口早にはっきりした声で唱えだした。

神のご加護のもとで
わたしは数々の嵐を前にして
忌わしきすべてのものとは無縁。
サタンに嗅ぎつけさせ、
敵を激怒させるがいい、

わたしにお力添えくださるはイエスさま。・・・・・・・・・』

四、プロスペル・メリメのヴァージョンについて

コメント

これまではドイツ語圏の作家のものを紹介したが、意外にもフランスでもこの逸話に興味を抱いた作家がいる。有名な『カルメン』を書いたProsper Mérimée（プロスペル・メリメ）のことであるが、そのLa vision de Charles XI（『シャルル十一世の幻想』、一八二九年）ではどう展開されているか、岩波文庫の杉捷夫氏の訳（一九七三年、二十八刷）をお借りして、ここに紹介しよう。内容はできるだけそのままを維持しながら、訳者には失礼ながら、いささか古めかしいともいえる表記もあり、理解を得やすくするために現代風に多少変えたところがあることを断わっておく。

メリメ作『シャルル十一世の幻視』

There are more things in heav'n and earth, Horatio,
Than are dreamt of in your philosophy.*

Shakespeare, *Hamlet*

超自然な幻想や幽霊というと軽蔑する人がいる。が、なかには立派な証拠がそろっているのがあって、それでも信用できかねるという人があれば、その人は自分の理屈を首尾一貫させるために、歴史上の証拠資料をことごとく束にして否定しなければならなくなる。

格式に合った調書――しかも信頼するに足る四人の目撃者の署名のある――これこそ、私が次にお話する事実の動かしがたい真実を保証するものである。のみならず、この調書のなかに書かれている予言は、われわれの時代になっ

てから起こった事件がそれを実現したよりは、はるか昔に書き込まれ引証されている、ということをつけ加えておこう。

シャルル十一世（有名なシャルル十二世の父）は、スウェーデンに君臨した最も専制的な、しかし、最も賢明な君主の一人であった。貴族の恐るべき特権を制限し、上院の権力を停止し、自分の勝手に法律を作った。一言にして尽くせば、政体、すなわち彼以前にあっては寡頭《かとう》政治であったところのものを変革し、国会をして彼に絶対権力を譲らしめたのである。のみならず、王は見識のある勇敢な人物であり、ルーテル教に篤《あつ》く帰依していた。持って生まれた負けじ魂に加えて、冷静で、着実で、空想とか何とかいうものをみじんも持ち合わせていなかった。

王は、最近王后のウルリック・エレオノールをなくしたばかりであった。うわさによれば、王はこの王妃に辛く当たった。それが王妃の死期を早めたということである。が、王は王妃を大事に思っていたのである。のみならず、見たところ、彼のような冷たい心から人々が期待したよりははるかに王妃の死に心を動かされているようであった。このことがあってから、王は前にも増して憂鬱となり、無口になった。いやな考えを払いのけようとする、がむしゃらな気持があらわに見える勤勉さで政務に熱中し始めた。

ある秋の夕もふけたころ、王は、ストックホルムの宮殿内の自分の部屋で、薪の赤々と燃えている大型の暖炉を前に、部屋着姿に上履《うわばき》をはいて、椅子に腰かけていた。そばにはお気に入りの侍従のブラエ伯と侍医のバウムガルテンが侍《はべ》っていた。このバウムガルテン氏は、ついでながら言っておくが、無信仰を自慢にしている男で、すべてのものは疑うべきである、ただし医術だけは特別だと号していた。その晩は、王はどこか加減がわるく、診察させるために呼んだのだった。

夜はふけていった。王は、いつもに似ず、彼らに寝しなの挨拶を与えて、引き取る時刻の来たのをさとらせることをしなかった。頭を低くたれ燠《おき》の上にじっと目を注ぎながら、王は深い沈黙を守っていた。そばの二人にあきながら、そのくせ、なぜということはなしに、ただひとりになるのを恐れていたのである。ブラエ伯は自分のいることがあまり王のお気に召さぬのを見て取ったので、すでに幾度か、恐れながら陛下にはお休み遊ばす思《おぼ》し召しはと申し上げた。

が、王は軽く手をあげて彼を制した。今度は、侍医が夜ふかしの健康に及ぼす害について申し上げた。しかし、シャルルは口のなかで答えた。

―「立つな、予はまだ眠くない」

そこで一同はいろいろな話題を試みた。が、それはことごとく二言か三言目に尽きてしまった。陛下が今、例の不きげんの時だということは明らかだった。こういう場合における、廷臣の立場というものはきわめて惨憺たる苦心を必要とする。ブラエ伯は、王の憂鬱が王后をいたむ心から来ているのではないかと思い、しばらくの間部屋にかかっている王妃の肖像をながめていたが、やがて太いため息と共に叫んだ。

―「実にこのご肖像は生き写しでございます！　威厳と柔和を兼ねそなえたご表情がそっくり！」

―「ふん！」と王は邪慳《じゃけん》に答えた。王は自分の前で王妃の名前を口に出されるたびに非難の声を聞くような思いがしたのである。

―「この肖像は修飾しすぎている！　妃は顔のまずい女だった」

それから、心のなかでわれながら頑《かたく》なさに不きげんになって、王は立ち上がった。感動をかくすため部屋のなかを一回りした。―彼は顔のあかくなるのを感じていた。王は中庭に面している窓の前で立ち止まった。夜は暗く、月は上弦であった。

現今スウェーデンの諸王の住まわれている宮殿はまだ出来上がっていなかった。シャルル十一世は――彼がこの宮殿の造営を始めたのであるが――そのころメーレル湖を見晴らすリッテルホルムの岬《みさき》に建てられた昔の宮殿に住んでいた。それは馬蹄型の大きな建物である。王の居間はその一方の端にあり、そのほぼ正面が大広間になっていた。そこは国会が君主の布告か何かを受けなければならぬ時に集まる場所であった。

この広間の窓が、そのとき、何か非常に強い光に照らされているように見えたのである。それは王に奇異な思いを抱かせた。王は最初その火影《ほかげ》は下僕か何かがかざしている炬火《たいまつ》のせいだろうと思った。が、一体今時分、長い間開かれたことのない広間へ何をしに行くというのか？　のみならず、第一に、光はたった一本の炬火から出るにしてはあまりに明るすぎた。火事のせいにすることができないでもなかった。が、煙が少しも見えない。窓ガラスもこわれていない。物音一つ聞こえて来ない。むしろすべての様子から推して飾燈か何かのように思えた。

シャルルはしばらくの間、物も言わず、じっとその窓を見詰めていた。その間にブラエ伯は、呼び鈴のひもに手を差し延べて、この不思議な光の原因を見届けて来させるために、小姓を呼ぼうと身構えをした。が、王はそれを押し止めた。

―「自らあの広間に行こう」

この言葉を言いおわりざまに、王の顔色はさっと蒼白になった。王の容子は一種宗教的な恐怖を現わしていた。それでもしっかりとした足どりでそこを出た。侍従と侍医があとに続いた。めいめい灯をとぼした蠟燭をささげながら。鍵を預かっている門衛はすでに寝ていた。バウムガルテンがその男を起こしに行った。国王のご命令だから、ただちに議事堂の扉を開くようにと命じた。思いがけない命令に接した男は仰天した。あわてて着物を着ると、鍵の束をささげながら国王に追いついた。まず彼は、議事堂の控室にも出入り口にも使っている広い廊下のような部屋の扉をあけた。王はなかへはいった。が、壁という壁がことごとく黒い幕で張りつめられているのを見た時、王の驚きはどんなであったろう。

―「この部屋をこんなふうに幕を張れとだれが言いつけた？」王は怒気を含んだ声で詰問した。門衛はすっかり狼狽しながら答えた。

―「陛下、決して誰でもございませんので。はい、ついこの前廊下を掃除いたさせました節には、いつもの通り樫の板壁になっておったのでございます……確かにあの壁掛けは陛下のご調度庫のものではございません」

と、王はつかつかと進んだと思うと、すでに廊下の三分の二以上の所に達していた。伯と門衛がすぐあとを追いかけた。侍医のバウムガルテンは少しおくれていた。たった一人残る恐ろしさと、かなり並みはずれた気配の見える冒険の続きに身をさらす恐ろしさとの板ばさみになっていたのである。

門衛が叫んだ。

――「もはやお進みなされますな、陛下！　魂にかけて申し上げます。あのなかには魔法がかかっておりますので、今のような時刻に……王妃様が、あのおやさしい王妃様がおかくれになってからというもの……お姿がこの廊下をお歩きになると申します。……ああ、神様、お守りくださいまし」

――「おとどまり召されませ。陛下！　議事堂から聞こえてまいりますあの音がお耳に入りませんか？　陛下にどんな危険が降りかかってまいりますか知れませぬ」伯も続いてこう叫んだ。

――「陛下」とバウムガルテンも言った。――ちょうど彼の蠟燭を一陣の風が吹き消したところだったが、――「せ、せめてご警護の槍兵を二十人ほど呼んでまいりますことをお許し遊ばして！」

――「さあ、なかへ。……貴様、門衛、早くこの扉を開け」王は、大広間の扉の前に立ち止まりながら、しっかりとした声でこう言った。

王は扉を足でけった。その音は、天井にこだまして、大砲をうったように廊下じゅうに響き渡った。門衛はわなわな震え、手に持った鍵はいたずらに錠に突き当たるばかりで、鍵穴に入れることができなかった。

――「古つわものが震えるのか！」とシャルルは肩をすくめて見せながら言った。――「そんなら、伯爵、あけてくれ」

伯は一歩退きながら答えた。

――「陛下！　陛下がデンマーク軍かドイツ軍の大砲の筒口の前を歩けと仰せられますならば、一刻の躊躇《ちゅうちょ》もいたしませぬ。が、これは地獄でございます、今陛下が行けと仰せられますのは」

王は門衛の手から鍵をひったくった。

――「よろしい、これは予だけに関係したことと見える」王は軽蔑の調子をこめてこう言ったと思うと、一行の者が引き止める暇もあらばこそ、樫の木の厚い扉を開いて、「神よ守らせたまえ」と唱えながら大広間のなかへ入ってしまった。三人の従者は、好奇心（その方が恐ろしさよりも強かった）に駆られて、かつ恐らくは国王を見捨てることに幾分の恥を感じて、王と共になかへ入った。

大広間は無数の炬火《たいまつ》で照らされていた。黒い幕が、人物を織り出した古い壁掛けの代わりにかかっていた。壁に沿って、いつもの通り、ドイツやデンマークやモスコーの軍旗が――それはグスタフ・アドルフの兵士らの戦利品であった――整然と並んでいた。と、そのまん中にスウェーデンの旗が、黒のリボンに包まれているのが目立って見えた。雲霞《うんか》のような会衆が腰掛けを一面に占めている。国会の四部**は各々その列についているらしい。ことごとく喪服を着けている。のみならず、この人間の顔の大群は、暗い背景を後ろにして光を放っているように見えたが、見る者の目をまぶしく射るので、この異常なる光景の四人の目撃者のうち、だれ一人として群衆のなかに見覚えのある顔を発見することはできなかった。あたかも俳優がおおぜいの見物と面と向っては、混乱した一個のかたまりしか見えず、そのなかにただ一人の個人をも識別できないのと同じである。一段高くなった玉座――ここからいつも王は会衆に向かって演説するのであったが――の上に、王家の紋章のついた着物を着た血だらけの死骸が載っているのが見えた。その右には一人の子供が、直立して、頭に王冠を戴《いただ》き手には笏《しゃく》を持っている。左には、年老いた一人の男、というよりはもう一つの亡霊が、玉座に倚《よ》りかかっていた。その男は礼装のマントをつけていた。これはヴァーザが王国をたてる前のスウェーデンの昔の執政官の着たものであった。玉座の正面には、重々しげな顔つきをして黒い裾長の服をつけた、裁判官とおぼしき数名の人物がテーブルの前に腰かけていた。テーブルの上には、二つ折り版の大部の本と幾枚かの羊皮紙が置いてある。玉座と議席との間には、黒の紗《しゃ》で包んだ首斬り台が一つ置いてあり、一挺《ちょう》の斧がそばに光っていた。

　この世のものならぬ会衆のなかで、ただ一人として、シャルル及び彼の供をして来た三人の人間がその場にいることに気づいた様子はなかった。はいった瞬間、彼らの耳には最初ざわざわしたささやき声しか聞こえなかった。そのささやきに包まれて人間の耳にははっきりした言葉を聞き分けることができなかった。と、黒服をつけた裁判官のなかの一番年かさの男で、裁判長の役目をつとめているらしいのが、立ち上がったと思うと、自分の前に開かれている本の上を平手で三度たたいた。たちまち水を打ったように静まった。立派な顔をした数人の若者が、美々しく着飾って手をうしろにまわして縛られたまま、今しがたシャルル十一世が開いた扉と向い合わせの戸口から、広間のなかへはいって来た。昂然《こうぜん》と頭をあげ、目を正面に据えて歩いて来る。彼らの後ろから、茶革《ちゃがわ》のきっちりした上着を着けた、屈強な男が、若者らの手を縛っている縄の端を持っていた。先頭に歩いて来た若者が、囚人のなかで一番重立った者らしく見えたが、広間の中央、首斬り台の前まで来ると立ち止まった。のみならず、昂然たる侮蔑をこめてその首斬り台をながめた。同時に、死骸がぴくぴくと動いたように見えた。生々しい真紅の血がさっと傷口から流れた。若者はひざまずいて、首を差し延べた。斧が空中にひらめいた。とたちまち音をたてて落ちて来た。血の小川が台の上にほとばしり、死骸の血と混じった。首は、あけに染まった床の上を幾度か跳ね上がりながら、シャルルの足下までころげて来て、王の足に血しぶきを浴びせた。

　この時までは、驚愕が王の口をこわばらせていた。が、この身の毛のよだつ光景に接すると、「彼の舌はほぐれた」。王は演壇の方に向かって二あし三あし進み出たと思うと、執政官のマントを着た幽霊に向かって、だれでも知っている例の文句を臆せず投げつけた。

―「神の世界から来たのなら、物を言え、悪魔の所から来たのなら、人騒がせをするな」

亡霊はゆっくりと厳《おごそ》かな調子で王に答えた。

―「王シャルルよ！　その血は汝が治世には流れざるべし……（ここで声が不明瞭になった）されど五代の後……。ヴァーザの血に災いあれ」

　すると、この驚くべき集会の無数の人物の姿は次第に薄くなり始めた。すでに色の着いた影としか見えなくなった。やがて全く姿を消してしまった。幻の炬火《たいまつ》も消えた。シャルルと彼の従者の一行の持っている灯が昔ながらの壁掛け――それは風にあおられて、かすかに動いていた――を照らしているばかりであった。それからしばらくの間人々の耳にはまだかなり快い物音が聞こえていた。目撃者の一人はそれを木の葉の間を渡る風のささやきに比べ、他の一人は、ハープの糸が、調子を合わせている拍子に切れて出す音に比較した。みんな、幽霊の現われていた時間については一致していた。約十分間だったと彼らは判断した。

　黒い幕、切られた首、床板を染めた血の海、すべてこれらは亡霊と共に消え失せた。ただ一つシャルルの上履《うわばき》が一点の赤いしみをとどめていた。たとえこの夜の数々の光景が彼の記憶に深く刻みつけられなかったとしても、これ一つだけでこの夜の光景を思い出させるには十分だったであろう。

部屋に帰ると、王は自分の目撃したところを記録に書かせた。一緒に行った三人に署名させ、自らも署名した。その文書の内容を世間へかくすため非常な注意が払われたにもかかわらず、それは間もなく——シャルル十一世の在世時代すでに——知れ渡ってしまった。それは今でも保存されている。のみならず今日まで、この文書の真偽についてあえて疑いをさしはさんだものはない。この文書の末尾は注目にあたいする。

——「かくて、上来予の述べ来たりたるところにして、寸分の相違なき事実ならずとせんか、予は彼岸の生にすべての望みを断たんのみ。予はあえて、予のなせる若干の善行のため、就中《なかんずく》予が民の福祉を思い、祖宗の宗教護持いたせる熱誠のゆえをもって、彼岸の生活にあたいするを得たりと信ずるものなれど」王はこう言っている。

さて、もしも諸君がグスタフ三世の死と、下手人なるアンカルストロームの裁判を思い浮かべるならば、諸君はこの事件と上述せる不可思議な予言のなされた諸状況との間に、少なからぬ関係あることを見いだされるであろう。国会立ち会いの前で斬首に処せられた若者はアンカルストロームをさしているのであろう。

王冠を戴いた死骸はグスタフ三世に相違ない。

子供は、彼の息子であり継承者である、グスタフ・アドルフ四世であろう。

最後に、老人はグスタフ四世の叔父、ズーデルマニ侯であろう。侯は王国の摂政であり、次いで甥の廃位後、ついに王位に上った人物である。

【杉捷夫氏の訳注】

＊『ハムレット』の第一幕、第五場、つまり幕切れも間近のハムレットの台詞。「この天地の間にはな、いわゆる哲学の思いも及ばぬ大事があるわい」（坪内〈逍遙〉訳）

＊＊貴族、僧侶、町民、及び農民のこと。

筆者注―訳文の三三頁にある「彼の舌はほぐれた」という一文は、むしろ「　」を削除したほうが普通の日本語の語法であるが、メリメの原文には確かに引用符が付された版が見られる。何か特別の語法だったのかもしれない。

コメント

以上四つの作品をあげてみたが、それぞれ特有な書き方になっていて、内容的に互いにぴったり一致しているわけでもない。とくにヴィリバルト・アレクシスの場合には、スウェーデンのヴァーサ家の始祖がなめた艱難辛苦に触れ、さらにずっと時代が下がり、むしろ現代に近いカール・ユーアン十四世にまで言及している。いわば広範な時間的経過に視線をすみやかに走らせ、いわゆるカール十一世の幻視に当たる事柄は、ほんの二言三言を費やしているだけで、物語性を帯びるほど詳細な内容報告にはなっていない。言いかえれば他の作家のように、典拠にしたはずの古文書の名もはっきりさせておらず、そのために、便宜的に筆者が区分けしたヴァージョンと呼べるかどうかも本来的に疑問なほどだ。ただし、創作の作品にしても、利用した原典の名を挙げるのを避けている節が見られるのだから、あまり目くじらを立てることもないだろう。それぞれの文章を比較検証するのが当座の問題ではないので、ひとまずアレクシスの場合は棚上げしていいのかもしれない。しかし、一言でも言及していて関連性が大きいと思われれば、それだけでも比較検討の対象に挙げていいと思われる。たまたま論文の形で出遭い、これから徐々に紹介する予定の Gero von Wilpert（ゲーロ・フォン・ヴィルペルト）という研究家は、後者の立場をとっているのでそれにならうことにした。

メリメの訳文の引用は、「そのまま」というのが本稿の原則としたが、このことが何も金科玉条というものでもないし、読者の理解こそ重要だと考えれば、どうしても手直しを必要とするところがあったことをお断わりしておく。もうひとつつけ加えておくべきことがある。エルンスト・モーリッツ・アルントの場合にも「グリプスホルムに関する書簡」のほかに、それとほとんど同等のヴァージョンというべき、それぞれタイトルが異なる二つの回想記が書き残されている、という。ひとつは«Erinnerungen aus Schweden. Eine Weihnacht(s)gabe» (1818) で、ふたつ目は«Schwedische Geschichten unter Gustav dem Dritten, vorzüglich aber unter Gustav dem Vierten Adolf» (1839) というのである。訳せば、前者が「スウェーデン時代の回想」であり、後者が「グスタヴ三世、主要にはただし、グスタフ四世アードルフ治世下のスウェーデンの歴史」ということになる。小カッコのなかの数字が発行年を示すが、書かれたのはすでに一八〇九年と一八一〇年だったらしい。多少の表現の違いはみられるが、ほとんど内容の違いがみられないことが、その証左といえるかもしれない。

ところで、同一のテーマを中心にしつつ、表現されて具体化されたものが、四者四様のあり方になるのは当然といえば当然なわけだが、それらをここでただ並列的に提示してみたところで、さてどういう意味があるのか、と思われた向きがおられるかもしれない。筆者自身にも、これといった特別の狙いがあるわけではない。ただ、その四様の語り物があるといわれれば、どんな違いがありどんな類似点があるのか、ともかくちょっと比較してみようかと思っただけである。

五、案内役の「カール十一世の幻視」の研究者の所論

四人の有名な作家たちがそれぞれ違った採りあげ方をしているのを上に紹介したが、すでに前にも触れたように、Willibald Alexis（ヴィリバルト・アレクシス、実はGeorg Wilhelm Heinrich Häringゲオルク・ヴィルヘルム・ハインリヒ・ヘーリングの筆名）の残した旅行記なるものは、ほかの作家と較べれば、テーマに採りあげたカール十一世の幻視が、必ずしも明快な形で紹介されていないので、歴史的な一断片としか伝わってこない憾《うら》みがある。さらにいえば、Theodor Fontane（テーオドーア・フォンターネ）にしても、この話題をアルント（＝クライスト）のようにストレートに再話しているわけでなく、自分の作品のなかにとりこみ、一つの触媒の働きをさせて新たな物語を醸成した感の

あるものであり、いわば一種の枠物語を構成してみせたものといえる。そうした点を含みつつ「カール十一世の幻視」を確かに題材として扱っているものの、記述する側の作家の経験や資質の相異から生まれたものであり、ここが違うあそこが異なるといった、のっけからの単なる比較検討は、その相異点に注意を惹きつけるだけに終わって、さして意味のない論述になりかねないだろう。おそらくそんな性質の問題を含んでいるわけだから、まずは先達の成果にならうことにする。

実をいえば、Gero von Wilpert（ゲーロ・フォン・ヴィルペルト）というドイツの有名な文学研究家が、《Die Vision Karls XI. bei Arndt, Alexis, Mérimée und Fontane. Ein Plädoyer für etwas mehr Komparatistik》（「アルント、アレクシス、メリメ、それにフォンターネにおけるカール十一世の幻視について。［副題］もう少し比較文学奨励のための弁論」）なる端的な表題の論文に接したのがきっかけで、筆者も上掲の作家たちが言及していたことを教えられたのである。この論文は《Arcadia》（「アルカディア」）という雑誌に一九九二年に発表されたものであるから、今からほんの二十五年ほど前の発表ということになる。アルントが書いたのが一八一〇年、メリメが書いたのが一八二九年ということであるから、こうした作家たちが作品化した年代から考えれば、七〇年～八〇年ぐらい隔たっており、カール十一世が自署までしたという年代までさかのぼれば、優にほぼ二〇〇年もたってからようやく正式な研究課題として扱われたことになる。ただ、ヴィルペルトが言おうとしている比較文学がどうのということが、果たしてここで大きな問題になるのかどうか、筆者には分からない。アルントは、反ナポレオンを標榜《ひょうぼう》する政治的宣伝パンフ《Geist der Zeit》（「時代の精神」）を書いたために後難を恐れ、リューゲン島（当時スウェーデン・ポンメルンに帰属）に生まれグライフスヴァルトを中心に活躍していたのを、当時の宗主国スウェーデンに亡命する形をとり、官吏としてスウェーデン・ポンメルンの後備軍の設立の指示書などを作成したりしていた。スウェーデンの宮廷にかなり昔に起こったとされる伝承を、ドイツの愛国主義的な作家アルントが記録し、さらにその記録に興味を抱いたフランスの歴史作家とされているメリメが、いささかオカルト気味に拡大発展させたもので、同じヨーロッパながら三つの国境を跨いで拡がった言い伝えと捉えられるので、その意味では確かに比較文学の範疇に属する、といえるだろう。しかし、これら二つの記録文書の比較で分かるように、まったく同一の内容、同一の題材であることは間違いなく、作者Aから作者Bへと執筆者が交替された際に、それが直接的にか間接的にかは別にして、それぞれの作者に応じてその語り口が変わったという類《たぐい》の問題にすぎないのでないか。作者Aと作者Bの生存年代の後先が判明している限り、どちらが先に題材を捉え、どちらに引渡したかは明白であるのだから、それぞれの内容部分の相異の比較対照と、その意味の検討が問題とされるばかりであろう。それぞれが典拠とした古文書が同一のものでなかった可能性もあるが、その点を考慮に入れるとすれば、あまりに複雑になるばかりだろう。

ヴィルペルト以前にも Hans-Georg Richert（ハンス＝ゲオルク・リヒェルト）という研究者が、《E. M. Arndt als Quelle in Fontanes Vor dem Sturm》（「フォンターネの『嵐の前』の典拠としてのE・M・アルント」）という論文を《Euphorion》（「オイフォーリオン」）という雑誌（一九七一年）の六五号に発表していて、ここですでにリヒェルトは、W・アレクシスが《Herbstreise durch Scandinavien》（『スカンディナヴィアの諸地域の秋の巡歴』）の第二部（一八二八年）で、ほんのわずかながら問題のカール十一世の幻視を扱っていることにも触れている（つまりは、リヒェルトがヴィルペルトよりも二十年ほど前に指摘していたことになるが、必ずしも比較文学的な視野においてではない）。さらには、A. A. Afzelius（アルヴィド・アウグスト・アフセーリウス）の《Svenska Folkets Sago-Häfder》（「スウェーデンの民間説話」誌）Bd. X. 2, 2. Stockholm 1866 という本のなかで、このカール十一世の幻視の話を読んだか聞いたことのない人は、スウェーデンにはなかなか見つからない、と書いていることにも言及している（筆者注、ただし、アフセーリウスの文献の表題は Swenska となっているが、用字法が改まって現在では Svenska の表記のほうが正しいようだ）。このアフセーリウス（一七八五～一八七一）はスウェーデンの詩人、考古学者で、スウェーデンの民俗風習、古歌に関する研究論文を発表しているが、批判精神が希薄で、自分勝手に改変したり改竄《かいざん》したりするところがあり、必ずしも信用がおけないといわれている（筆者注、同じくヴィルペルトが共同編纂した《Lexikon der Weltliteratur》Bd. I. による）。リヒェルトがその脚注で、「アフセーリウスによればこの［幻視］については、一七二九年にすでに《Revue de Paris》（「パリ評論」）での記事によってフランスでは既知のこと」としているが、「パリ評論」が創刊されたのは、「両世界評論」に対抗心を燃やして設立した一八二九年のことなのだから、ヴィルペルトが指摘しているように、アフセーリウスの勘違いだろう。ちょうど百年を取り違えた公算が大きい。ヴィルペルトはさらに、Roger Peyre（ロジェ・ペイル）という人物が一九一四年に確認したことだとして、フランスの外務省の文書管理室に、«Vaterländisches Museum»（「祖国の博物館」）のなかの Brief über Gripsholm（「グリプスホルムに関する書簡」）のかなり逐語訳的なフランス語の訳本があった、と伝えている。いうまでもなく、最初に問題としてあげたE・M・アルントのものをここで指していることは明白である。

このようにいわば題材史的に見ていくなかで、Susanne Greilich/Hans-Jürgen Lüsebrink（ズザンネ・グライリヒ／ハンス＝ユルゲン・リューゼブリンク）共著の«Sprache und Sprachpolitik in frankophonen Volksalmanachen des 18. bis 20. Jahrhunderts»（「十八世紀から二十世紀までのフランス語を母語とする地域の民間暦本《こよみほん》の言語と言語政策」）という論文が、«Historische Pressesprache»（「史的新聞言語」）という雑誌（2006, G. Narr, Tübingen）に発表されていて、そこでもこの「カール十一世の幻視」の話に触れていることが分かった。表題に出るAlmanachというのは、祭事、星占い、農事作業、料理法のほかに、噂話など教訓的娯楽的読み物を提供したもので、普通に訳される年鑑よりは暦本《こよみほん》と訳したほうが実態に近いようで、十八〜二十世紀にかけて流布されていたという。広く読者層を獲得していたものに、Messager boiteux（「跛の使者」）とかAlmanach de Liège（「リエージュの暦本」）というタイトルのものがあり、特にMessager boiteuxというのは、ほとんどこれと同時並行的にドイツ語化したHinkender Boteなるタイトル名で、複数の版元がドイツ語版を出版していて、ドイツ語版の暦本がたいていの場合、フランス語版よりも前に作成されさえした。主なその出版人の名をあげれば、バーゼルのDecker/Schweighauser（デッカー／シュヴァイクハウザー）やMechel（メヒェル）、コルマールのDecker（デッカー）、シュトラースブルク（またはストラスブール）のHeitz（ハイツ）やLe Roux（ルルー）、及びフィーフィス（またはヴェヴェ〔筆者注、スイスのフランス語地区〕）のChenebié/Lörtscher（シュネビエ／レルチャー）などで、それぞれドイツ語、フランス語で発行し、ライン川の両サイドで広範な流通を見た。どちらの言語が選ばれたからといって、内容やテーマに関して一般的にはこれというほどの違いを持っておらず、概してフランス語版はドイツのカレンダーの単なる翻訳であったり、またその逆もあった。紙面の余白の問題から、時には刊行済みのテクストを少し縮減して掲載したり、後日にまわされることもあった、ともこの論文は述べている。

またこの共著での論文の二年前に、グライリヒがリューゼブリンクとは独立に発表した«Französischsprachige Volksalmanach des 18. und 19. Jahrhunderts»（「フランス語版の十八及び十九世紀の民間暦本」）2004, Universitätsverlag Winter Heidelberg によれば、シュトラースブルクの版元ルルーによってフランスの Revue de Paris（「パリ評論」）が参考にされたらしいとされている。その歴然とした典拠に、ルルーの発行した暦本、Grand Messager boiteux de Strasbourg 及び Große Straßburger Hinkende Bote という一八三二年発行の暦本の名をあげている。版元 Decker（デッカー）が采配を振るった Messager boiteux de Basle が、一七九三年にその Relation curieuse（「奇妙な話題」）というコラムで、アンカルストレム伯によるスウェーデンのグスタヴ三世の殺害を報道したあとに、シュトラースブルクの各暦本はその件を三十九年後に再びとりあげたという。筆者なりに補えば、グスタヴ三世が暗殺者の手で斃《たお》されたのは一七九二年なのであるから、デッカーがその件を一年もたたずに逸早く報告したのに、他の暦本発行者たちが報道したのはやっと一八三二年になってから、という言い分なのだろう。Messager boiteux 及び Hinkender Bote が、三段組み欄の六欄と半分の欄を費やして、一六六〇～一六七九年の間統治していたスウェーデン王カール十一世が、その城館である晩に幽霊じみた裁判審理と一人の若い貴族の処刑を目の当たりにした幻視について語っている。「省みれば」と Hinkender Bote は、「この幻視をグスタヴ三世の悲惨な死に関する予告とその結果と解せる」としている。そしてさらにこう述べている。

「――今でもグスタヴ三世の死とその暗殺者アンカルストレムの処刑のことを記憶の人は、この出来事と奇妙な予言がなされた事情との間には、単なる相似関係以上のものを見出すだろう。等族（貴族、聖職者、市民、農民）の列席の面前で斬首された若者は、アンカルストレムであろうし、王冠をかぶった死骸はグスタヴ三世で、子供はその息子にして後継者たるアードルフ四世であろう、そして老人はセーデルマンラン（ド）公といい、王の叔父でこの事件のために急場しのぎに摂政となったが、甥の王位放棄以後は自分が王となった。この老人とともにヴァーサの王統も絶え、その席に現在の王であるベルナドットが据えられた。――」

グライリヒの所説をもう少し追って見よう。「表題が、《Vision de Charles XI., roi de Suède》（「スウェーデン王シャルル十一世の幻視」）、またはそのドイツ語訳である《Nächtliches Gesicht Karls XI. Königs von Schweden》＊とされて、それぞれ折りたたみ式の図版（木版）が添付されているテクストは、暦本のなかでは元々の Relation curieuse（「奇妙な話題」）、またはそのドイツ語訳の Uebersicht der merkwürdigsten Begebenheiten の前に挿入されていた。ルルーがこの話題を引いてきた原典の名は、いままでの説明を読んだ方は容易にあげられるだろう。Grand Messager boiteux に発表されたテクストに関して問題になっているのは、疑いもなくフランスの作家プロスペル・メリメの物語を少々変えたヴァージョンのことであり、初版は一八二九年――著者名を伏せ――《Revue de Paris》（「パリ評論」）の七月号で公刊されたが、一八三一年に《Album Littéraire》（「文学選集」）に再録され、最後にその四年後メリメの散文集《Mosaïque》（「モザイク」）に掲載された。der Große Straßburger Hinkende Bote という暦本が報じた、カール十一世の夜の幻視についての『報道』は、メリメの物語の最初のドイツ語訳らしいことが、相当の確度をもっていえる」としている。

さらに先に挙げたゲーロ・フォン・ヴィルペルトの論文を引用して、スウェーデン王の幻視の伝承が十八世紀の中ごろにスウェーデンに出まわり、十九世紀の初め、もう少し正確には一八一〇年にエルンスト・モーリッツ・アルントによってドイツ語に訳され、雑誌《Vaterländisches Museum》のなかの Brief über Gripsholm という一章で最初に発表された、とヴィルペルトは示唆しているとし、アルントの翻訳が Fontane（フォンターネ）の《Vor dem Sturm》（『嵐の前』）の手本となったばかりでなく、それどころか――Brief über Gripsholm のある匿名の翻訳の迂回路を通じて、プロスペル・メリメのシャルル十一世の幻視の手本ともなった、と述べていることにも言及している。グライリヒは続けて二頁ばかり、メリメの文章と Messager boiteux 及び Hinkender Bote の文章を比較対照させ、前二者がほとんど同文であり、最後のものはドイツ語の訳文で、ほとんど同内容のものであることを例示してくれているが、細かい点での訳の違いも指摘している。

＊《Nächtliches Gesicht Karls XI. Königs von Schweden》/ der Große Straßburger Hinkende Bote, Le Roux 1832

純文学の視点はさておき、あまり重視されない暦本というゴシップの大衆的流通面を追究している、グライリヒの論旨を少し丹念に見てきたのも、何か新しい視点が展開されていそうに思えたのだが、筆者の期待に応えてくれそうな発見も見られないので、むしろその詳細を追うことはここまでにして、グライリヒがヴィルペルトの所論に同意見であることを確認しておくにとどめておこう。ただ、論旨をたどる過程で気にかかった疑問が二点ほどある。

第一点はズザンネ・グライリヒが、バーゼルの版元デッカーが一七九三年にグスタヴ三世の殺害について報じている、としたことである（引用論文の二二四頁）。このテーマをシュトラースブルクの暦本が三十九年後に再びとり上げた、ともグライヒリヒは述べていて、段落を改めることもせず、カール十一世の幻視の話にそのまま繋いでいるので、こちらの事件も一七九三年にグスタヴ三世の殺害と同時に報道されたともとれるし、後続の文に出る三十九年後という時間的間隔を経てから、つまり一八三二年に発表したともとれる。一七九三年というのはまさにグスタヴ三世の死の翌年に当たるので、グスタヴ三世に関する報道があったことに何の不思議もない。ただし、カール十一世に関連する話題も含むのであれば、アルントが発表した一八一〇年以前に、アルントとは独立別個の記録がすでにあったことになり、メリメどころかアルントとも関連なく発表されていたことになるから、グライリヒも当然ながら新しい視点として採りあげ、しかも大いに強調してしかるべきだろう。そういうことがない以上、デッカーがカール十一世と切り離し、グスタヴ三世の死だけを報じたのだとグライリヒが論じたもの、と今のところ解せざるを得ない。

第二点として、アルントの Brief über Gripsholm（「グリプスホルムに関する書簡」）、またはこの書簡のフランス語訳と比較しながら、メリメがスウェーデン王の夜の幻視に関し、自分の物語を変更補筆したとして説明している第一項のところで、一六七六年十二月から一六九三年の秋に移したとして、陰鬱な主人公に「……くよくよして外に対しては無愛想な権力者としてもっと強烈な特徴を与えるために」（同論文の二二七頁）とヴィルペルトの言葉を援用しながら、グスタヴ三世が妻ウルリーカ・エレオノーレの死を哀れむ気持と結びつけて述べている（同じく二二七頁）。つまり、カール十一世とグスタヴ三世とを取り違えるミスを犯している（どうしたものか、先に引用したヴィルペルトの論文［その一八五頁］を誤解して参照引用している）。単純なケアレスミスといえなくもないが、一〇〇年も下った人物と取り違えるのは、歴史的な事柄を問題にしている場合なのだから、小さなことだといって済まされまい。カール十一世の妻だからウルリーカ・エレオノーレなのであって、グスタヴ三世の妻であるのならば、Sophia Magdalena（ゾフィーア〔またはソフィーア〕・マクダレーナ、一七四六～一八一三）といい、一七七〇年にデンマークから輿入《こしい》れされた女性だった。こうした混乱が生じるのも、例えば上にあげたウルリーカ・エレオノーレという名は、カール十一世の妻（一六五六～一六九三）だけでなく、その娘の王女（一六八八～一七四一）にもつけられていて、こちらのほうは一時期（一七一九～一七二〇）ながら、れっきとした王位に就き、歴史的・政治的には重要視されたからなのだろう。いわゆる同姓同名で、一種の伝統の名跡を尊ぶ襲名なのだろうから、文献の読解にはますます気をつけて区別しなければならない。

ところで、カール十一世の幻視という現象は、上に最初に採り上げたクライストの文章（ほとんどアルントの報告の写しにすぎないので、アルント＝クライストという表示にした）にあるように、一六七六年の十二月十六日から十七日にかけての夜のことになっている。前に引用した研究者のヴィルペルトもリヒェルトも、実は別のヴァージョンがあって、それは一六九七年の四月二日のことだ、と言及している。ところが、その根拠になるものがあげられていない。スウェーデン語のオリジナルテクスト→アルントのドイツ語の翻訳→アルントのテクストをフランス語に訳したという二段階を経て伝播されたものと思われるが、その過程でいくつかのヴァージョンが生まれた可能性は考えられる。オリジナルテクストはどこに行ったのか分からないので、今はその問題は問わないことにして、この「幻視」について触れているアルントのなかに、それぞれ違うヴァージョンのものがあったのかと調べてみても、その回答らしきものには突き当たらなかった。前にも紹介したことながら、«Schwedische Geschichten unter Gustav dem Dritten, vorzüglich aber unter Gustav dem Vierten Adolf»（「グスタヴ三世、主要にはただし、グスタフ四世アードルフ統治下のスウェーデンの歴史」（筆者注、一八三九年の刊行であるが、実は一八〇九及び一八一〇年にすでに執筆されていたもの）や、さらに«Erinnerungen aus Schweden. Eine Weinachtgabe»（「スウェーデン時代の回想」クリスマス版、一八一八年）、ただしこれもその後書きで「いわゆるカール十一世の幻視は、小生が一八一一年に«Neues teutsche Museum»に転載してもらった記事で、ドイツの新聞に初めて出回ったもの」と断わっているが、ここでアルントも記憶違いをおかしていて、実は一八一〇年の《Vaterländisches Museum》のことを指しているようだ。この二つの版が出ているが、注釈したようにほとんど同時期のものであることが分かる。それよりも何よりも、この両著とも一六七六年の十二月十六日から十七日にかけての夜のことと明記しているのだから、ほかのヴァージョンというのはアルント側から起こったとは考えにくい。

とすればアレクシスの文章からなのかというと、そうともいえない。なにしろ《Herbstreise durch Scandinavien 2. Teil》(1828)(『スカンディナヴィア諸地域の秋の巡歴』第二部)という長い旅行記のなかで(そのテクストの一六九〜一七一頁を前にも紹介したが)、この幽霊物語はほんの短く伝えられているだけであり、事柄の発生した年月日の記載がなされていない。ただこの旅行記では、最初にあげたアルント＝クライストの報告とは違って、幻視で見ている現象が出来《しゅったい》するのは何代目のことかと訊かれて、七代目だという返答が用意されているし、王冠がはずされ首を刎《は》ねられるのは、グスタフ四世アードルフということにされている。アルント＝クライストの場合には、それぞれ六代目とされ、グスタヴ三世のことになっているのだから、その意味ではヴァージョンが異なっているといえるが、あくまでも事件の起こった年代に絡んだヴァージョンのことを問題にしている限り、アレクシスの旅行記を引き合いに持ち出しても何の引証にもならない。

リヒェルトやヴィルペルトが採り上げているほかの作家、Fontane(フォンターネ)を次に見てみよう。フォンターネの《Vor dem Strum》(1878)(『嵐の前』)では、問題の幻視現象の起こった日付を確定できるものは見つからない。一八一二年代のノイブランデンブルクの地方環境を背景にして、いろんなエピソードをまじえて描写した独自の歴史小説といえるが、戦火で炎上するモスクワの噂話に触発されてか、一方で日没後三十分もたっているのに、古い城館の上部の窓が急に明々と照らしだされるのを見て、記憶のなかから連想をつむぎ出したという形になっている。カール十一世が幻視を体験したその深夜の状況について、筆者の参考にできたフォンターネの作品(Nymphenburger Verlagshandlung, München 1974)のなかでは、「カール十一世は病気だった。夜遅くになって眠れず部屋に横になっていて、城館の中庭の反対側にある議会が開かれる会議場の窓に目をやっていた」(引用作品の四三頁、または本稿の二四頁参照）とあり、これが王の死の直前のことを思わせる唯一の描写になる。言い換えると、先ほど二人の研究家が示唆しているとした一六九七年四月二日のヴァージョンととれそうでもある。しかし、アレクシスの場合と同様、年代や日時の説明が一切ないので断定するわけにもいかない。つまりこの一六九七年四月二日のヴァージョンは、そもそも何を典拠に打ち出されたのか、不明のままということになる。ついでながら、この『嵐の前』では予言は第六代の統治者のこととしていて、その点ではアルントの話の踏襲ともとれそうだが、史実的に該当する者をグスタヴ三世ではなくグスタフ四世にしている。「その王座は崩れ落ちた」（同じく四五頁、または本稿の二五頁参照）と登場人物レーヴィーンの口から答えさせていて、これだけを採り上げればアレクシスの書き方に似てきているが、そのことから、即フォンターネの種本がアレクシスだとするのは早計だろう。確かにフォンターネはアレクシスを評価し、いわばマルク・ブランデンブルクの「ウオルター・スコット」として、お手本にしていたらしいが、アレクシスでは幻視の予言を第七代においている点や、若き君主が戴冠に当たってウプサラに馬を進めていたとき、馬がおびえて棹立ちになったものだから、王冠と王笏《しゃく》もろとも馬上から転落した、という別種の逸話を披露している点など、かなりの違いを見せている。ただ、何代後の話なのかをまとめると、メリメでは五代、アルント＝クライスト及びフォンターネでは六代、アレクシスでは七代というふうにそれぞれ違っている。もともと何代後のことかという問題は、当該者を含めるかどうかで変わるし、一代ぐらいの誤差は起こってもおかしくない。さらには先にあげた娘のほうのウルリーカ・エレオノーレは、王位にわずか二年就任しただけで夫のフレードゥリク一世に譲位しているので、正式には含めないという考え方もとれるし、ここは語り手の単純な記憶違いとすることも可能なわけだから、あまり深追いするところでもない。いずれにしろ史実に従う限り、グスタヴ三世の御世に当たるとすべきところであろう。

さて、三つ目のヴァージョンとして挙げられる一六九三年の秋の夕方というのはどうなのだろう。この年は王妃ウルリーカ・エレオノーレが逝去した年であり、夜になって王が落ち着きを失う様子をわずかな一種の性格研究に利用しようとして、下敷きにされたと思《おぼ》しきアルントにあった時期よりも、メリメは少しばかりずらした、とヴィルペルトは説明している。つまりは、王妃を亡くしたことが王の悲嘆と憂愁を増大させた、という多少もっともらしい条件づくりを画策したことになる。ヴィルペルトは、わざわざヴォルテールを引き合いに出して、王の妻に対する愛情はそんなに熱烈なものでなかった、と断わり書きを付している。メリメの文中でも、その悲哀がもっとあからさまに表わされている。王妃の肖像画を眺めて侍従のブラ（ー）エが、「威厳と柔和を兼ねそなえたご表情がそっくり」と述べたのに対して、「この肖像は修飾しすぎている！　妃は顔のまずい女だった」と王は答えているからだ。「ブラ（ー）エ伯は、王の憂鬱が王妃を悼む心から来ているのではないかと思い」肖像画を眺めた、と第三者の心理の動きとして説明されている。こうした描写は、メリメ以外のアルントにもアレクシスにも、さらにはフォンターネにも見出せないのは、当然といえば当然な話といえる。要するに王妃の死後間もなくのことと前提しているのは、メリメの作品だけだからである。ところで、王妃ウルリーカ・エレオノーレと王との間は、上に見られたようにいかにも冷たい関係のように思われていたが、最近の研究ではどうもその反対の趣を呈していたらしい。

六、カール十一世の妻、ウルリーカ・エレオノーレはゆかしき観音菩薩か

いささか横道にそれるが、カール十一世はエレオノーレと結婚する前に別の女性と婚約していた、という。成年に達したらカールと結婚することを前提に、スウェーデン宮廷に行儀見習いに来ていたJuliane von Hessen-Eschwege（ユリアーネ・フォン・ヘッセン＝エシュヴェーゲ、一六五二～一六九三）がその人である。彼女は先代のカール十世の妹Eleonore Katharine von Pfalz-Zweibrücken-Kleeburg（エレオノーレ・カタリーネ・フォン・プファルツ＝ツヴァイブリュッケン＝クレーブルク、一六二六～一六九二）の娘で、いわばカール十一世にとっては従姉《いとこ》に当たる。世間の人々の評判では、彼女は非常に美人だったとされる。当時はデンマークとドイツとは同盟関係にあり、スウェーデンもドイツとの婚姻関係を模索していたのかもしれない。ところがここに来てスキャンダラスな事件が持ちあがり、彼女は一六七二年に宮廷を後にしなければならなかった。当時の王妃、つまりカール十一世の母后と一緒に馬車に乗っていたところ、この娘が急に産気づいて一子Gustav Gustafsson Lillje（グスタフ・グスタフソン・リリュエ）を出産したの

である。父親は王に仕えるボディーガードで、すでに妻帯の身のGraf Gustav Helmer Lillje（グスタフ・ヘルマー・リリュエ伯）だった。伯は国外追放を食らい、ユリアーネは召使どもを連れ、リーリエンボルイなる別荘地に蟄居《ちっきょ》を申しつけられた。その数年後にユリアーネはまたも息子を身ごもった。このたびの相手は未婚だった。オランダの外交官の青年秘書で、オランダ商人の倅、Johann Marchand（ユーアン・マルシャン、一六五六〜一七〇三）だという。一六七九年二人は、以前に結婚約束もあったはずのカール十一世から承諾を得て結婚し、ユーアン・マルシャンはリーリエンボルイ男爵の称号まで授けられた。この夫婦は後にオランダのハーレムに移り住んだという（筆者注、ウィキペディアの情報によるも、関係相手が異なるのにリリュエ伯とかリーリエンボルイ男爵とか名前が似ていたり、マルシャンというのもフランス語で商人の意があり、本当に実名なのか疑問の余地がある）。この一件は、カール十一世の人となりを見る上で大事なことのように思えたので、つけ加えた。

本題であるカール十一世の王妃エレオノーレの問題に立ち返ろう。Ulrika Eleonore von Dänemark（ウルリーカ・エレオノーレ、一六五六〜一六九三）は、デンマークのフレードゥリク三世の娘で、美しく穏やかな性格だった。いったん嫁入りしたとなれば、カールの母親の手前を憚《はばか》って控え目であり、謁見や宗教儀式の際に先に発言するのはいつも母后だったが、自分は身を退《ひ》いて出しゃばることはしなかった。夫のほうが狩猟や乗馬を趣味にしているとすれば、王妃の楽しみは読書か芸術にあった。芸術面での趣味才能も高かったといわれる。彼女がデンマークの出自であるのがその立場を微妙に難しくしており、カールが軍隊を見まわったり自分の道楽を追い求めたりして留守がちな間、彼女はひとり淋しく悲哀をかこっていたとされる。貧困者や障害者に対する慈善行為に献身したことで、民衆の間でも人気が高かったともされる。一六七〇〜一六七五年にかけてヨーロッパの覇権を狙う動きが目立ち始め、スウェーデンはフランスと同盟を結んで、いわば前門の虎たるデンマークに対する安全策を講じたが、逆にフランスのドイツ侵攻政策に巻き込まれ、一六七四年の春までにドイツへの兵力動員に加わざるを得なくなった。片やデンマークとドイツが同盟関係にあったので、デンマークに対して新たな戦端を切らねば、との瀬戸際にまで追いつめられていた。ここである救済策が国務長官だったNils Brahe（ニルス・ブラーエ）によって試みられた。この人物がメリメのヴァージョンに出るブラ（ー）エと同一人物なのかどうかは不明だが、一六七五年の春にコペンハーゲンまで出かけ、スウェーデン王とウルリーカ・エレオノーレとの縁組の約束を談じ込んだという。そしてさっそくこの年の六月中旬には、この婚約がおおやけに発表された。しかしながらスウェーデン軍が、以前から争われていたドイツ領内のフェールベリーンでの戦闘をしのいでいたわけだが、ブランデンブルクの大選帝侯といわれたフリードリヒ・ヴィルヘルムによるラーテノ襲撃（一六七五年六月二十五日）による敗北が報じられると、当時のデンマーク王、クリスチァン五世はスウェーデンに対して宣戦布告をした。ここで結婚話はもちろん一時棚上げとなった。いわばこの婚約は国家間の紛争の予防策ともいえる一面があったはずなのに、戦争回避の有効な働きをしなかったことになる。

このフェールベリーンの戦闘に関する動きが、すでに前にも紹介したように、クライストにより『公子フリードリヒ・フォン・ホムブルク』に戯曲化されるわけであるが、この歴史事件や主要人物を材料に使っているものの、役割を担う人物やその行動の中心は史実とは必ずしも一致した関係になく、まさにクライスト独自の世界が展開されていることは断わっておく必要があろう。ここではむしろ歴史のほうに重点を置くことになるが、選帝侯フリードリヒ・ヴィルヘルムはオランダ戦争の途にあって、ちょうどフランスに遠征のためエルザス（フランスではアルザス）に来ていた。ところがテュルクハイムの近くでブランデンブルク軍が敗北を喫し、その場を撤退せざるを得なくなった。一方、総司令官に任ぜられていたW. Wrangel（ヴァルデマル・ヴランゲル、一六四一または一六四七～一六七六）に率いられたスウェーデン軍が、一六七四年にマルク・ブランデンブルクの奥深くまで侵攻したが、それはフリードリヒ・ヴィルヘルムに上部ライン地域から手を退かせるための陽動作戦だったらしい。Karl Gustav Wrangel（カール・グスタフ・ヴランゲル、一六一三～一六七六）伯爵が指揮すべきところ、以前から病気がちだったために異母弟のヴァルデマルに指揮権を委《ゆだ》ねたものの、この弟がのちにフェールベリーンで殺したので司令官に再召喚され、フェールベリーンの湿原の渡渉作戦を引き継がざるを得なかったが、ついには解雇されてリューゲン島のスピカー城で病歿した。彼の父方の家系からいえばバルト系ドイツ人の血を引いていて、いわば自分と同じ血族に対して弓を引く形になったことになる。支援資金を拠出し巧みな外交術で、スウェーデンをこうした作戦行動へとけしかけたのは、フランスだった。ブランデンブルクといっても、当時はまだ一小国にすぎなかったのだし、領土としてさして魅力もなければ、スウェーデンからすれば領土拡大の明確な意思もなく、たんにスウェーデン領ポンメルンという足掛かりを利して、選帝侯フリードリヒの留守を狙って攻め入っただけなのだろう。スウェーデン軍は、ブランデンブルクやいまではベルリーン市区域にあたるシュパンダウまでも足を伸ばしたが、選帝侯がアルザスの途中でその報告を聞きマクデブルク方面から北上してきたため、スウェーデン軍は不意をつかれてその場を立ち退くだけであり、今やブランデンブルク軍に占領されていない湿原渡渉通路は、唯一フェールベリーンにしか残されていなかった。すでにそれ以前にラーテノの一戦でかなり疲弊していたが、フェールベリーンではもっと甚大で壊滅的な損害をこうむった。スウェーデンの史書などは、この戦いに退却援護の戦闘の意味しか与えていないが、この戦勝は単なる一地方的なものではなく、ほとんど注目もされていなかった小国ブランデンブルク侯国が、軍事強国を敵にまわして抵抗を成功裡に導いたという意味で、まさにドイツでは歴史の転回点をなすものと見なされている。戦闘の勝敗は一六七五年の六月二十八日という一日で決定づけられたといえるが、実はスウェーデン軍への追撃は一六七八年までもつづいたのであり、クル潟を越えてリガ（ラトヴィアの首都、当時はロシア領）までに至った。

こういう隣国の動きを虎視眈々と狙っていたデンマークのクリスチャン五世は、これでスウェーデンの勢力が落ち込み、むしろ国内の防衛態勢が手薄になった、とせっかちにも思ったのだろう。時機到来とばかりかつてデンマーク領だった地域の奪回を図ったこの戦闘は、英語でスカニア戦争（デンマーク語でSkånske Krig, スウェーデン語でSkånska kriget, ドイツ語でSchonischer Krieg）と呼ばれ、スウェーデンと北ドイツとの国境線に沿い、かつてデンマーク領でスカニア（スコーネ）と称した地域でおもに戦われた。最終的に一六七九年フランスの介入で平和条約が結ばれる。スウェーデンとデンマークの間にはフォンテーヌブロー及びルンドの条約で、スウェーデンとブランデンブルクの間にはサンジェルマンの条約で決着がみられた。デンマークは戦争で折角獲得した地域もスウェーデンに返却しなければならなかったし、戦争に多大な費用を投じたために今後の財政が大いに逼迫したが、一方スウェーデンのほうは海上での敗戦をテコに国内での財政再建を打ち出した。

ここで疑問が浮かぶのは、エレオノーレの婚約との関係である。一六七五年の六月中旬に内外に公《おおやけ》にした婚約が、半月も経ずして外交儀礼も無視してうやむやにされ得るものなのかどうか、あるいは、クリスチャン五世の身からみれば十歳近く歳の離れている妹の縁組よりは、国家の領土確保のほうが優先したということなのかどうか。戦争とは理不尽といえるものの、婚約そのものは正式に破棄された様子はみえない。この裏には、筆者には計り知れない当時の歴史的戦争心理的な状況があったのかもしれない。一六七五～一六七九年のスカニア戦争の間、エレオノーレは婚約を破棄するよう周りから勧められたり、神聖ローマ帝国の皇帝レーオポルト一世（一六四〇～一七〇五）の花嫁候補とみなされたりしたようだ。しかし彼女は、人に勧められた婚約解消を拒絶し、この戦争中に捕虜にされたスウェーデン兵の捕虜収容所を見舞って、将来の母国に対して忠誠を捧げたとして評判をとったとされる。自分の宝石、それも婚約指輪さえ質に入れ、スウェーデンの虜囚兵に心遣いを見せたという。こうした話が本当なら、恐らくカール十一世の耳にも入っていることは間違いなかろうし、この女性には政略や戦略のための結婚というものを、はるかに超える平和志向が働いていたのかもしれない。それどころか人間としても、そうした内実を包摂させることのできたスケールの大きさを感じさせる。

メリメで描写されていたのとは違い、彼女は決して醜いわけでなくむしろ美しい女性で、しかも人に親切だったとされるし、スカニア戦争の後のことだろうが、ストックホルムやスウェーデンの大衆の間では、熱狂的に迎えられたという。おもに両国の間に平和をもたらすホープと見なされていたからである。語り伝えられるところでは、彼女の夫は当時の王としては珍しくも、妻以外の女性に食指を動かすことはなかったという。カール十一世はいまわの際《きわ》（一六九七年）にまだ存命していた母に、王妃が死んでから幸せだと思ったことがない、と語ったともされ、王は生来冷たく感情表現が苦手で、王妃に感じていた愛情を言い表わせなかったともされる。とりわけ王は、いつも母后、Hedwig Eleonora von Holstein-Gottorf（ヘートヴィヒ・エレオノーラ（レ）・フォン・ホルシュタイン＝ゴットルフ、一六三六～一七一五）の強い影響下にあり、母は女王の立場を絶対に義理の娘に譲らなかった。スカニア戦争のためにデンマークとスウェーデン間に生じた疑心暗鬼がまだ残っていたときなので、ヘートヴィヒ・エレオノーラ（及び政府の指導層も含め）は、デンマークの息女を娶るという息子の考えを少しも喜ばなかった。おそらく周りの人たちを喜ばせるために、また王妃が自分に影響を及ぼしていない証拠を見せるために、カール十一世はいつも王妃を単純にわしの女房と呼び捨てにし、母親のことをクイーンと呼びたてまつったという。いずれにしても、公的な場ではウルリーカ・エレオノーレは、敵国デンマークの出自ゆえに自分の出る幕を極力抑え、王を含め子供たちと接触できるプライベートな場所に憩いの場を求めたらしい。いわば Karlberg（カールベルイ）がそういう場だったとされる。

このカールベルイはストックホルムに隣接する Solna（ソールナ）という町にあり、艦隊司令長官だった Carl Carsson Gyllenhielm（カール・カールソン・ユレンイエルム、一五七四〜一六五〇）が、一六二〇年代に地所を購入して一六三四年に城館の建築に着手したので、その名にちなんで命名されたという。つまりカール十一世の名が由来ではないことを付記しておく。のちに同じく艦隊司令長官の Magnus Gabriel De la Gardie（マグヌス・ガーブリエル・ドゥラガルディ、一六二二〜一六八六）の手を経て、さらに Johan Gabriel Stenbock（ユーアン・ガーブリエル・ステーンボック、一六四〇〜一七〇五）の手に渡り、売却の目的だけのためにリニューアルされた城館として、ようやく一六八八年にカール十一世の所有となった。かくして王妃エレオノーレは、宮廷とはかけ離れた単純質素な生活を楽しみ、絵画を描くことに興味を見出した。芝居や舞踏にも関心を寄せ、女官たちと芝居を演じたこともあるという。こうしたアマチュア劇場に参加した高貴な生まれの淑女たちのなかに、ザクセンの強健王アウグスト二世の愛人として有名だった Aurora Königsmarck（アウローラ・ケーニヒスマルク、一六六二〜一七二八）とその妹がいたし、高名な女官たちの間には、前にも挙げた由緒ある De la Gardie（ドゥラガルディ）一族の姉妹の歌い手でもあれば詩人でもある Ebba Maria（エバ・マリーア、一六五七〜一六九七）と Johanna Eleonora（ユハンナ・エレオノーラ、一六六一〜一七〇八）がいた。

しかし、高貴な階級の人々によく見受ける単なる気紛れなお遊びではなかった。当時絶対王政の確立に向かって邁進していたカールの施政は、貴族たちから郡単位の領地、荘園、大規模所有地の王室への「大復帰運動」を展開し、そのために貴族の固有財産が政府によって没収され、窮乏生活を余儀なくさせられた貴族たちが続出した。そうした時代状況に迫られて貧困に陥った人々に、王妃は人知れず自分の懐から経済的な支援費用を出し、かなりの数の孤児院、救貧院、職業紹介・職業訓練所、寡婦施設、職業学校、及びその他のこうした施設の開設に力を注いだ。カールベルイは孤児となった娘たちに、タピストリーの織り方を教える場に使われたこともあったという。

こうして見てくるとエレオノーレという人物は、文化的教養の幅も広く、弱者に対する優しい気遣いも怠りなかったし、前にも触れたように人間的にもスケールが大きく、もっと顕彰されていい女性だと思われる。スカニア戦争が四年間で決着がつき、ようやく両国の間に和解が成立し、一方、王と王女との婚礼の準備もととのい、一六八〇年五月六日に結婚式はいとなまれた。戦争とそれによる周囲の反対などの障碍を乗り越え、二人はめでたく結婚にゴールインしたわけだから、一種の美談とすることもできようし、少なくとも二人の間に愛情が皆無だったということにはならないだろう。エレオノーレは結婚当時二十四歳で、カール十一世との間に七人の子を生《な》している。生きながらえたのはわずかに三人（のちにホルシュタイン＝ゴットルフ公爵夫人となるHedwig Sophia［ヘートヴィヒ・ソフィーア、一六八一〜一七〇八］、カール十二世［一六八二〜一七一八］、それにカール十二世の急死を受けて女王となる同名のUlrika Eleonore［ウルリーカ・エレオノーレ、一六八八〜一七四一］）だけであるが、毎年のように出産していた事実は何を意味するといえるだろう。もちろん男女の間のことは、子供の数の多寡で計れるものでもなければ、合理的な説明がいつも通用するとは限らない。この二人の間の情愛に拘泥するのはこれくらいにして、ここではむしろ、見逃しがちで誰もあまり指摘していない視点について触れておこう。

この王妃が亡くなったのは一六九三年であるから、享年まさに三十七歳ということになる。時代状況や死亡統計をうんぬんするまでもなく、これはいかにしても惜しみて余りある若さといえるだろう。メリメの逸話には、夜な夜な王妃の亡霊がさまよい出ますので、と王の猪突猛進ぶりを随員の一人に諫《いさ》められる場面が描かれる。地上に仕残したものがあって未練を持つ者は幽霊となって徘徊する、というのはごく一般的な俗信の定説であるが、メリメも素朴にこれを利用しただけなのかもしれない。同じ脚色でも、むしろ王がその幽霊に会ってみたかったのだ、とした脚色のほうが面白くもあれば、事の真相（または心の深層）に近かったのかもしれない。

余談ながら、この王妃の死にまつわる妙な話が言い伝えられているという。王妃がカールベルイの城館で臨終を迎えていた時、寵愛していた女官の Maria Elisabeth Stenbock（マリーア・エリーサベト・ステーンボック 一六五五〜一六九三、英語関係の資料では Capricorn の呼び名で表示されていることがある）伯爵夫人も、ストックホルムで病気のため臥《ふ》せっていた。王妃が亡くなった夜にこの伯爵夫人がカールベルイを訪れ、王妃の遺品が残る部屋に入室するのをひとり許された。見張りについていた士官が鍵穴から覗き見たところ、伯爵夫人と王妃とが部屋の窓際で話をしているのが目に入った。士官はこの光景に仰天し咳きこんで血を吐いた。伯爵夫人は乗り物に乗って来たと思ったら、ほとんど次の瞬間に消えてしまったという。のちに事の真偽を確かめたところ、伯爵夫人はずっと自室のベッドに横になっていて、その日は特に具合が悪く足を運ぶ力もなかったことが判明した。士官は目撃したショックのために死に、伯爵夫人もその数週間後に他界したという。この事件を知った王は、他言することなかれ、と命じたとされる。まさにクライストの『聖ツェチーリエ、または音楽の力』のなかの聖ツェチーリエの再来を思わせる。この王妃の人物に惹かれて細部にわたってかなり長々と述べてきたが、この辺で本題のカール十一世の幻視に戻ろう。

七、フォンターネの種本はクライストの「ベルリーン夕刊新聞」なり

ゲーロ・フォン・ヴィルペルトは先の論文で、「このテクストになってようやく、上にすでに暗示された歴史的な、あるいはむしろ非歴史的な背景をこうした幽霊物語に与えるようになり、物語の真実性や信憑性をつき詰めることは、これまでできるだけ放置されてきたが、その成果はドイツ文学の研究にとっても興味のあるところとなろう」（引用論文の一八六頁）として、次の五つの要点にまとめてくれている。

（1）目撃者たちの署名が入った王の文書と称するものが、フィクションとされている。スウェーデンにおいて極力綿密な調査がなされたとしても、そのオリジナルの行方は全然明るみにとり出せなかっただろう。

（2）いわゆる幻視を証拠づけられる伝承は、女王ウルリーカ・エレオノーレ（娘のほう）の逝去後の一七四二年になってはじめて語られ出し、起こったとされている出来事のうち最も遅い時期からでも、ほとんど五十年後のことになる。

（3）幻視について触れている各種の版に挙げられている日付や居場所は、記録として残されている王の日記と一致しない。例えば第一点として、一六七六年十二月十六日～十七日は、王自身がストックホルムから遠く離れた場所にいた（筆者注、この日付の近辺は、いわゆるスカニア戦争の時期で、スカニア地方に縛られ身動きができなかったはず）し、第二の日付（一六九七年四月二日）は、王に死期が迫っていて立ちあがることもならず、まさに臨終の床に臥せっていた。

（4）カール十一世の随員のなかから、その場に居合わせた目撃者として名を挙げられている人たちは、カールの御世《みよ》に生存していなかったか、いわれているような肩書を持っていなかった（実際はメリメが二、三の名前や肩書を変更し、事態の信憑性を強めるために、固定観念にとらわれぬ疑い深い医者のバウムガルテンを、完全に勝手に捏造してしまった）。

（5）こうした不一致や、さらなる一連の不一致は、この報告に何かわからぬ目標設定を持ったフィクションという烙印を押すことになった（«un fait inventé on ne sait à quelle intention»［どういう意図によるものか誰にも分からぬつくられた事実］）。

ヴィルペルトはこう語りながらさらに、一八三三年代の研究の現況とはこういうものだったし、先にも出したRoger Peyre（ロジェ・ペイル）が一九一四年に資料を発掘しようと、スウェーデンの国立文書館で新たに探索に駆り立てられた時も、その状況には何一つ変化が見られなかったと述べ、彼が受けとった王室文書館の担当係のM. Th. Westrin（テーオドーア・ヴェストリン）の回答は、政治的な意図による偽造だろうという推測を、確認するだけのものだったとしている。

ここまでくれば、ヴィルペルトのまとめを是とせざるを得ないし、王の署名のあった文書なるものはその真偽が極めて怪しい、と一つの結論めいた解答を提出しているように見える。ヴィルペルトは、最後にフォンターネの『嵐の前』に注目し、物書きの現実的な面と題材的な面と、さらには超自然的な面の三つの面にわけて論じている。

「フィクションの現実的な面では、日没になって太陽が沈んだ後、ベルリーンの宮殿の上部の窓が三夜もたて続けに煌々《こうこう》と輝いていた、という詳細な新聞報道とか、それと結びついて大衆の間に横行している予言などが、類似の事件を改めて思い出させる具体的なきっかけとなり、ベルリーンの新聞だけでなく、話題に興じて寄り集まる人たちにとりあげられる。題材的な面では、登場人物の Marie Kniehase（マリー・クニーハーゼ）がちょうど聖書のダニエルの預言を読んでいたこともあり、彼女にこの報告が深い印象をくり返し与えたのは、なにもそこでの語り手だけではなくて、明るく輝く窓ガラスとか、（想像上か実際上の）火災現場に勇をふるって出かけたとか、そういった幻視の物語の個々の動静もまた、のちに『嵐の前』で城館ホーエンヴィーツを建増したホールの炎上の際にくり返される。Renate von Vitzewitz（レナーテ・フォン・フィツェヴィッツ）が彼女の側から、しかも選《よ》りによって受け手たる Lewin（レーヴィーン）に語る報告のなかで、彼自身が以前に語った物語の詳細がくり返されるばかりではない。火災のあった夜のあとでレナーテが見た夢には、自分でも気づいたように、自身の体験した特徴とレーヴィーンの幻視の物語の特徴が混ざり合って、こうした場ですら他のもっとよき時代に対する希望がほのかに感じとれる。というのも超自然的な面では、見本としたものから少し逸脱しながら、フォンターネが彼の幻視の報告に挿入した新しい時代の告知は、描かれた時代の気分や雰囲気にぴったり対応するからである。アルントやメリメの場合には、個々の切り離された珍奇性や奇妙な幽霊現象が、まさにそのもののために語られており、しかもそのもののために語られる度合が強いから、政治的な捏造という現代史的な関連は、完全に視野の外に置かれ不透明なままに終わっているのだが、その同じ語りがフォンターネの場合になって初めて、その適切な場所と自己完結性を、新しいもっと良い時代の待望の表現として一つの歴史的関係のなかに見出すのである。そのほかの何かをフォンターネに期待することは、もちろんあり得なかったであろう」（筆者注、傍点はヴィルペルトに依るもの、前掲論文の一八八〜一八九頁）と。

　しかしヴィルペルトの所説は、あくまでも比較文学論として説こうとするあまり、上に見たように「新時代待望論」に結論づけようとした嫌いがある。『嵐の前』では幻視の終幕、「いつの時代に起こることなのか」という王の問いに対する返事のなかで、「スウェーデンの地でいまだかつてなかったほどの流血の惨事となろう。しかし、そのあとで偉大な王が現れ、その者とともに平和と新時代が到来するだろう」と確かにいわれている。しかしながら、それは幻視のなかの王、あるいはひとつの「神」の託宣であって、この作品が参考にした古文書の処刑の場面も、かなり詳細に受け継ぎながら語られているし、むしろやはりむごい情景や奇妙な予言に中心があったと考えるべきだろう（筆者注、本稿二五頁参照）。新時代の到来こそが狙いだということであるならば、メリメの場合も王の残したという署名文の末尾で（筆者注、メリメの原文ではなく参考にした訳で紹介せざるを得ず、訳者に対し失礼な言い方にも響くだろうが、いささか古びていて明瞭に伝わるか不安ながら訳文のまま、本稿三四頁参照）、「……予は彼岸の生にすべての望みを断たんのみ。予のなせる若干の善行のため、なかんずく予が民の福祉を思い、祖宗の宗教護持いたせる熱誠のゆえをもって、彼岸の生活にあたいするを得たりと信ずるものなれど」という辺りも、それと同等に解せるだろう。さらに極めて端的に語られているアルント＝クライストの報告のなかでも、グスタフ四世とおぼしき人物の口を借りて「……スウェーデンに以前はなかったし、将来も絶対に現れることもないほどの偉大な王となり、その御世にスウェーデンの人々は幸せになろう。……」と（筆者注、本稿一二頁参照）述べられ、ヴィルペルトが指摘した『嵐の前』の言葉とそっくりである。もう論証も必要と思えぬほど、フォンターネはアルント＝クライストの一文を踏まえたものと見ていいだろう。

　もっと重要なことがある。「ちょっとした吉凶占いというところね。……その年になって戦争があったから、またもあらたな戦争に持ち越していくだろうというところね」（筆者注、本稿の二二〜二三頁参照）というショルレンマー叔母の言葉に、レーヴィーンは「出来事の全部もたちまち忘れ去られてしまっただろうさ、あなたがたの手元に届かない新聞のひとつが、もう次の日にも話を載せなかったとしたらね。何もかも不明なのに、城内で起こった出来事にもっと意味深なことをつけ加えよう、と目論んでいたのは確かだね、いわば兆候とか霊験としてね」（ただし、傍点筆者。同じく本稿二三頁参照）と答えている。その「もう次の日にも……」と訳した原文は、„am zweitfolgenden Tage“（nymphenburger Ausgabe の四三頁）となっている。たったこれだけの手掛りにすぎないが、これでアルントの文章というよりは、「ベルリーン夕刊新聞」を一八一〇年十月二十五日と二十六日とに分載させた点を、クローズアップさせれば、フオンターネがベルリーン夕刊新聞を典拠にしたという推論が成立する。アルントでは、「グリプスホルムに関する書簡」にしても、その後の評論にしても、いま指摘したドイツ語が当てはまるように、二日に分けては発表されていないからである。フォンターネの典拠はアルントなり、とした前出のリヒェルトは、アルントの評論のうちで一番最後のもの、すなわち《Schwedischen Geschichten unter Gustav dem Dritten...》(1839)(「グスタヴ三世統治下の……スウェーデンの歴史」)がそれだとしているが、そのことを説明する明確な根拠は挙げていない。おそらくフォンターネは、最初に掲げたクライストの新聞記事を記憶していたか、容易に参考にできる状態にあったかして、しかも執筆者の名前などあまり問題視されることの少ない新聞記事として、自分の小説に使ったものと思われる。フォンターネ(一八一九～一八九八)は、嗜好や傾向からしてアレクシス(一七九八～一八七一)に類縁関係が近いとされるし、実際に《Willibald Alexis》(『ヴィリバルト・アレクシス』)なる評論を一八七二年に出しさえしている。しかし、ことカール十一世の幻視に関する限りは、上の文章の対比で分かるように、アルント(一七六九～一八六〇)、それもクライスト(一七七七～一八一一)が採りあげたその再話によったと考えていいのではないか。さきに「もう次の日にも」というたったひとつの証拠をあげたが、それだけでは不充分だという向きには、アルント＝クライストの文章とフォンターネの文章とを比較対照させて見れば、ある程度納得がいくのではないだろうか。もちろん冒頭にヴァージョン別に挙げたそれぞれの訳文表示では、その点がかえってわかりにくいので、あえて原文を引用することにする。

---

1. -A (*Fontane*): ...***Bei ihm war niemand als der Reichsdrost Bjelke.*** Da schien es dem König, daß die Fenster des Reichssaales zu glühen anfingen, darauf hindeutend, fragte er den Reichsdrosten: ***‚Was ist das für ein Schein?‘*** ‚Der Reichsdroste antwortete: ***‚Es ist der Schein des Mondes, der gegen die Fenster glitzert.‘ In demselben Augenblick trat der Reichsrat Oxenstierna herein, um sich nach dem Befinden des Königs zu erkundigen,*** und der König, ...fragte den Reichsrat: ‚Was ist das für ein Schein? Ich glaube, das ist Feuer.‘

Auch der Reichsrat antwortete: ***‚Nein, gottlob, das ist es nicht ; es ist der Schein des Mondes, der gegen die Fenster glitzert.‘*** …

1. -B (*Arndt* = *Kleist*): …Ich sagte da ***zu dem Reichsdrost Bjelke, der bei mir im Zimmer war : ‚was ist das für ein Schein im Reichssaal?*** Ich glaube da ist Feuer los. Er antwortete mir : o nein, Euer Majestät, ***es ist der Schein des Mondes, der gegen das Fenster glittert.*** …Ich sagte da wieder: hier muß es nimmer richtig zustehen. Ja, sagte der große und geliebte Reichsdrost Bjelke, es ist nichts anders, als der Mond. ***In demselben Augenblick trat der Reichsrath Bjelke ein, um sich zu erkundigen, wie ich mich befände***. … Er antwortete da nach dem Stillschweigen einer kleinen Weile: ***‚nein, Gott sey Lob ! da ist nichts; es ist allein der Mondschein, der verursacht, daß es aussieht, als wäre im Reichssaal Licht.***

2. -A (*Fontane*): …trat er hastig zurück und sagte: ‚Gute Herren, wollt ihr mir folgen, so werden wir sehen, wie es sich verhält ; vielleicht daß der gnädige Gott uns etwas offenbaren will.‘ Sie antworteten: ‚Ja.‘

2. -B (*Arndt* = *Kleist*): …aber dann sagte ich : gute Herren, wollt Ihr mir folgen, so werden wir sehen, wie es sich hier verhält ; vielleicht daß der gnädige Gott uns etwas offenbaren will. Sie aber antworteten alle mit bebenden Worten: ‚Ja.‘

3. -A (*Fontane*): …als sie wieder hinblickten, war der Thron zusammengebrochen. Der König aber, indem er des Reichsdrosten Bjelke Hand ergriff, rief laut und bittend: ***‚Welche ist des Herren Stimme, die ich hören soll? Gott, wann soll das alles geschehen?‘***, / Und als er Gott zum dritten Male angerufen hatte, klang ihm die Antwort: ***‚Nicht soll dies geschehen in deiner Zeit, wohl aber in der Zeit des sechsten Herrschers nach dir.*** …

3. -B (*Arndt* = *Kleist*): Ich zitterte und bebte, …und laut rief: ***welche ist des Herrn Stimme, die ich hören soll? Gott, wann soll dieß geschehen?*** Es wurde mir nicht geantwortet. Ich rief wieder: o Gott, wann soll dieß geschehen? Aber es wurde mir nicht geantwortet. ... Ich rief wieder, stärker denn zuvor: o Gott, wann soll geschehen dieß? so sey denn, großer Gott, so gnädig, und sage, wie man sich verhalten soll. Da antwortete mir der junge König: ***nicht soll dieß geschehen in Deiner Zeit, sondern in der Zeit des sechsten Regenten nach Dir,*** …

（筆者注、強調修飾は筆者。クライストの文中で sey とか dieß などのやや古い形を使っていたり、引用符を付していない用法も、そのま

まにした。2. の例は、ほとんど同一文と見紛うほどなので、そのままにした）

ドイツ語は不問に付しても、ただ視覚的に見分けやすい三例を右に挙げたので、比較対照すればその相異点や一致点は一目瞭然であろう。概してフォンターネの文章が、先行するアルント＝クライストの文章をなぞっている趣がある。もちろん同じ内容をつたえる文であるからには、似たような文になるのは当然ではないか、という反論も予想される。さらにクライストが記事をわざと分載したのが、れっきとした歴史事実としてなのに、フォンターネは創作として書いた違いでないか、との反駁もあるかもしれない。ただし、用字用語の一致や言葉の言い回しがこれほど似ているのは、先行の文章をかなり意識的に参考にした、と考えるほうが自然と思われる。先にあげたフォンターネの「もう次の日にも」という表現も、あっさりそのことを顕わにしたととれるし、前にあげた筆者の主張を補強する傍証としてここに提起した次第だ。

ここでさらに別の視点から補っておきたい。ヴィルペルトは先に引用した論文でフォンターネとメリメの関係にかなり紙面を割いていて、「アルントの『（グスタヴ三世統治下の）スウェーデンの歴史』は、おそらく一八一〇～一八一一年の間に書かれたはずなのに、照応するそれなりの指摘もなしに、一八三九年という偽称の年号を持ち出し、リヒェルトが立証しているように、フォンターネの『嵐の前』（一八七八年）がその偽称を、その証明戦略までも含めてそっくり受け継いでしまった」と述べ、「フォンターネの典拠はA. A. Afzelius アフセーリウスのテクストなり、という Jørgen Hendriksen（イエルゲン・ヘンドゥリクセン）の推論（Theodor Fontane og Norden, Kopenhagen 1935, 70「テーオドーア・フォンターネと北欧」を注記として載せている）を、フォンターネがスウェーデン語の知識がなかったとして退けていたにしても、リヒェルトの成果に瑕疵《かし》をつけるものではないと言っている。というのも、アフセーリウスの著作が一八四二年来、ドイツ語訳がすでに出ていて、これをリヒエルトが見逃しているのだ」として、アフセーリウスにならった可能性を留保している。さらにヴィルペルトは論をこんなふうに進めている。

「本格的な比較文学の意味においては、それぞれの国の文学研究がお互いについてどんなに知識が乏しいかを見るに、驚くどころかぶったまげてしまう。例えばメリメ研究がフォンターネを参照するよう指摘する度合は、フォンターネ研究がメリメを参照するよう指示する度合と同じく少ない。仮にそんなことをしていたとしても、かえって一層おさびしい結果に終わっている。私が観るところ、Siegfried Hajek（ジークフリート・ハイエク）は、テーオドーア・フォンターネの『嵐の前』のなかの逸話に関する最近の研究で、メリメの文章に対するフォンターネのテクストの関係について、初めてのインテンシヴな取り組みをしているが、それも唖然とするほど単純化して（『些細な点にはかかずらう必要はない』）、つまり、『この逸話はプロスペル・メリメから由来している……』とだけ説明している。こうなるといずれにしても、フォンターネ研究の当時の規模に照らして、リヒェルトの反対の立場からの研究成果が、特に『オイフォーリオン』のような『主流から外れた』雑誌に掲載されている場合には、あっさり無視されたことの言い訳にされている。しかしもっと困った事態になってしまうのは、『この逸話はプロスペル・メリメに由来していて、メリメが一八二九年に『カール十一世の統治の年代記』のなかで言及し、しかものちにそれに対応したアンソロジーに、なんども個別に絢爛と物語った恐怖物語の形で載せられた』としている点である。

さて、メリメが一八二九年に右にあげた題名（«Chronique du temps de Charles IX»）に似た作品を出版したのは確かなことであるが、ここでいわれている新タイトル«Chronique du règne de Charles IX»で出たのはその後数年たってから、すなわち一八三二年のことである。カールが同じカール（シャルル）であっても、カール（シャルル）九世のことであって、ここでいわれているカール十一世のことではない。カール九世かカール十一世かは全く問題ではなくて、フランスにはスウェーデンのカール十一世なる人物は皆目存在しないのである。……」と。

もう自明であろうが、ハイエクという研究者は功を焦ってか、名前の国による差異が実は語源的には同一であることの認識はどこへやら、スウェーデンのカール十一世（XI）とフランスのシャルル九世（IX）のラテン数字の表示を見誤った点を示唆して、ヴィルペルトは比較文学の研究では、なかなかに大変であるのを慨嘆してみせたのである。つまりは、どうしてもテーオドーア・フォンターネの種本はメリメなり、とする主張を持ち出さんがために、ハイエクは思わぬところでボロを出したことになる。こうした展開からは、フォンターネが参照したのはメリメだという立論には、ヴィルペルトはむしろ否定的だったらしいことが窺える。

念のためにその辺についてどうなのか、それぞれのヴァージョンとして先に紹介したメリメとフォンターネのテクストを比較検討してみれば、意外にも簡単に判明するので、これまでヴィルペルトを通じていろいろな研究者の所説を長々と述べたことが、一体なんだったのだろうかと思うほど拍子抜けしてしまう。まず何よりも登場人物の名前について、メリメでは「侍従ブラエ伯と侍医のバウムガルテン」が名ざされているが、フォンターネでは「内膳頭《ないぜんのかみ》ビェルケと同じく顧問官ウクセンシェールナ、侍医の名は欠落」している。さらには王国議会が行なわれる会議場に急ぐ途中で、「グスタヴ・エーリクソンの部屋の前を通り過ぎる」という描写があるのは、フォンターネ、及びアルント＝クライストのケースであるが、メリメのケースには見当たらない。これはまさにアルント＝クライストのテクストにフォンターネが従っているといわざるを得ない。アレクシスの場合はどうかと言うと、こちらはスウェーデンのヴァーサ家の通史を要約してみせているだけで、いわゆるカール十一世の幻視そのものも、ほんの数行に収めてしまいないけれども、メリメとフォンターネの場合には説明文で補っている。ただし、その署名の人数が奇妙なことに、ルント＝クライストがその最後を飾った宣誓の意味の署名は、ほかのどのヴァージョンにも具体的な形で表示されて（本稿の一六頁参照）、極めて圧縮した報告を旨《むね》としたかのように、その夜の登場人物たちの名は伏せられている。アフォンターネでは随行した二人であり、メリメでは随行者は三人となっている。メリメでは鍵を管理している門衛が数えられているのに、フォンターネではそもそも門衛に当たる人物がいない。元のアルント＝クライストに立ち返って署名欄を確認すれば、署名人は王以外に四人いなければならないはずである。この点がいささか引っかかるにしても、フォンターネが同じビェルケ姓が重なるのを嫌って、一人にまとめたものと考えられるが、総じてアルント＝クライストの文章にならった、という先ほどあげた筆者の見解のひとつの傍証となるだろうことは確かだ。

ところで再三引き合いに出しているヴィルペルトは、その論文の冒頭でフェールベリーンの戦闘について触れ、ブランデンブルクの大選帝侯の好敵手として、登場はしないが単に話題にされるカール十一世が、「王のカール」、「カール・グスタフ」、または「グスタフ・カール」と呼ばれ、韻律の必要からしょっちゅう変わっていると指摘して、クライストの『公子フリードリヒ・フォン・ホムブルク』という作品に確かに間接的ながら触れている。しかし、フランス文学にしてもドイツ文学にしても固有の研究領域があると認めつつ、比較文学的にはもっと共有してもよかりそうなものだというのが、おそらくヴィルペルトの論文の主旨なのだろうが、足元のドイツでクライストが「ベルリーン夕刊新聞」を発行していたこと、そのうえそこに、まさに「カール十一世の幻視」と題する記事を発表していたことに思い当らなかったとは、われわれクライスト研究家の側から、なぜもっと早くに意見交換、ないしは問題指摘をしてあげられなかったのか、と大いに残念に思われる。付言すれば、この碩学はクライストにもかなり造詣が深く、クライストの専門研究会であるHeinrich-von-Kleist-Gesellschaft（ハインリヒ・フォン・クライスト協会）の機関誌、Kleist Jahrbuch（クライスト研究年報）の一九九三年度版に寄稿文を寄せているのを、筆者も最近になって知っただけにその思いが強い。この学究は立派な業績をあげておられるのに、バルト海のエストニアの出身で、一九五七〜七二年にシュトゥットガルトの講師をしたことがあるが、その後オーストラリアのシドニーを活躍の場としたまま、ドイツ本国で教鞭はとられることなく二〇〇九年に亡くなられたようだ。

ちなみにクライスト研究年報の一九九三年に発表された寄稿文の題は、«Der verabredete Dämmerung»（「示し合わせた夜明け」、その機関誌の一九〇〜一九三頁）というものである。かなり短い論文で、主要には『聖ドミンゴ島での婚約』の文中にある、この「示し合わせた夜明け」という表現に対する批判になっている。言葉の厳密な意味に迫ってクライストのテクストが、「約束に従って黎明の最初の曙光が射してきた」とあるのに対して、いかにもこの曙光が忠実にも約束を守り、打ち合わせ通りの時間に、実際に、しかもまるまるその通りに現れるというふうにとれて、このことはまさに自然の法則にいささか反するように思われる、と疑いをはさんでいる。その傍証として、貴婦人の寝室に思わぬ鞭が出てきたり（『拾い子』）、監獄の独房に自殺を幇助《ほうじょ》する縄があったりする（『チリの地震』）など、日常のありふれた事柄に対するクライストのノンシャランぶりに触れている。さらには、『O侯爵夫人』の最後の展開のなかで、„nach der nunmehr erfolgten Entbindung der Gräfin von einem jungen Sohne“（「伯爵夫人がめでたく若い男児の分娩にこぎつけた後では」という箇所にも言及し、「新生児」であるのにわざわざ„jung"という言葉を使っていることに注意を喚起して、文芸用語でいうところのKorruptele（文破綻＝誤記かなんかで元の形が不明のため、テクスト批判時になんらかの注記をするか、校訂者の整定を受けるべき個所）ではないかとしている。つまりは、作品に立ち返って„der Verabredung gemäß"「示し合わせた通り」という挿入句は、いまでは現存しない原稿にあとからクライストがつけ加えたか、校正刷りの折に間違った行にさし込んだのではないか、とヴィルペルトはいうのである。その根拠に、打ち合わせたのは、黎明の始まりという時間なのではなくて、その頃合いに逃避行を続ける一行が到着することなのだ、と指摘してみせる。こうした展開から、現在適用されている原文の„…, kaum war auch, der Verabredung gemäß, der erste Strahl der Dämmerung am Horizont angebrochen, als Nankys, des Knaben, Stimme,…"（「示し合わせた通り、やはり黎明の最初の曙光が水平線の辺りにさしこんだと思うや否や、あの男の子、ナンキーの声が……」）という部分は、„…kaum war auch, der erste Strahl der Dämmerung am Horizont angebrochen, als der Verabredung gemäß die Gesellschaft aufauchte."（「やはり黎明の最初の曙光が水平線の辺りにさし込んだと思うや否や、示し合わせた通り一行は姿を現した」）という文に直したほうが意味は理解されやすい、と主張している。細かいことながら、言われてみれば確かに一理ある主張である。ただし、元の原稿が現存しない今となっては確かめようもなく、ある意味で貴重な見解ではあるが、いささか論理性にこだわりすぎたといえなくもない。ヴィルペルトがクライストの作品とどう関わっているか、その特徴を見たまでのことで、そのことにかかずらっている場ではなかろう。

八、「カール十一世の幻視」を扱ったほかの主な研究者について

一、**Reinhold Steig**（ラインホルト・シュタイク）

さてヴィルペルト以前に、クライストのこの題材に言及した論文がなかったのかといえば、実はちゃんと発表さ

れていたのである。つまりReinhold Steig（ラインホルト・シュタイク、一八五七〜一九一八）«Heinrich von Kleists Berliner Kämpfe», Bern 1971（『ハインリヒ・フォン・クライストのベルリーンの戦い』）という研究論文のことである。

ただしその印刷履歴によれば、Berlin und StuttgartのW. Spemannという出版社の一九〇一年版の再版として、ベルンのHerbert Lang社より一九七一年に出されたことになっている。つまり、この再版を基準にしても当該のヴィルペルトの論文の発表（一九九二年）よりも二十一年前に公《おおやけ》にされており、初版の年代からすれば優に百年近くもたっているが、このシュタイクはGeorg Minde-Pouet（ゲオルク・マンドゥ＝プゥエ）と共に、いわゆるマイヤー版のクライスト全集を共同編纂した人である。ヴィルペルトが、表題に出るアルント、アレクシス、メリメ、フォンターネに言及している割には、クライストをただ所論の冒頭を飾るための枕に使っているだけなのは、非常に惜しまれる。クライストが創刊した新聞に、「カール十一世の幻視」の紹介文があるのを踏まえれば、クライストを扱わないのは、奇異というよりはむしろ滑稽とすら感じられる。ヴィルペルトは二〇〇九年十二月に鬼籍に入ってしまわれたので、この点に関する質問を向ける機会を失ったことになる。それはさておき、ラインホルト・シュタイクはその『ベルリーンの戦い』のなかで、すでに紹介済みのE・M・アルントに関連づけた同論文の四六七頁以降で、こう述べている。

「そういう具合で、この取り組み（筆者注、ペルテス氏発行の『祖国の博物館』のこと）には、ベルリーンの愛国主義者たちの共鳴は確実であった。アーダム・ミュラー、ザヴィーニ、アルニム、ブレンターノ、それにグリム兄弟たちが、ペルテスに賛意を表明した（『生涯』一八七五年、第一巻、一六七頁）。アルニムはヴィルヘルム・グリムの事前の承諾なしに、Oehlenschläger（ユーレンスレーガー、一七七九〜一八五〇、デンマークの詩人）の愛らしい『マリアの歌』の彼による翻訳をこの雑誌にすべり込ませた。『祖国の博物館』には、愛国主義者のグループが政治的な立場を主張した「ベルリーン通信」が、匿名で公にされてもいる。クライストはその『ベルリーン夕刊新聞』の二二号及び五〇号で、この『祖国の博物館』の購読を二度にわたって読者に勧めている。クライストは『グリプスホルムに関する書簡』から、一八一〇年の二四号及び二五号の夕刊新聞紙上に、この幽界事件を伝えた古文書を転載した。すなわち一六七六年のカール十一世の幻視で、百年以上ものちに体験されるはずの血腥い残虐な行為が予告されていたのである。

カール十一世は、真夜中に目を覚まし、王国議会の会場が煌々と照らされているのを目にした。信頼のおける友人とそこへ入ってみると、ひとつのテーブルが置かれ十六人の男たちがそこに座っているのを認めたが、そのなかに一人の若い王らしき人物もいて、若々しい貴族の何人かに死刑の宣告を下していた。テーブルの奥には転がりかけた玉座があったが、そのそばに王国代表者がいた。こうした一切は汝の六代あとの統治者のときに起こるであろう、とカール十一世は回答を受けた。その時期に政権にある王は、いま目の前にしている若い王の外貌をしていようし、その後見人はここにいる王国代表者に似ていよう。しかしその治世下で若い王を追いつめ、のちにその政権の責務を自らの身に引き受けるであろう。人々は王座を強固盤石なものにしよう。ある大きな流血沙汰は、似たようなことが決してスウェーデンの地に起こらないように、予防するものとなろう。『汝はスウェーデンの王たる者に汝のよき警告を与えるべし！』この言葉が発せられるや、こうした幻像はかき消えた。このあとカールはこの幻視を、のちに玉座に座る後継者の警告のために記録にのこし、自分と自分の信頼をおく者たちの署名をして認証し、後継者のために王国の文書館に保管させたのである。

この予言が指したのは、一八〇九年に叔父によって退位させられたグスタフ四世のことだ、と人々が解釈した。この高志の君主はナポレオンに対する非常に激越な反対者で、王統墨守の頑固な信奉者であった。この王はいまやゴットルフ伯としてドイツをあちこち放浪し、一八一〇年八月にはグルーナーの警察報告（筆者注、クライストの『夕刊新聞』のなかの一コラムのこと）によれば、ポツダムにたち寄りさえし、さらにテプリッツへと旅を続けたのであるが、『夕刊新聞』が出始めたとき、そのなかでこの不幸な王の運命について引き続きクライストは、同情深くも情報を流しつづけた。そのためにこの以前の予言を『夕刊新聞』にとりあげたが、それを適用するとゴットルフ伯は、いつかは強力な王としてスウェーデンに君臨するであろうということになる。ここでクライストは、その政治的な思惑があって«H. von Pl.»という人物と出会っていたし、この人物は古文書をスウェーデン語から訳し、『祖国の博物館』に載せていたのである。ところで«H. von Pl.»というのは、――エルンスト・モーリッツ・アルントのことだった。『愛するドイツ人たちのためを思い、その人たちに寄せる著作』と題した書物のなかで（第一巻、一七三頁）、再び転載するにあたって自分の所有財産であるとの当然の権利主張＊を行なった。Reimer（筆者注、ライマー、同じく愛国者でクライストの作品出版を請け負ったこともある人物）とクライスト、及びそのほかの友人たちは、もちろん当時すでに《H. von Pl.》という匿名の蔭に隠れていたのは何者か、知っていた。こうした事情は、クライストにしてもその決定にあずかっていたことになる。E・M・アルントは、自分の名を伏せておかなければならなかったので、たしかに本名で代表させられなかったけれども、クライストの『夕刊新聞』に載せる場合にも、彼の当時の活動の有機的な断片で代表させたのだ、＊＊とわれわれは見ている。

アルント、及びそのあとにつづいてクライストは、公刊する前からすでにこの写本が出まわっていたと明言している。政治的な状況の全般に見られる不確かさがあるにしても、その一つでも古文書により証明される形で目の前に提示されうるような不思議物語なら、読者大衆は熱い思いで受け入れた。われわれの文学にも浸透する影響は、多様な種類のものがある。クライスト自身も、このような話から自分の仕事に役立つ新しい手だてを引き出した。アルニムの『ドロレス伯爵夫人』では、老伯爵は高台から自分の城館が幽霊じみた光明に照らされているのを目にする。これは影響を受けている可能性はあるが、絶対にそうだと断定するわけにいかない。フォンターネはその小説『嵐の前』で、このスウェーデンの古い題材を再び力ずくでねじ伏せ、あの時代の不吉な予感とか、信じがたいものに対する当時の投げやりぶりを、文学的再話に仕あげた。ここでは年代は一八一二年のこととされている。ベルリーンから情報が寄せられて人々は知るわけであるが、三日にわたって古い城館の上部の窓が日没後に突然煌々と明るくなった。戦争の起こる兆候だと人々は噂した。この現象にもっと奥深い意味を付与するために、ストックホルムの王国議会のホールでの不思議なカール十一世の幻視を、首都の新聞の一つが掲載したという。フォンターネはこれを物語に編みこんだ。彼は文体を後から改めただけでアルントの文に従ったのである。満更あり得ないことではないが、フォンターネが『夕刊新聞』からとってきたか、それとも『祖国の博物館』の原典から汲みとってきたのかもしれない。……」と。

少し長くなったが、これがアルントにからんで、クライストのジャーナリスティックな活動の一端がシュタイクによって伝えられたものである。シュタイクは初版を出した一九〇一年の段階で、アルントのことは別にして、すでにフォンターネの「嵐の前」に触れていることが確かめられると思う。ただし、引用最後の一節にあるように、フォンターネの典拠はクライストよりも、むしろアルントのほうだといっているようなところがあるが、確たる根拠をあげておらず、かなり曖昧な言葉で終えている。すでに筆者が指摘したように、クライストが十月二十五日と二十六日の二日に分けて、「ベルリーン夕刊新聞」に載せたことを根拠とすれば、限りなく真相に近づく可能性が生じ、フォンターネの原典はクライストの新聞記事によったものだ、と推論してほぼ間違いなかろう。

シュタイクはさらに《Neue Kunde zu Heinrich von Kleist》Reimer, 1902（「ハインリヒ・フォン・クライストに関する新情報」）なる論文を発表しているが、あくまでも前の論文《Heinrich von Kleists Berliner Kämpfe》1901 の補足論文にすぎず、アルントやそのほかフォンターネやアレクシスとかに関連する部分は見当たらず、特にここにつけ加えることはなさそうである。

それはそうと、同時にシュタイクはメリメのことには一言も触れていないことも明白である。ということは、シュ

＊（原注）アルントは一八四五年になって次のように述べている。「汚辱と悪徳漢だらけの時代のこうした書簡は、真面目人間がもの申すのに、なんの罪深さもなければ当たり障りもない事柄や事情にあっても、場所や名前すらもただ単に隠すだけでなく、何かに包まなければならなかったのだから、まさにうろちょろしては、あちこち嗅ぎまくる卑劣漢が横行している限り、何かよそ様のシャッポをかぶっていたものだ」と。

＊＊（原注）「祖国の博物館」では、アルントの「グリプスホルムに関する書簡」そのものが、「ストックホルム、一八一〇年六月十六日」との日付があった。これは年代的には正確ではない。アルントは一八〇九年にはスウェーデンにいたが、一八一〇年にはおらず、その頃はグライフスヴァルトに再び住まいを移していた。従って一八〇九年六月十六日と改めるべきである。しかし、年代の記載は卑劣漢どもを騙すためにわざと変えられた可能性もある。

タイクがメリメの作品の存在を承知していなかったからなのか、この論文の発表主旨からして、知っていてもあくまでもドイツ文学界、ここでは特にクライストにのみ限定すべきだと思ったからなのか、そのいずれかであろう。その意味ではメリメとの関連を持ち出したのは、むしろ比較文学的視野を強調したヴィルペルトのほうだということは確かであろう。ここでだからといって、彼がドイツ文学界でそのことを初めて指摘した人物だったのかどうか、という類の話に進めるつもりはない。というのは、それは第一発見者を決めるだけのことで、それなりに重要な問題でなくはないが、そのこと自体が自然科学界で認められるほどの功績ともいえないし、特にそこから何らかの発展性が望めるわけでもなく、別な言い方をすれば、題材としている内容がそれぞれ似通っていて、具体的な関連性を押さえられさえするならば、早晩誰かによって容易に指摘される性質の問題だからである。すでに先述したことでわかるように、ヴィルペルトはクライストに関してかなり広範な知識を持ちながら、アルントとメリメの関係を追跡しているのは当然としても、なぜもう少し視野を拡げてアルント＝クライストの記事との関係を追究できなかったのか、残念に思うばかりである。膨大な文学作品があり、さらに関連する研究論文に満ちみちているわけだから、そのすべてに精通するということは至難の業といえるだろう。アルントならアルント、クライストならクライスト、というふうに研究分野が細分化されがちなところを、むしろ幅広く外国の作家との関連に目を向け始め、改めて「比較文学的」な視野に収めようと考えたのかもしれない。例えばメリメが勝手にアルントの題材を借用していても、それが直接アルントから仕入れたものだとどこかで表明していなければ、当該のアルント側の文献に現れようはずもなく、その影響関係は確かめようもない。

二、**Benno Diederich**（ベンノ・ディーデリヒ）

ここで、新たな書物を引き合いに出してみよう。Benno Diederich（ベンノ・ディーデリヒ）«Von Gespenstergeschichten, ihrer Technik und ihrer Literatur»（『幽霊物語について、そのテクニック及びその文献資料について』）

Reinhard Kuballe, Neudruck der Ausgabe 1903, Osnabrück 1984. という著書のことである。一九〇三年に出版されて新たに一九八四年に再版されたという意味だから、まさに前のシュタイクと時期がほとんど重なる研究家ということになる。ベンノ・ディーデリヒ（一八七〇〜一九四七）は、あまり著名とはいえないが、著作数が結構多く分野も多岐にわたっている。ゾラやドーデーなどのフランス文学の翻訳や伝記、ドン・キホーテの翻訳、ホメーロスの『オデュセウス』の翻訳などを出し、『プロイセンの台頭、フリードリヒ・ヴィルヘルムの治世及びフリードリヒ大王の初期より。民衆本』を一九一五年に発行しており、どうやらハンブルクのギムナジウムの教授だったらしく、多方面にわたる知識に通じていた人と思われる。なお、Hans Erich Nossack（ハンス・エーリッヒ・ノサック、一九〇一〜一九七七、筆者注、実存主義的傾向が、サルトルに好まれたドイツの作家）がヨハネウム・ギムナジウムの一年生として入学したとき、そのクラス担任がディーデリヒ教授だった、とある本に漏らしていることを付け加えるのは、まんざら余計なことでもなかろう。

先にあげたディーデリヒの著書は、表題から内容が必ずしも捉えにくいのだが、ドイツばかりでなく広く古今東西の幽霊物語のなかから、著者が興味を抱いたものをピックアップし、それらの特徴に焦点を当てながら、ときにはそれらを比較対照して、その関連性や独自性などにまで論及した好著である。幽霊物語といえば、一見かなり通俗的と見なされがちであるが、著者はあえて物語文学としての真正さを追い求めていて、その歴史的な展開を冷静に分析する端正な姿勢を示している。そうした著書概要よりも何よりも、ここに紹介した理由が端的に理解してもらえる実例を挙げたほうがよさそうである。そう実は、この書物の三〇頁にプロスペル・メリメの『シャルル十一世の幻視』が、著者自らの訳の形で再録されているからである。メリメの作品はすでに日本語訳として紹介済みなので、ここまで読まれた読者にはあらためて提示する必要は、当然ながらないだろう。

むしろディーデリヒの書物が発表されたのが、一九〇三年であることに注意を向けられたい。もちろん筆者が見ているものは、その再版である一九八四年代のもので、少し補筆改訂されている可能性がなくもないが、年代に隔たりがあってもほぼ同内容のものと見ていいだろう。そんな注記を加えたのも、なにしろ著者は一九四四年にはすでに他界されているからである。いずれにしろ、前にとりあげたヴィルペルトの論文の発表年代が一九九二年であるから、まずはここで、それよりもほぼ百年も前にメリメの作品に言及していた人物がいた事実が確認され、メリメの作品との関連に最初に気づいたのは、少なくともヴィルペルトでないことが立証されたといえそうである。ついでにつけ加えれば、Felix Schloemp, «Das Gespensterbuch», Georg Müller Verlag, München 1920（フェーリクス・シュレンプ編纂『幽霊本』）なる書物で、一九一頁以降にR. Schaukal（リヒァルト・シャウカル、一八七四〜一九四二）によるメリメの作品のドイツ語訳が載せられている。こういうふうに探していけば、ヴィルペルトよりも前にメリメとの関連を知っていた人が、まだまだ出てきそうである。シュレンプ編纂の本は、いわば単に幽霊話を大衆相手に紹介するだけが目的らしく、内容や背景などの七面倒な解説は極力省いており、メリメとの比較文学的なことや当面問題にしている事柄に参考になることは何も見出せない。先のディーデリヒに舞い戻ると、幽霊物語の歴史的な分析や関連に言及し、その過程でアルントやクライストなども引き合いに出してはいるが、どうしたものかメリメの作品がアルントの「グリプスホルムに関する書簡」から材を得たものだということには、はっきり言及していない。ほかの作家や作品を比較検討した観点を押し進めて、アルントとの関連に触れたのはヴィルペルトが最初、ということはいえそうにも思える。しかし、いまはその決定は留保しておこう。

ただ面白いことに、実はヴィルペルトも幽霊物語をテーマにとりあげた単行本を出していることがわかった。それは一九九四年にKörner Taschenausgabe（ケルナー・ポケット版）として出された、«Die deutsche Gespenstergeschichte, Motiv-Form-Entwicklung»（『ドイツの幽霊物語、副題、モティーフ・形態・伸展』）のことである。あくまでもドイツ語圏内の幽霊物語を主眼とするものであるが、フォンターネの『嵐の前』を解説しながらも、「将来起こることの警告イメージは、この小説では単に、——E・M・アルント及びプロスペル・メリメの小説«La vision de Charles XI»(1829)（シャルル十一世の幻視）などに翻案改作されたものにならって——まさしくこの章で語られたスウェーデンのカール十一世の幽霊ヴィジョンでもある」と言っていて（引用書の三四三頁）、さすがにちゃんとメリメとの関連性に触れていることは、書き添えていいだろう。

それはさておき、ディーデリヒがメリメの『シャルル十一世の幻視』を翻訳紹介した点は前に触れたが、その直後に所論を展開しているので、それを少しここで紹介してみよう（筆者注、先に挙げたディーデリヒの著書の三七頁以降）。

「従ってこれは一つの『古文書』で、過去に起こった幽霊現象に対する歴史的な証拠書類ということになろう。さてわれわれは、このことに対してどう対処すべきだろう。まず否定的な立場としては、われわれはそのことを信じない、われわれの経験全体、われわれの教育された思考様式の全体をあげて、そんなことには異を唱える。しかし、その反対の立場に立てばこの証明のなんと綿密なことだろう！　物語そのものの内枠では、これは幻覚なんかじゃないという証拠さえ、われわれは手にしている、まずはカール（シャルル）という人物の沈着で世間的にも決断力のある性格として、第二には、王と行動を共にした者たちは三人とも、同一のことを目撃している事情として、第三には、血の痕跡が上履《うわばき》に残されているという状況として。さらには後世の人たちに対して、このことは紛れもなく実際に起こったのだとして、即刻、証拠文書を作成したことのなかに、次には同伴者の三人の署名のなかに、三番目ながら一番強烈なのは、王の自筆の署名と宣誓のなかにということになる。さらには物語られたものの外においても、出来事の報告者の言葉が真であるのを、多くのことが保証している。王はフルネームを署名していて、従ってその署名とともに証拠文書が今日でも存在している、と確言しているうえに、この手のうちでも最上のものだし、まだ誰もその真正な点を疑った者はいなかった、それと同時に幽霊現象は実際に《vaticinium post eventum》（起こった出来事の後の予言）ではないので、重要な内容を持っていることになる。なぜかというに、あとになって何もかもその予言通りに起こったからである。この物語は従って非常にしっかりと現実に根をおろしているので、その最初のところで強調されているように、疑い深い人は検討もせず頭から信じようとしないのだ、という誹《そし》りを招かざるを得ない。

ただ一つ奇妙なことがある。スウェーデンの学術的な歴史が、この出来事について口をつぐんでいることである。もっとずっとどうでもいいことが郷土史などに盛られているのに、こうした類《たぐい》まれなものが見過ごされても構わない、と容認されていいのだろうか。スウェーデンの歴史家たちは相当にたくさんの古文書を読んでいなければならなかったし、かなりの歴史家たちはわずかな順位の問題や、どこに所蔵保管されているかの問題について詳しく扱ってきたのに、この一点、しかも王の署名の入っている点を、歴史家たちがまったく目こぼししてしまってよいといえるだろうか。それもなぜだろう。それとも結局は……。われわれは素早く厳しい目をメリメに投げかけてみよう」といって、ディーデリヒはすぐさまメリメの人物性格に批判の目を向ける。ただし、ディーデリヒが第三点に挙げた「血の痕跡が上履《うわばき》に残っていた」というのは、われわれが知っているオリジナルテクストとは違っていることは、心にとめておく必要がある。ともかくその所説を追ってみよう。

「彼はフランス文学界のうちでもきわめて興味深い特性のある人物の一人である。高い才能を有していた両親の倅《せがれ》として一八〇三年に生まれた（父と母は美術界では、独創的な芸術家として一目おかれるほど名を成していて、そこから息子がどんな人物か、およそ具象的にも見通せる）。二十二歳にして有名な作家となり、二十七歳でフランスの史的記念遺物の監視官、つまり遠くからでもそれと見えてしまう高位の国家公務の仕事口に就いた人なのである。性格の上でも風変りなところがある。子供の頃きつく叱られ、両親が子供らしい彼の後悔を嘲笑っているのを隣室で耳にして、もう二度と赦《ゆる》しを請うまいと決心した。この少年時代の誓いを彼は守った。昔にそうだったものが、ますますそうなったわけだが、断乎として思いを閉ざしながら自分のスタイルを形成した。自分の感情をおもてに絶対表わさない！　そういうふうにして物語づくりでも、ますます頑《かたく》なで同時にますます情け容赦のない態度をとった。ときにつれ読者の目に直接火を燃え立たせてやろうという病癖が、そこから生じた。言葉と感情を横溢させて、ばかげたことを蔭に隠しておこうとすることが、彼にはいつも楽しみとなった。彼は、《Klara Gazul》（クラーラ・ガスル）というスペインの女優が書いたと称する、いくつかのロマン的な戯曲を発表したのだが、その女優を求めてフランス全土が探索されたところ、そういう人物は存在しなかった。その二年後にイリュリア（筆者注、アドリア海の東海岸とバルカン半島の一部の領域で、この名で呼ばれた古代の印欧民族が住んでいた）地方の民謡を収集したものを公刊したが、イリュリアの一種のギターの名をとって書名をLa Guzla（『ラ・グズラ』）と称した。憂愁と野性味と原始性が溢れている、ある民族の生来の才能《ゲーニウス》のこの新しい出現について、全世界は喜びに沸いた（ゲーテもまた最初このことに騙されたが、ついにガスルとグズラの類似に気づいた）。作家が全然原始的でもないパリにとどまっていたのは、何とも残念なことである」と。

もう少し細かい点をつけ加えると、メリメの出した一八二五年のオリジナル版にはもっともらしく挿絵が飾られており、深くえぐられた胸元をのぞかせ、頭にスペイン風のマンティラをかぶったいささか男っぽい感じの女性だった。彼が作品のインチキ性をのちに明かしたときに、この絵のことも謎解きしたが、スペインの女性に扮したのは、ほかならぬ彼自身だったわけである（Dr. Matthias Quercu; «Falsch aus der Feder geflossen» München, Ehrenwirth, 1964〔マティーアス・クヴェルシュの『筆巧者《こうしゃ》の手からミスが漏れた話』による）。そのときのメリメの匿名は Joseph L'Estrange（ジョーゼフ・レストレンジ）といい、イギリスの作家名を借りたらしい。ついでながら、しゃれた題名の著者の Matthias Quercu という筆名も、Dr. Hans Eich (lat. Quercu = die Eiche) und Günter Matthias の二人をもじったものであるらしい。

ここに出るスペインのガスルとかイリュリアのギターから採ったグズラなどの話については、実は前に引いたヴィルペルトも「アルカディア」誌のなかの論文ですでに触れていた（引用論文の一八五頁）のだが、その『グズラ』（一八二七年刊）はボスニアの王トーマス（トマ）二世にまつわる話で、この王に生じた幻視もカール十一世の物語にあるのとそっくりな残酷もの。だからといって後者の作品のなかに自己盗作をみるとするのは、外部からの刺戟《しげき》であるというだけでもう度外視される、とヴィルペルトは論じていたが、『グズラ』はまったくの虚構だったらしい。先の引用ではゲーテが引かれているが、有名なエッカーマンの『ゲーテとの対話』に出る。一番繋がりがあると思われる個所を岩波文庫の山下肇訳から拾うと、下巻の二六四頁がちょうど照応するだろう。山下氏は『ガズラ』と音読みしているが、そもそも虚構の名と思われるので、それで正しいかの詮索はおあずけにして山下訳のままにする。エッカーマンが「あの『ガズラ』のいとわしい題材を見ると、急進的ロマン派の道を歩んでいるので、びっくりしております」と述べるのに対して、ゲーテはこう答えている。「メリメは、こういうものを彼の仲間とはまったく違ったふうに扱っている。もちろん、この詩には、墓地、夜の十字路、幽霊、吸血鬼などさまざまな物凄い主題がないわけではない。けれども、これらすべての嫌悪すべきものは、詩人の心の感動から生まれたものではないよ。彼はむしろ、一定の客観的距離を保って、いわば皮肉に扱っているね。彼は、その際、こういうものも一度は楽しみにやってみようという、芸術家の態度で作品に臨んでいる。このとおり、彼は自分自身の内面をひた隠しにしていた。それどころか、フランス人であることをも放棄していた。しかも、この『ガズラ』という詩は、最初は本当にイタリアの民謡だと思われ、彼の意図どおりに騙し終せたかと見えたほどだ。メリメは、たのもしい男だ。概して、ある題材を客観的に扱うことにかけては、想像以上の力と天分を持っている。……」と。

もっと比較文学的な視点をと願ったヴィルペルトの立場からは、このゲーテの指摘はそれなりの参考例になろう。ただゲーテが主張するように、『シャルル十一世の幻視』が客観的に扱われているかどうかは、アルント＝クライストの書いたものと対照させてみればはっきり分かる。アルント＝クライストではことさら言及されていないのに、王の上履《うわばき》が血の染みがついていた、とメリメでは執拗克明に描写されているのである。ディーデリヒは先の言葉に継いで、かなり重要な点をついている。

「これがいわばわれわれの情報提供者ということになる。この者は古文書を見たことがあった、と少なくともそう見える。その文書は現在もなお存在しているのだ、とその者はもちろん言っている。そんなときにわれわれにふっと別の何かが頭に浮かんだ、歴史は歴史の書物のなかにあるのではなく、作家の小説のなかにあるのだ、と。初めわれわれがほとんど注視しなかったことながら、どうもその者に胡散《うさん》臭いところがある気がしてくる。――手短にいえば、この本の著者は古文書を見ていなかったし、その友人や知人たちの誰一人として見たことがなかったのだし、ハンブルクの中央図書館で手に入れられる限りのスウェーデンの歴史書などには、その文書については全然何も記載されていなかった。«Sphinx»「スフィンクス」（筆者注、一八四六〜一八九六年間の刊行のオカルト関係の月刊誌で、半年ごとの合本でも見られる）という雑誌に、Carl Kiesewetter（カール・キーゼヴェッター、一八五四〜一八九五）がそのことについてエッセイを寄稿したことがあり、それに関して発行者に手紙を出したところ、長年にわたってこの雑誌を発行していたHübbe-Schleiden（ヒュッベ＝シュライデン、一八四六〜一九一六）は、例の著作は単なるきっかけづくりにすぎず、歴史そのものは作りものだ、と説明したという。メリメはいずれにしろ、われわれにとってもはや充分信のおける情報提供者ではなくなり、歴史的な文書としての全体が崩れ落ちてしまった。この古文書はわれわれにとっては、興味ある著者との知遇をわれわれに仲介してくれ、その文体は今日でも教養豊かなフランスの世間通にとって模範とされるような、どきどきわくわくの小説をわれわれに提供した功績があるだけなのである」と。

ただし、ディーデリヒの指摘しているようなキーゼヴェッターの寄稿文は、「スフィンクス」のなかに探し当てられなかった。なにしろこの名義の寄稿点数が多いだけでなく、寄稿文の表題から内容を判断するのがかなり難しいからである。オカルト関係に造詣の深いキーゼヴェッターの所論であるからには、何かユニークな視点が展開されているのではと期待があったのだが、残念ながら保留せざるを得なかった。そののちある文献のなかに、『世に言われるスウェーデンのカール十一世の幻視』なるものは、今世紀初期の証明も要しない紛い物だとして、その証左となるものは彼の言に従えば、〔Kieser（キーザー）の文書庫〕のなかに見出すだろう」とキーゼヴェッターが記述している旨の紹介があった。その文献とは、«Psychische Studien»（「心理活動の研究」誌）の一八八九年版の四月号の「新短信」（二〇五頁以降）というコラムのことである。これは同誌の二月号に出たSeherr Thosz（ゼーヘル・トス）伯の第四号論文記事について、キーゼヴェッターが寄せた論考（六一頁以降）だという。ここに出たKieserはイエーナの教授で、問題のKiesewetterと紛らわしいが、別人物である。いずれにしろ、キーゼヴェッターの見解がこの「カール十一世の幻視」の古文書を偽物ととっていたことが判明し、「スフィンクス」で見出せなかった分の補いとしたい。

三、**John Hibberd**（ジョン・ヒバード）

次にJohn Hibberd, «Kleist, Arndt, and the Swedish Monarchy»（ジョン・ヒバード著『クライスト、アルントとスウェーデンの君主政体』）という論文をとりあげよう。«The Modern Language Review», Vol. 99, No. 1 (Jan, 2004)（「現代言語評論」）という雑誌に発表されたものである。表題でわかる通り今回は英語圏の研究者によるもので、表題もコンパクトに見えるし、発表年代もごく最新のものなので、これまでの論評よりも要所を押さえこんでいるだろうと期待したが、結論を先にいえばそうでもなかった。

グスタフ四世が一八〇九年に退位させられたのちに、William Wordsworth（W・ワーズワース）が残した詩句を先導役にして、しかもヴィルペルトの論文と同じく、«Prinz Friedrich von Homburg»のなかで描かれた一六七五年のフェールベリーンの戦闘にも触れながら論を始めている。論調を整えるのに必要な始め方なのかもしれないが、事柄としては何も直接の関係にはなく、背景には政治や戦争があることを強調しようとして、その当時のクライストのとった政治的な立場に焦点を向けようとしているらしく思われる。著者ヒバードは次のように論を進めている。

「ナポレオンに対する憎しみこそ、ラインホルト・シュタイクが一世紀前に認知したことであるが、スウェーデンがらみの記事をクライストが自分の日刊新聞（筆者注、「ベルリーン夕刊新聞」のこと）に付与した意味を解くカギである。しかし、グスタフの存在がいわず語らず含意されているこれらの記事は、一八一〇年代のプロイセンにおける状況に対する間接的な論評として、さらなる検討に値する。というのは、クライストはシュタイクが想定したように、その友人であるAdam Müller（アーダム・ミュラー）のように激しい反動主義者だった、とは明確にいいきれないからである。それどころか、ミュラーが反対していたプロイセンの改革を支持していた徴候さえある。クライストの政治的な立場（反動的なのかリベラルなのか）についての頭を悩ます問題に連なる一つの要素は、『夕刊新聞』の最も実質的なスウェーデンがらみの報道文が、畏敬すべき愛国主義者Ernst Moriz Arndt（エルンスト・モーリッツ・アルント）から由来していることである。アルントは反動主義者と革命主義者との中間に立っていた、といわれていた。『夕刊新聞』に載ったスウェーデン問題を再読してみて、クライストとこの人物との間の連携を強調しなければ、とわたしは思う。つまり彼（筆者注、アルントのこと）は、プロイセンの自由解放の大義と同一歩調をとる前には、スウェーデン人であったわけだし、グスタフ四世を気の毒に思う理由を持つ前に、改革者グスタフを称讃していたのである。フランスの帝国主義に対して血を見るのもいとわぬ憎悪者であった点は、クライスト自身と変わらず、アルントは国家的な伝統を強調し、君主政体を固く信じていたが、封建主義への復帰の提唱者なのではなく、ミュラーに対して痛烈な筆誅を加えた」（ヒバード論文一〇一～一〇二頁）と。

こうして同時代史的な事情について、例えばナポレオンやベルナドットとの関係で、グスタフ四世の運命がいかに弄《もてあそ》ばれたかに、二頁ばかりを費やしているが、翻ってそれはプロイセンの王 Friedrich Wilhelm III.（フリードリヒ・ヴィルヘルム三世）の場合にもパラレルに起こりうる、という言い分なのである。なにしろ国内では、アダム・スミスを信奉する Christian Jacob Kraus（クリスチャン・ヤーコプ・クラウス、一七五三―一八〇七）の提言による時の宰相ハルデンベルクの内政改革が進められていたが、それに対する官僚の主要な構成員たるユンカーや貴族から不平不満が強く起こり、あたかもそれを代弁する形でアーダム・ミュラーが、同じクライストの「夕刊新聞」に論陣を張ったものだから、国内が分裂しているかのような印象を与え、まさにつけいる隙を外敵にさらしたことになる。しかし、われわれが問題にしている「スウェーデン王カール十一世の幻視」が登場するのは、一〇一頁から始まるこの論文でようやく一〇五頁においてである。ただそこでは「ベルリーン夕刊新聞」の一八一〇年十月二十五日と二十六日のほんの四頁分が、それぞれ最初の二頁に続きものとして分載されたことや、それが元をただせばアルントの「グリプスホルムに関する書簡」から転載されたことなど、出版の事実的な背景の紹介に終わっている。もちろん「その幻視」での幽霊現象のなかで示唆されたカール十一世のあとの六代目に関する予言にも触れられているが、それはあくまでも「予言は興味深いものであった、とクライストはその短い報道文の導入部で語っていて、その理由は不正確なヴァージョンがドイツで出まわっているからであり、どうやら近々の出来事にかかわるように見えたからである。クライストにとってはアルントにとってと同じように、その予言をドイツに適用することは、明らかにスウェーデンに適用することよりも重要性が低いわけではなかった。このことはヨーロッパにおけるフランスの支配権に、今にも終止符を打てるという希望を抱かせたのである」（ヒバード論文一〇五頁）としている。この古文書についてある方向性をうちだしていることは確かだが、いささか疑念が残る。別の言葉でいえば、古文書そのものの信憑性とそれに書かれている予言の解釈の妥当性の検討を二の次にまわして、ナポレオンに反抗しようとした愛国主義者の政治信条にからめているのは、予言そのものが何世紀もの時間の経過を射程にしているとはいえ、一六七六年に起こったとされる幻影的な処刑場面と、一八〇〇年代のアクチュアルな歴史的事件とを同列に論じた嫌いがないわけではない。いや、ドイツはともかくスペインで君主の権力の簒奪《さんだつ》事件が起こり、ナポレオンに恣《ほしいまま》に牛耳られていた時代を前面に持ち出して、むしろ予言はこれこれの事実を示唆していたのだ、と謎解きせんがための論じ方に見える。従ってこのヒバードの論文は、ある意味では歴史的な事件の細かな事実関係を丹念に調べ再構成しているのは確かだが、「幻視」を伝える文書が真正なものだという前提に立ってしまっているので、その前提が単なる絵空事にすぎないとなったら、せっかくの論展開もすべて成立しなくなってしまうことになる。

ただ、カール十一世の六代後の統治者はグスタフ四世だ、ということは自明と思えるが、前にも触れたことながら、数え方によっては一代の誤差は出てきてもおかしくないし、まさしくヒバードもその点を指摘しているのである。

「グスタフ四世はカール十一世から下って六代後の為政者だった。しかしアルントは、彼がスウェーデンの救済者だと期待していたのだろうか。アルントが考えたのは、統治にあたる王が国内の反対勢力に対処するのに決断力がなかった、ということである(Wilhelm Steffens in Arndts Werke: Auswahl in zwölf Teilen, ed. by August Leffson and Wilhelm Steffens (Berlin; Bong, 1912) のうちの II, 83)[アウグスト・レフソン及びヴィルヘルム・シュテッフェンスの編纂による『アルント選集』]。一七九〇年代で十歳代であった間は、血腥《ちなまぐさ》い粛清をけっして実施しなかったが、今や三十歳代になっていた。従ってこの前・王は(失礼ながらシュタイクに反して、その四六九頁)、スウェーデンを幸福な未来に導くはずの若い統治者、というヴィジョンには合致しなかった。しかしながら、叛乱を企てた貴族たちは大方まだ若年で、そのために彼らの処刑は、思うに一八〇九年のあと年月が長すぎないうちに行なわれるだろう、『玉座がほとんど倒れかかっていた』と語られることができたのだから。新しい王とはグスタフ四世の十歳代の息子(もう一人のグスタフ)であるのが最もありそうなことで、グスタヴィアンと称する人たち(アルントも含まれていた)の目には、王座に対する正統な後継者である王子なのである。彼は、以前自分をいじめたことのある後見人にして摂政役たる者に傅《かしず》かれたのである。もしもそれが幻視に現れた六十歳代の人物(四十歳代の特定できぬほかの人物もいるが)ならば、その男はカール十三世で、一七四八年に生まれたカール公爵の可能性があるだろうが、一八〇九年には貴族たちと結託し、王冠をかぶる資格は今や取り消されていたものと思われる。このシナリオは、自分の息子の将来を案じて自分の権利を放棄することで、廃位に追いこまれるのは避けたいというグスタフ四世の願望に符合している。カール十一世後の六代目の統治者として若い息子のグスタフを勘定に入れるためには、アルントやクライストの読者なら、カール十一世とグスタフ四世との間の君主の一人を差し引かねばならないだろう。カール十一世の娘のウルリーカ・エレオノーレが兄のカール十二世のあとを継いだわけであるが、その統治期間は短く（一七一八―二〇）、彼女の夫がスウェーデンの王座にフレードゥリク一世として就いたときには、むしろ彼女の女婿としてよく知られていたというのが、最も真相に近い。それとは別に,Regentin‘（女統治者）だからとして、,Regenten‘（統治者）のリストから除外される可能性もあった。

しかしながら、アルントはその「幻視」をドイツの読者を目当てにしたのであって、ドイツでの文脈では、スウェーデンの王座を取り戻そうとしたのが、グスタフ四世だったのか、その息子だったのかということはさして問題ではなかった。とはいえ、ドイツ人たちに対して、幻視に含まれていた約束から、アルントは疑いもなく希望を引き出してほしいと思ったわけだが、ロマン派の人たちの間で抱かれたその幻想は、救世主的な信心に訴えることができたし、ナポレオンの敗北こそ善の悪に対する画期的な勝利どころか、黄金時代、またはこの地上での神の王国への入国を意味づけただろう。正統な統治の復権に伴う処刑執行の予言は、外国の占領勢力と協力していたドイツ人たちへの警告であった」（ヒバード論文一〇六頁）と。

ここも少し長い引用となったが、ヒバードの所説は古文書の存在とその真正を疑わず、それにそってアルントもクライストも、ナポレオンの挫折と新時代の到来を夢見ようとしていた、とかなり強引な論展開をしていることが読みとれると思う。,Regentin‘として引用した部分について注釈すれば、ドイツ語の,-in‘という接尾詞が普通の男性名詞につくと、女性形を示すというのはおそらく周知のことであろう。女性だから除外して構わないというのは、現在ならいわば一種の性差別だとして非難の的になるだろうが、時代状況からいえばむしろ当然といえるかもしれない。しかし、歴代の統治者を正式に数えるという場合に、果たして女性を理由に省略できるものなのだろうか。むしろ儀式的な仕来りのほうが優先されるのがこういう世界では普通だろうと考えれば、あまり参考になる論展開とも思えない。いずれにしても、アルントとの関係を重んじて、この幽霊物語すらもが、フランスからの自由解放の願望という、クライストの政治的イデオロギーの表現だと見なそうとするのは、疑問に思われる。

四、**Pierre-Georges Castex**（ピエール＝ジョルジュ・カステックス）

ここでフランス語圏の文献を挙げておこう。メリメがフランスの作家だという以上に、「パリ評論」誌上で「幻影の否認」という寄稿文が公表され、シャルル（カール）十一世が書き残したとされる文書の存在そのものに疑問が出されているのであるから、その論点をふまえた論考がないものだろうかと思っていたら、ここに挙げるものがそれに当たるだろう。といっても、筆者が独自で見出したというわけではなく、前にも触れたヴィルペルトの論文からの示唆《しさ》があってのことである。

つまり、Pierre-Georges Castex: «Le Conte fantastique en France, de Nodier à Maupassant, Deuxieme Partie: Les Maitres du Genre.», editions José Corti（ピエール＝ジョルジュ・カステックス著『フランスにおけるファンタスティックな物語』［ノディエからモーパッサンまでの］第二章、このジャンルにおける巨匠たち）である。その第四章第二節には［メリメとその芸術］と題してメリメに関する所説が繰り広げられているが、全体はメリメ以外にもノディエやバルザックなどの有名な作家をテーマにした四七〇頁もの大冊《たいさつ》の論文集になっている。同じくフランスの批評家で、のちに紹介するジャーク・シャボーと比較してもらうためにも、さらには割に短くまとめているということもあって、今ここでピエール＝ジョルジュ・カステックス（一九一五〜一九九五）の論文を筆者の試訳で紹介しよう。この論文の発表年代は一九五一年である。

―「この分量配分の仕方（筆者注、第一章に述べられていた現実と不思議に絡んでのものだろう）は、一八二九年の七月号の

「パリ評論」に発表された『シャルル十一世の幻視』のなかで、最も巧みな方法で実現されている。ひとつの異常な出来事が、歴史上の体験録の形で語られている。つまりこの若い作者は、その読者に一気に「正式な事件記録書類が、信頼に足る四人の目撃証人の署名で必要な形式が整えられている」ことに注目させ、この不思議な出来事を真正なものだと保証している。

スウェーデンの王シャルル十一世は、妻のウルリク・エレオノーレを亡くしたばかりである。ある秋の夜、王は格別、陰鬱な気分にある。Brahe（ブラ（ー）エ）伯と侍医の Baumgarten（バウムガルテン）が王のお相手をいつまでもつとめている。突然王は窓から見透かしながら、議会会議場がいやに明るく輝いていることに気づいた。王は守衛に警戒するように伝えさせ、お付きの者たちについてくるように促す。随員たちは黒い幔幕の張られた廊下を横切り、いささか不安な気持のまま広い会議場に入り込む。そこでは何か奇妙な儀式が行なわれていた。ベンチには議会代議員たちが席をしめ、黒い衣装をまとっていた。玉座は血にまみれたひとつの屍体でしめられている。玉座の右には一人の少年が立ち、左には老人、正面には裁判官たちが控え、玉座と参集した人々の間には断首台が。裁判官のうちでもっとも年嵩《かさ》の人物の、入ってくるようにとの呼び声に、何人かの元気そうな顔をした若者たちが現れた、背中の後ろに手を縛られた格好で。そして間もなく、最前列を進んできた人物は、その首を断首台にさし出した。老人はシャルル十一世に、この血は汝の統治の五代後に流されるだろう、と予告した。十分後にはこの幻視はぼやけてかき消えた。グスタヴ三世の死、そしてその暗殺者 Anckarstroem（アンカルストレム）の判決の宣告、さらにはグスタフ四世の即位など、のちに絡んでくる一連の状況を人がどうしても思い出してみたくなるとすれば、この幻視は特異な価値を帯び始める。

血腥いうえに未来を予告する幽霊現象をメリメが書いたのは、これが最初ではない。すでに«La Guzla»（ラ・グズラ）のなかで、彼は似たような意外な出来事をボスニア（筆者注、七世紀にスラブ人が居住したことで歴史が始まり、一九一八年来ユーゴスラヴィアの一部だったが、一九九二年にヘルツェゴヴィーナと並称される地域として独立）の王、Thomas（トマ

〔ス〕）二世に付与している。まだ王子だったとき、ある晩チャペルでお祈りをするために自室から出たが、教会のペーヴメントには屍体が累々《るいるい》としていて、前に進むにしても屍体をまたがねばならなかったし、血のなかに踝《くるぶし》までつかったが、内陣ではトルコ人やタルタル（タタール）人などが武装したままであり、神聖を穢された祭壇の前で邪悪な目つきのスルタンのマホメット二世が、危険な人物であるRadivoï（ラディヴォイ）をボスニアの総督として任命する。『シャルル十一世の幻視』のなかでこの若い作者は、すでに自分自身を模倣したのじゃないだろうか。二つの物語、『ラ・グズラ』と『シャルル十一世の幻視』は、情緒が不安定な状況にある君主を主人公として持っているが、その主人公は荘厳さとむごたらしさの入り混じったようなイメージのなかで、悲劇的な未来の啓示を受けとっている。

そのうえ、この新しい物語《イストワール》のために、メリメは想像をめぐらすのに特に努力を要しなかった。外務省に保管されていた文書にインスピレーションを受けたのだが、その文書はM. Roger Peyre（M・ロジェ・ペイル）が再発見したものである。手紙の形で公刊された記事をフランス語に訳した翻訳だったが、一八一〇年六月十六日付のドイツの雑誌«Vaterländisches Museum»（「祖国の博物館」）のなかに載せられたもの。記事を書いた著者は、とりわけ次のことを報じている。つまりスウェーデンの王シャルル十一世が、Gripsholm（グリプスホルム）城で一六七六年に奇妙な幻視を経験したのだ、と。しかもこの異常な出来事の記録文書を書き写し、王の署名と四人の目撃証人の副署名で真正なものと認証されているのである。実際には、ありそうに思えることながら、いわゆる事件記録書類は、シャルル十一世の死後四十五年たった一七四二年に政治的な意図からつくられたのであり、それもスウェーデンの王位承継に名乗り出られる候補者で、デンマークの王位承継権のある王子の支援者たちによってつくられたのである。メリメはその記録文書をしっかりつかまえてとり扱い、そこに示された予言の性格を強調するために、自分に都合のよさそうなあらゆる修整を施したのである。彼がこの出来事ののちに生まれたことが、測り知れぬほど有利な面を持っていて、その出来事がシャルル十一世に特有なはずの報告（筆者注、カステックスがこう論述しているが、メリメの原典の一八二九年の初版にも、一八三三年の「モザイク」に再所収の版にも、はっきり十四歳という記載は見当たらない。あるいはそれ以外の版を参考にしたというなら、その意味の断わり書きをすべきだろう）を物語っているように見える可能性がある。そのために彼は、グスタフ四世が戴冠式当時になっていた年齢を正確に若い王子に与え、つまり十四歳としたが、例の古文書にあるように、「十六歳か十七歳か十八歳か」なんかではないのである。もちろんメリメは、自分がよりどころにしている証拠書類そのものを尊重していると思い込んでいるが、彼の物語《レシ》は二流の偽装作品になる。

類似の作業修整をすることは、彼にはもちろん大して苦にならないし、物語《コント》の終わりに、幻視《ヴィジョン》と歴史上の事実との間の厳格な比較対照が自分にできさえすれば、そのほかの関心などどうでもよかったのである。同様に、彼が手本にしたものから自由になるために、王の随員の名前や職務の変更を確認するのは大して重要ではない。そのほかのいろいろの変形について関心が満ち溢れているのである。それどころか、そうした変形は芸術の深いセンスをあらわにするので、むしろそれらを明るみに持ち出すのが望ましいのである。

「メリメが着想を得た」（カッコ筆者）古文書のほうは、その簡潔さだけでも感動させるところがあった。しかし、物語（コント）のほうは、はるかにもっとドラマティックな性格を見せている。メリメはいささかそっけない元の文書という手掛りから、生き生きした場面を組み立てている。ついでながら、王の「いつもの気鬱」を暗にほのめかしてはいなかっただろうか。物語作者は細部を書きとめているが、しかしこの気鬱に深い理由を振り当てるのである。シャルル十一世は、自分の妻を不幸にしたという自責の念にさいなまれていた。物故された王妃の思い出を呼び起こしたばかりの相談役たちに、王は無愛想に応じる。そのあとで王は自分の冷淡さを悔やんでいたのだ。王の性格はいわば行動に表わされたし、そして不安な雰囲気をつくったように一挙に自分で思い込み、王はどんどん重苦しくなるばかりなのである。同様に夜の散歩にと王にご相伴する人たちの態度や反応は、人をぎょっとさせる浮き彫り彫像を思わせたかもしれない。「陛下、私は命を賭けますし、陛下のためなら血を流します、とちゃんと陛下に対して畏《おそ》れながら宣誓いたしましたが、しかし、同じようにこのドアは開けないとも誓約しましたので」、と国務長官Bielke（ビールケ）は非公式の体験録（傍線筆者。ここで唐突にもBielkeという人名が出てきて、メリメだけにこだわっている読者はあれっと思ったことだろう。つまりこの名は古文書に出てくるもので、メリメがその古文書に着想を得て新たに創った名がBrahe（ブラ（ー）エ）なのである）のなかに書かれているとされる。一方、メリメの物語《レシ》のなかではBrahe（ブラ（ー）エ）伯のあらがう言葉は、力強くイメージ溢れる文章によってもっと悲壮感あるものとなっている。「仮に陛下がデンマークやドイツの大砲の砲口《つつ》に向かって前進しろ、とお命じになられますなら、私はそれにためらわずに従います。しかし、私に何が何でもやってみろとおっしゃるのは、地獄というものでございます」といわせている。本来いわれている幻視《ヴィジョン》は、オリジナルの文書のなかでは少し窮屈な感じのものである。メリメの物語では、その幻視は大きな規模のものに達している。王やその随員たちが目にするのは、「威厳ある十六人の男たち」なのではなく、「おびただしい数の参集者」なのである。おぼろげながら目で確かめられるところでは、「国家の第四身分階級の人たち」らしい。そしてはっきり識別しにくいそれらの人たちは、無言のままでいることで儀式の荘厳さを一段と引き立たせている。処刑の場面を主宰するのは若い王子ではなくて、以前の王の死骸なのであり、その王は、自分に暗殺の手を下した男が昂然と死にむかって歩んでいくのを見守りながら、「痙攣性の動きを見せて震えているように見え」た。そして、斧がその役目を果たしてしまうと、やがて「多量の血がだくだくと斬首台上に流れ出て屍骸の流血と相まざり、首は何度か弾みながらペーヴメントを赤く染めつつ、シャルルの足元まで転がった」のだ。こうした最期を描写する細部は、ドラマの俳優と観客との間に感性による連携を生み出す。王はそれ以降、残酷なシーンをすぐに思い出し、同じく彼が発する質問は、自分の恐怖に似つかわしいものであった。「汝が神のところから来たものだったら語るがよい、もしも悪魔のところから来たのだったら、私をそっとしておいてくれ」と。王が問いを向けているのは老人のほうだが、老人は少し冗長な言葉で答える代りに、悲劇的な強さをにじませた二、三の言葉にとどめた。「シャルル王！　この血は汝の御世のもとでは流れない……（ここで声は少し聞こえにくくなった）しかし、五代後のことだ、ヴァーサの血筋に災いあれ、災いあれ、災いあれ！」このように前もって心構えをさせられ、赤と黒の色を背景にして告げられると、この予言は地獄のメッセージのように火文字となって浮かび出る。

これで終わりではない。古文書のなかでは幻視はきれいさっぱりと消えたとなっている。とすれば、誰しもシャルル十一世の幻覚のようにも、または彼の夢のようにも解することができるだろう、もしも四つの署名が、王の署名のそばに並んで、その事実性を証明しなかったならば。この保証はメリメにとっては、疑いもなくあまりぱっとしない印象しか与えないと思えたので、さらに具体的な証拠をそれに加えたくなったのである。それを機会に、彼は自分の創意工夫を披露しているが、一からフィクションを創りだすのに巧みというよりは、人から借用した要素を優れたやり方で整えるのに巧みなのである。体験録（つまり古文書）のなかでは王は、「余は上履《うわばき》にじっと両目をこらし、血が跳ね返ってきたと思ったのだが、しかし、その痕跡すら余は全然見つけることができなかった」と語っていた。余分で無駄な細部であるが、全然無用だということではない、なにしろ作者はその細部を横取りし、人を驚かせる効果を生み出すように細部の表現を転調している。王の上履《うわばき》は赤い染みを残していて、体験録とは反対にこう主張する。「これひとつだけでもこの夜のシーンを思い出すには充分だったろう」と。メリメは Gautier（ゴーチエ、フランスの作家、一八一一〜七二）と同じく、不思議の出来事を主観的な理由で説明することは禁ずるという創作方針に従うことによって、あまりに理性的な読者の判断を困惑させるのを楽しんでいるのである。彼がこの後『イルのヴィーナス』を書くようになるとき、彼が一層巧みに同じ手法を用いているのに、われわれは再びお目にかかるであろう」――（カステックスの論文二五四〜二五八頁）というのが、カステックスの所論の掉尾《ちょうび》をなしている。

ただカステックスは、補遺の形でもう少し文章を追加しているが、当該の「シャルル十一世の幻視」とは直接関係なしとして切り捨ててもいいと見るか、いや間接的にでも関係があるのなら一応参考にしたいとするかは、各々の読者に任せるほかないだろう。そういう意味で次にその分を書き留めておこう。

「――メリメが一八二九年に刊行したほかの物語は、われわれにとって（筆者補筆、『シャルル十一世の幻視』と）同じほどには興味を惹きつけない。しかし、『マテオ・ファルコネ』を除けば、ほかのすべてのものは迷信の問題に基づいている。『角面堡の奪取』（杉捷夫氏の訳題では「堅塁抜く」）のなかでは、老兵が月の赤々と照り返すのを見て、流血沙汰となる襲撃が予告されていると受けとめる。ある中隊長はその中尉のことを、砲弾が彼のそばに飛んできたけれども、かすり傷も負わずに済んだので、戦闘のために危険の圏外にいたことをほめた。『タマンゴ』では主人公が、有色人種の仲間たちの間で魔術師として通っていたが、悪魔、またの名ママジャンボがいるぞ、と彼らを脅かし、「精霊」との交信に入る。最後に『フェデリゴ』では、メリメがナポリの物語《コント》と思わせているが、ちぐはぐな物語なのである。一方でギリシア・ローマ神話の伝承とキリスト教の伝承とが再結合され、他方で夢幻劇の不可思議がファブリヨ〔フランス中世の風刺的な韻文笑話〕の諧謔と入り混じった物語ということになる。——」

以上紹介したように、メリメの「シャルル十一世の幻視」の作品出現の背景に触れているが、これまで筆者が述べたことに付け加える目新しい点も少なく、特に興味を触発されるうま味も薄い。

五、Jacques Chabot（ジャーク・シャボー）

ここでさらに、もうひとつフランスの文献にあたってみよう。なにしろメリメはフランスの作家だし、「シャルル十一世の幻視」という文書がその出発点になっているものだから、それなりにフランス語の文献が目白押しなのである。ただし、こうした文献にどうして導かれたかというと、やはり前に挙げたヴィルペルトの論文というほかない。つまりJacques Chabot, «Objet fantasmatique et conte fantastique dans ‹Vision de Charles XI› de Mérimée»（ジャーク・シャボー著『メリメの『シャルル十一世の幻視』におけるファンタスマティックな題材とファンタスティックな物語〔コント〕』）のことである。発表日付は一九七九年七月二十六日になっている。シャボーの言説はやや難解で、«La Vénus d'Ille»（『イルのヴィーナス』）という同じくメリメの別の小説と比較しながら、「ファンタスマティックな内容に関しては疑いもなく類似性、さらには同一性を通じ、ファンタスティックな形式に関しては進展や改善を通じて、ひとつの比較対照がぜひとも必要である」といって、ファンタスマティックという概念が内容に、ファンタスティックという概念が形式により密接に結びついたものと考えているようだ。もちろん、「形式と内容を分けようという気はさらさらなくて、その反対であり」（筆者注、シャボー論文一七九頁）とも断わり書きをしているが、次に進んで「ファンタスム〔という言葉〕（筆者補足）で私が理解しているのは、『一種の想像的なシナリオであり、そこにモティーフが現れ、防御策が働く過程で多かれ少なかれ変形される仕方で、そのモティーフが欲望の成就、それも最終的には無意識的な欲望の成就を描くようなシナリオのことである』（シャボー論文一七九〜一八〇頁）ともいっている。こうした表現を用いるところをみると、どうやら心理分析的な考えに基づかせようとしているらしい。らしいだけでなく、実際にM. Laplanche et Pontalis, «Vocabulaire de la Psychanalyse»（ラプランシュ及びポンタリス共著『心理分析用語集』）の『ファンタスム』の項から借用したことを明記している。ただし、ここでことさら心理分析的なアプローチがどうして必要なのかについての説明はなく、意識と無意識、または前意識、欲望や抑圧といった用語を用いて、メリメの作品そのものを分析しようとしたために、むしろ難解な概念の説明に何頁も費やさざるを得なかったように思われる。シャボーは当然のようにフロイトを引用することになるが、果たしてそれで理解の地ならしになっているのかといえば疑問である。次にその例を引いておこう。

「われわれはそれゆえに、次の二つのことの間にある最新の区別を紹介しよう。一、夢や物語の『深層に隠れた構造』のような無意識的なファンタスムと、二、フロイトが『夢の二次的仕上げ』と呼んだもののことである（Sigmund Freud, «L'Interpretation des rêve» Paris, P. U. F., 1971, p 416. フロイトの『夢判断』参照）が、その一部は事後修正であり、夢の無意識的な作業を変えようと目指す文字通りのカムフラージュであり、その初期的段階は、いくつかのものは前意識的かまたは意識的なもので白昼夢に似ている。しかし、それはある口実にすぎず、フロイトによれば、『検閲の一部、遅まきの後知恵の表明』をなすものとされる。二次的な仕上げは、夢の二番目の解釈（無意識的な）のような働きをし、ついには何かを成すことで終わるとされ、フロイトの言では『納得のいく一種の出来事』ということになる、たとえ無意識的な小説の構想が絶対にそんなものでないと思われるにもかかわらずである。ところで私が思うには、芸術家の仕事は、夢を見ながらも、しかも目覚めているばかりか、自分特有のファンタスムに対する正気すら備えているのだから、夢の二次的仕上げの無意識的または前意識的な過程との類比なしには存在しないのである。さらに理の当然として、その無意識のファンタスマティックな内容を芸術家が形式へもたらすことが、まさに擬似合理主義化の過程そのものから解除してくれるだろうし、何かを書いていることは夢を見ているのと同じようなもので、無意識的なシナリオから解放してくれるだろう。さて、もしも人がこの作業仮説をしっかり認めようとするならば、おそらくファンタスティックなものというのは——及び文学というこのカテゴリーの以前の定義がかなり近似的であり得ようし——しかもこれが不合理または超自然的なものの擬似合理主義化なのであろうし、あるいは理性の奇妙な行使だということもまた、疑いもなく認識するだろう」（シャボー論文一八一～一八二頁、傍点は原著者によるゴシック体に基づく）といっているところなどは、物語の構造について夢を比喩にして説明しているわけだが、なにかもうひとつ複雑で互いに矛盾した叙述のような気がする。

引用文の前段では、「フロイトが『夢の二次的仕上げ』と呼んだもののことであるが……その初期段階では、いくつかのものは前意識的かまたは意識的なもので白昼夢に似ている」とシャボーは説いているのに、後段になって、「芸術家の仕事は、……夢の二次的仕上げの無意識的または前意識的な過程との類比なしには存在しないのである」と述べているからだ。あるいは訳の過程で筆者が取り違えたのでないか、とその部分をよく確かめてみたが、原文は間違いなくそうなっていて、前段での「意識的なもの」は、「無意識的なもの」と書くべきではないのだろうか。用語の一々の詮索をしようとしているのではなくて、意識と無意識あるいは前意識との境界がどこで引けるのか、前段では無意識のなかにも意識が働いていて、言葉としては矛盾しているものが同居している、といいたいのだろうが、かなり微妙な論展開になってくる。きちんと表現として整理して考えていないように受けとれる。それなくしては、文学や芸術を単なる心理現象として説明しているかのように誤解されてしまうだろう。誰かの見解に寄りかかって分析説明しようとすると、得てしてこういう陥穽に陥ることがあるのではないだろうか。それでもシャボーは確かに創作の事実的背景についてもこう言及している。

「『シャルル十一世の幻視』は、従ってわれわれにとって厳正な理性の観点からは、単に錯覚《アリュナシオン》でしかあり得ない現象なのに、まるでその現象の客観的な事件記録書類のような様相を呈している。スウェーデン王シャルル十一世は、若い王殺しのアンカルストレムの斬首という悲劇的な光景を目の当たりにしたわけだが、しかし彼が目の当たりにしたのは——しかも彼自身の両眼で認めた、と確かに述べられているわけだが——歴史上でこの歴史的事件が実際には出来《しゅったい》していなかった何年も前の彼の王宮でのことだった。このような『幻視』は、一瞬たりとも夢と思わせるものではなく、批判的で合理的な思考にとっては受け容れられようもなく、まさにメリメ自身がそうだったように、感覚器官の錯覚としてしか受け容れられなかった……さもなければ超自然の存在を認めなければならないし、そうなるとこの幻覚は精神から発して予言となったことになる。メリメは超自然があることを完全に否定し、こんな立場で不思議物語を書こうとしなかった――彼は反対に事実の歴史性を強調し――、彼が明確な意図をもって（しかし、同じく心にとりついたファンタスムなのかもしれない）、こうしたありそうもない histoire（イストワール）を述べ伝え、裁判所の書記のような実直さでますます事実に固執したのだ、とわれわれは認めるべきだろう。事件記録書類を語るというよりは報告するようにして、この文書やその超自然的な内容に向き合いつつ、彼はわずかなアイロニーすらあえて使っていないのだ、『イルのヴィーナス』のなかでは大いに使ったアイロニーなのに。さらにこの小説について最も驚いたのは、突飛なことながら、その事件記録書類が現実に存在するとしたことである。Trahard et Champion（トラアール・エ・シャンピョン）社のメリメ全集を実際に参照すれば、メリメが外務省の文書館にあるひとつの文書を利用したことを教えられる。フランスの外交官によって翻訳された文書で、一八一〇年六月十六日の日付のある書簡の形で、ドイツのジャーナルに載った記事に従ったものである。ドイツの寄稿者は、さらに十七世紀半ば以来スウェーデンに根づいた伝承を利用したわけだが、しかしパリ駐在のスウェーデン大使が、厳粛にもメリメの récit（レシ）に対して抗議し、公《おおやけ》に打ち消しの記事を《la Revue de Paris》（『パリ評論』）の一八三三年六月号に掲載した。大使は、《***Démenti donné à un fantôme***》（幻影の否認）なる釈明文において、メリメによって主張された事柄は、架空的な性格であるのをあばいた。『われわれはそんなことだろうと思っていたのだ！』と人は口にする。そういうところでは、現実的な人間にとって、さらに言葉を弄《もてあそ》んでいない人間にとっては、ファンタスティックなものは純粋なファンタジーであるということは、大いに明白だと思われる」（シャボー論文一八三頁以降）と。

つまりは、メリメが創作の手掛りとした文書そのものの具体的な推移について、シャボーはかなりの知識を持ちあわせていたことが分かる。ただしかし、メリメの創作と古文書との相違は、古文書のほうが一人称で語っているのに、メリメのほうは主人公を三人称にしている点に触れ、事柄の報告の客観的な叙述を心がける語り手の姿勢に帰しているのはいいが、本来ならすでにここで古文書の存在を疑問視して当然なはずである。ところがシャボーは言葉巧みにといおうか、その問題を回避、または隠蔽しようとしてか、メリメの作品の性格や特徴に論を進めているだけである。いまはともかくシャボーの論を追って、古文書とメリメの作品との対照点を彼の言葉通りまとめると、「――一、メリメは事件記録書類のテクストを、もっと効果覿面にするためにしばしば削減圧縮した。彼のレシの緯糸《よこいと》ははるかにずっと簡潔である。――二、それと同時に彼は二つの要素を加えた。つまり、自分のものとして彼にふさわしいものと、疑いもなく自分の創意から出てきたものとの二つである」（シャボー論文一八五頁）として、さらに［a］と［b］に分け、具体的な詳細な論展開をしている。

［a］では、王が王妃を亡くしてから慢性の憂鬱症にかかっており、王妃の肖像画を見てそのモデルの「威厳と柔和を兼ねそなえたご表情」と褒めたたえる廷臣に対して、「王妃はまずい顔をしていた」と反応したことを挙げている。王妃が醜女だという言い方に、王が丸裸になっていると指摘し、王の自我がさらけ出されているともいっているが、論展開が急激でもうひとつ説得力に乏しい。フロイトの超心理学のなかの「死別の悲しみとメランコリー」の項を援用しようとして、いささか先を急ぎすぎたようだ。シャボーの解説では、「……憂鬱症は一種の死別の悲しみの倒錯であり、同じく死別の悲しみといっても、憂鬱症に陥った人は自分に罪意識を抱き、自分の固有の自我を自分自身が急に堪えがたくなるので、正確にはいつまでも果てしなくつづく類《たぐい》のものなのである。文字通りの意味では、愛する対象を失ったことで自分を咎め、失った対象に対してそれがまだ生存中に経験した憎しみや攻撃性といった感情を、自分自身に向けるのである」としている。しかしながら、末尾になって「ところで王妃は、ほとんど『母』の規範的なシンボルなのだ。そしてメリメのレシにおいては彼の個人的な創作の形で王妃＝母性は、愛憎の非常にアンビヴァレントな感情の対象なのだ。つまりは王＝主体の一部であり、別の言い方をすれば、イストワールの主人公であり、作者の自我のために組み入れられたのだ。メリメの作品のすべての主人公は、そのうえ、母性のイメージと大いに関わりを持っているのだ」（シャボー論文一八六頁）と述べている点については、かなり飛躍しているように見える。

王と王妃の間には、れっきとした夫婦関係の絆が結ばれており、むしろそれゆえにこそ感じられた愛憎のアンビヴァレントな感情といえるのであって、悪さをしては自分を持て余す子供らを愛撫し、何もかも包みこむイメージの母性にシンボライズできるかどうか疑問に思う。王が王妃に抱く感情のなかに、まさに母に対する敬慕の念に近いものがあった、と少なくとも前提できなくてはならないだろう。メリメの創作だとするのは構わないが、この小説のどこにその類の描写があるのだろう。しかもメリメの作品のすべてに、その説を及ぼせるとしたのも行きすぎだ。

［b］では、もちろん事実のごく素直な説明をしている部分もあるが、やはり不自然なところがある。事実の説明といったが、その点でも細かいことながら少し違っている。「procés-verbal（事件調書［＝古文書］）に描かれる王が、首切りの現場に居合わせて目にしたのは、二人の死刑執行人であり、二つの首切り台の上には名も知れぬ数人の若者たちだった」（シャボー論文一八六頁）としているが、ここで古文書とされているものに立ち戻ってみれば、「二」という数字はどこにも使われていない。単に複数だと分かる書き方になっているだけである。シャボーの記憶違いか、彼が参考にした古文書なるものが、アルント（＝クライスト）の文章を指しているのではないのかもしれない。あるいは、前に「―一、」として示した「もっと鮮明に表現するために削減圧縮した」点を簡潔に表わそうとしただけなのかもしれない。それにしても、古文書には「まわりに十六人もの威儀をただした男たちがとり囲んで」いたことになっているのに、メリメの作品では「雲霞のような会衆が腰かけを一面に占めている」とあって、シャボーのいう「削減圧縮」という説明とは真反対になっている。そんな細かい点の齟齬はどうでもよさそうにも思えるが、意外に大きな過誤につながる危険をはらんでいるともいえる。それはそうとシャボーがここで問題にしようとしたのは、王の上履《うわばき》の片方に付着した血の染《し》みである。「幻視」が言葉の厳密な意味で終息した後も、つまりはほかのすべてが消えてなくなっても、この血の染《し》みだけが残ったとしたところに、メリメ特有の創意を見ている。

「――その染《し》みは、これもまた幻覚的なものか超自然的なもので、非理性的で非現実的な仕方から来たものだろう。

しかし反対に、『幻視』のなかの目で見れば、その染みが再び見出されて長くずっと固着しているのは、現実の世界ではきわめて現実的なひとつのものの上、──つまりは上履《うわばき》ということになるが──別のあるものの存在の標《しるし》なのである、文字通りにいえば、これは基本的には言葉や文字の事件なのであり、幻視の非現実性が──それともその超現実性が──ものの性質の表面か、そのなかにまで浸透しているのだから。これは語り手による欲求と構成意識で文章がつづられているわけで、明らかに物語（レシ）の効果の問題にすぎない。そうでなければ語り手はわれわれをして、超自然の存在を信じさせなければならない。安直な超自然、つまり超常現象や呪術のいい加減さに、私はもの申したい。あるいは、ファンタスティックというのは、正確にいえば形而上学《メタフィジック》的なところは全然なくて、それに対して合理的批判的な精神は信ずるすべを知らないだろうし、超自然をいい加減なものと思っていて、正確にいえば、信ずるか信じないかは戯《たわむ》れの賭けとなっている。実際に何かあるものに、またはある内容に信をおくか（または信をおかないか）は、問題にならないのである。しかし、そうした信じこみの内容の現実性（レアリテ）に熱中することなしに、戯れにその信に賭けることが問題なのである。悟性はそうやって楽しみ、形式上、気どった仕方で内容とは独立して、真実だと主張したり、逆に否定したりする自分の能力を用いて楽しむのである。ファンタスティックなものというのは──そのことについて擬似合理主義化だとすでにわれわれはいってきたが──フィクションの論理のなかに非論理を導入することで存立しているひとつの書き方の遊びなのだ、とわれわれは実は考えたものだ」（シャボー論文一八七～一八八頁）と述べている箇所がある。幻想的な世界を「信じるか信じないかは戯《たわむ》れの賭けなのである」として、「……戯れにその信を賭けることが問題なのである。悟性はそうやって楽しみ、形式上、気どった仕方で内容とは独立して、真実だと主張したり、逆に否定したりする自分の能力を用いて楽しむのだ」というひとつの結論に至っているのだが、幻想性を強調しようとしている一方で、合理的なレアリテを重んずるメリメの作風との矛盾を解消しようとしてか、大幅に本題から外れてしまい、説明としてはかなり複雑怪奇な論運びになっている。

「そのレシのなかで、意味するもの《シニフィアーン》（記述表現）を生み出すのは、彼、すなわち語り手であるが──王の上履《うわばき》の上についた血の染みは──彼特有のフィクションの論理とは矛盾している。彼は従って、彼の本来のフィクションのレアリテと矛盾する、ある意味するもの《シニフィアーン》（記述表現）の『幻覚にとらえられる』のである。二つの事柄のうちのひとつ、実際には王の上履《うわばき》は、シンデレラのそれと同じく、まるまる全体として不可思議の領域に属していて、馬車がカボチャに、馬がネズミに戻ることで、まさにこうした超自然的な変身がちゃんと起こったことの証拠のようになっているのに、上履《うわばき》はまだなおそのまま存続しているのが正常なのである。あるいは、上履《うわばき》は全体としては合理的なレアリテに属していて、その範囲内では幻覚は血を流していないのだ。しかし、厳密な意味として考えれば、ファンタスティックなものは、その意味するもの《シニフィアーン》（記述表現）である『血の染み』と共に始まっているわけだが、漂石のようによその場所から流れ来て、レアリテのなかで自分の存在によって、むしろ今ではもうそこにない何らかのものの欠落を暗示するのだ。ファンタスティックというもののなかでは、この世でない世界というものは、そこに存在することもよその場所に存在することもなしに、そこにあるわけである。われわれが『発狂した』という言葉を意味するもの《シニフィアーン》（記述表現）と呼んだり、むしろ語り手により幻覚を抱かせられたのだ、と断乎としていったりするのは、フィクション自体のなかにあって、しかもそのフィクションとは矛盾したまま、レシの象徴の集合総体《アンサーンブル》から分離されたファンタスムであり、『真実』と見なされたフィクションのなかのパラドキシカルな幻覚であり、二次段階の一種の意識的な幻覚であり、二次的な仕上げの幻覚なのである」（シャボー論文一八八頁）ともいっているが、シニフィアーンやシニフィエといった用語を使い、断わりもなく唐突にソシュールの言語理論を持ち出して来て、ところどころ理解が行くところと行かないところが混じりあって、読者は混迷するばかりだろう。

「このことは語り手のフィクションに対するわれわれの信頼を弱めたり、我々に信じられるもののように提示しながら、幻覚を内部からバラバラにするのを語り手に許すのである。ファンタスティックなものとは、現実的なものやその内容ではなくて、フィクションの形式自体を目指している語り手のユーモアなのである。ファンタスティックなイストワールを書くということは、実際、レシのフィクションであることを読者に信じさせると同時に、信じさせないことであって、自然と超自然のレアリテ全体がカッコのなかに入れられているのである。そして、そこに展開されているユーモアは、騙されないのを楽しもうとするために、自分自身を騙そうとする一種のゲームのようなものになる。『シャルル十一世の幻視』のなかでは、ファンタスティックなものをゲームを通じて運ぶファンタスマティックな対象は、従って非常に正確な生き写し《ドゥブル》なのである。上履《うわばき》はひとつの現実のもので、その上に染みが裏表両面についた刻印のように残存するのである。リアルで客観的な意味するもの《シニフィアーン》（記述表現）は——なにしろ血がそのまま残っているのだから——意味されるもの《シニフィエ》（表現内容）は必ずしも必要でないけれども、しかしながらフィクションの集合総体《アンサーンブル》によって、しかもたったひとつのものによって動機づけられており、染みが従ってひとつの標識のように作用しており、一方上履き《うわばき》のほうは、それがなければ対象への標識の繋がりが必要だと思われる対象のように作用しているのである。対象は反対に勝手気儘であり、語り手や暗黙の同意を示す読者のファンタジー（論理）に任せるのである」（シャボー論文一八八～一八九頁）というふうに展開されているのを見ると、まだまだ何かの含みがあるらしい。「染みは、部分で全体を表わすSynecdoque〔提喩法《シネクドク》〕の働きをしていて」、さらに「メリメの二つの創意の間をつなぎ合わせることができる」（いずれも一八九頁）として、やっとその含意なるものが、王妃の肖像画と血の染みであることが明かされる。

古文書のほうには、王妃の肖像画の描写は見当たらないし、血の染みについては「血の流れが押し寄せてきていないかと上履《うわばき》に目をやったが、そういうことはなかった」と否定されてしまっていた。そういう意味では確かにメリメの創意といえるだろうが、全体を表わす部分といえるかどうかは分からない。このあたりからシャボーの見解は大分怪しくなる。

「この小説の基礎をなしている本来のファンタスムは、——メリメのほかの小説のほとんど全部を数えるまでもなく——去勢のファンタスムであるようにわれわれには思える。基本的には、実際、シナリオはこの『幻視』に結局は帰着する。小説の主役によって舞台に提示されるのは、ある首切りの場面であるが、これはそれ自体すでに、大事なものの切断のシンボルなのである。しかしそれだけでなく、首をはねられた若い貴族がスウェーデン王を殺害したために、懲罰を受けた事実を考慮に入れなければならない。ところで、フロイトの著作に普通に見られるシンボリックな解釈に従えば、王の殺害者というのは変装した親殺しのことであり、王が父親の役回りをしているとする限りにおいて、同じ理由で王妃が母親の役割をつとめているわけである。

王殺害者の頭部が舗道の上を転がりながら、結果的にひとつの真実の証明のしるしをつけるようになる点をつけ加えよう、一体誰が？　シャルル十一世その人がであり、王がはいていた上履《うわばき》に、従って足に、転げゆく頭部が染みをつけるのであるが、いわば陰茎のシンボルである足につけたわけである。ところで別の面からみればこの小説の冒頭から、われわれが知っていることながら、このイストワールの重要な小説の主役、シャルルが、王妃についての思い出を意地悪く冒瀆することで、おそらくは王妃の死の引き金になったのだと思い、母性に対する大逆罪を犯したという罪意識を抱くように至ったのだ」（シャボー論文一八九～一九〇頁）というふうな論陣を張っているが、何かシンボルだけを無理やりつないでいるような箇所であり、論じ方として飛躍しすぎの印象が免れない。なぜなら、王がこうした罪意識にさいなまれるというのは、もともとの古文書にもドイツの作家たちの間にも見られず、ただメリメ一人だけに見られた描写だからであり、いうなればまさしくメリメの創意の部分に属するからである。のちに「彼（王）はエディープスではないとしても、ハムレットの可能性は大いにあったであろう。『地と天のあいだにある不思議なもの』についてのハムレットの二行詩（筆者注、実はれっきとしたホレイシオーに向けたセリフの一部）を、エピグラフとしてはさんだのは偶然だったのだろうか」（シャボー論文一九〇頁）と述べているが、よくよく考えればとぼけた剽窃《ひょうせつ》といえよう。実は自分の主張を正当化せんがための修辞法にすぎず、シャルル十一世に無意識のうちに母性を冒瀆する局面が見られたとするのは、シャボーの牽強付会であろう。

シャボーの論文を読んで、むしろ疑問を持ったところが多かったために、結果的に長い紹介となってしまった。彼の論旨は、シャルル十一世の署名入りの古文書との類縁を離れて、あくまでもメリメの作品にのみ限定して、メリメの特徴に目を向けようとしたのであろう。しかし、参考にされた古文書を基本にしている限り、そこに描かれている時間や場所の条件、登場人物たちの性格やその人物たちの間のやりとりとはまったく無関係に、完全に新たな小説と見立てたわけでもない。少なくとも「シャルル十一世の幻視」と題したからには、実在した王のもろもろの条件を受け継がざるを得ないのだから。

このジャック・シャボーについての履歴についても紹介すべきであろうが、頼りとなるグーグルを探索したところ、かなり由緒ある古い家系であるらしく、いわば同姓同名の人物が二、三挙げられているものの、音楽のライブ演奏家だったり経済学士だったりで、ぴったりの人物には行き当たらなかった。今後の探索までお預けということでお赦し願いたい。

ところで、前の研究者の四番目に挙げたピエール＝ジョルジュ・カステックスと比較すれば分かることながら、ジャック・シャボーが心理分析や言語学理論に依拠して、持ってまわった論展開をせざるを得ず、『シャルル十一世の幻視』は従ってわれわれには、厳正な理性の観点からは、単にアリュナシオン（錯覚）でしかあり得ぬ現象なのに、まるでその現象の客観的な事件記録書類のような様相を呈する」（シャボー論文一八三頁）としているのに対して、カステックスは、メリメが素材とした事件記録文書なるものとメリメの作品とを比較対照して、その細部の事実の記述の違いに基づき、「あまりに理性的な読者の判断を困惑させるのを楽しむ」（カステックス論文二五八頁）ことにある、とごく素朴に結論づけている。「シャルル十一世の幻覚とも夢とも解せる」としている点では、両者ともども理性的な立場からはあり得ぬ出来事として同様の態度をとっており、その限りでは一致している。ただし、シャボーがこれを心理分析や特にフロイトの理論で補強しようとしたのに対して、カステックスのほうはむしろまず古文書とメリメの小説のテクストとの違いを比較検討し、いわば一種のテクスト批判に徹していて、自らの主張は控えめにしているところがある。面白いことにシャボー、カステックスの両人とも、外務省の文書館で探し当てられたある文書に刺戟《しげき》を受けた、と等しく言及していることである。ところがシャボーは、パリ駐在のスウェーデン大使が「パリ評論」の«Démenti donné à un fantôme»（幻影の否認）と題した釈明文に触れながら、ただ「メリメによって主張された事実の空想的な性格をあばいた」としているだけで、それ以上に踏みこめなかった。つまり筆者が言いたいのは、「幻影の否認」によって文書そのものの存在が否定されているにもかかわらず、否認された文書が依然として存在したという前提を崩さないまま、メリメがつけ加えた二つの創意工夫へと論を進めているのは、「幻影の否認」を無視していることにならないかということである。その点カステックスのほうは、はっきりとその「否認」の内容に同意を示し、『シャルル十一世の幻視』は捏造されたものにすぎないという立場を明らかにしている。それどころか「いわゆる事件記録文書は、シャルル十一世の死後四十五年たった一七四二年に政治的な意図からつくられたのであり、それもスウェーデンの王位承継に名乗り出られる候補者で、デンマークの王位承継権のある王子の支援者たちによってつくられたのである」（カステックス論文二五五頁）とまで断定している。これだけ微細なことまで断定できた根拠については、残念ながら解説は付されていない。さらに細かい追記をすれば、「彼（メリメ）はグスタヴ四世が戴冠式当時になっていた年齢を正確に若い王子に与え十四歳としたが、元の文書にあるように、『十六歳か十七歳か十八歳か』なんかではないのである」（カステックス論文二五五頁）と敷衍《ふえん》していて、筆者が先に引用したメリメの訳本には十四歳という表示はどこにも見られない。あるいは、カステックスが参照したものと日本での訳本が底本にしたものと、版の違いがあったのかもしれない。ただ、このような細かい差異は、何世紀も前になされた予言の当たる確率に関係する限り、カステックスの立場にとってはかなり重要なことになり、単なる版の違いだけで済まされないところだろう。しかしここではその問題は保留にしておくが、少なくともほかの詳細な点、一七四二年の政治的な意図や、王位承継権を狙ったデンマーク側の策動などについては、もう少し説明が欲しいところだ。

いずれにしても、カール十一世が残したとされる文書が、果たして真実を伝えたものかどうか疑わしいどころか、むしろ文書そのものが存在しなかったと考えていいようである。なにしろ、この文書のことを言い伝えているさまざまな作家が、カール十一世から何代あとのことかについて、それぞれ五代から七代までいろいろ違った統治世代をかぞえ伝えているところからして（本稿、四五頁参照）、いわゆるオリジナル文書そのものがあったのかどうかさえ怪しい。前に挙げたヴィルペルトも、実は文書の真偽について五項目にまとめあげ、その根拠としてパリのスウェーデン大使 Löwenhjelm（レーヴェンイェルム）伯爵の釈明に立脚したことをちゃんと断わっていた（前掲書の「アルカディア」誌の一八六頁以降）。«Revue de Paris»（「パリ評論」）の五一号に一八三三年七月十三日付のものとして、«Démenti donné à un fantôme»（幻影の否認）なる表題で、「『パリ評論』に対して、幻が告知したとされる予言を撤回するように」とのスウェーデンの知識人たちからの要請を受け、この雑誌の編集者側が仲立ちする形で、このスウェーデン大使の釈明がなされていたのである。ヴィルペルトがまとめた五項目については前に触れているが、ヒバードのようにこのオリジナル文書を真正なものととる向きがまだ出るかもしれないので、確認の意味でその釈明をここに掲げておこう。

その前にこれを執筆した人物は、前にも出したようにLöwenhjelm（レーヴェンイェルム）だということを明記しておきたい。というのも、スウェーデンの外交をあずかる人間が、フランスを代表する文芸評論誌で、メリメの作品の扱い方に対して、冷や水をかけるような冷厳な態度で臨んだ点を評価したいからである。

Démenti donné à un fantôme.（幻影の否認）

――この幻影は、主だった権威者たちがきっぱりと否認していることですが、われわれの読者も周知のことです。われわれはそれが真実であることをできれば弁護したいと思っています。しかしながら、率直なところ、事は困難であろうと認めざるを得ないでしょう。問題にしているのは、『ルヴュ・ド・パリ』（パリ評論）誌の第四号に出たある記事（一八二九年七月八日配本）のことです。それは誰も忘れることができないものでしたが、これがM・P・メリメのものだとわれわれが指摘したら、間違いなく誰しも再読することでしょう。問題にしているのは、「シャルル十一世の幻視《ヴィジョン》」のことです。この幻視とは、スウェーデンから伝来した言い伝えに基づいたものですが、「パリ評論」誌に掲載された形でスウェーデンに送り返され、そこで知識人たちの関心事となったのです。多くの調査がなされた結果、彼らは「パリ評論」誌に対して、幻影が告知したとされる予言を撤回するように、丁重ながら強く促すべきだとの決定をくだしました。そして、スウェーデン大使によって次のような通達が、直接われわれに伝えられたのです。それを以下に示したいと思います。というのも、「パリ評論」誌といたしましても、スウェーデンの知識人たちや、またスウェーデンの外交官と仲違いすることを望んではいないのですから。

Extrait d'une lettre d'un employé principal, aux archives de suède.
（スウェーデンの記録文書館の主任からの手紙の抜粋）

……『《シャルル十一世の幻視》の名でよく知られているこの言い伝えについては、この君主自らの手で書かれた体験報告書により、事実確認されているとか、目撃者と称する何人かの者たちによる証言があるとかされていますが、これをどう考えるべきか、皆さまがお知りになりたいところでしょう。

『この言い伝えは、いろんな時期に、非常に綿密な調査の対象になってきました。この調査はグスタヴ三世の初期に特に活発でした。まさに、それは幻影が語った〔五代後という〕言葉が指し示した治世に当たります。Ulrique Eléonore（ウルリック（カ）・エレオノーレ）が玉座についたことも一治世と数えるならばですが。しかし、単にそのようなたぐいの文書だけでなく、なんらかの原本といえる報告書の存在を臭《にお》わす痕跡すら、見つけることができなかったのです。

『反対にこれらの調査は、女王ウルリック（カ）・エレオノーレがシャルル十二世の妹で、シャルル十一世の娘に当たりますが、この伝聞がスウェーデンで問題になったのが、この女王の死後になってからにすぎない、とはっきり立証するのに貢献することになりました。この女王は一七四一年に亡くなっているので、父王の死から四十四年後のことになります。従って、父王が見たという幻視なるものは、それがあったとされる時期より約半世紀後になって、ようやくスウェーデンで流布され始めたのです。

『さらに、元となる体験報告書［そこからさまざまな版が印刷され、基本的にたがいに相違を見せながら、スウェーデンでは今もなお出まわっているのですが］の執筆者は、シャルル十一世の同時代人では決してなかったばかりか、この君主の宮廷に関する基本的な知識にも欠けていたことは明白でした。

『私は二つのヴァージョンは知っていましたが、三つ目なるものの存在は、一八二九年七月の四回目の配本である「パリ評論」誌の第四号によって、初めて私に明らかとなったものです。

『最も古いヴァージョンは、この出来事を一六七六年十二月十六日から十七日にかけての夜のこととしています。しかし、歴史書も、またシャルル十一世の自筆の日記も、その当時の王は、ストックホルムから一八〇 lieue（リュ、筆者注、一リュは約四キロとされるので、ほとんど日本の里と考えていいだろう）も離れているスカニア地方にいたのだ、とわれわれに教えているのです。

『二番目のヴァージョンの執筆者は、上記のアリバイに留意したようです。というのも、執筆者は一六九七年四月二日のこととしているからです。しかし、王は五日に亡くなっているのですから、その当時はすでに死に瀕している状態でしたし、城の反対側のはずれにあった王国議会の会議場のなかでの、幻視なるものを体験しに出かけるなど、もちろんできなかったのです。

『三番目のヴァージョン（これは「パリ評論」誌に報告されたものであり、明らかにグスタヴ三世没後の一七九二年にスウェーデンで出版されたもの）によれば、王はこの幻視を Kungshus《王の家》の名で知られた Riddarholm（リダールホルム）の古い宮殿で体験したことになっています。しかし、シャルル十一世はそこに住んだことはまったくありませんでした。この建物が王家の御座所となったのは、ストックホルムの旧城の改築の間だけでしたし、しかも当のシャルル十一世のご遺体が、広大な仮住まいにしつらえられた納棺台に横たえられて展示されている間に、この城は火災で焼失してしまったのです。

『われわれが知っている二つの体験報告書のなかで、証人としてサインしている元老たちは、*rhiks-rad*（王国の顧問官）という肩書を自署しています。ところで、わが国の元老たちは、もはやそのような肩書を持っていなかったはずで、これはシャルル十二世の逝去に際して復活したものです。シャルル十一世の治世下では、彼らは *kungliga-rad*（王の顧問官）と呼ばれていたのです。

『いずれにしろ、二つの体験報告書には人物の名前が記載されていますが、そのある者は、シャルル十一世のもとでは（例えば元老の U. W. Bielke, A. Oxenstierné 及び E. Brahe のように）実在しなかったし、また別の者たちは（例えば grand-drotts［大側用人?-］の Charles Pielke とか、王の侍医である Baumgarten のように）、それらの名前に添えた肩書のような職務には就いていなかったのです（筆者注、Pielke とか Bielke とか綴りも紛らわしいが、引用書のまま）。

『これらの体験報告書が、どういう意図からかはわかりませんが、でっちあげられた事実を語っていることは、これらの報告書そのものから多くの証拠を引き出すことができるでしょう。しかし、ここで述べられたばかりのことで、このことに関する証明にはきっと充分でしょう。……』

原本と相違なき翻訳であることを証す。　パリ、一八三三年七月十三日

Le comte de Lowenhielme（レーヴェンイェルム伯爵）

【ただし、参考にした《Revue de Paris》（「パリ評論」）の印刷が不鮮明なのか、Lowenhielme という署名は、正しくは Löwenhielm と表記すべきところだろう。概してフランス語では「ö」という表記文字がないので、簡単に済ませたものと推察される。今後の引用にも必要なので、日本語の表記としてレーヴェンイェルムを採用することにする】

こうした「カール十一世の幻視」を否定する証言が続々と出てくると、王が書き残したとされる文書そのものが仮にあったとしても、もはや一種の偽書と確定していいだろう。この「カール十一世の幻視」を中心にそれぞれの思想的な観点から、それなりにまとめた評論について見てきたわけだが、何人かの論者も指摘していた通り、歴史事実とこの幻視との間に、あくまでも歴史事件が起こった後に、予言としての整合性を無理やり作り上げた疑惑がぬぐえない。カール十一世が幻視を見たとされる一六七六年から、おそらくアンカルストレムが処刑されたという一七九二年まで、大雑把にいってほぼ一〇〇年間を見通せる予知能力を持っていることになるのだから、例のノストラダムス級の驚異的なものと言えるだろう。だがしかし、ここでその的中率がどれほどであったのか、といったたぐいの超能力の話に進めるつもりはない。

いわば「カール十一世の幻視」なるものはひとつの超常現象なのであり、これが内容の真偽は別にしていろんな文献に採りあげられ、またそのためにますます有名となっていく経緯にあったことは、容易に理解できるであろう。た

だし、その逆にあまり知名度をあげたためか、一王国の運命を左右するほど大きな出来事と見なされるにしては、それぞれの報告の細部について齟齬や矛盾が出てきて、何か事柄の上っ面を撫でただけという気持にさせられるところがある。おそらくはいろんなヴァージョンが派生して出てきたこともあって、謎や疑念が氷解されないままだからだろう。そんな意味合いから補足的な文献を簡略にあげ、今後とも興味に任せてもう少し鮮明に取り組もうと考えられる後学の諸子に、参考にしてもらおう。

別な視点からのこの「幻視」に対する否定の所論

Dr. Max Kemmerich; «Prophezeiungen. Alter Aberglaube oder neue Wahrheit?» 4. verbesserte und vermehrte Auflage. Albert Langen, München 1925（マックス・ケメリヒ著『さまざまな予言、古い迷信だろうか、それとも新たな真実だろうか？』という著書のことである（一九一一年版のものもあるが、これから問題としている点は削除されている）。

これは刊行時に一九一一年の版権取得なる記載があるので、この年が初版であることを明示したものととっていいだろう。ただし、この一九二五年版の一〇七頁に出る脚注を検討すると、かなり不正確なところがあったので、まずは代わって訂正しておきたい。つまり、Gr. C. Wittig, Psychische Studien, XVII. Bd., 1890（グレゴール・コンスタンティーン・ヴィティッヒ「心理活動の研究」）誌、第十七巻所収中のS. 153ff., 188ff., 208ff., 261ff. und 311ff. を参考資料にあげている。しかしこの二番目の188ff. は、«Eine Erzherzogin als Medium»（「霊媒としてのある大公妃」）という表題になっており、当該の事項に少しも関連性は見いだせないので削除すべきであろう。さらに208ff. は209ff. の間違い、同じく311ff. は314ff. の間違い。ほかに同じ「心理活動の研究」誌の一九二〇年号に載せたGraf Klinckowstroem,（クリンコストレーム伯）のS. 314f, やIllig（イリッヒ）のS. 453ff. もあげているが、これらは訂正の必要はないようだ。

さらにJohannes, «Prophezeiungen der berühmtesten Propheten und Seher» Wien 1848 という書名が、興味深いものとして引用されているが、実際の表題はかなり長いので簡約化したのだろう。参考までに正確な表題を紹介すると、«Prophezeiungen der berühmtesten Propheten und Seher über Papsttum und die Jesuiten, über Frankreich, Deutschland, England, Rußland, Türkei, Norwegen, Schweden, Dänemark, über die österreichische Monarchie, Polen usw.» Carl Ueberreuter Verlag 1848 と

いうのである。訳せば『教皇権及びイエズス会、フランス、ドイツ、イギリス、ロシア、トルコ、ノルウェー、スウェーデン、デンマーク、オーストリア君主国、ポーランド及びその他の国に関するもっとも有名な予言者や未来予見者の諸種の予言』ということになろうか。筆者は未見の文献である。

ともかくGr・C・ヴィティッヒが「心理活動の研究」誌の一八九〇年の十七巻四月号に、「スウェーデンのカール十一世のヴィジョン」という標題のもとに、第一章を書き始めて、それ以降五月号にその二章目を、六月号に三章を、七月号に四章を寄稿していたことになる。ケメリヒが188ff.として挙げていた部分は、先にすでに「霊媒としての大公妃」であると訂正しておいたが、従ってむしろこの部分だけを飛ばして読みつなぐべきもので、ヴィティッヒはまさしくシリーズのつもりで書いたものであるのは明白である。ケメリヒの脚注の錯誤は、性格の違う論文にも拘らず執筆者が同じヴィティッヒであるからとして、編集者が単純な混同をしたものらしい。

それはともかく、これまでいろんな研究者が発表した論文について紹介し、それぞれその当否について筆者は論評してきたが、こうした超常現象を多少とも真面目に科学的な態度で問題にしている専門誌に出遭ったことで、もっと違う新しい視点が得られるかもしれないという期待が生じた。その意味で先のヴィティッヒの論文を筆者なりに整理しながら紹介しよう。その前に「カール十一世のヴィジョン」なる全体を総括する標題を掲げながら、その副題が〈Kieser（キーザー）教授の「論文集《アルヒーフ》」にならって〉となっていて、おやと思ってしまう。というのは、すでに前のところで触れた人物にまたもここでお目にかかったことになるし、当該の十一世のヴィジョンの典拠が、すでに直近のところで指摘したように否認された形のもので、これまではあくまでもカール十一世及びほかの四人の目撃証人がサインした文書のことと捉えていたのだから。ここへ来てまったく新たなキーザー文書なるものが登場したのか、とつい思ってしまう。これにはやはり前もっての注釈が必要なのに、その細かい説明がどこにも見当たらなかった。読んでいく過程でやっとこのアルヒーフは、専門雑誌の誌名のことらしく、キーザー教授というのもこの雑誌の発行者、または主宰者らしいことが判明した。誌名は«Archiv des Thierischen Magnetismus»とあげられているが、正式には«Archiv für den thierischen Magnetismus»（一八一七年初刊行）であるらしい。つまりは「動物磁気に関する論文集」ということになろう。キーザー教授についてわかった主な点をあげておくと、氏名はDietrich Georg von Kieser（ディートリヒ・ゲオルク・フォン・キーザー）といい、医師で精神科医、一七七九年にハールブルク／エルベに生まれ、一八六二年イェーナで死亡した、とされる。調べがついたのはこの程度でしかない。

ヴィティッヒは「心理活動の研究」誌の一八九〇年の四月号において、こう書き始めている。

「わが尊敬すべき読者諸氏は、本誌一八八九年の二月号の六一頁以降で、フランスの作家プロスペル・メリメの『小説選集』のなかから、彼のヴァージョンによる考察に値するこの幻視の物語が、Seherr Thosz（ゼーヘル・トス）伯爵により再録されていたことをご記憶の方もおられよう。しかしながらこの論者（筆者注、生没年を始め、どんな人物なのか未詳）は、メリメの報告が完全に真であることには、疑問の余地が多々残されている、とはっきり指摘した（同論文六六頁）上でのことである。『その理由は、王とほかの目撃証人者たちが署名した記録書類を探し出すことに、これまで試みられた調査が成功していなかったからである。メリメがその知見を汲み出してきた原典について、明らかにするのを怠っていたのは何とも残念でならない。ひょっとしたらこれに関し、秘密厳守が彼に課されていたのだろうか？　その事情はどうあれ、その外的状況の物語や、特に王がその署名に添えた言葉は、それらが信じるに値するという印象を与える。そのうえ、Neuwal（ノイヴァル、筆者注、「心理活動の研究」誌上でしきりに話題にされる研究対象者のようだが、詳細は不明）の幻視《ヴィジョン》を事実だと容認せざるを得なかったのならば、このストックホルムのほうの事例があり得ないことだ、と見なすどんな理由もない』」（「心理活動の研究」誌の一八九〇年四月号、一五三頁）――としている。

さらにつづけて、「可能性と信憑性は、しかし依然としてまだ現実とはいえないし、多くの異論反駁がなされるわれわれの心霊論的な領域では、断乎としてその根拠を突きとめることが肝要なのである。本誌の一八八九年四月号（二〇五頁以降）の「短評（d）」において、Kiesewetter（キーゼヴェッター）氏は（ベルリーンのSchorer Familienblatt〔ショーラーの家庭新報〕の寄稿者が、逸早くすでにこの幻視《ヴィジョン》に関し発表しているように）、このメリメの伝聞を一八二〇年刊行のキーザーの「動物磁気に関する論文集」を引き合いに出して、歴然とした紛《まが》い物だとわれわれに描いてみせた。われわれは同様な作業をしてみて、そこに見出された典拠といえる王の記録文書を、メリメの書いたものと比較し、その二つのものの間にたくさんの相違点を見つけたので、これらを本誌の短評で、われわれはどうしても簡略に指摘しておかなければと思ったのである。これに対してゼーヘル・トス伯爵は、一八八九年の本誌五月号の二一〇〜二一一頁に『スウェーデン王カール十一世のヴィジョンに関する説明』なるものを出し、メリメの小説が完全に真実だということに対して、いかなる自分自身の責任も負わない、ともう一度否定してみせ、以前発表した自分の結びの言葉に注意を喚起して、「メリメのふたつの報告に共通したオリジナルの古文書、つまり王の体験記録にトス氏があくまでも固執しているのは、ふたつとも同じ一つものに根拠をおいていて、証人たちの名前の不一致などそんなに重要にも見えないので、それを理由にして物語全体が紛い物と推論せざるを得ない、と思っているからなのである。トス伯が『物語全体』で言わんとしているのは、おそらく物語の本質的な核心、王の通例の前触れ的な（夢？）ヴィジョンのことだろう。それというのも、メリメの記録報告書が公正証書として偽造されたのか、キーザー教授によって伝えられた記録報告書が偽造されたのか、そのどちらかであり、それとも二つとも偽造されたのかもしれない。第四番目の可能性は論理的に存在しない。ただしそれにもかかわらず、この二つが根拠にしているのが一つの真正な事実である可能性がある。……」（同誌一八九〇年四月号の一五四頁）と延々とつづいているが、ヴィティッヒの主張が多少ともわかったと思う。

それはそうとこの一五五頁には、キーザー教授によって伝えられた「王カール十一世の幻視」の第一項が紹介されているが、これまで受けていた説明とは多少違う視点を提供してくれている。つまり、「その申し立てによれば、グスタフ・アードルフの王位断念の時期に出たもので、それ以前にスウェーデンでは写本の形で出まわり、一六七六年のカール十一世のヴィジョンを内容とする次のような文書類が転載された。のちになって、それもどうやら間もなくのことだったらしいが、同様なものがドイツ語からデンマーク語に訳されて、コペンハーゲンで出版され、特別の宣伝パンフとして印刷され、その題名は次のようなものだった――」としている。デンマーク語による長いタイトルがあげられているが、それは今は省くとして、最後に出る発行人と思われる人名、「J. Breinholm（ブレインホルム）、アーデルガーデン街二七三番地」だけを記録にとどめておくことにして、さらにつづけよう。

「まさに同じように一八一九年に、申告によれば改めてフランクフルトの地域一帯で出まわったのは、英語に翻訳された《New monthly Magazin and literary Panorama.》London 1819. No. 67. August, pag. 24. 25.（「新月刊マガジン及び文学パノラマ」）というものだ」（前掲号の一五五頁）と記載されている。

「すでに数か国語に訳されて何度もこうした復刻がなされたということは、庶民の声がこのことにどんなに重要性を置いていたかを表わしている。しかもその内容全体に従えば、たとえ政治的な目的であるにしろ、何かの狙いのために意味深く構想された単なるフィクションよりも、あるいはある重大な時期に、いわば庶民の生活から奔出する霊魂の声音《こわね》よりも、もっと重要な何かであるように見える。その一方でしかし、正真正銘かどうかが取り沙汰されている場合には、当の王が心理的な感染によって他の幽界にさえ越境し、未来のときを見通す透視力を備えていると見なされるかもしれない。その透視は真夜中に、暗鬱な気分で憂鬱症《メランコリック》となり、従ってかなり深刻な感情に陥った王に、予言的なイメージを抱き、占卜《せんぼく》特有の言葉でこれから出来《しゅったい》する事柄を伝えたのだ。いわば、遠くを望み見ている夢遊病者が、現在のなかにある未来を眼前にしているのと同じく、われわれはここでそのことをわが読者に伝えておこう」（前掲号の一五五～一五六頁）とも語っている。

われわれがオリジナル原本ととらえている例の署名入りの古文書とは、デンマーク語版も英語版もそれぞれわずかながらずれていて、一種の異種本を形成していることにも触れており、英語の翻訳はドイツ語からとってきたものでもなければ、デンマーク語からとってきたものでもなく、ほかのオリジナルの文書を基本に踏まえたらしい、と提示している。そしてキーザー教授の論文集にならったとされる、もうひとつ別のヴァージョンの『スウェーデン王カール十一世の幻視』の文書を最後に紹介している（そのテクストは、大枠はアルント＝クライストのヴァージョンと変わっておらず、改めてここに提示するまでもないだろう）。

締めくくりとして述べているのはこうだ。

「キーザーの『論文集』が報じているのは、以上のごとくだ。さてここまで来たら、次回の項で史的比較照合をし、それによってわれわれの推論を引き出してみたいと思う。カール十一世の体験全体を王が当時読むことも書くこともできなかったので、王の信頼篤《あつ》き廷臣たちに単に王自身が語ったにすぎず、ひょっとしたら王に命じられて、彼らによってさっそく文書に記録化された夢幻像だ、とわれわれが解釈しているとしても、別に的を外しているのだとは思わない。そうだった場合にはひょっとしたら数人の聴き手が、聴いた話の記憶から互いに相違した種々の記録をとったかもしれない。その記録は、幻視が実際に出来《しゅったい》したということよりも、その内容のほうをずっと大事に際立たせ、こうして様々なままでのちに流布していく情報を形成したのかもしれない。そうやって、ひとつの夢が一見ありそうな現実に次第に変身したのだ！　真だとお墨つきを与えられたオリジナルの記録調書が見出されておらず、また周知されておらない限り、そのとおり実際に目撃され、起こったと主張された出来事に対して、こんなにいろいろに報じられていることを根拠に、疑ってみるのは極めて当然なことといえよう。そういう場合でも、こうして真実になった夢幻像が、あとで歴史的に現実となるような心理的奇蹟なのだと信じる余地は残るだろう。たとえわれわれが事実《ファクタ》そのものを、『ただ夢のなかでそういうふうに見たし、そういうふうに起こったのだ』と解しているのだとしても」（前掲号の一六一頁）と述べ終わっている。

さてこれにつづくヴィティッヒの論文は、「心理活動の研究」誌の同一号の二〇九頁以降に展開されている。即ちそこが論者の第二項に当たるが、ここでは主に歴史的な事象に注意を向けていて、それもしかし、ヴァーサ朝を興《おこ》したグスタヴ一世ヴァーサから、諄々と説き起こすというのではなく、話題がカール十一世から疎遠になるのを避けるためか、プファルツ＝ツヴァイブリュッケン＝クレーブルク王朝の始祖ともいうべき父の十世から始めている。そのカール十世は特に好戦的で、スウェーデンの領土も拡大し、軍事力はもちろん、商工業も大いに振興させたが、反面、社会生活に無理を強いて矛盾を生じさせていた。たとえば Johann Reinhold von Patkul（ヨーハン・ラインホルト・フォン・パトクル、一六六〇〜一七〇七）というリヴォニア（バルト海東岸地方の旧称）の男爵を引き合いに出して、ヴィティッヒは歴史の暗黒部分に触れるが、果たしてここでの問題にどれほど関連性があるのかは分からない。この男爵は、領地と貴族の権限を奪われ、国家反逆罪を犯したとしてカール十一世によって裁定を下され、十二世の代になって訴追免除を願って却下され、ロシアやザクセン、ポーランドへと逃げまわっていたが、最終的に身柄が引き渡され、斬首と四つ裂き、さらには車輪に括りつけられて晒し者にされた。この史実をヴィティッヒは、アードルフ・フリードリヒ（一七五一〜一七七一）治世の前に起こった惨劇として重要視しようとしており、ストックホルムの大殺戮（一五二〇年十一月八日）と呼ばれた事件にどうやら強引に匹敵させ、グスタヴ三世の父であるアードルフ・フリードリヒ（フレードゥリク）に結びつけようという意図が透けて見える。第二項全体が、二一七頁まで優に八頁にわたるものであるけれども、筆者には重要と思えないので割愛することにする。

ここでカール十一世を含む歴代の王の統治時期をあげておこう。ヴィティッヒがわざわざつくったリストがあるので、これからの説明の理解にも大いに参考になるだろう。

（一六六〇〜一六九七）　カール十一世
一六九七　カール十二世
一七一九　ウルリーケ・エレオノーレ（筆者注、ただし、形式的には一七一八年と捉えるのが普通だが、この女王の兄が急死したのが十二月十一日であるところから、実質的な年代が選ばれたのだろう）
一七二〇　フリードリヒ（フレードゥリク一世）
一七五一　アードルフ・フリードリヒ（アードルフ・フレードゥリク）
一七七一　グスタヴ三世
一七九二　グスタフ・アードルフ・（四世）
一八〇九　カール十三世
一八一八　カール・ユーアン

ヴィティッヒの第三項での叙述（同誌一八九〇年六月号の二六一〜二六六頁）も、同じく歴史に関してなされているが、アードルフ・フリードリヒを継いだ息子のグスタヴ三世の暗殺が、すでに中心課題にされている。この事件そのものはあまりに有名で、しかも絶対君主制へと舵を切りつつあった政権に対して、具体的にも深刻な打撃を与えたものなのだから、第二項にあげられたパトクル事件の比ではない。この暗殺事件は一七九二年に起こったが、グスタヴ三世の文書類は木箱に入れられウプサラ大学図書館に保管し、死後五〇年後に血統を継ぐ王の一人によって開封するよう指示がなされ、確かにこの開封は一八四二年三月二十九日に行なわれた。しかもその文書類のリスト作りと内容について王に報告する仕事は、Geijer（イェイェール）教授が受け持ち、教授がこのことを次の書物、「グスタヴ三世王の遺品、その死後五十年後に開示された文書類」（ウプサラ、一八四三〜四五、Creplin〔クレプリン〕による独訳、ハンブルク一八四三〜四六、三巻本）で公にしたことに触れている。ただ、「書類中の警告」に関して書類の記録者によって、一八一〇年に幻視の古文書へと挿入された〔偽の〕文章とおそらく関連づけられているようだ。この警告は、「密封されていたが、王から王へと開封されては読まれ、そして〔再び〕封緘《ふうかん》されたのである」（同誌前掲号の二六二〜二六三頁）とされている。いったい誰がこの挿入文をカッコに入れたのだろう。まさしく明らかに前に述べた一八一〇年の幻視の文書を書いた書き手であり伝達者しかいない、としている。ところがここで、この警告と王の幻視の時間的な後先がわからなくなって、ヴィティッヒは謎の前に立たされている、といっている。そしてこれは、「本来の真の幻視の文書を偽造しようとしたことで説明がつけられる、つまり改竄者《かいざんしゃ》は、最後に誰しもの好奇心をそそるある事実を、グスタヴ三世の最後の時期からとりこんで、この文書に巧みに織り込もうとしたのだ」（同誌前掲号の二六三頁）と説明している。

　さらに最後の第四項に関連していく重要なところと思われるので、この第三項の二六三頁から一頁少しを（「心理活動の研究」誌から引いておこう（傍点は引用の強調を示す）。

―「王の古文書の写しといわれる二つの文書を注意深く読んだ読者や比較検討した者は、キーザーの論文が実際にはひたすら第四番目の王、アードルフ・フリードリヒに関係しているか、さらには第六番目と第七番目の王にも関係している可能性があると認めるだろうが、メリメの著作はしかし、ただひたすら第五番目の王、グスタヴ三世とアンカルストレムに関係させることができるだけだ、と認めるだろう。従っていろいろな歴史事件のなかから、明らかにいくつかの事件をキーザーの文書のなかにとりこんだものだった。いずれにせよ、キーザーの文書は客観的な立場をとりつづけているが、年代順ではないにしても、単にアンカルストレムだけを目指し断乎とした解釈をとって、年代的には新しく書かれたメリメのものよりも優位を保っている。キーザーの文書は少なくとも、起源的にその基礎となったかもしれぬカール十一世のオリジナルの文書を見透かせるが、ただアードルフ・フリードリヒ王との関連を示唆しているだけなのである。しかし、キーザーのものも、すでにその事実上の示唆の点で混乱していたり、はっきりしないところがあったり、従っておそらく何重にも手が加えられているようだ。アードルフ・フリードリヒは一七一〇年に生まれたので、一七五六年には十六とか十七とか十八歳とかどころではなくて、四十六歳になっていて、従ってどっちにしてもまだ若い王だったのである。グスタヴ三世の息子、すなわちグスタフ四世アードルフは、一七七八年十一月一日に生まれたので、父がアンカルストレムによって殺害された暗殺の年、一七九二年にはわずかに十四歳になったばかりであり、それゆえキーザーによる幻視の報告では、――『十六とか十七とか十八歳の若い王』とされていても、ぴったり彼に一致しているわけでなく、一七九六年に独立して（筆者注、後見役の監視から離れて、という意味だろう）政権を引き受けたとき、実際に十六歳であったとしても一致してはいなかった。なぜなら、アンカルストレムに対する唯一の処刑が一七九二年に行なわれたのであり、もっと多くの処刑や転倒しかかった玉座のそばにいた王国代表者に関しては、幻視だとしているのだから（筆者注、一七九六年には本当は十八歳というべきところなのに、その他の具体的な条件が違っているといいたいのだろう）。『右側に座を占めていたのは、四十歳ぐらいの背の高い美男子であり、その顔は実直そうなところがあり、その左側には七十歳ぐらいの老人が座っていた』と、キーザーの幻視の報告には出ている。王の左右にこうして席を占めているということは、同等の権限のある二人の国家助言者を示している。四十歳代の男性が、たとえばグスタフ四世アードルフの後見人で叔父、アードルフ・フリードリヒとフリードリヒ大王の妹の間にできた第二子、セーデルマンラン（ド）のカール公爵、つまりのちのカール十三世（一八〇九～一八、王位就任）だとしたら、この人物は一七四八年十月七日に生まれたのだから、グスタヴ三世の終焉の際には確かに四十四歳になっていたが、『七十歳ぐらいの老人』が代わりを務めるとされているグスタヴ三世は、一七九二年の死去に際しては、一七四六年一月二十四日の生まれだから、やっと四十六歳に達したばかりなので、これまた符合していない。従ってこの幻視に現れた人たちは、無理やりグスタヴ三世の終焉の時期に結びつけられないのである。その人たちはむしろ、先代の王アードルフ・フリードリヒの二人の高貴な王国参議だった、と考えるほうがずっとふさわしいだろう。なにしろ一七五六年に王の権勢を封じこめ、王の支持勢力を死刑に処したのはそういう人たちなのだから。一七一〇年五月十四日に生まれたアードルフ・フリードリヒは、（一七五六年）当時に四十六歳であったし、その長男であるグスタヴ三世は先の生年月日からして十歳になったばかりだった。彼の父が一七七一年に六十一歳で死んだときには、グスタヴ三世のほうはすでにもう二十五歳になっていた。その事実から、いろいろな歴史上の人物をいろいろと解釈するにあたって、最初の基本となった幻視にまたも手を加えたのだ、とわれわれははっきり認識する。キーザーの幻視のなかで、このことはいつ起こるというのだ、というカール十一世のくり返しの質問に対する幻の若き王の答えは、『汝の後の六代目の統治者のとき』と正確に指示している。とすればこのことは、一年間だけ独立して統治した女王のウルリーケ・エレオノーレ（一七一九、筆者注、実質的な意味での王位就任）を数に入れるとすれば、グスタフ四世アードルフ（一七九二〜一八〇九）のことでなければならないだろう。確かにその人物が一人の叔父を後見人（カール公爵、のちのカール十三世）に持つであろう、同時に自分とともにこれまで以上に玉座を強固にするであろう、という幻視の若き王のさらなる口上は、この人物にぴったりしているように見える。しかし、事細かにこれを読んでいる者にとっては、幻視でいわれている後見人はまたもグスタフ四世アードルフの後見人ではありえないし、従って一八〇九年に政権にたどりついた王のカール十三世でもありえないのは、明らかである。というのは、この人物は後見人として若い主人を見守っていたわけではなく、自分の趣味道楽に没頭していたのだから。なぜなら、セーデルマンラン（ド）のカール公爵は、むしろ一七九二〜一七九六年の間王国業務の後見職を辞退し、自分の居城のルーサースベルイに引退したのであり、一八〇九年グスタフ四世アードルフが任を解かれたときになって初めて、国家代表者として呼び戻され、それから間もなく自身が王（カール十三世）に指名されたからである。幻視がはっきりと語っているのは、一人の後見役にして四十歳ぐらいの国家代表者のことについてだけであり、その〔似非《えせ》後見役の〕政権のもとで若い主人を追いこんでいるが（筆者注、いささか曲解の気味がある）、時間の経過とともにひたすらわが事にのみ打ちこんでいたのだ。さらに『彼らは玉座を前よりも強固にするだろう、しかもスウェーデンの偉大な王がこれまでなしえなかったし、今後も到来させることかなわぬほどに、云々《うんぬん》』この言葉で意味されているのは、弱腰のアードルフ・フリードリヒのもとで、ロシア寄りの党派を引き連れて、ほとんど絶対的な権力をふるっていた国家代表者にして国家参議たるフールンだけしかいないだろう。この男はのちに行動力旺盛な息子のグスタヴ三世（一七七一～一七九二）のもとでは、一連の軍隊の暴動に近い動きによる王の権力についに服従せざるを得なかった（一七七二）。別の党派はイュレンボルイ派といわれたが、フランスの影響に従っていた。グスタヴ三世は、この二派の上に君臨する新たに獲得した権力を、隠忍自重して公共の福祉の向上のために用いた。国家の公務につかえていた者たちは、ほとんど全員自分たちの仕事にとどまった。彼の努力により、スウェーデンの商工業は新しい隆盛へと上昇気流に乗った」（同誌前掲号の二六五～二六六頁）

・・・・・・・・・・・・・数行省略。

「グスタヴ三世の完全な統治権は、一七八九年と一七九二年の王国議会を通じて、アンカルストレムによって実行された暗殺までは、ちゃんと彼が保持していた。『稀な』年齢という予言は当たっていないし、彼が玉座を強固なものにすることができる前に、流血の大惨事が起こるということも合致していない。彼が王位に就任したのは、ほとんど無血革命！ですらある。キーザーが示している幻視の視野は、決して一七七二年よりも遠くにまで及んでいない、というのは、その年代に彼は、実際かつてのスウェーデンのどんな王よりも偉大で強力だったのだから（ブロックハウス、及びマイヤーの百科事典のGustav III.の項を参照）。このアードルフ・フリードリヒとグスタヴ三世は第四代と第五代の王だったが、キーザーの幻視の文書で主張されているように、カール十一世後の六代及び七代の統治者ではないのである。この微細にわたる指摘はわれわれに、一八一〇年当時の幻視の文書の伝達の時期に、意図的な書き込みがなされたことを教えている。――メリメの幻視の報告書はそれゆえ、自分のヴァージョンではひたすら六代の統治者グスタフ四世アードルフや、アンカルストレムによって殺された父のグスタヴ三世のことのみに、筆を費やしているのである。それゆえこの報告書にしても、やはり『五つの統治の御世《みよ》ののち』ということを正確に述べていて、そういうなり『声はだんだん不明瞭』になったとされる。こうした時間設定や、ほかのいろいろの時間設定は、従って二つの報告書のなかに差し入れられた周知の挿入物か、捏《こ》ね上げ言《ごと》！　なのである」（同誌前掲号の二六六頁）——これがヴィティッヒの仔細な検討ということになろう。

ところで最後の項、第四項の冒頭はこう始められている。

—「キーザーの報告文は一八一〇年に出てきたものであり、いわば一年前には叔父・後見人だった人が、予言されたものに従えばカール十三世として第六代の王となったが、幻視に従えば第七代の王となったとされる時期なのである」と。«nach dem prophezeiten»「予言されたものに従って」と«nach der Vision»「幻視に従って」との区別がなされているる点は、もう一つ理解しにくいところだ。次に述べられた文章によってなんとはなくわかるような気にさせられるので、あまり詮索すべきところではないようだ。つまり、「この王に対しては、たびたびの戦争によって疲弊したスウェーデンの国民や王の支持者から、この王の先任者である甥グスタフ四世アードルフよりは統治能力（筆者注、原文は regierungsfährigeren となっているが、前後の関係から—fährigeren ではなく fähigeren のミスプリントと思われる）がある、と新たな希望と期待を自然に抱かれることになったのだ。この今言及した王はその冒険心に富むところとエキセントリックなところがあいまって、自立して政府を引き受けて（一七九六年）以来、ほんの間もなくして面目を保てなくなった」（同誌一八九〇年七月号の三一一頁）として、このグスタフ四世アードルフについての説明がこの第四項の大半を占めることになるが、その部分は筆者が後で述べることと重なるのでここでは省略し、ヴィティッヒの説明を筆者が重要だと思う点に絞って、要約的に取り上げてみよう。

「この人物（筆者注、フランスのベルナドット元帥のこと）は、王位承継者として、カール十三世のもとでスウェーデンの軍隊の指揮官となったが、カール十三世は一八〇九年当時、メリメが誤って主張していたようにまだ『高齢者』ではなくて、やっと六十一歳になったばかりだった。しかし彼は自ら軍隊を指揮できず、その任務は養子とした王位承継者に委ねた。ベルナドットはライプツィヒでの諸国民の戦い（一八一三年一〇月）に参入し、ナポレオン一世に刃向かったこの解放戦争を戦い、さらに大きな損失もこうむらずに戦い抜いただけでなく、一八一四年にこれまでデンマークに帰属していたノルウェーをも、軍事的及び政治的賢策によってほとんど流血も見ずに、スウェーデンに併合できた。カール十三世及びその承継者のもとでのスウェーデンで、大きな流血沙汰が起こるだろうという予言は、従って時間系列が混迷をきたしたまま臆測した、カール十一世のヴィジョンの改竄者や解釈者の単なる懸念にすぎず、決して歴史的な現実ではなかった」（同誌前掲号の三二四頁、一五～三二行）

「ところでここでわれわれは、キーザーの記録文書に特別とり組んだ点に達したことになる。キーザーの改作者が誰であろうと、まだ全貌を表わしていない王のオリジナルの記録文書に恐らく手を加えていないだろうし、その文書なるものは、ストックホルムの古い城館が火災に遭ったときに（一六九七年）、どうやら共に灰燼に帰したと思われるが、一方でカール十一世のもっとも信頼篤き側近たちの記憶をたどって、その文書から数多くの、最低でも三冊の写しがとられたらしく、その三種の原本に近い写しのひとつだったらしい。すなわち一八一〇年に発刊されたものがそうらしい。キーザー文書の結末もまた、メリメが気儘に扱ったものと全く異なった書き方になっている。キーザー文書では、カール十一世によって書き下ろされた「警告文」についての報告で終わっていて、『その警告文は封緘され、王から王へと開封され、再び封緘されねばならない』とうたっていた。このいうところの警告文が（上述の城館炎上で経験を重ねて知恵をつけたわけだが）、厳封した木箱に詰め、ウプサラ大学の図書館に保管し、五〇年後に初めて開封する運びとなり、殺害されたグスタヴ三世が残した遺品に関係するだろう、とわれわれが推論した（「心理活動の研究」誌、一八九〇年六月号、二六二頁以降参照）のも、そんなに大きく見当はずれをしていなかっただろう。その中身も従って、もうその息子であるグスタフ四世アードルフには全然知る余地もなかったし、当人はその玉座から一八〇九年に下ろされていたし、一八四二年三月二十九日に木箱が最初に開封されたときには、アードルフ四世はすでに死亡（一八三七年）していたのである。こうした明かな挿入文のあとに、それから次の誓いの文句がつけ加えられた。

――『そしてこれら一切のことは真実である。そのことを余は身命をかけた誓いの言葉で保証する。神が余をご加護下される限り』――この後に二人の兄弟 Bjelke, A. Oxenstjerna と Peter Granslén の四人の署名が並んでいる。――しかし、メリメの描いている王の記録文書の最後は、王の署名が入ったいわゆる古文書とはまるきり違っている。――『余がここで述べたことがまったくもって真実でないとしたら、生活がもっとよくなるというどんな期待もあきらめよう』（同引用誌、一八八九年二月号、六六頁参照。筆者注、いわゆるアルント＝クライストのヴァージョンには見当たらない）――いずれにしても、キーザーにある誓いの文句はもっと簡明なもので、十中八九、真正な記録文書のほうに近いと思われる。メリメの記録文書にある王に信頼篤《あつ》い者たちは、同じくキーザーの文書の下にサインをした者たちとは完全に違っている。メリメの文書は、ほかの文書には未知の侍従の一人 Brahe（ブラーエ）伯爵や医者の Baumgarten（バウムガルテン）を Freigeist（筆者注、イギリスの free-thinker 自由思想家の独訳）と呼んでいる。カール十一世（一六五五～一六九七）の時代には、このように呼ぶべき人は恐らくまだ生まれていなかったろう。十七世紀の中葉や終盤になって初めて、トマス・ホッブスとともにパリやロンドンに現れた自由思想家という概念は、その影響を十八世紀の中葉後にやっと外面化させることができた。――英語のヴァージョンは、キーザーがすでに紹介しているのと同様なのに、証言者の署名はいささか変えられている。メリメの記録文書といっても、ただ一種類の抜粋によるものでしかなく、その英語版はわれわれの目に提示されているわけでは決してないので（原本通りの印刷）、ただキーザーに従い次のように推察できるだけである、すなわち英語版は本質的な内容に従う限り、メリメの文書よりもキーザーの文書のほうに近いし、従ってその翻訳者によっても年代的により古い原本的な文書と見なされたのだ」――と（同引用誌、一八九〇年七月号、三一四～三一五頁）。

ここで Freigeist をよく理解していただくためには、ヴィティッヒの説明よりはマイヤーの百科事典の説明のほうが、少なくともイギリスとフランスの温度差が理解しやすいので、百科事典の記載を追記しておこう。「人生最高の問題の判断に当たって特に宗教領域に関し、どんな権威にもどんな因習にも束縛されない人間のこと。まずはイギリスで自由思想家として Anthony Collins（アンソニー・コリンズ）の «Discourse of freethinking», Lond. 1713「自由思想についての論議」に書かれた先例にしたがい、たとえば Hume, Blunt, Toland（ヒューム、ブラント、トーランド）のような人々を指し、もちろん当時のイギリスの教会状況を鋭く、時には嘲笑気味に攻撃したが、神の信仰はしっかり繋ぎとめていた。一方、Voltaire（ヴォルテール）やRousseau（ルソー）や百科全書派のようなフランスの自由思想家たちは、時がたつとともに次第に完全な無神論に達した。この自由思想家の運動がフランスの影響下に地歩を築き出した（例えばStrauß シュトラウス、Feuerbach フォイエルバハなど）ドイツでは、その信奉者の数は正統主義教会が勢力を回復してから非常に増大した。プロイセンではこうした方向に向かい、フリードリヒ・ヴィルヘルム四世の統治下で「自由思考者の集会」なるものができた。……」こうした二つの解説を併せ読むとよくわかる。『自由思想家』という訳で端的にわかるかどうか不安なので、詳しい解説を借用した。メリメはその小説のなかで《qui,...tranchait de L'esprit fort,...》というふうに“L'esprit fort“の用語を用いており、メリメの時代では普通の言い方なのかも知れないが、カール十一世の幻視の舞台である一六七六年頃では、やはり一種の時代錯誤といえるかもしれない。まずはメリメがこの小説を匿名で発表したのだから、歴史的な時代表現をする必要はないと思ったにしても、こうした用語の時代性という陥穽が待ち受けていることに気づかなかったのだろうか。

さらに論を進めてヴィティッヒは、「祖国の博物館」に寄稿した者として、《H. von Pl.》なる符牒で表わされた人物の特定にいそしんでいる。

――「このドイツ人は、スウェーデン旅行中にスウェーデンの地理歴史にかなり熱心に没頭し、ストックホルムの高官筋とも接触のあった、最高位とはいわぬまでも相当に高位の貴族だったに違いない。キーザーの文書の陳述は、この正体不明な人物の『グリプスホルムに関する書簡』からとられたものである。われわれがあえて推量しても構わなければ、《H. von Pl.》という符牒はひょっとしたら、《Herr von Plauen》と謎解きすることができるだろう。一八〇〇年に匿名のまま旅に出たザクセン国の当時の公子ですらある人物か、それどころか王位承継者ではなかろうか。しかもスウェーデンに大層格別の好奇心を抱いた人物で、たとえば現在（一八八九年の七月）でも、ドイツの皇帝ヴィルヘルム二世が北欧の旅に出たのに似ている。歴史的には次のことは確定している、ザクセンの王フリードリヒ・アウグスト一世は、またの名「公正者」の添え名が献上されていたが、一八〇九年の六月十八日から八月八日までオーストリアの侵攻の危険をかわすため、家族全員を連れてフランクフルト・アム・マインに滞留したことがあったが、一八一〇年にパリに出かけて、そこでフランスの将軍 Bernadotte（ベルナドット）と親交を結んだ。一八〇九年に王に選ばれながら、子供がいなかったカール十三世（統治期間一八〇九〜一八一八）の後継問題の不安解消のため、一八一〇年の八月と九月にスウェーデンの等族たちによって、このベルナドットは王位承継者に指名された。ベルナドットは一八〇九年に、フランスと同盟状態にあったザクセンをヴァグラムの戦闘で勝利に導いたことがあったので、単にザクセンから謝意を捧げられただけでなく、ナポレオン一世の軍司令官として一八〇六年十一月にイェーナの戦闘後に、ブリュヒャー将軍以下、リューベックの近郊トラーヴェで捕えられた千五百人のスウェーデン兵に対する人道的な扱いによって、スウェーデンから感謝の気持もよせられ、その騎士道的な態度がのちにスウェーデンの王位承継者への道を確実にした。いや、それどころかさらに、ライプツィヒの諸国民戦争（一八一三〜一八一五）ののち、ナポレオンの運勢が衰退に向かったときには、彼はナポレオンの代わりにフランスの皇帝になってやろう、という野望さえも抱いたといわれている。フリードリヒ・アウグスト一世とその宮廷はそれゆえ、謝恩の気持からすでに一八〇九年にベルナドットとは友好関係にあったし、ひょっとしたらスウェーデンとも彼を通じてすでに良好な関係が生じていたと思われる。われわれはまっさきに、王フリードリヒ・アウグスト一世と次の王アントーンの弟にあたるマクシミーリアーンの公子の一人が、スウェーデンを旅してまわったドイツ人旅行者である可能性がある、と推察した。つまりフリードリヒ・アウグスト二世（一七九七〜一八五四）がその人と目される、アントーンにとっては甥であり、王位承継権者であり、のちに共同統治者となるわけだが、一七九七年五月十八日生まれで、クレーメンス〔ピサにて一八二二年死去。ただし、H. Grote; «Stammtafeln» Leipzig, 1877（H・グローテ編纂の〈系譜表〉一九八三年再版）のリプリント版によれば、一八一二年死去となっている〕やヨーハン公子らほかの兄弟と一緒に、多角的な教育を受けたといわれている。この彼の青春期には、いろんな事件が目まぐるしく起きていたので、いわゆるそうした経験の学校を通じて早くから教導されたわけだが、彼は一八〇九年にオーストリアとの戦争の期間中、フランクフルト・アム・マインに避難した。しかし、先にあげた公子たち（それぞれ十三、十二、そして十四歳になったばかり）がスウェーデンを旅行したとするには、あまりに若すぎて無理だと考えなければならないとしたら、このようなスウェーデン旅行は、フリードリヒ・アウグスト一世の弟、つまりのちのアントーン慇懃王（王位就任一八二七〜一八三六）の関係筋の人物で、フランクフルト・アム・マインから出かけたという可能性を排除できないだろう。彼は（一七五五年十二月二十七日の生まれ）当時五十五歳で、以前は聖職に就こうという気持を持っていて、音楽や神秘主義や系譜学に大いに没頭したことがある。この公子には、王位承継者であるところから、誰にも身分を隠しておけるように、«Herr von Plauen»という匿名の称号が与えられたのだろう。カール十一世の幻視についての彼の言辞や、ハンブルクの『祖国の博物館』についての彼の文学的な関係からも、時代情勢について非常にすぐれた物知りだったと推論される。われわれの読者のなかにおられる歴史研究者に、ここで暗示された手掛かりをよい折にさらに追求するのはお任せしよう、つまり寄稿者というのが、ひょっとして自分の息子グスタフ・フォン・ヴァーサ公子に賛成票を得ようとした、追放されたスウェーデンの前王、すなわちグスタフ四世アードルフその人でなかったとしたら。

さらにドイツの旅行者«H. v. Pl.»が次のことを際立たせていることに、もう一言触れる必要がある。つまり『この時代やそこに生きた人たちや出来事を思い出すずっと以前に、この幻視（文書）が政治上稀有なこととして、その元々の出どころも知らずに数人の手にわたってしまっていた。王国文書館にあった一つのオリジナルの古文書から引き写されたのだ、と何人かの人たちが語っていたのだけれども。ここ数年の間に、不気味なものとか怖気《おぞけ》をふるうものへの思い入れとともに、その写本も多様化していった』という点である。――こうしたことを知るに及ぶと、この«H. v. Pl.»なる人物自身の面前にこんな写本の数点が置かれ、ひょっとしたらその御本人が、文書の重要な内容に巧妙に手を加えたし、ごく最近までも試みたかもしれないと推論される。しかし一方で、以前はこの幻視の元々の由来について（目の前にあるこうした版の形で）、全然知識がなかったこととか、何人かによる言い伝えに従って、王国文書館で見つかったひとつの古文書との関連が、二つの文書同士の中身を慎重に区別していることとかも、目にもはっきり飛びこんでくる。それゆえにオリジナルの古文書を直接見比べて、最初に書き写した写本のなかでは、一八一〇年頃の『この現在時点やそこに生きている人たちや出来事』に結びつけて、このキーザーの記録文書にあるように、多様な名を挙げて時間的に特定された関係にあった可能性は全然ない。従って『汝の統御の六代後』という時代設定は、はっきり除外できるだろう」（同誌前掲号の三一六～三一八頁）といって、ヴィティッヒはさらに論を進めているのだが、もうこの辺で打ち切ろう。要するに文書館にあった原本の古文書に手を入れた時期は、最初が一七五六年であり、二番目が一七九二年、三番目が一八一〇年だ、と論じているのだが、いささか論証が大雑把にすぎるし、あくまでも単なる推論の域を出ないように思える。

ここでヴィティッヒが問題にしている〈Herr von Plauen〉もよく考えてみれば、そういう呼称があったのは事実として、その一番手にのちに王となって統治までしたアントーンを擬《ぎ》してはいるが、それもあくまでも推量にすぎないと断わらざるを得なかった。〈Pl.〉をPlauenと解したのも、ザクセン地方の地名と関連づけようとしてのことと推察されるが、それがたまたまアントーン王の別の呼称の可能性があるというにとどまり、そもそもPl.がPlauenの略記号である決定的な証拠をあげているわけではない。少なくともこれまでの研究成果を踏まえれば、これはErnst Moritz Arndt（エルンスト・モーリッツ・アルント）のこととされているのだから、まさにこの定説を覆《くつがえ》すほどの反論としてもっと堅実な論証をしていなければならない。エルンスト・モーリッツ・アルントがどうしてこんな筆名にしたのかは、どなたも正確なところを教えてくれない。同じ地名にしてもPlaue（プラウエ）が挙げられるのではなかろうか、と筆者は思う。エールフルトの近在でArnstadt（アルンシュタット）の南西の位置にプラウエがあって、自分の実名を含む町名と関係させ、執筆名にひそかに忍ばせたと考えれば、そんなに突飛な思いつきでもない。

でさらにもう一つ前にあげられていた、Freigeistまたはメリメの使ったL'esprit fortという一種の用語は、カール十一世の時代よりもずっと下った時代のものでしかないし、従ってこの時代に書かれたというのは、ほとんどあり得ないことであり、言ってしまえば、やはり単なる捏造か偽作という結論に自然に導く。要するにこれまで見てきた資料を総合的に検討し、細部の矛盾をつき詰めてみれば、カール十一世の幻視という文書は誰かの作文というほかない。このヴィティッヒの議論がなされた時と場所は、ライプツィッヒ、一八八九年七月と明記されている。

　ただここで蛇足気味ながら、これはさてどうなるのかと興味津々となってしまうたぐいの話を、ヴィティッヒがその『追記』に添えている。残念ながら心配したように竜頭蛇尾に終わってしまうのだが、一言触れておこう。

―「追記」―「一八八九年の十二月に上掲論文の執筆者は、クロアチア出身のSeherr Thosz（ゼーヘル・トス（筆者注、この人物は、前にもすでに登場願ったが、生没年その他は未詳）伯爵殿から以下の手紙をいただいた。―『拝啓、今月三日の貴殿の書簡をいただきましたので、その返礼に、小生の最上の謝意をお受けとりください。過ぎし昨年の秋に某氏がライン地方からわざわざこの地を訪れたことを貴殿に報告しよう、ととるものもとりあえず貴殿に書状を差し上げようと急《せ》いています、つまりその方の祖母（―母方の―）がカール十一世の文書に署名したことがある（その細部は忘れました）とまで言えないが、見たことがあるということなのです。――このことを小生に聞かせてくれたその方は、v・S氏といい、ザールブリュケンの第十四槍騎兵連隊の少尉で、学問知識もあり教養も高い士官なのです。彼の母親はスウェーデン人で、ほかの人たちと古文書の署名に立ち会ったか、眼前で接したかしたのは、彼女の祖父なのだと小生は思っています。――v・S氏が友人たちを引き連れてこの地にやってきた短い昼休みの訪問時間では、残念ながら耳にしたものを覚書にする暇もなかった。そんなことが起きないようにと、小生に二、三の点を書き留めて送ってくれないか、と彼に依頼しました。そのことは今日にいたるまで果たされていません。しかし、彼が約束したことを、近いうちに手紙で念をおしてみようと思っています。それまで貴殿の論文の発表をお控えいただければ、貴殿に彼の返事の中身を送付するつもりです。いずれにしてもこのことが確認されれば、センセーションを巻き起こすニュースとなりましょう！』――

　こうした経緯《いきさつ》があったので執筆者である小生は、上記の論文の印刷を今日まで延ばしていましたが、前述の約束された謎解きも入手できずにおりました。しかし、これからでも手元に届けられることがあるとしても、幻視の文書二点と歴史的な事実とを上記のように比較して得られる結果は、それによって本質的に変わらないでしょう。しかし、いずれにしても真正なオリジナルの古文書に対するこんな証拠とか、少なくともその古文書の正しく認証された写本とかが、誰かある貴族の由緒ある文書庫から掘り出されることでもあったら、たいへん望ましいことであり、大いにありがたいことでしょう。

ライプツイヒ、一八九〇年五月　　Gr・C・ヴィティッヒ（同誌前掲号の三一九〜三二〇頁）」

ところで、ヴィティッヒと同時にGraf Karl v. Klinckowstroem（カール・フォン・クリンコストレーム伯、筆者注、一八八四〜一九六九、文化歴史学、技術歴史学者）やJ. Illig（ヨハネス・フリードリヒ・イリッヒ、筆者注、未詳）のことも前にあげていたので、その人たちの論文についても触れるべきなのかもしれないが、あまり細部に拘泥して議論の中心を見失うのも怖いので、ごく簡単に調べたことを披歴するにとどめておこう。

そうした観点からまずイリッヒの論評を採りあげる。一九二〇年の「心理活動の研究」誌四月号にJohannes Kasnacich（ヨハネス・カスナシッヒ、筆者注、未詳）が「スウェーデンのカール十一世のヴィジョン」と題して寄稿した論文なのだが、そこでは、「一八七六年発行のある雑誌に見つけたこの物語が、すでに誰かに知られており、その誰かが……さらにカール十二世とその三人の供奉者によって、受け入れられたと称される記録文書が、ストックホルムに存在するのかどうか、そしてその幻視をいかに説明しようとするのか」（同誌、一九二〇年四月号、四五三頁）と、まず問題設定をしている。ここにカール十二世が出てきて、さらに三人の取り巻きを云々するのは、明らかにカール十一世との取り違えと捉えられる。カール十二世には記録文書に携わったとり巻きが話題にされたことはなかったのだから。このために以後かなり長く述べ立てていることにも、信憑性を与えられなくなってしまう。いろいろの異種本があることを踏まえているし、古文書に出てきて署名に参加する人たちの名も挙げているが、わざわざ侍従のBrahe伯とか、侍医のBaumgartenの名のほうを特別視する。あるいはその名や役割が古文書とどう違うのかの説明をなおざりにしている。これは、すでにわれわれが何度も聞いた名だし、恐らくはメリメが原典に利用した異種本のひとつであろう。変化する時代環境に合わせて、古い「幽霊譚」が繰り返し引っぱり出されては当てはめられたのだろうし、まさに二千年以来の古い暗鬱な時代に、ひょいと頭をもたげる千年王国の到来を念ずる信仰に通じている、とイリッヒはいっている。確かに新しい意味の解釈であり、フォンターネの『嵐の前』でショルレンマーが戦争の前兆と関係づけていたことが、なるほどそういうことだったのかと、大衆心理の動機づけを納得させてくれるのだが、一方でこの「予言物語」の実体に即したものとはいいがたい。

さて、Graf Karl v. Klinckowstroem（カール・フォン・クリンコストレーム伯）の場合は、先ほどのイリッヒの場合と同様、「心理活動の研究」誌の四月号に掲載されたのとまったく同一人物の Johannes Kasnacich の論文を扱っているのだが、その補足の意味合いを明記している。「祖国の博物館」から、そこの記事がほかの雑誌に転載されたらしいとして、たとえばミュンヒェンの「教養豊かな人士のための交友新聞」初年度刊行（＝「バイエルン王国週刊誌」の十二号）、一八一一年、七～一三頁、を挙げている。これに従えば、「幻視は一六七六年の十二月十六日から十七日の夜に起こったとされる。目撃証人としてはカール十一世を別にすれば、王国官房長官の Karl Bjelke と王国顧問の U. W. Bjelke と王国顧問官の A. Oxenstjerna そして副曹長の Peter Granslén が署名したことになっている。見てとれるように、Krasnacich（筆者注、これはミスプリントだろう）によって再現された報告とは、別人の名が名指されている。そのほかにも、王は幽界じみた集会に返事を得るまで何度も声をかけねばならず、その返事をカール十一世に告げるのは、国家の代表者ではなくて、若い執権者であって、しかもかなり長きに亙っていた」（同誌、一九二〇年六月号、三二四頁）という。

さらに、これとは違う異文が Georg Conrad Horst（ゲオルク・コンラート・ホルスト、筆者注、一七六九年～一八三二年、牧師で、魔術やオカルトに関する著作で有名、例えば次に挙げる著書のほかに Zauber-Bibliothek「魔術図書館」など）の「Deuteroskopie」（『第二の眼』）第二巻、一八三〇年、一七四頁以降に見られる、としている。その紹介文をここに写しとろう。「ホルストは、自分で申し立てているのだが、Spindler（筆者注、カール・シュピンドラー、一七九六～一八五五）の『淑女新聞』一八二九年の一二九／一三〇号からそっくり借用して、その記事が同じ年にプロイセンの数誌に同時に転載されたと述べている。この記事ではわれわれは、Brahe 伯と侍医の Baumgarten と、特に名を挙げられていない城の管理者が、目撃証人として列挙されているのに出遭う。第二のごく時代の近い異文は、従って明らかに少なくとも題材の文学的な自由な改作なのである。Cazotte（筆者注、ジャーク・カゾット、一七一九～一七九二）の幻視に見られるように、出来事全体が厳密な歴史的な検討に恐らく耐えられないだろう。一八一〇年よりも以前の幻視や幽霊現象についての数多の作品には、それが起こったというどんなヒントも私は見出せなかった。Jung-Stilling（筆者注、Johann Heinrich Jung ヨハン・ハインリッヒ・ユングの筆名、一七四〇～一八一七）だったなら、Swedenborg（筆者注、スヴェーデンボルイ、一六八八～一七七二、霊界を見てきたという神秘体験で有名）や Cazotte カゾットを詳細に採りあげた〈Theorie der Geisterkunde〉（『精神現象の理論』一八〇八年）のなかで、もしもそのことを知ってさえすれば、きっと見逃しはしなかったであろう。ひょっとして誰か興味を強く抱く人でも出たら、その人はスウェーデンの王国文書館で、問題の記録文書の探索の労をとるかもしれない。そうこうしているうちに、Richard Hennig（リヒァルト・ヘニッヒ、筆者注、一八七四年ベルリーンに生まれ、一九五一年デュッセルドルフで死亡。交通学者、歴史的な地理学者として活躍した）の著作〈Wunder und Wissenschaft〉（『奇蹟と科学』一九〇四年、二三〇頁）の見解を是としなければならないだろう。彼はこの現象のなかに、„vaticinium post eventum"（起こった出来事ののちの予言）を見ており、前もって予見した出来事が出来《しゅったい》した後でやっと起こった、すなわち従って一七九二年以後に起こったのであり、粉飾したものと見なさざるを得ないとしているのだ」

以上のようなこの小論には、まだ Dr. Henri [Clemens] Birven（アンリ・ビルヴァン、筆者注、一八八三～一九六九、エンジニア、著述家、魔術的観念論の代表者、「イシスの杜」という雑誌をグスタフ・マイリンクなどとともに一九二七～一九三一年間に発刊した）の脚注が付されており、氏がシベリア抑留中に、ロシアの雑誌に幻視やその類の論文に出遭い、「カール十一世の幻視」も文章そのままの形で転載されているのを見た、という体験を重ね合わせているが、この脚注の最後尾にある「ヘニッヒの『奇蹟と科学』の二三〇頁に従えば、「この報告はホルストの『第二の眼』の第二巻の一七五頁以降にも載っている」と指摘しているのが貴重であろう。

ここで細かいことながらかなり長々と観察してきたのは、この「カール十一世の幻視」をどう見るか、興味を抱く好学の士のためにも、できるだけ参考となる文献につきあたり、その紹介をつとめようと思ってのことであるが、その役割を果たせたかどうか心もとない。例えば、たまたまイリッヒもクリンコストレムも全く同一の人物、Johannes Kasnacich の寄稿文を引用しているのに、この人物の特定にいたらなかったのは残念である。

いずれにしても、「カール十一世の幻視」と称される文書は、何回かの加筆訂正がなされた偽書であることが、ほぼ確定されたと見なすべきだろう。それでは一体誰が何の目的で、こうした文書を書き残したのだろうかという疑問が、やはり出てくるのは自然ではなかろうか。しかし、これまで見てきたところからしても、何世紀もの時代を経ていろんな調査がなされたにもかかわらず、明確な回答が出されていない事実を踏まえれば、そう簡単に決着のつく回答が筆者に出せるとは思わない。しかし、ある程度の推論をしてみたい。その問題に行きつく前に、シャルル（カール）十一世の死後の政治的状況はどんなものだったのか、少し視点を変え、概ねウィキペディアを参考にある程度の予備知識を手にしておこう。

「幻視」の文書が出まわったとされる時期以降の政権担当者の内情

一、ウルリーケ（カ）・エレオノーレ（ラ）とフレードゥリク（フリードリヒ）一世

ほんの少し前にスウェーデン大使レーヴェンイェルムの釈明文を紹介したが、そのなかにこの文書の伝承に関する気になる情報があった。要点だけを挙げると、「この伝聞がスウェーデンで問題になったのは、ウルリーカ・エレオノーレの死後のことだ」という個所である。

そこでこの女王についての観察から始めよう。断わるまでもないことながら、カール十一世の妻のことではなくて、その娘のほうのウルリーケ・エレオノーレ（一六八八年一月二十三日〜一七四一年十一月二十四日）は、兄のカール十二世の突然の死をカバーするために急遽《きゅうきょ》女王となったが、前にも触れたように、女王としての治世は一七一八〜一七二〇年にとどまる。その後一七二〇〜一七五一年の間は、彼女の夫フリードリヒ（フレードゥリク）が代わって統治することになる。例の何代目かという問題に関連づければ、ウルリーケ・エレオノーレの治世がたった二年間だけで（十二月も遅くの日付の就任というところから、実質的には一年間という見方もとれる）、あとは夫に譲位したので、夫婦で一体制と捉え二人で治世年代を一代とすることも、少なくとも考え方としては可能であろう。しかし、この問題は外側にいるわれわれからは単純そうに見えるが、内実はもっと複雑なもののようである。まずエレオノーレが女王に即位するにあたって、承継権を争う者が誰もおらずすんなり選ばれたわけではない。エレオノーレの姉である Hedwig Sophia（ヘートヴィヒ・ソフィーア、一六八一〜一七〇八）がホルシュタイン＝ゴットルフ家に嫁ぎ、一

子Charles Frederick（Karl Friedrich）（シャルル・フレードゥリク、またはカール・フリードリヒ、一七〇〇～一七三九）を遺《のこ》していたので、男子相続の考え方からいえばエレオノーレよりも優先的な権利があったかもしれない。しかし、エレオノーレは亡き王に一番近い親縁者（つまりは血筋の近接関係の考え方）だと主張し、女王クリスティーナ（一六二六～一六八九）の先例を持ち出したのである。この二人の間の優先権争いにどんな裁定が下されたかは、結果としてエレオノーレ女王が誕生したことで明らかであるが、彼女の兄の死後、唯一権力を握っていた行政機構の戦時会議が、彼女の女王就任に反対を唱えていた。この裏には実は、承継権の順位が問題だったのではなく、選択する内容によっていたともされる。つまりは、彼女の父カール十一世が着々と進めていた絶対君主制の諸権限の放棄に同意したことで、エレオノーレは王国議会に後継者と認められたらしいのである。エレオノーレはすでにこのころ、英国のウイリアム三世とメアリー二世の顰《ひそみ》にならい、一七一五年に結婚していた夫Friedrich von Hessen-Kassel（フリードリヒ・フォン・ヘッセン＝カッセル、一六七六～一七五一）との共同統治を考えていたが、スウェーデンでは十五世紀以来この統治方式は禁止されていたので、王国議会によって拒絶された。それにもかかわらず、フリードリヒは次第に政治問題に口出しするようになった。女王が数人の評議員ともめることになると、彼のほうはそのもめごとを利用してその評議員たちの信頼をかちとった。けっきょく一七二〇年二月二十九日、エレオノーレは夫の意を迎えるために王位を移譲した。もしも夫が自分よりも先に他界した場合には、再び女王の座につくという約束が条件だったとされる。政権交代後、彼女は慈善問題にこれまでより一層関心を向けたが、いまやフレードゥリク一世となった夫の外国滞在（一七三一年）や病気（一七三八年）のときだけは、統治責務を肩代りした。

エレオノーレがフレードゥリクとの結婚にいたる前に、結婚についてはいろいろの経過があった。兄のカール十二世はまだ独身のままで子供がいなかったので、エレオノーレは王権の承継には大いに有望視され、結婚市場では誰しも手を伸ばしかけたくなる女性だった。一六九八年にはデンマークのカール公子と結婚させることによって姻戚同盟が画策されたが、一七〇〇年になってこの計画は烏有《うゆう》に帰した。その同じ年にプロイセンのフリードリヒ・ウィルヘルム一世との結婚の交渉がなされたが、これが実現されそうになったまさにそのとき、理由不明のまま兄によってご破算にされた。彼女はのちにプロイセンのルイーゼ・ウルリーケの名付け親になり、そのためこの新生女児はウルリーカと命名されたわけだが、こんな友誼関係が続けられていたとすれば、破談の原因がますます糾明し難くなる。さらに一七〇二年、将来のイギリスの王となるジョージ二世が花婿候補に挙げられたが、繰り延べされ結局は実らなかった。またザクセン＝ゴータのヨーハン・ウィルヘルム公爵が、彼女に求婚する許可を兄から取りつけたものの、公爵が婚約後に君主の御前での決闘に巻きこまれ、この案も中断せざるを得なくなった。一七一〇年には一方ヘッセンの公子フリードリヒからプロポーズを受け、彼女の敬愛と信頼篤きEmerentia von Düben（エメレンティア・フォン・デューベン、一六六九～未詳ながら恐らく一七四三、エレオノーレに対しては甚大な影響力を行使したことで有名）の下交渉も進められていた。このたびは祖母のヘートヴィヒ・エレオノーレが乗り気で、ウルリーケ・エレオノーレがスウェーデンを去って、ヘッセンへ輿入れさせようと思いたったのである。その心はエレオノーレの姉の息子、つまりはエレオノーレにとっては甥であるカール・フォン・ホルシュタイン＝ゴットルフが、王位承継者となるチャンスを増やすことにあった。一七一四年一月二十三日に婚約成立が宣せられ、一七一五年三月二十四日に華燭の宴が営まれた。そうした祖母も一七一五年には身まかり、エレオノーレは宮廷の中心に座り、幸福の絶頂期にあった。一七一五年に彼女は、ヘッセン＝カッセルのフレードゥリク一世と結婚した。彼女側からは恋情がらみだったとしても、他方から見れば政治的な操り人形に利用される機会となった。

　さらに別の観点から見て、兄王の急死を受けての女王就任とか、たった一年有余の統治とかの表面から受ける印象では、この女性が状況に強いられて女王になっただけで、遠慮深い性格で複雑な政治問題から早く手をひきたかったかのように見えるが、こうした問題に関するウィキペディアの情報を踏まえれば、結構芯の強い女性だったらしい。あっさり夫に王位を譲ったのには、それなりの思惑があったのだろう。夫のほうは前に一度ルイーゼ・ドロテーア・フォン・プロイセン（一六八〇～一七〇五）と結婚していたが、間もなくの死別による鰥夫《やもめ》暮らしを余儀なくされていた。エレオノーレはフレードゥリクに首っ丈《たけ》で、非常に実をつくしたことで知られていた。少なくとも一七二四年までは後継者たる子を産みたいという夢を口にしていたとされるが、けっきょく二人の間には子供ができなかった。

フレードゥリクには複数の愛妾がいて、いわば婚外情事とでもいうべきものがつづけられ、一七二三年に王としての権威を失うと（そのはっきりした理由の説明はないが、おそらく房事過多によるものと思われる）、そうした交際関係がますます増えたのである。一七三〇年には、スウェーデン史上公《おおやけ》に認められた愛妾を侍らせた最初の王となった。その愛妾の一人が若い貴族の娘で、Hedwig Taube（ヘートヴィヒ・タウベ、一七一四〜一七四四）といい、ヘッセンシュタイン伯爵嬢の称号を持っていた。エレオノーレ女王がこの件にどんな反応を示したのか、どんなコメントも残していないとされる。夫の情事についていっさい口にしない、ということを自分の原則にしていたようだ。彼女は宮廷の情勢から身をひいて、宗教や慈善行為に献身したことが強調されている。

彼女の心中までウィキペディアは報告していないが、タウベ嬢側の事情から照射してみればおよそ見当がつく。一七三〇年にはすでに五十四歳になっていた王が、この若く美しい女性に気づいたときは、彼女はまさに花開かんとする蕾の十六歳だった。当然ながら最初は拒否したが、王からの暗示的な誘いがあったときには、家族は賭博による負債にあえいでいて、表向きは女王付きの侍女という条件のもとに、母方の叔母や父方の伯母まで説得に駆りだされるや、ついに彼女の抵抗もつづかなくなった。一七三一年に女王付きの侍女として宮廷に入ったが、王に対しては暗に一種の性的慰み物となった。そして一七三三年には、娘を出産したが一年後その子が死亡、神聖ローマ帝国皇帝を動かしてヘッセンシュタイン伯爵夫人の称号を認定してもらった。それだけでなくヘートヴィヒは、自分の家族だけで住める宮殿を与えられた。これまでもスウェーデンの歴代の王は、愛妾をかこっていたことが知られているが、ただ表面を何とかつくろうやり方で、けっしてオフィシャルなものにしなかった。女王たるエレオノーレのほうは自室に閉じこもり、牧師たちは二人の妻を持つ王に教会詣《もう》でを拒絶し、風刺的なパンフレットがストックホルム市中に出まわるという状況だった。政府の指導層は、女王が王に対する好意を表わすために譲位した節には、常に「女王に敬意をもって接する」と王も約束されたことですから、と迫った。王のほうは、女王に敬意を払うのは女王の権力移譲に対する感謝の気持からだが、自分の私的な生活とは何ら関係ないことだと答え、女王には自分の死後にはヘートヴィヒを庇護するようにと書状を送ったという。その私的生活なるものを押し進めて、一七三五年にはヘートヴィヒは第二子の男の子を産んだが、二年後さらに三番目の子である次男をあげた。王がオフィシャルな愛妾を持っている事実に、巷《ちまた》の悲憤慷慨がおさまらなかったし、一七三八年以来、数回も議会で議論がつづけられ、王の人気凋落《ちょうらく》を大きく加速させた。一七三九年には女王は、ヘートヴィヒ・タウベと二人の息子の国外退去を求めた。子供たちは確かにヘッセンの領地に向かったが、ヘートヴィヒはNyköping（ニューチェーピング）という港町に居残った。ストックホルムからほぼ一〇〇キロ南に下ったところだが、王は狩りに行くという口実で、いそいそと彼女に会いに出かけた。このことに怒り心頭に発した女王は、四十日間自室に閉じこもり、結果、健康を害することとなったが、ヘートヴィヒのほうは王の囲い者でありつづけた。しかしながらフレードゥリク王は、同時に街娼をつまみ食いする悪習を棄てず、こうした不品行が嵩《こう》じるにしたがい彼の評判はがた落ちになった。一七四三年ヘートヴィヒはフレードゥリクの第四子で二番目の娘を産み、翌年再び懐妊した。しかしこのたびは、産褥に臥せったまま果《は》かなくなり、死産だった娘とともにSträngnäs（ストレングネース）の教会に葬られた。享年三十歳だった。彼女の死後、フレードゥリクは街頭から娼婦を雇いあげた、と世間の笑い草となった。一七四五年には、王室おかかえの公的側女《そばめ》として貴族の出であるCatharina Ebba Horn（カタリーナ・エバ・フールン）が入れ替わった。彼女もまた公的な認証を受け、ドイツ・ローマ伯爵の称号を授与されたが、二人の関係は三年で終わってしまい、敵娼《あいかた》のほうは歴史からもすっかり忘却のかなたに追いやられた。

こうしてみてくると、フレードゥリク一世とエレオノーレ女王との関係は、最初に外側に見えていたほほえましい夫唱婦随の夫婦《みょうと》の鑑《かがみ》なのではなくて、かなりいびつで不安定な要素を抱えこんでいたものだったと認識される。それは単に夫婦の間柄の問題のように見えて、実はむしろやはり王室体制、内外政治にとり重要な意味をはらむ問題だったと思われる。一七二〇年フレードゥリク一世は、デンマークとの間にフレゼレグスボル条約を、ロシアとの間にニースタッド条約を結び、バルト海沿岸地域とはカレーリア東部を譲ることで、一世紀半におよぶ紛争に歯止めをかけた。こうした対処を勇気ある決断にして一つの功績と解するか、戦闘能力の低下と政権当局の疲弊をおし隠す怯懦《きょうだ》な懐柔策《かいじゅうさく》と見立てるかは、人によってまちまちかもしれない。

ひとつ微妙な見解が何人かのスウェーデンの歴史家の口から洩れている。それはカール十二世の暗殺に関わる。筆者は彼の死亡を単に急死としかいってこなかったが、実は一七一八年、ノルウェーと交戦対峙していたとき、王が塹《ざん》壕掘削《ごうくつさく》の進捗状況の視察中に、その頭部を弾丸が貫通したことによる死亡であった。これにはしかし不審な点があった。つまり前方方向二〇〇メートルのところに布陣していた、ノルウェー軍のフレードゥリクステン要塞から発射されたものでなく、自国スウェーデン軍から巧妙に狙撃されたと疑われる面があった。遺骸の頭蓋骨には左右に貫通の傷痕がのこされていて、その貫通孔の大きさから、当初、右側から撃たれて左に抜けたと見なされたが、そののちの調査でどうやら逆の考え方のほうが正しいとされた。その詳細については、「管理人文書館」なる仮名の発表者による日本語の報告書が、ウェッブ上に発表されているので参考にされたらいいだろう。いずれにしろ死亡の直後からまさにごく最近まで、弾道学の実験やDNA鑑定など種々の調査がなされたが、決定的な結論が出ないままいろいろな揣摩臆測《しまおくそく》がなされた。なかには同じ暗殺でも、このノルウェー戦を早く終わらせようとする自国軍の幹部将校によるもので、その黒幕としてヘッセン・カッセル伯フレードゥリク（即ちのちの王自身のこと）の名まで挙げられた。つまり、何らかの暗殺事件が起こったら、その死によって利益がもたらされる者は誰か、といった推理ものおなじみの発想が働いてのことだろう。フレードゥリクは、一七一六年及び一七一八年の対ノルウェー戦に従軍し、カール十二世のもとで元帥に推挽《すいばん》されている。それよりも何よりもエレオノーレとの結婚を果たし（一七一五年）、のちに自らが王位の座についた結果（実際の王となったのは一七二〇年だが、一七一八年にエレオノーレが女王位にのぼることによって自動的に女王の夫君となった）まで視野におさめれば、確かに利益に与《あずか》る一番手と見なせるからである。背景には前に触れたように、カール十二世の姉のヘートヴィヒ・ソフィーアの息子、ヘッセンのカール・フリードリヒが王位承継権を主張しており、エレオノーレを支持する人たちとの間に対立抗争もあって、いわば前者のゴットルフ派と後者のヘッセン派とに分かれ、ロシアやデンマークとの外交、戦闘政策に関する対立に発展していた事情もあった。しかし、カール十二世被弾の事件当時のフレードゥリクは、王絶命の現場から少し離れた作戦本部にいて、直接手を下す状態にはなかった。彼の副官が王の側につき従っていたとか、この士官が銃弾の貫通した帽子をたずさえ作戦本部まで報告に駆けつけた、という話まで伝えられているが、いわば単なる状況証拠とされたのだろう。あるいはあとで権力を掌握した者、つまりはフレードゥリクによって巧妙な隠蔽工作がなされた可能性もあるが、けっきょくこの内部暗殺説も確定されたわけではない。もっとも最近の二〇〇五年のPeter From（ペーター・フロム）の調査結果をふまえて、最終的にはノルウェー軍側のマスケット銃から発射された一弾によって殺傷されたのだ、という見解をウィキペディアはとっている。いまは一応この説に従っておこう。

要するにこうした事件の蔭にうごめく人物として、フレードゥリクは嫌疑の槍玉にあげられるに充分だったことは間違いない。王権に近づくためにまず王の女婿《じょせい》におさまり、さらには王を斃《たお》し手練手管を弄《ろう》して、王位の簒奪《さんだつ》に最短の近道を画策したという図式を描いてみれば、相当な悪の人物像が浮き上がってくる。ただしかし、その割にはドイツ、デンマーク、ロシアなどの強力な国を敵にまわして、政治的な威力を見せつけたかといえば、ほとんど成果と認められそうなものは皆無に近い。むしろそういう意味では前王のカール十二世のほうが、ロシアやポーランドやドイツなどを駆けめぐり、さらにはロシア勢に押されて避難場を求めたというのが実態ながら、トルコなどにまで転戦しただけあって、少なくとも外国勢力を押しのけるという点では数段も上だったろう。

そんなことはともかく、ウルリーケ・エレオノーレの死後にカール十一世の幻視にまつわる文書が流布されたという噂から、これが作成された目的につながる確かな手掛かりがないものか探りだしてみたわけだが、結果は以上のごとくで不首尾に終わったようだ。しかし、こうして調べ出すとスウェーデンの王室というのは、陰謀とか暗殺とかが結構多いように受けとれる。いや、それはなにもスウェーデンにかぎらず、権謀術数をめぐらせてうごめく王制全般につきまとう話だろうが、絶対君主制が必ずしも強固でなく、身分制ながら王国議会が王に拮抗するだけの力を持ち始め、そうした中世後期から近世初期にかけての時代的特性も考え併《あわ》せなければならないのだろう。

二、アードルフ・フリードリヒ

そういう観点から、もうしばらくスウェーデン王室の推移を見ていきたいと思う。

フレードゥリク一世が一七五一年に亡くなった後にその政権を継ぐことになったのは、Adolf Friedrich（Adolf Fredrick）（アードルフ・フリードリヒまたはアードルフ・フレードゥリク、一七一〇～一七七一、スウェーデン王位一七五一～一七七一）であるが、一七四三年六月二十三日にすでに早くも王位承継者に選定されていた。フレードゥリク一世が前章の記述でわかる通り、いわゆる側室との間に子をなしているが、正室との間の嫡出子をもうけるにいたらず、側室の子に承継権を認めるわけにもいかないので、正統性を守るのにどんな選択肢があって最終的にこういう決着になったのか、その経緯について詳しいことはよくわからない。

とにかくアードルフ・フリードリヒは、父 Christian August von Schleswig-Holstein-Gottorf（クリスチァン・アウグスト・フォン・シュレースヴィヒ＝ホルシュタイン＝ゴットルフ）と母 Albertina Frederica von Baden-Durlach（アルベルティーナ・フレデリーカ・フォン・バーデン＝ドゥルラハ）の間に生まれた次男であるが、スウェーデンの王家とは彼の叔父フリードリヒ四世（シュレースヴィヒ＝ホルシュタイン＝ゴットルフ公爵、一六七一～一七〇二）を通じてつながっていた、というのも、その叔父はスウェーデン王カール十二世の姉ヘートヴィグ・ソフィーアと結婚していたからである。さらにアードルフ・フリードリヒは母方の縁戚をたどると、カール十世の姉クリスティーナ・マクダレーナ（一六一六～一六六二）やヴァーサ家の確立者グスタヴ一世（王位一五二三～一五六〇）の血筋を引いているし、同時にデンマークのエーリク五世（一二四九頃～一二八六）から十三代目であり、デンマークのゾフィーア（一二四一～一二八六）とスウェーデンのヴァルデマル（一二三八または一二三九～一三〇二）の夫妻からも十三代目であった。さらにスウェーデンのオイフェーミア（一三一七～一三七〇）から十一代目だ、とここでウィキペディアはやたら複雑な家系図をあげて見せているが、要するに申し分のない承継資格があるという正統性を強調しようとしてのことらしい。ただここで、正統性というならば長子相続が一般的なはずであろうに、という疑問がわいてくるが、長男のKarl August（カール・アウグスト、一七〇六〜一七二七）はリューベックの監督（新教）の役につくべきところ、ペテル（ス）ブルクで若死にしてしまっていたのである。北欧の王室がときに戦争を仕掛けながら、ときにそれを阻止するための友好策をとっていて、ために かなり複雑な系統史をつくっていることを明かしている。ここで話題にしているこの王も、スウェーデンの王であると同時に、デンマークの王統の血も流れていることもあって、争い合っていた両国の間にしばらくは小康状態を保てる期待が持たれたのだろう。

アードルフ・フリードリヒは、王座にのぼるのに先立って、兄のカール・アウグストと同じくリューベックの領主監督をつとめ、彼の甥がまだ青年に達していない間ホルシュタイン＝キール公領の後見監理者だった。その甥Karl Peter Ulrich（カール・ペーター・ウルリヒ）は、やはり一方の縁戚関係によりのちにロシアのピョートル三世になった。もう少し丁寧にいえば、彼の両親というのは、父が前に少しく触れたホルシュタイン＝ゴットルフ公のカール・フリードリヒ（スウェーデンのカール十二世の甥）であり、母がロシアのピョートル大帝とその二番目の妻エカチェリーナ一世との間に生まれた娘のAnna Petrowna（アンナ・ペトロヴナ）である。その母は彼を産んでから二週間もたたないうちに亡くなった。父のほうも一七三九年に死去し、彼はわずか十一歳でホルシュタイン＝ゴットルフ公を継ぐ宿命を負わされた。

こんな血筋を受け継いでいたので、この甥ペーターはロシアとスウェーデン両方の王座を継げる位置にあった。母アンナの妹イェリザベタがロシアの女帝になると、彼女はドイツからペーターを連れてきて、一七四二年の秋に彼を自分の後継者だと宣した。それ以前に十四歳になっていたペーターは、ロシアの軍隊がフィンランドを確保していたロシア・スウェーデン［露瑞］戦争（一七四一〜一七四三）の期間中に、フィンランド王と宣言された。この宣言は、子供のいなかった大叔父カール十二世がフィンランドの大公も兼ねていて、その所領地に対する承継権に基づくものであった。ほぼ同じころの一七四二年十月、スウェーデンの議会によりスウェーデンの王位後継者にも選ばれた。しかし、スウェーデンの議会は、彼が同時にロシアの王座のれっきとした承継者であることに思いが至らず、十一月に送り込んだ使節がサンクト・ペテル（ス）ブルクに到着したときには、もう手後れだった。ペーターのスウェーデンへの王位承継権は、未成年であるがゆえにペーターの側から断念された、と報告されている（筆者注、未成年であるという名目でなされたこの種の行為は疑問であり、おそらく無効だと見なされてきた。ロシアでは王位承継が取り沙汰されているだけに、いくら国家体制や法制が異なるにしても、これはスウェーデン側の体裁をつくろう単なる口実だったのだろう）。

ここで改めて注意を惹くのは、カール十二世の急死を受けて、急遽、その妹ウルリーケ・エレオノーレが王座にのぼったことである。そのときの対抗馬は前に触れたようにカール・フリードリヒだったが、エレオノーレにとっては姉であるヘートヴィヒ・ソフィーアを母とする彼は、確かにスウェーデンの王冠の合法的な要求者であった。ところがエレオノーレの側から、姉はその結婚のために父の許諾の条件として、「議会を構成する諸身分階級の同意を得ていなかった」と申し立てられ、ノルチェーピング協約にあった承継権法まで持ち出されて、けっきょく叔母のエレオノーレに勝ちをさらわれてしまった。カール・フリードリヒはこの王位争奪戦に敗れてから（一七一八年）、スウェーデンの地をひきあげ、ついにはロシアに住みついた。この動きの背景には、一七一三年にデンマーク軍によってシュレースヴィヒ公爵領であるゴットルフの地が占領されてしまい、一七二〇年にはスウェーデンは、デンマーク＝ノルウェー連合との間でフレゼレグスボル平和条約をむすび、そのなかでホルシュタイン＝ゴットルフに対する支援の停止を誓約していたものだから、スウェーデン王位承継への彼の権利に対するあからさまな阻止行為ともとれた。その条約はそれどころか、彼の公爵領のうち、奪われた北部地域を再び獲得する道までも事実上閉ざすものであった（このことが、一七六二年に彼の息子ペーター［ピョートル］がロシアの皇位についたときに、デンマークからの失地回復を目ざしてロシアの軍隊を使う準備を整えよう、という彼のモティベーションとなったのである）。つまりカール・フリードリヒの意思や思惑とは大きく外れたところで、歴史は動いていたのであり、フリードリヒとしては祖国を奪われ一種の亡命生活を外国で送らざるを得なかったのである。ただし、いわゆる悲劇の主人公を必ずしも気どる必要はなかった。というのもフリードリヒは、一七二五年一月にサンクト・ペテル（ス）ブルクで、ロシアの皇女にして、ピョートル一世と農民出のマルタ・スカヴロンスカヤ（のちの女帝エカチェリーナ一世のこと）の間に生まれた姉娘であるアンナ・ペトロヴナと結婚したからである。ペテル（ス）ブルクの宮殿警護の司令官についていたフリードリヒは、妻の母エカチェリーナ一世が一七二七年に逝去したときには、ロシアの皇位承継権を妻に確保しようと試みる機会が訪れたわけだが、失敗に終わった。一方スウェーデンの地では、その後も彼の支持グループだったホルシュタイン派が、彼をスウェーデンの王位にかつぎあげる運動をつづけ、エレオノーレ女王には子供がいなかったので彼女の死を待ち望む策に出たが、カール・フリードリヒのほうが叔母よりも先に死んでしまった（一七三九年）。彼は自分の要求をまだ幼児の息子、つまりペーター（のちのピョートル三世）に託したことになる。いわば二世代にわたってスウェーデンの王冠をめぐって争い、二度とも成功しなかったわけである。このころまでにスウェーデンでは承継権に関する新しい法律が制定されたが、あいにくにもカール・フリードリヒと彼の相続人を、その親ロシア志向ゆえに格別排除するものであった。

ここでロシアの方向に向かったペーターのことを調べるのは、本稿の論題から多少離れることになるが、何かのヒントが与えられる可能性が無きにしもあらずなので、少しばかり勉強してみよう。

ペーターは確かにピョートル三世と呼ばれ、一方の大国の皇帝にのぼりつめたものの、実質はあまりぱっとしない皇帝だったといわれている。女帝イェリザベタがペーターのお相手に選んだのは、彼のまたいとこのサフィア・アウグスタ・フレドゥリーカ（のちのエカチェリーナ二世または大女帝エカチェリーナ、一七二九〜一七九六）であるが、アンハルト＝ツェルプストの公子クリスチアン・アウグストとホルシュタイン＝ゴットルフのヨハンナ・エリーザベトとの間に生まれた娘だった。この若い皇女は正式にロシア正教に改宗し、名もエカチェリーナ・アレクセイヴナと改めた。彼らは一七四五年八月二十一日に婚礼をあげた。この結婚は幸せなものでなかったが、一男を儲けたのがのちの皇帝パウルだった。一女も授かりアンナ・ペトロヴナと名づけたが、これはすでに前に出た祖母にならった命名で、二歳にも満たないうちに他界した。エカチェリーナは、後にパウルの父はペーターではなかったとか、実際は床入りしたことはなかったとか、と公言してはばからなかった。エカチェリーナは多数の愛人とつき合ったとされ、その愛人の名を連ねた記録も残されているが、婚外情人を持った点は夫にしても同じだったという。この話は、多くはパウルの敵対者たちが吹聴《ふいちょう》し、どうやらエカチェリーナ自身のいくらか眉唾な主張を補強するためのもので、パウルの皇位を継ぐ権利に横槍を入れようというたくらみが働いていたのだろう。パウルは肉体的にはペーターに似ているところがあり、庶出《しょしゅつ》だという言い分には誰もが首をかしげるだろう。エカチェリーナの薨去《こうきょ》後にこの息子がパウル一世として皇位についている結果からすれば、ときの政局の安定を図って表向き目をつぶっただけだとしても、少なくとも公的にはパウルを正統と認定したのだろう。

ペーターのほうは、彼らが居城としたオラーニエンバウム（筆者注、今日ではロモノソフといい、サンクト・ペテルブルクから西四〇キロばかり離れたフィンランド湾に面した岸辺にあった）で短い人生の大半を過ごしたが、フリードリヒ大王の熱烈な崇拝者で非常にプロイセン好みのところがあり、近衛連隊の編成を自分の出身地の将兵で固めた。ためにロシアではかえって反感を買い不人気な君主となった。皇帝の座にすわったのはたった六カ月だけだった。これにはまず、イェリザベタの死の服喪期間中に皇帝にふさわしくない振舞いがあったからだとされ、エカチェリーナばかりでなくロシアの大衆の大部分が憤慨したという。その詳細はよくわからないが、ピョートル三世の最初に扱った国家事業は、七年戦争の終結を意味するプロイセンとの単独講和であり、大規模な改革プログラムの導入であったところから、国内の保守勢力の敵意を自らに呼びこんだようだ。彼の妻エカチェリーナは一か八かを賭けたクーデターを起こした。身の安全を確保するために数個中隊の近衛連隊の支持をとりつけ、一七六二年七月九日に自らが皇帝に就任したことを宣し、その間ツァーリ・ピョートル三世は廃絶されたと宣言した。この近衛連隊を指揮していた将官のなかに、Grigori Grigorjewitsch Orlow（グリゴリイ・グリゴリイヴィチュ・アルロフ）というエカチェリーナと愛人関係にあった人物がいたことで、当初はただの軍隊の叛乱に見えた。一七六二年四月十一日エカチェリーナは、このアルロフとの間で男の子を産み落とした。この子が将来皇位を要求する権利が生じ、ピョートルの息子のパウルが皇子の位置を脅かされる危険も出てきた。ピョートルはこの件に関してフリードリヒ大王に相談の手紙を出している。同年六月一日にアルロフは解任され、エカチェリーナについてはドイツへの国外追放が言い渡される決定がなされた。一七六二年六月二十八日はピョートル（ペーターまたはペテロ）とパウルの守護聖人にちなむ祝日だったので、ピョートルはこの日にその決定を告知する予定にしていた。ところがまさしくこの日を期してアルロフ兄弟は、近衛連隊の兵士を酒食や賄賂やで丸めこみ、皇帝に叛旗を翻《ひるがえ》すよう煽った。ピョートルはこの時点までオラーニエンバウムにじっとしていて、フォン・ジーヴァース司令官の指揮下のホルシュタイン出身者ばかりで固めた近衛隊を、クーデターの首謀者摘発にさし向けるのをためらっていた。その間に逆に叛乱の首謀者たちがピョートルを捕縛し、退位の宣言書にサインするよう強制した。エカチェリーナは、カザンの聖堂で府主教ゼツィンにより、ロシアで単独支配者であると宣せられた。ピョートル三世は逮捕された後に、七月十七日（一説には六日）に殺害された。妻はエカチェリーナ二世と称してそのあとの皇位におさまったのである。エカチェリーナがこの暗殺陰謀にどの程度深く関わっていたのかは、不明とされる。

ピョートルの人となりについては、最近の研究ではかなり違ってきていて、この皇帝は種々の英断を要する決定を下し、十八世紀のロシアにしては民主的とさえいえる改革を導入しようと試みた、と見る歴史家もいる。しかし、いまその点を踏まえ論展開するのは、本稿の主旨から大きく外れそうなので、その主な歴史家の名前と著書を紹介するだけにとどめておこう。

ロシア側の研究、Alexander S. Mylnikow, «Die falschen Zaren. Peter III. und seine Doppelgänger in Rußland und Osteuropa.»
(= Eutiner Forschung; 3). Struve, Eutin 1944
ドイツ側の研究、Elena Palmer, «Peter III. Der Prinz von Holstein.» Sutton, Erfurt 2005

多少脱線してロシアとの関係を追い、ペーター（ピョートル）のことを調べてみたが、問題にしている「カール十一世の幻視」の古文書に光を当てるものは見当たらなかった。

けっきょく同じオルデンブルク閥閲出身で、カール・フリードリヒの従弟《いとこ》に当たるアードルフ・フレードゥリク（またはアードルフ・フリードリヒ）が、スウェーデンの次期王位承継者に一七四三年に選ばれ、スウェーデンの王統の行方が決まったことはすでに述べた。それも当時のロシアの女帝イェリザベタから、Turku または Åbo（トゥルクまたはオーブー）の平和条約で有利な条件を引き出そうとして、いわゆる「三角帽」派によって推進されたものだという。なにしろ前に見てきたように、ロシアの女帝が自分の後継者にアードルフ・フレードゥリクの甥ペーター（同時に女帝の甥でもある）をすでに一七四二年に据えていたので、スウェーデンにとっては好都合に動いていたのである。ペーターはスウェーデンとロシアのどちらにも承継権を持っていたが、スウェーデンのほうはあきらめ、ロシア側に発展の機会を求めながら不幸な結果に至ったことも、すでに前段で見てきたとおりである。

本題のアードルフ・フリードリヒ（またはアードルフ・フレードゥリク）の説明を始めながら、途中でロシアの皇室の話のほうに引っ張り込まれた感じだが、ここでようやく前の叙述に（本稿の一三六頁のあたり）つなぎ戻せそうになった。

アードルフ・フレードゥリクは正式には、一七五一年三月二十六日にアードルフ一世フレードゥリクとして王位を継いだのである。その統治期間中（一七五一～一七七一）、彼は国家の単なるお飾りも同然だった。実権はスウェーデンの全能の議会の掌中にあって、激烈な派閥争いによる紛糾混乱を招いていた。彼は二度ほど、こうした議会構成員の鼻持ちならぬ教育者然とした態度から、自分を解放しようと努めた。最初の機会は一七五五年、彼の妻でフリードリヒ大王の妹に当たる権柄づくのルイーゼ・ウルリーケ（一七二〇～八二）にたきつけられ、縮小化されていた大権の一部をとり戻そうと試みた。一七五六年にいわゆる「王権派」といわれる一団の信奉者たちが、王側からの一種のクーデーターを起こしたのである。ただしかし、この企ては失敗し、国王夫妻と結託を結んだかなりの人たちは断頭台で処刑された。影響力を極端に制限されてではあるが、アードルフはなんとか王の面目を保った。第二のチャンスは、彼の長男でのちにグスタヴ三世となる公子の助力のもとに、専横的に振舞っていた「キャップ」派の元老たちの支配をうちこわすことに成功したが、その勝利をチャンスに利用することができなかった。

この王は他人に頼りがちであり支配者としても弱々しく、才能にも欠けていると見なされた。しかし、世間の噂ではよい夫だったし、面倒見のよい父親で召使に対してもやさしい主人だった、という。彼の親身《しんみ》で好意的な態度や友だちのような打ちとけた態度は、多数の人によって目撃されていて、そういう人たちは彼の死去に際して深い哀悼の意を示した。彼が亡くなったのは一七七一年二月十二日であるが、これまで見てきたスウェーデンの君主とは印象ががらりと違い、陰謀を企むほどの悪《わる》でもなければ、そうかといって立派な政治的功績をあげてもいない。むしろ滑稽なキャラクターというべきか、死を招いたのは暴飲暴食、または多食症の果てのことだった。ロブスター、キャヴィア、ザウアークラウト、燻製の鰊《にしん》、シャンパンなどの配膳を平らげ、仕上げに好物の Semla（セムラ）というデザートをホットミルクのボールに入れて、十四杯もお替りしたという。かくしてスウェーデンの小学生には、自分自身を食して死を演じた王として記憶されることになった。

三、余録――「三角帽」派と「キャップ」派の政争

ここで、先ほどの文中に出た「三角帽」と「キャップ」について少しばかり注釈をつけておこう。

「三角帽」派というのは、カール十二世没後の自由の年代とされる期間（一七一九～一七七二）に、スウェーデンで活発な動きをみせた政治的派閥で、その由来は官吏や上流紳士がこの帽子をよく着用に及んだことによる。その反対派は英訳すれば「キャップ」派ということになるが、「三角帽」派と議会において事あるごとに勢力争いをくりひろげた。フリードリヒ一世やアードルフ・フリードリヒなどの王は、政治権力としては矮小脆弱で、議会の代議員のほうが権勢をふるっていたものだから、議会が開かれるときにはいつも支配権をめぐって争い、交互によく交替した。スウェーデン語では、それぞれ Mössorna（メスールナ）および Hattarne（ハッタルネ）といい、ドイツ語で Mützen および Hüte と呼ぶもののこと。つまり、Hats に対するのに Caps というのは、鍔《つば》や庇《ひさし》など極力省き頭を覆うだけの帽子のことを指すらしい。ただ三角帽といういい方だと、何か日本の亡霊のつける三角巾を思い出したり、道化師の被り物をイメージしたりする向きが出るかもしれない。むしろ鍔広の帽子の両端を上に持ち上げ、後頭部の鍔も同様に

持ち上げ、これで三点を結ぶ三角形をなすことからの呼称なのだろうから、帽子は一種の鉢皿となり、確かにいろんな装飾品を入れて頭を飾る人もいた。例のナポレオンがアルプス越えをしたときのことだとして、描かれた帽子の絵を思い出してもらえれば、端的に把握できるかもしれない。両派とも内政的には王権の弱体化を図り、寡頭制を打ち立てることを目指す点では同じで、「キャップ」派が一七一九年以来スウェーデンの政治を支配していたArvid Horn（アルヴィド・フールン、一六六四〜一七四二）を領袖《りょうしゅう》にいただき、ロシア寄りの姿勢を保っていたとすれば、一方の「三角帽」派は、Carl Gyllenborg（カール・イレンボルイ、一六七九、一七四六）やCarl Gustaf Tessin（カール・グスタフ・テシーン、一六九五〜一七七〇）の采配のもとにフランス寄りの姿勢を示し、決まりきったようにロシアに戦争をしかけるようフランスをせっついた。不名誉な平和を永続化するために、すべてを犠牲にしている老政治家の臆病な用心ぶりを彼らは揶揄《やゆ》して倦《う》まず、その領袖の追従者たちに「ナイトキャップ」と嘲笑気味の綽名《あだな》をつけた。こうした罵倒語はたちまち人心をとらえ、一七三八年に議会の代議員が召集されたときには、すでにその派を示す旗印になっていた。いわばこの時の議会は、スウェーデンのもう一つのターニングポイントになった。「三角帽」派はこれ以来政府を方向づけ、老齢のフールンを引退に追い込むこととなった。政権を担当するや「三角帽」派は、スウェーデンを一大勢力とする以前の位置に復帰させようと狙ったし、フランスとの伝統的な同盟を再開しようとつとめた。北欧におけるフランスの利益を是認するような政府がスウェーデンに台頭するのは、フランスにとっては歓迎すべきことであり、ヴェルサイユは以後の二世代にわたって「三角帽」派に気前良く財政援助を申し出た。

「三角帽」派による政権の弱点が最初に現れたのは、ロシアとの戦争のあとである。この戦争はスウェーデンの敗北で終わったのだが、議会ではこの戦争行為に対する調査が提案された。「三角帽」派は、王の承継問題に関して優位に立つことで、こうした議論を回避するように持ちこんだ。フレードゥリク一世は前に述べたように外では子をなしたが、嫡子といえる子はいなかったので、その後継者を選ぶのは議会の責務となった。ロシアの女帝イェリザベタとの交渉が開始され、女帝は自分の相続人（ペーター）の叔父、アードルフ・フレードゥリクをスウェーデンの王位承継者に選ぶならば、フィンランドの広大な領域をスウェーデンに返還してもかまわない、と柔軟かつ鷹揚な態度を示した。「三角帽」派は、大公領を自分の手にとりもどし、同時に彼らの威信もとりかえす好機はここぞとばかりに飛びついた。そして、すでに前にも触れたことながら、一七四三年五月七日のオーブーの条約により、女帝の出した条件は受け入れられ、しばしば古フィンランドと呼ばれた Kymijoki キュミ（ヨキ）川の対岸にあるわずかな地域だけが、ロシアの領地とされるようになった。

一七五〇年代には、「三角帽」派は彼らの対外組織が完全に崩壊しているのに気づいた。フランスにそそのかされて、彼らはポンメルンの戦域で戦われた七年戦争に無謀にも突入し、惨憺たる結果を招いた。フランスは、長い戦争をつづけられるだけの充分な資金を準備していなかったし、無意味な戦いを数年くり返したのちに、「三角帽」派は和睦を結んで不名誉にも戦線から離脱したが、この戦闘で四万の人命を失うことになった。一七六〇年に王国議会が開かれたときには、「三角帽」派の指導層に対する抗議が猛烈をきわめ、告発弾劾も避けられないかに思われたが、彼らの議会運営の巧みさがもう一度功を奏し、二カ月の会期を経て疲れをきたした両派の合意によって、議会は閉会にこぎつけ、「三角帽」派の政府はさらに四年間持ちこたえられることとなった。

しかしながら、最後の審判日は永久に繰り延べされることはなく、一七六五年に議員が招集されたときには、「三角帽」派の議員が権力から遠ざけられたのが広範にわたった。「キャップ」派のリーダー Ture Rudbeck（トゥーレ・リュードベック、一七一七〜一七八六）が、「三角帽」派の首班候補フレードゥリク・アクセル・フォン・フェルセンを大差でもって破り、王国議会の議長に選出され、枢密会議の議席が一〇〇あるうち、「三角帽」派が占めたのはただの一〇議席にすぎなかった。「三角帽」派は、しばらくして一七六九年の議会で権力の座にもどったが、すぐまた「キャップ」派に奪回された。

ロシアの侵略を背景にして、グスタヴ三世は一七七二年にクーデターを敢行し、絶対君主制へと舵を切った。つづいて起こる何年もの政治的激変の間、つまりはグスタヴ三世の統治期とグスタフ四世アードルフ王就任の一七九七年までで、「三角帽」と「キャップ」の両派は政治勢力としては消滅したとされる。

四、グスタヴ三世の絶対君主制への志向と反対勢力の君主弑逆《しいぎゃく》

さて次には、いま挙げたグスタヴ三世のことに移ろう。つまりは「カール十一世の幻視」が指し示しているらしい一方の主人公であるからには、その生涯や性格についてやや詳しく観察しておかねばならない。

グスタヴ三世はアードルフ・フリードリヒ（アードルフ・フレードゥリク）とプロイセンのフリードリヒ二世（いわゆる大王）の妹であるルイーゼ・ウルリーケとの間に、一七四六年一月二十四日に第一子として生まれた。将来王位を継ぐと決まった公子として、身分制王国議会内で貴族と非貴族との間の対立が、ますます激化しているのをつぶさに見せつけられてきた。彼の統治前の「自由の年代」に、勢力を伸張した党派の派閥政治が、貴族支配と封建性秩序を脅かしている、という認識に彼は達していた。貴族に対する非貴族の憎悪こそが真の危険性だと彼は見なしていた。のちになって彼はある手紙にこう書いていた。一七七二年の彼のクーデターは、貴族を彼の君主制の支え柱として維持していくことを狙ったものだ、と。危険が増大するのは、一方で無制限な支配力を求める貴族の希求があり、他方で平等を求める非貴族の要求が強いからである。君主制の存続を目指して決定的な戦いのなかにいる、と彼は思っていたわけだが、貴族身分の人たちだけでなく、「すべてを転覆させよう」とする民主的な志向勢力をも相手にしていたのだった。両者の議論はひとえに民主主義の導入をめぐるものだったともいえる。

すでに前に説明した「キャップ」派と「三角帽」派との抗争は、この王の統治の初期にも激しかった。グスタヴ三世は、父の死亡した年の二月から三月までパリに遊学していたが、彼はフランスの宮廷も市民もあっという間に魅了してしまい、その地の文化人と親しく交流し、スウェーデン宮殿から派遣された腹心がすでに彼の向かうべき道をお膳立てしており、Choiseul（ショワズゥル）公（筆者注、おそらくは Etienne-François de Choiseul〔エティエンヌ＝フランソワ・ドゥ・ショワズゥル〕一七一九〜一七八五のことで、一七六一年から一七六六年まで従弟のセザール・ガブリエルが外務大臣になっていたのに対して、こちらは一七七〇年までフランスの政策をずっと推し進めた。政治の局面に応じて戦時大臣（一七六一〜一七七〇）とな

り、同時に海軍大臣（一七六一～一七六六）をつとめた。一七六六年には海軍大臣と外務大臣を従弟と交替したり、かなり派手に動きまわってその実力を見せつけた）は、革命をフランスの同盟国たるスウェーデンにどのように持ち込んだらいいのか、その最善の方法について彼と議論しようと決めていた。グスタヴ三世がフランスを去る前に、フランス政府は莫大な報奨金をスウェーデンに無条件に支払う手続きをとり、それも年に百五十万リーヴルにのぼった。フランスの外交交渉で勇名を馳せたVergennes（ヴェルジェンヌ）伯（筆者注、Charles Gravier, comte de Vergennes［シャルル・グラヴィエ、ヴェルジェンヌ伯］一七一七～一七八七のことで、ショワズゥルの死後、ストックホルムに招かれ、三角帽派に助言と資金で援助するとした誘因策を引っ提げての登場だった）は、それにからんでコンスタンチノープルからストックホルムに任地替えさせられたという。本国への帰途、グスタヴは伯父であるフリードリヒ大王を表敬訪問したが、デンマークおよびロシアと協調すれば、現存のスウェーデンの制度維持を保証するといわれ、むしろ仲介役に徹し暴力を極力排するように、との忠告を受けたという。

グスタヴ三世が帰国してすぐにも、ことごとに反目し合っていた「キャップ」派と「三角帽」派、その両派の調停をはかってみた。間近に予定されていた王国議会に際しても、彼の後押しをフランス政府が約束するまでにこぎつけていた。同時に、まず何よりも敵対する党派同士の和解を図り、王の指導のもとに彼らと協力して国家の舵とりに従事するよう、フランスのルイ十五世は勧めた。一七七一年六月二十一日に四つの身分階級の構成する王国議会が、最初に力強い感興を沸かせる彼の演説で開かれた。スウェーデン王が議会の代議員に自国語で話しかけたのは、一世紀以上も間をおいて初めてのことだった。どんな党派であろうと、公益のために互いの敵愾心《てきがいしん》を捨て去る必要性を力説し、「自由な人間の第一の市民として」、論争し合う党派の間の仲裁役を自ら買って出ようと思った。実際に和解のための委員会が作られたのであるが、その委員会が幻想であることが最初から分かった。それぞれの党派のどちらにも、少しでも自己抑制をしようとする愛国心も見いだせなかったからだ。この結果を受け優勢な「キャップ」派が、グスタヴを単なるroi fainéant（ロア・フェイネアーン「無能王」）に追い詰めようとする動きは、むしろ彼に革命を起こさねばと考える弾みを与えた。「キャップ」派の支配のもとでは、スウェーデンはロシアの餌食にされそうな様相を呈していた。ロシアの副首相ニキタ・パニン伯（一七一八〜一七八三、筆者注、ドイツ語ではダンツィヒと呼ばれ今ではポーランドのグダニスクとなった町に生まれ、エストニアのペルルニュでロシアの司令官となった父のもと、幼年期の大半をすごした。一七四〇年にロシアの陸軍に入隊、女帝イェリザヴェタに寵愛を受けたとされる。一七四七年ロシアの大使としてコペンハーゲンに派遣されたが、数カ月後にストックホルムに任地替えさせられた。次の十二年間にフランス寄りの勢力への主な反対者として際立つ役割を果たした。結局、一七五〇年代の半ばロシアが急に反仏から親仏へと方向転換をしたので、彼の立場は難渋に陥った。しかし、ある有力者の知遇を得、一七六〇年に思いがけずも皇太子パウルの家庭教師に推挙され、その影響力が確定された。のちにはエカチェリーナ二世に仕え、良き政治上の導師となり、北方同盟を主唱し、プロイセンとの密接な連帯を結んだ）がもたらそうと努めていた［北方同盟］に、のみこまれるかどうかの瀬戸際に立たされていた。即座の急激なクーデターのみが、スウェーデンの独立を可能にするように思われた。

こんな時期に、グスタヴ三世にフィンランドの貴族の一人、Jacob Magnus Sprengtporten（ヤーコプ・マグヌス・スプレングトポルテン、一七二一〜一七八六）が、革命のプロジェクトをひっさげて近づいてきた。この人物は「キャップ」派の人々に敵意を惹き起した。彼はSveaborg（スヴェーアボルイ、筆者注、フィンランドではスオメンリナともいい、ヘルシンキの鼻先にある）の要塞を奇襲で制圧することを引き受け、いったんフィンランドが安全確保されるや、スウエーデンへと船を乗りだし、ストックホルム付近で王やその支持派に合流し、拘束されていない王からの新憲法を議会に対し強要する運びだった。この計画を練った人たちには、この時点で同じく「キャップ」派の抑圧の犠牲者だったJohan Christopher Toll（ユーアン・クリストフェル・トル、一七四三〜一八一七、筆者注、グスタヴ三世寄りの人、グスタヴの歿後、カール公により軍事専門学校の校長と陸軍中将に取り立てられたが、あとに問題に上がる従弟のグスタフ・アードルフ・レウイテルホルムにより、使節としてポーランドに送り出された。そこでロシアの助けを借りて、レウイテルホルムの失脚を狙ったグスタフ・マウリッツ・アルムフェルトからの手紙をうけとる。トルはそうした計画から手を引くように諌め、この叛乱の試みを他に漏らさなかった。にも拘らずアルムフェルトの必死の動きは明るみに出され、一七九五年その黙秘を守ったため職務をはずされ、二年間の拘禁刑に処せられたことがある）が加わって強化された。トルはスカニア地域で第二の暴動を起こし、Kristianstad（クリシャンスタ〔ード〕、筆者注、スウェーデンのスカニアにあってデンマークにも近い）の南部の要塞を確保することを提案した。少し議論を交わした末に、フィンランドの蜂起が始まって数日後、クリシャンスタをとりでに当時の政府に向かって抗戦を宣言する手はずが、最終的に整えられた。これに関連して王の弟であるカール公（のちのカール十三世）は、クリシャンスタで起きた叛乱を押さえるという名目のためとして、南部にあるすべての要塞の守備隊をあわただしく動員することを強いられるところだった。しかし、彼が要塞の前にたどりついたときに、叛乱軍に協力することを求められ、南部方面から首都に向かって進軍するようになった。その間にスプレングトポルテンが、東部方面から同時に同じ行動をとった。一七七二年八月六日、トルは全くのこけおどしの奇策で、クリシャンスタの要塞を確保することに成功した。八月十六日にはスプレングトポルテンが、スヴェーアボルイの不意の襲撃でその制圧に成功した。しかし、風が逆風のために彼はストックホルムに渡ることができなくなったが、その間に種々のことが起こって、彼のこの地への到着が必ずしも必要でなくなった。同じ八月十六日、「キャップ」派のリーダー、T(h)ure Gustaf Rudbeck（トゥーレ・グスタフ・リューードベック、一七一四～一七八六）が南部で叛乱が勃発したという情報を手にしてストックホルムに入り、グスタヴは自分が敵の真っただ中に孤立しているのを悟った。スプレングトポルテンが時化《しけ》のためフィンランドに足留めを食わされ、トルは五〇〇マイルも離れたところにおり、「三角帽」派のリーダーたちは身を隠していた。そのためにグスタヴはスプレングトポルテンの到着を待つことなく、決定的な攻撃に打って出ることに決した。彼の行動は迅速だった。信頼のおける士官全員が、八月十八日の夕方、兵器庫に面する大広場に翌朝集合するよう密命を受けとった。八月十九日の十時にグスタヴは愛馬に跨り、まっすぐ兵器庫に乗り入れた。その途中、彼の支持者たちが偶然であるかのように、少人数の群れをなしながら彼に従い、目標地点に着くまでに行動を共にした士官の数は、ほぼ二〇〇にのぼった。

閲兵式の後、グスタヴは王宮の北西翼棟にあった近衛兵の集合所に士官たちを導き、これからの計画を彼らに打ち明けた。彼は集まった士官たちを前にして次のように訴えた。

「まさに諸君の父祖たちがグスタヴ・ヴァーサ及びグスタフ・アードルフにつき従ったごとく、諸君が予について来るならば、予は諸君と祖国を救うために予の命と血を賭けるであろう」と。

一人の海軍少尉はこう応じた。

「われわれはわれわれの血と命を、陛下のお役に立つよう捧げるつもりです」と。

それに応じてグスタヴは、新たな忠誠の宣誓を書きとらせ、すべての将兵がためらうことなくそれにサインした。このことはこれまでの議会に対する忠誠から彼らを解き放ち、ただひとえに「法律の定める王、グスタヴ三世」を護り立てる義務を負わせた。その合間に、官房の顧問官とその官房長リュードベックが逮捕され、艦隊も行動の自由を奪われた。それからグスタヴは市内を一巡し、いたるところで熱狂的な群衆の歓迎を受け、主君はわれらが救済者なり、との大きな歓呼で迎えられた。後日、「王グスタヴに祝杯！」と題された特別の讃歌が作られ、愛唱されることになった。

八月二十日お触れ役が街中を巡回し、明日、議会が宮殿にて開催されますぞ、これに欠席する代議員はたれあろうと、祖国と王の敵と見なさるべし、と触れまわり、翌二十一日、議会が開かれて数分後に、王は礼装に身を整えて現れ、玉座に着席するや、スウェーデンの雄弁の歴史において傑作と称された有名な弾劾演説を行なった。そのなかで彼は、過去において非愛国的な贈収賄や免許買収をしたとして、議会を指弾した。

こうした経緯のもとに王によるクーデターは成功し、新しい憲法が王国議会に対して読み上げられ、満場一致で承認された。これをもって議会は解散された。

その憲法のなかでは、王国顧問参議はまさに助言機関にすぎない、と定義づけられていた。グスタヴは平和の締結や恩赦に関し専決権として自分にとっておき、国家の高級官僚の任用や貴族身分への昇格についても同様だった。彼は国土を法に従って治めることを自らに課し、何人《なんぴと》といえども裁判の判決抜きで罰せられてはならじ、との訓令を出し、これには例外は認めないとした。同時に、いかなる侵略戦争も、王国議会の承認なしでは始めない、と自らすすんで誓った。この憲法の狙いは貴族の弱体化によって、国家を危うくさせる非貴族たちの対決姿勢を無効にするところにあった。

グスタヴは、いまや自分の思いのままに振舞える絶大な権力も、はじめは賢明な用い方をしていた。彼の尽力によってスウェーデンの商業は新たな最盛期を迎え、産業活動も現金の流通が回復するに従って上向いた。王の関心が注がれているのは、とりわけ農民階級の生活状況の向上であり、健康衛生であり、授産所、孤児院、病院施設などの設立であった。さらに鉱山施設、運河や水門の建設を促し、財政制度を整備し、手形割引会社（振替銀行）を設立し、マルストランドにおける商業に開放政策をとった。農業もまた王の格別の奨励保護を受けたし、スウェーデンの陸海軍も「一大勢力」に押し上げ、特に海軍はヨーロッパきっての恐るべき軍事力に強大化された。乱費されていた財政が、一七七六年の「通貨現金化法」によってきちんと整備された。フランスの援助金のうちで多額な未払い金の清算のためとも、Göteborg（ヨーテボルイ、スウェーデン）でフランスの商業権との引き換えのためともいわれているが、一七八四年、フランスのルイ十六世から西インド諸島の小島サン・バルテルミー島（筆者注、二〇〇九年十二月二日発刊の小学館の『世界大地図』一二三頁でも、カリブ海の小アンティル諸島のひとつとして辛うじて記載）及び、グスタヴィア（筆者注、バルテルミー島にある町。グスタヴ三世の名にちなむ強風の際の避難港）を手に入れた。地理的にはあまりに遠くにあって利用価値もないと思われる場所だが、ここに彼は自由港を開設させ、ひいてはアフリカの奴隷を運んで奴隷売買の拠点にした。

さらに彼は拷問を廃止し、報道の自由（一定の制限つきではあるが）を導入し、死刑には反対の立場を宣し、死刑は王の専決事項であるとした法律を一七七八年に採用した。実際に死刑を科したことは皆無だったが、そのことが風俗犯罪にあまりに寛大すぎる、と鋭い批判の矢面に立たされた。

これには裏話があって、特にホモセックスの行為は当時、死刑ときまっていたものだから、グスタヴ自身がホモではないかと疑われたのである。彼は一七六六年十一月四日に、デンマークのフレードゥリク五世の娘ソフィーア・マクダレーナと結婚したが、二人の具えていた解剖学的な厄介事のために、結婚の仕上げとしての床入りに関して、厩舎長《きゅうしゃちょう》のアードルフ・ムンクなる人物に介添えを依頼したとされる。グスタヴの母ルイーゼ・ウルリーケが、彼は第一子の世継ぎとして生まれたグスタフ四世の父ではない、とおおっぴらに吹聴していたのも、そうした隠し事を踏まえてのことらしい。さらには息子のほうのAxel von Fersen（アクセル・フォン・フェルセン）や、Gustav Armfelt（グスタフ・アルムフェルト）といった、二人のご機嫌とりと妙に親密な個人的な関係にあったことが、こうした観点から取り沙汰され、彼の弟の妻であるHedwig Elisabeth Charlotte von Schleswig-Holstein-Gottorf（ヘートヴィヒ・エリーザベト・シャルロッテ・シュレースヴィヒ＝ホルシュタイン＝ゴットルフ、一七五九～一八一八）が、日記にそう思わせるような文章を載せていたともされる。彼女は一七七五年～一八一七年の間に、七〇〇〇頁に及ぶ膨大なメモランダムを日記や手紙の形で残したことで有名で、後に、グスタヴ三世の弟であるカール十三世の妃となる女性でもあるから、それなりの影響力もあったようだ。しかしこれに対して、スウェーデン・アカデミーのErik Lönnroth（エーリク・レンルート）博士は、グスタヴ三世がホモだったという推定には何らの事実上の根拠もない、と結論づけ反論の拠り所と見なされた。

一七八六年四月にはグスタヴ三世は、スウェーデンのアカデミーをフランスのそれにならって創設した。芸術振興策をとり、多くの芸術家を宮殿に招聘した。これまで王室劇場の傘下で演劇はもちろん、オペラもバレーもジャンルの別なく演じられていた。だが一七八八年には王室演劇劇場（以来スウェーデン国民劇場となる）が、王室スウェーデン・オペラハウスの後方に建てられ、はっきり演劇を独立させた。

王は一七八〇年にフリーメーソンの一員となり、Strict Observance（厳格な会則厳守）の儀式をスウェーデンに導入した。同年、当時セーデルマンラン（ド）の公爵だった彼の弟（即ちのちのカール十三世）を、スウェーデンのグランドロッジのグランドマスターの地位につかせた。グランドロッジは彼に、„Vicarius Salomonius“（ソロモンの代理人）なる称号を進呈した。

一七八六年の王国議会はグスタヴの生涯に転回点をもたらした。彼はこれ以来、議会抜きで統治しようとする野心を示したし、それは半立憲主義から半絶対主義へと変わる、慎重で漸進的な、しかも断乎とした一過度期であった。同時にその対外政策は、内政以上にもっと冒険的なものとなった。初めはデンマークからノルウェーを獲得するのにロシアの支援を求めようとした。エカチェリーナ二世に同盟国デンマークを見棄てるよう要請したが、これを拒否されると、グスタヴはロシアに対し一七八八年六月、攻撃の火蓋を切った。

その動機としては、

一、従姉妹のエカチェリーナに勝って、国内政策上の自分の声望が上向くのを期待した。

二、スウェーデンの軍隊の財政状態や名誉が戦争で強固なものにできると思った。

三、七年戦争時のスウェーデンの軍事的屈辱を挽回しようと思った。

四、何よりもスウェーデンの国内政治へのロシアの干渉に終止符を打とうと願った。

など、多様なものが指摘されている。

当時ロシアは南部において、オスマン帝国（トルコ）との戦争（一七八七〜一七九二）に深くはまり込んでいたので、戦力を両面に割かねばならぬロシアの苦境をついたわけだ。その開戦を横目で見ていたイギリスやニーダーランドやプロイセンは、内心ほくそ笑んでいた。ロシア・スウェーデン戦争（露瑞戦争、一七八八〜一七九〇）の発端になったのは、一七八八年六月二十八日にロシア兵に扮したスウェーデン兵が、フィンランドのPuumala（プーマラ、当時はスウェーデン領だった。東経28／北緯61）という村で発砲騒ぎを起こし、ロシア側が攻撃を仕掛けたのだから、やむなく防戦したまでだとし、表面をとり繕うつもりだった。ところが、その地に本物のロシア兵が現れて介入したものだから、実際に戦火を交えざるを得なくなったのだという。このときに着用した偽装用の軍服は、ストックホルムのオペラ座から調達したらしい。というのも、グスタヴ三世は芸術的才能があって、自分でもオペラを創作しただけでなく演出にも携わっていたので、そうした手づるもあれば遣りくり算段もお手のものだったのだろう。真偽のほどは不明の部分もあるが、いわば国境紛争によくありがちな口実が仕組まれたようだ。議会の同意なしに侵略戦争に乗り出してしまったことで、グスタヴは一七七二年に彼自身が創案した憲法を犯したことになるわけであるが、――このことが開戦直後に、フィンランドに派遣されていたスウェーデンの貴族出身の将校たちの間に、大きな不満とグスタヴの政策への反撥が、これまで鬱積していたわだかまりを一挙に表面に噴出させることとなった。いわゆるAnjala（アンヤラ）*陰謀事件（一七八八年八月）と称される事件である。

その意思を表明するいわゆるLiikala-Memorandum（リイーカラ**外交文書）が作成されたが、数日後には、このアンヤラ反対同盟を結んだ百十三名のスウェーデンの将兵が、この外交文書に支持を表明し、王宛の書簡に署名した。そもそも開戦が法律に基づいたものではなく、ロシアと和平交渉に入るべきだ、とその書面にはうたわれていた。さらに王国議会の召集開催を要求していた。この間に当然のように、デンマークはロシアの同盟支援を受け戦争突入を宣したが、すぐにもイギリスとプロイセンの干渉介入によって無効化され、つまりは休戦（一七八八年十月九日）に入った。これがたびたび延長され、最終的に一七八九年七月九日にデンマークは、この戦争に中立であることを宣言せざるを得なくなった。

このときのデンマークとスウェーデンとの衝突は、スウェーデンの歴史では「劇場戦争」として知られているが、本来の闘争の全体に芝居じみた要素が覆っていたためだという。一方ノルウェーでは、「コケモモ戦争」の名のもとに知られていた。帰還中のノルウェー軍は食糧の底も尽き果て、飢えをしのぐにはこの野生の実をもぎとらなければならなかったからである。スウェーデン国内の一般的な雰囲気は、とりわけこれらの休戦によって、王に有利に働きだし、グスタヴ三世はスウェーデンに戻ると、叛乱を企図した貴族将官たちに対する民衆の憤慨をあおり、最終的には八八～八九年の変わり目に謀反の首謀者を逮捕し、アンヤラでの密議を国家叛乱罪と見立てたが、そのうちの二人はロシアに逃れ、他の九人に死刑判決が下された。実際に刑が執行されたのは、Johan Henrik Hästesko（ユーアン・ヘンリク・ヘステスコ）大佐ただ一人だったが、数人は前にフランスから手に入れたカリブ海の小島サン・バルテル

*アンヤラは、ロシアとの海戦が戦われたコトゥカの海港に流入するキュミヨキ川（日本の地図では 単にキュミ川）を、二〇キロほど遡上したところ［(アンヤラ) 東経26／北緯60］にある。

**リイーカラは、アンヤラよりずっと西寄りにある目立たない小村で、普通の地図には記載されていない。目印となる都市として、Tampere（タムペレ）またはTammerfors（タメルフォルス）［東経23／北緯61］を基準にすると、その北西のほぼ五〇キロに位置する。アンヤラとリイーカラとは意外にも相当に離れている。

ミーに流刑され、のちに恩赦が与えられた。かくして反貴族主義的な強力な反撥心が国内に沸き起こったのに乗じて、早くも一七八九年に王国議会を召集し、その審議で同年二月十七日に「統合団結と安全保障法」を、貴族階級を除く三階級の支持を得て成立させた。このことは君主の権威をいやがうえにも強化した。確かに議会はまだ余力を保持していたが、その代わりにグスタヴは貴族階級の法律発案権など、古い特権のほとんどを停止し、王国顧問参議の制度も事実上廃止し、絶対主義を万全にする方向を探っていた。露瑞戦争は、フィンランドで戦われた主な野戦としては九つを数え、海戦としては八つあげられるが、その勝敗は局部的なもので、それも決定的な勝利をおさめたとはいえず、ここで一進、あそこで一退といったいわば星取表のようなものだった。従ってその一々の経過はまぎらわしいので省く。一七九〇年七月九日及び十日の第二次 Svensksund スヴェンスクスンド（筆者注、フィンランドのコトゥカの沖合、フィンランド語で Ruotsinsklami、ロシア語で Rochensalm という）の海戦で、スウェーデンがエカチェリーナを震撼させたほどの勝利をあげ、ようやく最終的にフィンランドの Värälä（ヴェレーレ、筆者注、先の注に挙げたコトゥカからキュミヨキ川を五〇キロほど北にのぼったコウヴォラの近郊）で休戦条約を結んで落着した。この海戦でロシア軍は、軍船の三分の一と七〇〇〇の兵員を失ったといわれ、スウェーデンは屈辱的な譲歩を迫られることもなく、一七九一年十月にグスタヴは女帝と八年間の防衛協定を締結、女帝は新しい協定者に対して年間三〇万ルーヴルを賠償金として支払う義務を負った。いわばグスタヴ三世が開戦に際して抱いた狙いは、ほとんど満たされたことになる。

グスタヴはこうして絶対君主制をおし進め、国内では貴族の引き締め策を講じたが、当時のフランスのジャコバン党を警戒し、それに対抗して諸国の未来の君主候補者たちがスクラムを組むことを願い、すべてのほかの考慮すべき問題もこの目途のために後まわしにさせた。彼はかつてパリに遊び、いまや腹心の Hans Axel von Fersen（ハンス・アクセル・フォン・フェルセン、一七五五〜一八一〇）をフランスに遣わしているので、人気ある集会に関する幅広い情報が割に早めに寄せられ、当時のヨーロッパの君主たちとは孤立気味だったが、フランス革命の及ぼす範囲や行方について、最初から正確に予測することを彼に可能にさせた。

五、余録――ハンス・アクセル・フォン・フェルセン

このフェルセンについては、すでに前のところでグスタヴ王のホモセックスとの関連で触れたが、ほとんどいつも陰に陽に王につき従うほどの重要な人物になっていたようだ。さらにグスタヴ三世との関係の深さ以上に、スウェーデンの歴史上でも重要な役割を果たしている。そこで多少寄り道になるが、この人物について少しく解説しておいたほうがいいだろう。

父はFredrik Axel von Fersen（フレードゥリク・アクセル・フォン・フェルセン、一七一九～一七九四）といい、息子のほうはHans Axel von Fersen（ハンス・アクセル・フォン・フェルセン、一七五五～一八一〇）といって、似たような名前なので紛らわしさを避けるため、スウェーデンでは名前の後にそれぞれシニアかジュニアをつけ、その差異化に使われた。名前からしてドイツ系の血筋であるのは明瞭であるが、父のほうは一七四三～一七四八年の間、Royal Suedois（ロワヤル・シュエドア、王国直属スウェーデン人）連隊のフランス勤務をし、その代将までなった人で、いわば一種の外人部隊の形で七年戦争（一七五六～一七六三）に参戦し、プロイセンに重大な損害を与えた功績を評価され、フランスでは重用された。しかしスウェーデンでよく知られているのは、軍人としてよりは政治家としてであった。一七五五～一七五六年の王国議会において議長に推され、一七七二年のクーデターまでその職務につき、前に説明した「三角帽」派の頭目領袖だった。一七五六年には王の権力があまりに増大するのを恐れ、王室の計画を挫折させたが、七年戦争の惨憺たる結果の後で王室との関係を修復した。彼はグスタヴ三世に追放処分にされたことがあるのだが、その息子が王に寵愛され信任された理由は、単なる人間の好悪の問題でなく、もっと特別の事情があったと思われるが、その詳細は不明である。

先に外人部隊といってみたが、映画などで紹介される二十世紀の外人部隊のイメージで捉えられてしまうと、大きな誤解を生んでしまうかもしれない。すでに古代のカルタゴにも見られたし、中世といっても十五、十六世紀には、

世界の各地、ヴェネチア、オランダ、イギリス、ハンザ同盟の諸都市にも見られ、ドイツ語では本来の意味がしみ込んだLandsknecht（ランツクネヒト、傭《よう》兵）という名称が知られていたが、いま問題にしている時代では封建的な封土に縛られていたからではなくて、むしろ自分からすすんで冒険を他国に求めていく風潮があったようだ。基本的には戦争が好きでしょうがないとか、略奪にまぎれてお裾分けにあずかるとか、犯罪をおかしたために素性を隠しておく必要があるとか、食いつめ者の稼ぎ場を探し求めるとか、といった裏事情があったのは確かかもしれない。だが先の例で分かるように、この傭兵集団の指揮官にとっては、一種の武者修行のような性格もあったらしい。かなりの武勲をあげられれば、それに順じて成功報酬も上がるし、名声を得て将来の再雇用の保証にもなる。雇う側と雇われる側との間には、当然ながら契約が交わされるわけだから、封建的な主従だったとしても、その関係は絶対的なものとは必ずしもいえなかった。もともと傭兵それ自体も歴史的には、弓の射手や投石器の遣い手や騎馬の乗り手といった専門職から変異したところがあったものだから、勝手気儘な振舞いもそれなりに大目に見られた。国家とか国家観とかいうものが、忠君愛国を強要する濃密な形で成立しているわけではなく、目の前の一戦一戦に対して個人的な戦争請負人という意識が働いているだけで、いわば国家への帰属意識という考え方もそんなに強くはなかったと思われる。

それはともかく、息子のほうも父と同じ経歴を積もうとしたようだ。つまり一七七九年フェルセン・ジュニアはフランスの陸軍勤務（ロワヤル・バヴィエール［バイエルン］のドイツ人連隊）という形で入隊し、将軍Rochambeau（ロシャンボー伯爵、一七二五～一八〇七、筆者注、伯爵とか公爵とかの呼び名はその所領地にちなんで呼ばれるので、このままではっきりしないかもしれない。別途にJean-Baptiste Donatien de Vimeur〔ジャーン＝バティスト・ドナーティエン・ドゥ・ヴィムール〕という本名があった。ロシャンボー伯は一七八〇年に総指揮官として、ワシントンのそばに馳せ参じ、アメリカ独立戦争に参加するよう、六〇〇〇の兵力からなる援助隊の指揮をとれ、との王命を受けた。八月十日には彼は自軍をロードアイランドに上陸させたが、ワシントンと合流したのはやっと一七八一年八月のことで、ワシントンと連携して英国のコーンウォーリス指揮下の八〇〇〇の軍隊を、ヨークタウンの戦闘で降伏に追い込んだのは十月十九日だった）の副官としてアメリカにまで同伴し、あの有名なジョージ・ワシントンと将軍との間の通訳として働いた。さらにイギリスからの独立に共鳴推参したとでもいうように、一七八一年のヨークタウンの攻囲戦で著しい手柄を立てたといわれている。一七八五年には „allemand“（フランス語で［ドイツ人］の意）の標識で分けられたロワヤル・シュエドア連隊の Colonel Propriétaire（コロネル・プロプリエテール、筆者注、ここでの後半の言葉の意味はよくわからない。どうやら外人部隊であるだけに、隊長の出身地も部下と同じであるのを示唆した呼称と思われる。例えば、ナッサウ連隊やヘッセン＝ダルムシュタット連隊などの指揮者にもこの呼称が使われ、それぞれその地を代表する公子とか方伯とかがその任に当たっているところから、同郷出身大佐と訳しておく）に昇進した。この貴公子は若くしてすでに伯爵位を賜っていたこともあってか、はじめからフランス宮廷の寵児となった。フランスへの父親の献身が宮廷内に知れわたっていた点もあるが、むしろ彼自身の資質によるところが大きかったようだ。彼は複数の女性を愛人にしてもいれば、派手な情事を噂されたことで有名で、特にイタリア生まれの艶冶《えんや》なマダム、Eleanore Sullivan（エリアノーレ・サリヴァン、一七五〇～一八三三）や、のちの王カール十三世と結婚した公爵夫人ヘートヴィヒ・エリーザベト・シャルロッテ・フォン・ホルシュタイン＝ゴットルフとのゴシップなどがある。これに対してカール王（公爵だった身がカール十三世として王位についてからのこと）は、アクセルの従姉妹《いとこ》に当たるアウグスタ・フォン・フェルセンを情婦にとりたて、一矢報いた形になったという。一方、女王のマリー・アントワネットは、特に自分の宮廷で le Beau suedois（スウェーデンの美男子）とみんなから囃し立てられていたフェルセンの魅力や、ウイットと見栄えのよさにぞっこんだった。もしも彼が君主グスタヴに随行するよう求められなければ、生涯の大半をヴェルサイユで過ごし、アントワネットとの関係ももっと違った進展がみられたのかもしれない。

グスタヴ三世は一種の武人として経験を豊かにする意味もあって、若い時からよく外国に視察旅行に出かけたが、一七八〇年代にはもう少し文化的な興味に磨きをかけるためにイタリア各地も訪ね、フェルセンもそのお供につきあわされた。文化華やかなりしパリとうたわれ、何かにつけ文化の中心はパリとお題目のように唱えられたものだが、歴史的に見ればルネサンスの運動を興隆させたイタリアの地が隠然とした力を秘めていた。王はオペラなど作劇の趣味の持ち主でもあったし、衣装に関するセンスも磨こうとしていたらしい。ちなみに王は軍服のデザインにも取り組んでいたことは有名で、そうした傾向を一段と実地に具体化しようと一時ピサに滞在したこともあったが、一七八四年に王とともに彼は帰国した。一七八八年にグスタヴがロシアと戦端を開いたときに、フェルセンもフィンランドの守備に向かう連隊に同行したが、その年の秋には密命を帯びてフランスに送られた。グスタヴ三世は自分が国内で絶対君主制を勝ちとろうとしていたこともあり、のちにヨーロッパの周辺諸国の君侯、並びにそれに連なる公子たちの守護神役を買って出るだけあって、時代の趨勢に反してむしろアンシャンレジームの擁護者を気取り、その布石を目論んでいたのかもしれない。フェルセンが王命を受けてパリに来てみれば、この地はすでにフランス革命の予兆で騒然となっていた。いわばフランスの王族の絶対的な信頼を得ていて、しかも彼らの絶望的な苦境を救うのに、才覚もあれば肝もすわった代理人をグスタヴは必要としていた。まさにアンシャンレジームが崩壊に向かって音をたてて崩れかかり、いまや革命の嵐の前夜が目前だった。しかるにこれまで使者として信頼していた外交官の Baron de Staël（ド・スタール男爵、筆者注、Erik Magnus Baron Staël von Holstein（エーリク・マグヌス・スタール・フォン・ホルシュタイン男爵、一七四九～一八〇二）のこと。スウェーデンのフランス大使で、男爵の爵位授与は一七八八年一月。有名な Madame von Staël（スタール夫人）と呼びならわされた Anne Louise Germaine Necker（アンネ・ルイーズ・ジェルメン・ネケール、一七六六～一八一七）と一七八六年一月二十一日にパリで結婚した。ところがこの縁組はそんなにつづかなかった。年齢が十七歳も離れていたこともあり、若い妻は浮名を流すことに夢中という事情のせいか、一七九六年に別れた。しかし一七九八年彼が病に伏したとき、彼を看護するため彼女のほうから再び近づき、ジュネーヴ湖畔のコペの別荘まで連れて行こうとして、途中のポリニーというところで死亡するまで見とった）には信を置けなくなっており、グスタヴはフェルセンを一七九〇年の初めごろその代任に当たらせた。王の信任を得たフェルセンはその年も暮れなんとする頃、フランスの君主とその一族たちが首都に事実上囚われ人となっているかぎり、彼らの状況は絶望的であり、その存亡は無責任な民衆の手のうちにある、という認識にいたった。有名なヴァレンヌ事件といわれたフランス東北国境の地までの逃亡において、フェルセンは主導的な役回りを果たした。ところで、この地名は単に Varennes として紹介されるのが普通だが、むしろ付記される地名を特定しないかぎりは、いくつもあるのでどれのことやら地図では探しようもない。すなわち王妃の出であるオーストリアと連絡をとり、国外逃亡を図ったルイ十六世が一七九一年六月二十二日に捕まったのは、正式名 Varennes-en-Argonne（ヴァレンヌ＝アン＝アルゴンヌ）という小さい町であった。ともかくフェルセンは土壇場で必要な資金を手に入れた。フォン・コルフ男爵夫人なる名を騙《かた》って、六人乗りの有蓋馬車を発注し、いつもパリの住民が目にふれるように、わざとマティニョン通りの自分のホテルの中庭に停めておいた。カルッセル広場からポルテ・サンマルタンまで、王一族を乗せて走った辻馬車の馭者はフェルセンだった。彼はボンディ（サンマルタン並木大通りから一筋北にある小路）まで王族たちを乗せてつきそったが、これが最初の一行程だった。一七九一年八月、フェルセンはグスタヴ三世の命を受けレーオポルト皇帝に会い、革命が激化していくフランスに対抗して、新しい大同盟を結ぶよう説得するためにウィーンに派遣されたが、オーストリアの宮廷は動く素振りすら見せない、という結論に達した。彼は自分から願い出て、ブリュッセルへの異動が許可されたが、その地からフランス王妃にもっと役立つ手はずを整えていた。一七九二年二月に彼は命がけでまたもパリに出かけたが、ポルトガルの全権大使と称する偽の証明書を携行してのことである。十三日フェルセンはパリに到着し、その夕方に人知れず王妃と話を交わすことができた。翌日、夕の六時から翌朝六時まで王の家族と一緒だったが、二度目の逃亡は無理であると確信した。二十一日に、チュイルリー宮殿を訪ねる三度目の試みに成功し、そこに真夜中までとどまった。二十七日非常な困難をおして、彼は再びブリュッセルに舞い戻った。フランス王妃に対する忠誠の証拠であるこの危険な往来は、ほとんど実効的な成果をあげられなかった。一七九七年フェルセンは、ラシュタットの会議にスウェーデン代表として派遣されたが、フランス政府の反対にあって会議への参加が許されなかった。

グスタフ四世がまだ丁年に達していなかったので、セーデルマンラン（ド）公がその摂政となっていた時期（一七九二〜一七九六）には、フェルセンはグスタヴ三世のほかのお気に入りと同様に公の不興を買った。しかし一七九六年グスタフ四世が王位につくと、彼は再び宮廷に迎えられ、彼の以前の役職と地位に再任された。一八〇一年には、Riksmarskalk（リクスマルシャルク、王国大元帥）に任命された。ナポレオンを相手とする戦争が始まると、フェルセンはこの若いグスタフ王に従い、新しい同盟の参加者を獲得しようと、ドイツに出動した。フランスに宣戦布告することをプロイセン王が拒否したからといって、その報復を名目にプロイセンに進軍するのはおやめなさい、と王に諫言《かんげん》した。王が不在の間フェルセンは、確かに一般的には行政側の一員だったわけだが、王の統治の残余の期間は王に対する彼の影響力ははっきり低下した。

フェルセンは、一八〇九年の国内の革命からかなり遠くに距離をとっていた。彼の同情心は、不運なグスタフ四世の息子、公子グスタフの側にあった。その公子が王になるのをフェルセンが望んでいたのだ、と一般に思われていた。新しく選ばれた王位承継者で、世に人気のあった Prinz Christian August von Augustenburg（クリスチアン・アウグスト・フォン・アウグステンブルク公子、一七六八～一八一〇）は、一八一〇年三月に Husar（フザール、筆者注、本来はハンガリーの騎馬隊の呼称であるが、それにならってハンガリー風の服装に整え、編成したヨーロッパ各国の騎兵隊をも、こう呼んだ）といわれた軽騎兵隊の視察中に卒中のために落馬し、そのまま意識も戻らず絶命してしまった。公子は毒を盛られたのであり、フェルセンとその妹、ピーパー伯爵夫人（旧姓、Sophie von Fersen, ゾフィー・フォン・フェルセン、一七五七～一八一八）が共犯者だったのだ、という噂が飛びかった（筆者注、このピーパー伯爵夫人の手紙については、クライストも関心を持ったらしく、「ベルリーン夕刊新聞」の一八一〇年代の四三～四四号に紹介の筆をとっている。拙訳『クライスト全集』第一巻、六一六頁以降を参照されたい）。このクリスチャン・アウグストは、アウグステンブルク公爵だった兄フリードリヒ・クリスチャン（一七六五～一八一四）と出会うために、騎兵隊視察の前に再会、惜別のひと時をピーパー夫人の館で過ごしたことが知られている。お茶として出されたもののなかに毒を忍ばせたことは、考えられなくはないが、噂の根拠となるほど明確といえなかった。しかし、その話題が反グスタヴ新聞に熱心にとりあげられ、広くいきわたった疑念が「ニューポスト」紙に載った寓話『狐ども』により煽りたてられ、この題名で指したのはまさにフェルセン一族のことだったからだ。一八一〇年六月二十日、クリスチャン公子の亡骸《なきがら》がストックホルムに移送された。フェルセンが王国元帥の資格で葬列を先導して行進してきたとき、彼のきらびやかな服装が、誰しもが胸に抱いている悲嘆の気持を嘲笑うかのように群衆には捉えられた、というのがウィキペディアなど大方の解説である。しかし、むしろ先の噂に煽動されたか、なんらかの陰謀によるとするほうが当たっているだろう。群衆のなかには、ぶつぶつ不平を鳴らす者、投石する者、「殺人鬼」と叫ぶ者が出始めた。フェルセンはリダールフース広場に面したひとつの建物に逃げ込み、暴徒と化した群集は彼の後を追いかけるのをやめず、さんざんにぶちのめしたり服をずたずたに引きちぎったりした。不運な犠牲者を救い出すために群衆をとりしずめ、彼を上院まで伴ってそこに保護勾留しよう、と二人の将官が申し出た。その間に大衆はまだ彼を追いかけるのをやめず、棒や傘で滅多打ちにした。彼が入口への階段をのぼったと思った瞬間、一撃が当たって倒され、踏みつけにされて死にいたった。一時間以上にわたって続いたこの惨劇は、多数の護送の隊員がそばにいながら、狼藉を恣にした暴徒たちから、大元帥を守ろうとする動きが何一つ見られなかった。

こんな状況について、フェルセンと同様にグスタヴ三世のお気に入りであったグスタフ・アルムフェルトは、当時次のような見解を洩らしている。「興奮して野獣と化した大衆に、気をそらすために何かを投げ与えるのと同じように、政府が大衆にひとりの生け贄を差し出そうとしたのだ、と誰もが言いたくなりそうだ。この件を仔細に検討すればするほど、暴徒は全然関係がないとますます確信する。……しかし、神かけていうが、あの隊列は何のためにいたのだ。葬列の行進のさなかで昼日中《ひるひなか》だというのに、どうしてこんなことが起こったのだろうか、軍隊もいれば兵隊のエスコートもいたというのに？」と。明らかに責任はカール十三世の政府にある。この政府はグスタヴの崇拝者（グスタヴィアン）を、これを代表するひとりを抹殺することで、畏縮させようと謀《はか》ったように見えた。アルムフェルトはすんでのところで逃げおおせたので、フェルセンを血祭りにあげることにだけ大衆の目は集中されたようだ。数カ月後にようやく、クリスチャン・アウグステンブルクの死に関係ありと取りざたされたフェルセン一族は、さしもの嫌疑疑惑も払拭された。フェルセンの汚名は雪《そそ》がれ国葬にされたのである。

こうしてフランスの王妃との艶聞で歴史に名を残した希代のル・ボウ、すなわちハンス・アクセル・フォン・フェルセンも、あえなくその生涯を閉じたことになるが、アントワネットとの間には、下世話にありがちな肉体関係まであったわけではないらしい。一七八五年アントワネットは、ノルマンディー公として最初の正統権を有するルイ＝シャルルを出産したが、この子がいかにもフェルセンとの間の子だと噂がたったにしても、どうやらその根拠は疑わしい。のちにルイ十六世がその日誌に、まるで「自分自身の息子」が生まれたかのような騒ぎだったと書いたのは、実際には「自分の最初の息子」のつもりだったのだろうという人たちもいた。反証の理由にあげられるのは、フェルセンの眼と髪の色ということになる。初子《ういご》である息子は金髪（王妃その人はブロンドだった）とされたからであるが、フェルセンの眼の色は察するところ薄茶だったのだろう、人によって緑とも青とも、はたまたダークブラウンともいわれ混迷に近い。フェルセンの髪の色は議論のあるところで、何人かの歴史家はライトブラウンだといっているが、一方でほかの何人かは一種のダークブロンドだといっている。

映画にもなれば例の「ヴェルサイユの薔薇」にも採りあげられるほどに、話題に豊富なハンス・アクセル・フォン・フェルセンの話に、筆者まで引きずられついでに入れあげてしまって、道草の紙数をふやすのは本意ではないので、このぐらいで切りあげておこう。そのフェルセンを蔭で動かしていたのは、絶対君主制を推し進め、フランスで起こった革命のために転覆されかけたアンシャンレジームを立て直し、ヨーロッパ諸国の君主並びに承継権ある公子たちと連携し、反革命同盟を結成しようと図っていたグスタヴ三世だった。王がパリの外交使節だったフェルセンを使って、ルイ十六世の逃亡に重要な役割を果たしたことも例証にあげられる。ここで再びそのグスタヴ三世の話にもどそう。といっても、大方のことは述べ伝えてしまっていて、残されているのは彼の死の終章だけである。次々と新しい改革の手を打ち、新しい戦争を仕かけていった専横に対して、当然ながら貴族や高級将校の間に不平不満が沸き起こり、グスタヴ三世は今さっき挙げたフェルセンの死の前に殺害されていたわけである。フェルセンが闇討ちにあったのが一八一〇年、グスタヴ三世が謀殺されたのが一七九二年であるから、解説の順序が時間的には逆行していることを念頭においていただきたい。

六、グスタヴ三世の最期

一七九二年三月十六日から十七日にかけての夜、グスタヴ三世の謀殺のときとして、ストックホルム・オペラ座における仮面舞踏会が慎重に選ばれていた。王は軍事面で指導力を見せただけでなく文化面でも才能を発揮し、著作のみならずオペラの創作までものしていた。従っておそらく、こんな仮面舞踏会なんかは、王が欠かさず姿を現す場所とにらんで、決行の日が決まったようだ。その首謀者は Karl Fredrik Pechlin（カール・フレードゥリク・ペヒリン、一七二〇～一七九六、筆者注、彼が政治運動の激化に従って現れたのは、主に一七六〇年代であり、急に仲間を裏切って、弾劾寸前までいった三角帽派を救い出そうと目論んだ。このため以前の仲間によって権力からはじき出されたことに憤慨したキャップ派は、王国議会の続く二日間、ペヒリンの除名をかちとった。一七六九年には、ペヒリンはキャップ派を売った如くに三角帽派を切り棄てた。スウェーデン王国憲法のどうしても必要な改革を阻止するうえで、かなり大きな有力な担い手であった。一七七二年の革命、またはクーデターの時期にはストックホルムから姿を消し、グスタヴ三世への反対が盛り上がった一七八六年に、不満分子のリーダーの一人として議会に再登場したが、同時にロシアの宮廷の金に動かされていたといわれた。グスタヴ三世が政府を半絶対的な君主政体に変更するまで、代議員を厳重に閉じ込めて置いたとされるが、その議員のうちの一人であった。暗殺の前の晩、主な共謀者が彼の家に集まり、最後の仕上がりを確かめ、王の死後に採用すべき政治形態を議論した。ペヒリンは仮面舞踏会を気脈を通じた者たちでごった返しにさせるが、自分はその場にいないように極力努めた。彼は三月二十三日に逮捕されたが、彼を有罪とするこれといった確たる証拠は何一つ出なかった。しかし、彼は Varberg〔ヴァールベルイ〕の城砦に禁固刑に処せられ、そこで四年後に亡くなった）将軍であり、さらに数名が結託した。名をあげれば、Adolf Ludvig Ribbing（アードルフ・ルードヴィグ・リビング、一七六五～一八四三）と Claes Fredrik Horn（クラース・フレードゥリク・フールン、一七九一～一八六五）の両伯爵、それに王に個人的な侮辱を受けたとされる隊長、Johann Jakob Anckarström（ユーアン・ヤーコプ・アンカルストレム、一七六二～一七九二）ということになる。誰が王に直接手をくだすか籤引きで決められ、たまたまアンカルストレムに当たったとされる。王は副官の Hans Henrik von Essen（ハンス・ヘンリク・フォン・エッセン、一七五五～一八二四）伯爵を伴って舞踏会に姿を現した。今日は危険が迫っています、との匿名の手紙で警告を受けていたのにも拘わらず。何年も前から数回にわたって同じような警告をうけていたので、馴れっこになりすぎていたからなのか、どんな攻撃だろうとかわせるだけの軍人王としての自負を持ち合わせていたからなのかは、分からない。

　グスタヴがホールに入るや否や、黒い仮面をかぶった人の群にがやがやとりかかこまれ、そのうちのひとり（フールンのこと）が、«Bonjour, beau masque»（こんにちは、見事な仮面のお兄《あにい》さん）とフランス語で語りかけ王の肩をたたくと、それを合図にアンカルストレムが王の後ろにまわり、ピストルで王の背中を撃った。グスタヴ王は脇に飛びすさり、同じくフランス語で叫んだ。«Ah! Je suis blessé, tirez-moi d'ici et arrêtez-le»（ああ、予は怪我を負った。予をここから連れ出してくれ、この者を逮捕しろ）と。王はすぐにも宿舎に運ばれ（筆者注、一説にはそうあるが、後に出る説のほうが時間や状況の上からは正しいようだ）、オペラ座の出口は封鎖された。アンカルストレムは翌朝逮捕され、すぐさま殺害者であることを白状したが、フールンやリビングまでが拘留され、全面的に罪を認めたと聞かされるまでは、共謀の事実はなかなか認めなかった。王は背中を撃たれて即死したわけではなかったのである。まだ成年にも満たない彼の息子、ソフィーア・マクグダレーナとの間に生まれたグスタフ四世アードルフのために、重傷を負いながら気力を振り絞って摂政を置くことを定め、ようやくそれから十二日ばかり過ぎた二十九日に息をひきとった。

別の資料によれば、細部が多少違っている。暗殺者側が単に殺害が目的だったのでなく、新たな憲法を提案する手はずだったともいう。こちらの計画に加担していたのは、貴族の Jacob（ヤーコプ、一七三五〜一八〇二）及び Johan（ユーアン、一七四三〜一八〇七）兄弟の von Engeström（フォン・エンゲストレム）、Carl Pontus Lilliehorn（カール・ポントゥス・リリーフールン、一七五八〜一八二〇）、T. J. Bielke（T・J・ビールケ、未詳）及び前にも挙がったカール・フレードゥリク・ペヒリンだという。暗殺計画のほうには、アンカルストレムのほかにアードルフ・リビング及びクラース・フレードゥリク・フールンが共謀していたという。殺害計画があるのを知っていたカール・ポントゥス・リリーフールンは、グスタヴ王の古くからの友人だったという。彼は王に警告文を送り、仮面舞踏会に出かけないようにいさめたが、グスタヴ三世は警告を無視することにした。この警告文というのが、前に紹介した匿名の手紙に当たるのであろう。そこには、「私は陛下を憎いと思っているが、暗殺なんて大嫌いだ」とあったという。ストックホルムの警察長官 Nils Henric Liljensparre（ニルス・ヘンリク・リリエンスパレ、一七三八〜一八一四）は、間もなくアンカルストレムの行方をつきとめ逮捕すると、アンカルストレムはすぐ白状したが、三日にわたって鞭打ちの拷問を受けても、共謀者の名は吐かなかった。彼は死刑を宣告され、一七九二年四月二十七日に斬首されたが、その前に右手を切りおとされたという。前の資料では、「この者を逮捕しろ」と叫んだことに呼応してすぐ捕まったようにもとれるが、「翌朝」という言葉でもわかるように、逮捕劇にはそれなりの時間幅があったようだ。一説には、前にも登場したアルムフェルト男爵（これも別説によれば先に出てきたエッセン伯ということになっている）は、騒ぎの起こったその場の出口をシャットアウトさせるだけの沈着さを持っていて、誰だろうと仮面を取りはずしもせず、自分の名を名乗りもしなかった者は、外に出るのを許さなかったという。そのために群がっていた人たちがぞろぞろ四散して行き、しばらくして一人しかいなくなった。相手は悠然とした物腰でドアのほうに歩み、自分の仮面をはずし、見張りについていた士官にのんきそうにこう言った。「わしだぞ、なあ隊長、まさかわしを疑がっちゃいないだろうね」と。それに答えて警護の士官は、「あなたは勘違いしています。あれをやったのはあなたですよ」とかまをかけた。その男はいささか心の動揺を見せたが、通過が許された。この人物こそ確かにアンカルストレムだった。グスタヴ王は、弾丸全体の負荷が脇腹にかかっていたけれども、即死したわけではなかった。彼は隣室にかつぎこまれソファーに寝かされた。傷口は手当てされた。王は完全な沈着さを保っていて、気丈にも明瞭な意識を持って次々と指示を出した。彼は弟であるセーデルマンラン（ド）公（のちのカール十三世）を、その行動に一番怪しげなところがあったけれども、呼んでくるように人をやった。公は非常に野心があり、王座が自分の手に入るとの予言を信じていて、以前からこの謀殺に気づいていたとされる。公は、将来を卜《ぼく》する占い師で高名な Ulrica Arfvidsson（ウルリーカ・アルヴィドゥソン）のところに足しげく通う依頼者のひとりで、よく政治的な助言を求めさえした。さらに Henrik Gustaf Ulfvenklou（ヘンリック・グスタヴ・ウルヴェンクロウ）という霊媒をも重用したが、この人物は一七八三年から八四年にかけて霊媒として都会で大人気を博し、公にたいしても大きな影響力があったとされるが、公とはフリーメーソンの仲間でもあった。瀕死のグスタヴ三世が公のところに遣わした近習が目にしたのは、公が服装を整えてブーツにはき替え、馬に乗ればいいだけの身支度も終えていたという。

グスタヴ三世は、自分の弟がこの陰謀の片棒を担いでいたとは信じなかった。自分を狙って発射したのが誰の手であるのか、誰のために下手人たちがこの挙に出たのか、王は知らなかった。しかし、王は別の関心事で頭がいっぱいだった、つまりパリに関する情報、つまりはフランス革命やアントワネット関連の情報のことが何ものにも増して心配の種だった。「この発砲は貴国パリのジャコバン党の奴らを喜ばせるだろうな」と、彼はたまたまそばにいたフランスの貴族、Jean-françois de Pérusse des Cars（ジャーン＝フランソア・ドゥ・ペルス・デカール公爵（一七四七～一八二二、筆者注、のちにルイ十八世となる公子やそのほかの公子などとともに、一七九〇年に外国に亡命した。一七九一年にはグスタヴ三世の宮廷に公子たちを伴い、王宮の大きな信用を得、グスタヴ王暗殺後、とりわけベルリーンで外交上の使命を果たしたとされる）に漏らしたという。「もしも予がこの一件を切り抜けたら、公子たちの大義名分に対する予の同情と熱意は、どんなことがあろうと変わらないだろう、と公子たちに書き送ってやるがよい」と。王の殺害者はピストルをうち棄てておいたため、発見押収され、凶行のちょっと前に売った銃器販売者がすぐに見つかった。こんなやり方でアンカルストレムが犯人だと浮かび上がり、翌朝逮捕されたのである。彼が捕まって共犯者の名を問い詰められ、それを頑として拒否した点は前の資料にも出ているが、こちらの資料では共謀者たちが自分から暴露したことになっている。つまり前の資料にあったように、グスタヴに手紙を届けたリリーフールンが仲間うちから唯一人の裏切り者と見なされ、アンカルストレムの逮捕と同じ日に捕まり、それにひきつづいてフールン、リビング、ビールケ、及びペヒリンの各高官が芋づる式に拘束されたという。先の資料では、リリーフールンを王の友人と呼んでいたが、果たして文字通りのものだったのか、猫をかぶっていただけなのか詳細は不明だ。ここで登場してきたリリーフールンについて付言すれば、資料によってLilliehornとか、Liliehornとか、さらにはLilliehornとかまちまちな表記がなされていて筆者を迷わせるが、物書きの際にLily Hornという筆名を使っているので、音読みで一番近い最後の綴りを筆者はとった。リリーフールンは王自身の懐から年金を受けるほどの恩義を受けながら、王殺害までは考えなくとも共謀者の一人となったのだから、いざ事に及ぶ段になって躊躇《ちゅうちょ》後悔したらしい。連座して牢につながれたほかの仲間から一種の村八分にされ、彼は政権側からは国外追放に処された。そしてドイツに移り住み、Berg von Bergheim（ベルク・フォン・ベルクハイム）という名に改めたという【ここで利用した別の資料というのは、Paul Gaulot（ポール・ゴーロ、一八五二～一九三七）の《A friend of the Queen (Marie Antoinette–count de Fersen)》『女王の友、［マリー・アントワネット―フェルセン伯］』（一八九五年刊）のことである】。

さてこの犯行の実行者アンカルストレムという人物（一七六二〜一七九二）は、フランスの革命運動やそれを推進していた勢力に共鳴していて、王直属の連隊に一七七八年から一七八三年まで大尉として勤務していた。こうした信条を基本に持っていたものだから、グスタヴ三世がフランス革命の立憲的な理念を嫌い、またそれとは別の視点からルイ十六世やその王妃に友好的だったのを見せつけられ、王に反感を抱くようになったらしい。一七九〇年に王を侮辱するような演説をしたとして訴えられ、一時期、未決拘留され、のちに証拠不十分で釈放された経験を持つ。一七八八年から八九年にかけての冬に、王の命を狙う謀反が起きたことには前に触れたが、実行する前に露見して共謀者たちが捕まった。グスタヴは、全員を死刑にするところを一人だけを除いて情状酌量とした。例外とされた唯一の刑が執行されたとき、アンカルストレムがその立会人になるよう強制され、以来、王を残忍な暴君と見なすようになったという。本稿の一五一頁で紹介したヘステスコ大佐の一件につながるものと思われる。前の資料では、「王に侮辱されて」との単純な説明になっていたが、いわばその処刑に有無をいわさず立会人にされたことを屈辱ととって、長く根に持ったようだ。というのも、君主の弑逆《しいぎゃく》を謀るほどの行為には、理念や主義主張よりも強い心理的強迫が働いたと想定されるからであり、実際の行動を起こす前に何度かの前科を重ねていたことも大きな要因と見なされよう。アンカルストレムの判決は四月十六日にくだされたが、財産と貴族の特権を剝奪、三日の間足枷をはめられ鞭で打たれ、斬首の前に右手の切断というものだった。刑の執行は一七九二年四月二十七日になされた。同じ年のうちにアンカルストレムの親族は、その姓をLöwenström（レーヴェンストレム）と改姓し、あるホスピタルに鎮魂の意味をこめ遺財を寄進したが、それによってレーヴェンストレム病院（Löwenströmska sjukhuset）が残されたという。

余談ながら、アンカルストレムは、ダニエル・フランソア・オベール（一七八二〜一八七一）のオペラ「グスタヴ三世」（「舞踏会の夜」一八三三年上演、筆者注、ごく最近、宝塚劇場の演目のなかにこの標題を見つけたが、どんな扱いなのかは未見のため紹介できない）やジュゼッペ・ヴェルディ（一八一三〜一九〇一）のオペラun ballo in maschera「仮面舞踏会」（「アメーリア、または仮面舞踏会」一八五九年初演）の登場人物となっている。後者のヴェルディの場合には、その初演に際して登場人物の名と事件の起こった場所は、よそごとのように変更されねばならなかった。なにしろ初演の地ナポリは、イタリア諸邦のうちで当時はブルボン王朝の属領であり、その検閲も当局の要請に従い、国内にうごめいていた自由化運動がオペラの題材と結びつくのは許されなかったのだから。その当時の検閲というのは、単なる許諾の域を超えて、後年の公演にまで影響力を及ぼすほど脅威があった。

七、グスタフ四世アードルフの王位剥奪と悲劇的な彷徨

こうしてグスタヴ三世は政治の舞台から抹消されたが、グスタフ四世アードルフ（一七七八〜一八三七、王位一七九二〜一八〇九）というれっきとした後継者がいた。ただ父王が死亡した当時はまだ十三歳、叔父にあたるHerzog Södermanland（セーデルマンラン（ド）公、のちのカール十三世）の摂政による後見を受けざるを得なかった。いや、叔父はむしろGustav Adolf Reuterholm（グスタフ・アードルフ・レゥイテルホルム）に後見役の事実上の実務を任せたという。ようやく親政が可能となったのは一七九六年のことであるが、実際にはさらにその三年ばかり後、つまり一八〇〇年四月三日に王位についたとされる。

彼の実の父親はグスタヴ三世ではなく、Adolf Friedrich Munck af (von) Fulkila（アードルフ・フリードリヒ・ムンク・フォン・フルキラ）だとの噂があった。そのことは前にも触れたが、グスタヴ三世が王妃との性行為に難渋した初夜の晩に、この人物が介添え役をしたことかららしいが、その真偽のほどは不明である。グスタフ四世がその父から受けついだ領土は、北はケミ・ラップランドから、南はフォアポンメルンまで、西はブーフスレーンから、東はカレーリアまでにひろがり、カール十二世の死とともに花開いた王国興隆の名残の地であった。父王の死（一七九二年）とともに、いきなり王位承継者となったものの、いまだ幼少と見なされ四年間の後見期間を経て、ようやく十九歳の誕生日（一七九六年十一月一日）を待って正式に君主となった。その最初に見せた政治上の決断は、公爵摂政の首席助言者だったレゥイテルホルムを直ちに解雇したことであるが、この男は一般の人たちに以前から毛嫌いされていた

ものだから、新王の人気をかなり上向かせた。それにともなって、摂政政権が国外追放にしていたアルムフェルト一派を呼び戻し、叔父が導入したそのままでもけっこう賢明な制度を廃止した。彼は対外政策に時間を集中し、国内のルーティン的な仕事をこなすのは難しいと判断した。そのために国内の政治的な権力は、高官や緊密な報告を上げてくれる参議の手にゆだねられた。一七九七年十月三十一日にバーデンの大公カール・フリードリヒの孫娘、Friederike Dorothea Wilhelmine（フリーデリーケ・ドロテーア・ヴィルヘルミーネ、一七八一～一八二六）と結婚した。これはロシアとの戦争の引き金になりかねない結婚ともいえた。というのも、エカチェリーナ大女帝の孫娘であるアレクサンドラ・パヴロヴナとの婚約までこぎつけながら、ロシア正教の受け入れの問題で夫婦財産契約の署名を拒否し、それが原因で女帝の死を明らかに早めた経緯があったからだが、フランス共和国に対するファナティックな憎悪をロシア皇帝パウル（一七五四～一八〇一、在位一七九六～一八〇一）と共有していたところから、両国の間に一種の同盟スクラムが組まれていたことになり、大事には至らなかった。この若い王のジャコバン派に対する憎悪は、その激しさの点で病的でさえあり、革命運動に対する防波堤づくりを首唱し、まさに反革命十字軍を目指した父王を模範にしたようなところがあり、ますます反動的君主ぶりを発揮するようになった。先ほど触れたように成年に達しながら自分の戴冠式を数年先にのばし、同時に議会の召集を忌避したのも、ひとつにはフランス革命政府の動向が気になったかららしい。さらに彼の行く手に立ちふさがった難題は、一七八八年から九〇年に至る父グスタヴ三世の対ロシア戦に起因する国内の財政破綻と、九八年から九九年にわたる広汎な農産物の不作による飢饉であった。しかし、一八〇〇年三月には彼としても、議会の構成員たる各身分階級を召集せざるを得なくなり、同年の四月三日に議会が開かれた。弱冠二十二歳の若き王は、この会議の席で深刻な反対に出遭ったら、二度と議会の召集はすまいと心に決めていた。この議会は同時に自分の戴冠式でもあった。この議会でなににもまして重要なことが提案された。すなわち政府の財政を動かすのに貨幣資財によることを決定した。このことは、政府が中央銀行に配布する貨幣も紙幣も急激に平価切り下げになるのを意味した。ほかに重要な改革が議題にあがったが、これは一八〇三年に始まる予定のもので、古い村落共同体が解体し、一世帯家屋とそれに所属する耕地を持つモダン型の農場経営に礎石をおくこととなった。

グスタフ四世の統治時期は運が悪く、国際的な情勢が複雑に入り組み外交内政のかじとりに難航しているうちに、急激に終わってしまった。一八〇三年まではまだ中立的な立場を堅持できたが、一八〇四年に起こったアンジャン事件がきっかけで、敬虔主義的な思想にこり固まっていたグスタフは、ナポレオンを反《アンチ》キリストだと見なして、それでなくとも以前からの反感が一段と強化された。アンジャン事件というのは、Louis Antoine Henri de Bourbon-Condé, duc d'Engien（ルイ・アントワーヌ・アンリ・ド・ブルボン＝コンデのアンジャン公、一七七二〜一八〇四）がブルボン王朝の解体後、ドイツはバーデン・ヴュルテンブルク州のエッテンハイムに暮らしていたところ、例の警察大臣のフーシェが放った密偵によりフランスに連行され、ほかの亡命者達を煽動してナポレオンを暗殺しようとしたという冤罪で、王党派に対する威嚇的な裁判にかけたのちに射殺した事件だった。いくら戦争中とはいえ、他国の主権を土足で踏みにじり、傍若無人の行動すらとれることを内外に誇示する意味のものだった。ブルボン家の王位復権を実現させるために、ちょうどグスタフがカールスルーエを訪問していて、アンジャン公をバーデンから救出しようとして成功しなかった経緯があっただけに、彼には印象深いものだったようだ。のちに自身がスイスで亡命生活を余儀なくされることになるが、定宿《じょうやど》としたホテルの一室には、アンジャン公の石版の肖像画が飾られていたという。

ストックホルムに戻ってイギリスの支援をふりきり、一八〇五年には第三次対仏大同盟に参加し、事あるごとにナポレオンに対する敵意を表明したものだから、ナポレオンは「モニトゥール」紙に激しくグスタフ四世をたたかせた。第三次対仏大同盟も、第四次対仏大同盟もナポレオンにより敗北を喫したことは、もう周知のことであろう。彼の行動は何をやらかすかますますわからなくなり、たとえばプロイセン王に黒鷲章を返却したのも、ナポレオンも受けとっているからであり、殺人鬼の僚友とされるのは騎士の矜持《きょうじ》が許さないという理屈からだ。一八〇六年の王国議会で彼の全権公使が、ドイツ王国議会が王位簒奪と私利私欲の影響のもとに物事を決定している限り、わが国の王は議会の交渉に関与するつもりもない、という外交文書を起草した。対仏大同盟の諸国に対しティルジットの和約を結ぶ寸前に、スウェーデンに対してナポレオンからなされた好条件の和平提案を拒否してしまい、一八〇七年七月三日にフランスとの休戦すらもとり消してしまった。そのためにフランス軍に、シュトラールズントやリューゲン島などのスウェーデン領ポンメルンを占領された。それに対抗して一八〇八年二月八日にイギリスと緊密な同盟関係に入ったが、デンマークやロシアの宣戦布告が近く出そうな懸念など一顧だにしなかった。ロシアはイギリスとの同盟を離れることを勧め、イギリスの軍船をバルト海から閉めだし、海上の全体的な平穏化を目指したが無駄に終わった。当時の同盟国であったプロイセンとロシアがイェーナ、アイラウで大敗を喫し、フランスとティルジット条約を一八〇七年に結んだ。これはロシアなどの同盟国にとっては屈辱的なものであり、大陸封鎖令に協力せざるを得なくなったのだが、その裏ではフィンランドへのロシアの侵攻にフランスは同意していた。当時、フィンランドはスウェーデンの領土だったのだから、自国の権益を荒らされるのを座視してはいられない。一八〇八年の二月、ロシアの六万に及ぶ大軍が国境を越えフィンランドに攻め入った。スウェーデン司令官たちの裏切りもあって、本国人にささえられたクリングスポール将軍（一七四四〜一八一四）の短期に終わった抵抗を制し、ロシア軍は占領してしまった。この将軍の救援に駈けつけることはせず、グスタフはノルウェーに攻撃の矛先を向けた。六月十日のエニングダーレン（筆者注、オスロ南東にある国境近くの小村）の会戦に敗れて、アルムフェルト麾《き》下のスウェーデン軍は撤退を余儀なくし、その年の後半にロシア軍は遠く北フィンランドに攻め入った。スウェーデン軍は翌年、急遽あらたに徴兵し、フィンランド奪回に向かうも圧倒的なロシアの軍勢に敗北を喫し、本国へと逃げかえった。ロシア軍は余勢を駆ってオーランド島まで追撃の手を伸ばし、海をはさんで首都ストックホルムに一〇〇キロもないところまで迫ったわけだから、その深刻さたるや尋常一様なものでなかったと想像される。さらにはせっかく同盟関係を結んだイギリスに対しても、グスタフ四世は支援軍団の出航を禁止したり、総指揮官のムーア将軍を拘束したり、その和平提言に対してすべてのイギリス軍船を、スウェーデンの港に足留めすることで応えたりしたものだから、さすがのイギリスも立腹し、彼にそっぽを向けるようになった。

こうなってくると戦争遂行に対する反対運動が、国内の大衆のみならず軍部の間にも沸き起こり、冬を迎えるころ、スウェーデン王に対する陰謀と叛乱の噂がさかんとなった。決起者たちがストックホルムを目指して行進中だとされるのに、最終的に単なる風説だと王は決めてかかった。しかし実際に、一八〇九年三月七日に行進が始まり、王妃の誕生日である三月十二日の午後、エレブルー（筆者注、東経14―15／北緯58―60の地域）の代官総督からの急使の情報が得られた。叛乱の首謀者は陸軍中佐の Georg Adlersparre（イェーオルイ・アードレルスパレ、一七六〇～一八三五）といい、ノルウェー国境の警備に当たっていたいわゆる西部方面大隊の司令官である。その中佐の主張は、新たにフィンランドで反撃に転ぜよとの王の計画は中止し、ロシアと和平交渉に入るべきだという点にあった。この叛乱軍に従っている将兵の数はおよそ数千、ノルウェーの国境での野営に蔓延している飢餓、酷寒、疫病にうんざりしている者たちばかりだった。王は首都から難を避け、Södertälje（セーデルテリエ、筆者注、ストックホルムの南西部、東経17／北緯59）を拠点にしていたストックホルム駐屯部隊のバリケードの中にこもろうとしたが、叛乱者に向かって進軍することに一決し、軍備を整えるために銀行から二百万ダーラーを引き出すのを断わられると、無理やり強奪するぞと脅した。反逆に起ちあがった者たちは、もはや一刻も猶予しておれないと感じた。三月十三日の朝、グスタフは国家防衛隊の高官たちを召集したが、そのなかに先に触れた Wilhelm Mauritz Klingspor（ウィルヘルム・マウリッツ・クリングスポール、一七四四～一八一四）将軍と Carl Johan Adlercreutz（カール・ユーアン・アードレルクレイツ、一七五七～一八一五）なる陸軍少将がいた。この二人はグスタフに方針の変更を迫ったが、王は相手に侮蔑的な非難の言葉を浴びせるばかりだった。前に登場させたアードレルスパレとは特に連携し合っていたのではないようだ。スカニア地域に駐屯していた忠誠を誓う軍隊に王が合流すれば、内戦に発展しかねないと危惧したらしい。いったん引きさがったこの少将は、侍従長のシルヴァースパレ（筆者注、ここでいわれいる人物は、Aron Gustav Silfversparre, 一七二七～一八一八、のことかもしれないが、確証はない）と、五人の副官を連れもどり王室に踏みこみ、国民の名において王をやむなく拘束します、と高らかに宣言した。王が抜刀して抵抗しかかるところを、力ずくで武器を取りあげ押さえこんだ。その後制圧した側の隙《すき》をついて、王が秘密の戸口から逃亡したといった詳細ははぶくが、結局、王とその家族はグリプスホルム城に幽閉された。これはある意味で父グスタヴ三世の陥った状況に似ており、おなじく暗殺か謀殺の手が下される可能性もあったかもしれない。別の面からみれば、親子二代にわたって暴力手段で主君を抹殺して国政を動かすことに、軍部高官たちも躊躇《ためら》いや困惑を感じ始めたのだろう。いわばこうした謀略や叛乱をくりかえしていては、国内政治の安定どころか国外勢力の魔手に襲われる隙をつくってしまう、と判断するだけの成熟度を高めたのだろう。要するに、これは一種の革命なのである。

こうして一八〇九年の三月十三日に、グスタフ四世アードルフは退位を迫られ、叔父であるセーデルマンラン（ド）公が、暫定的な政府の首脳の地位につくよう説得され、摂政位ではなく次の王に即位することが同日に布告された。さらに議会が急きょ召集され、この新政権樹立が厳かに承認された。三月二十九日にグスタフ四世は、彼の息子、Gustav Gustavsson, Prinz von Wasa（グスタフ・グスタフソン、ヴァーサ公子、一七九九〜一八七七）のためを思い、王冠を受ける権利を次代に確保しようとして、自発的に退位することを申し出た。しかし、五月十九日の身分階級制議会は軍部の影響下にあったが、単にグスタフだけでなく嫡出、庶出を問わず彼に連なる血族全体が、王位承継権を永久に失うと宣言した。先にも触れた王の庶子説を根拠に、その血筋を受ける者たち全員を承継権から排除するための口実だったのだろう。しかし、もっとありそうな理由だとして、グスタフの息子に相続の権利を認めれば、父親の廃位に対するしっぺ返しを受けはしまいか、と革命遂行側が恐れたからという解説が見られる。これはしかし、通り一遍のいささか滑稽な理由である。六月五日にグスタフの叔父のカール公は、カール十三世と名を改め、新しいリベラルな憲法を受け容れたのちに正式な王に選ばれ、翌日議会によって承認された。グスタフは退位させられただけでなく、結果的には国外追放に処せられたことになる。というのは、暫定政府、つまりは叔父のカール十三世から、グスタフの滞在先、あるいは幽閉地として、Wisings-ö*（ヴィーシングスエー）なる小島が指定されたとされるが、この地は明らかに国内にあるのに、その指定に従ったと思しい風聞に出遭わないし、自らすすんで国外に出たと解されるからだ。もしこのことが本当なら、そもそも出国に当たって、妻のフリーデリーケ・ドロテーア・ヴィルヘルミー

＊ Wisings-ö（ヴィーシングスエー）これは一八八〇年代のマイヤー百科事典にならった表記であり、現在では Visingsö と表記するようだ。このヴィーシングスエーは、スウェーデンで二番目に大きい湖 Vättern（これも古い表記では Wettern または Vettern, ヴェッテルン）に浮かんでいる島のことで、歴代のスウェーデン王ゆかりの地だった。

ネ・フォン・バーデン（一七八一〜一八二六）や、ヴァーサ公子といわれた十歳をかしらとする子どもたちとは別行動をとったものらしい。別の資料では、グスタフ一家はこの年のクリスマスイヴの朝、フリゲート艦カミラ号に乗って、スウェーデンを離れドイツに向かったとされ、「家族連れで」という記述になっているが、いまは一八八五〜一八九二年度版のマイヤーの百科辞典にならい、別々の出国ということにしておく。グスタフ四世は十二月の六日にドイツに向かい、そこからさらにスイスに足をのばしたことになる。あるいは最初に下見のため早目に出発し、後で家族を連れに戻ったのかもしれない。王位を追われた王には、自分と家族の分として年収六六万六六六⅔ダーラーが支給されることになっていたが、実際には一八二四年に彼の家族に七二万一四一九ダーラーの示談金が支払われたという。グスタフ自らは、スウェーデンから金銭は一切受けとらず、わずかな手持ちの金をやりくりし、のちに手元不如意におちいったという。些少の資金をライプツィヒの銀行家に管理してもらっていたが、その人物が友情を発揮して、普通の利子よりも一％も高い利回りをつけていたことや、息子のグスタフ・グスタフソンが同額を振り込んでいたことは、知らなかった。スイスの聖《ザンクト》ガレンに居を定めた晩年は、彼の請求書のほとんどを、子供たちが彼には内緒で払っていたという。

一八一二年に彼は妻と別れた。ヴィルヘルミーネは自分の両親のもとへ、つまり大公領のバーデンに帰りたいと願った。そこでなら、子供たちと一緒にエレガントに暮らせると思ったのだ。グスタフのほうはもっと素朴な暮らし方を望んだが、それどころか実際は山籠りみたいなものだった。子供たちとの接触も事実上ほとんど断たれていた。息子の行く末を考えてそののち数年にわたり、王位の承継権請求を繰り返したのも確かなのであるが。

この王についても、婚外情事がいわれていて、王妃との離婚後にも何人かの情人と交渉があったとされており、特筆すべきなのは Maria Schlegel（マリーア・シュレーゲル）ということになるが、彼女との間には Adolf Gustafsson（アードルフ・グスタフソン、一八二〇〜一九〇〇）という息子を儲けているからである。例のロマン派の唱導者であるドイツのシュレーゲル兄弟とは特に関係がなさそうである。

この追放処分の期間に彼が使った肩書は数種あった。Graf Gottorp（ゴットルフ伯爵）、Herzog von Holstein-Eutin

（ホルシュタイン＝オイティーン公爵）、そして一時期バーゼルの市民となったこともあるが、その証明書を返上し、ヨーロッパじゅうを縦横無尽に駈けめぐった挙げ句に、スイスはザンクトガレンで定宿とした小さなホテル、zum Weissen Rössli（白馬っこ亭）で、孤独と貧窮のうちに日々を過ごしたのだが、ここではOberst Gustafsson（グスタフソン大佐）という名を通り名にした。そこで卒中にみまわれ亡くなった。一八三七年二月七日のことであった。その納棺は二月二十八日にザンクトガレンから、モラヴィアのアイヒホルン城に移された。そこにはいまやオーストリアのFeldmarschalleutnant（フェルトマーシャルロイトナント、筆者注、この称号は昔はプロイセンでも使われていたものの、次第に廃止されるようになり、十八世紀にはオーストリアで使われるだけとなった。ほぼ司令官の意だという）となっていたグスタフ、つまりはPrinz von Wasa（ヴァーサの公子）と呼ばれた彼の息子がいたからである。スウェーデンでは、オスカル二世（一八二九～一九〇七、スウェーデン王としての在位一八七二～一九〇七、ノルウェー王としての在位一八七二～一九〇五）が王に即位してから、グスタフ四世アードルフはその息子の遺体と一緒に、一八八四年にストックホルムの歴代の王の眠るリダールホルム教会に移送され、いわば名誉回復を受けてやっと平穏な最終の眠りについた。スウェーデン本国では、孤独のうちに死んだかつての君主の記憶など、ほとんど消えかけていた。新しい王朝（ヴァーサ家が廃絶）の最初の王、カール十四世ユーアン（ヨーハンとも、以前はフランスのベルナドット将軍、スウェーデン王位、一八一八年五月、ノルウェー王位、一八一八年九月）は、その前々任者のグスタフ四世アードルフに対する個人的な悪感情も何ひとつ持っていなかったが、いわゆるグスタヴィアンといわれた派閥の反撥は何もかも恐れた。彼は家臣に対してグスタフ四世アードルフやその家族とのどんなつき合いも禁じ、彼らを描いた肖像画を撤去させ、グスタフ四世アードルフが書いたおおやけの文書にある署名や花押《かおう》の類も同じ扱いにした。退位させられた王についての国外の新聞の報じたことを、スウェーデンの新聞が報道することは禁止された。グスタフソン大佐の訃報がヨーロッパじゅうに拡がったとき、数カ国の宮廷では哀悼の意を表したが、スウェーデンの宮廷はそんな扱いはしなかった。

カール十四世の妻、Desideria（デジデーリア）王妃と呼ばれた女性は、面白いとも奇妙ともいえる反応を示し、城中で催した大舞踏会に宮廷人はもちろん、上流階級の人々や、外交使節団の関係者たちを招待したという。それもグスタフ四世の遺体が移送到着する数日後に合わせ、企画されたかのような運びだったという。

　この王妃について簡単に触れると、普通の正式名は Bernardine Eugénie Désirée Clary（ベルナルディーネ・ウージェニ・デジレ・クラリ、一七七七〜一八六〇）といった。大富豪の父親のもとに生まれ、一七九三年にウージェニは初めてデジレと名乗り始め、貧しいコルシカの移民の家族ボナパルトと知り合った。彼女はエチェンという兄を監獄から出してもらえるよう運動していて、たまたまジョセフ・ボナパルトに出遭った。彼女は姉のジュリーがまだ結婚していないので、ジョセフに姉を紹介した。ウージェニ自身はジョセフの弟のナポレオンに惚れこんだ。一七九五年の四月から一七九六年までは、デジレは若くまだ芽の出ていない将軍ナポレオン・ボナパルト、つまりはのちのフランス皇帝との婚約の時期をすごしていた。一七九四年の八月デジレの姉ジュリーは、ジョセフ（ホセ）・ボナパルト、すなわちのちにナポリ王となり、さらにはスペイン王となった人物と結婚したが、ジョセフの側からみれば、莫大な資産家の父親からの高額の持参金つきだったものだから、またとない成果をあげたことになる。デジレの家族の者たちは次男のボナパルトに対して、何か違和感のある態度をとっていた。そのうちナポレオンは、魅力たっぷりの美貌の寡婦ジョセフィーヌとパリで知り合い、一七九六年に結婚したので、以前の婚約者との約束は破棄されたことになる。ナポレオンの裏切りにデジレは大きな衝撃を受けた。Annemarie Selinko（アンネマリー・シリング、一九一四〜一九八六）というデンマークの作家の小説では、デジレはセーヌ川に身投げを図ったが、ジャーン・バティスト・ベルナドット将軍が、すんでのところで彼女を制止したことになっている。一七九八年八月十七日に、彼女とベルナドットは結婚式をあげた。ジョセフとルシアン・ボナパルトが友人としてその保証人となっている。一七九九年七月四日に息子オスカルが産声を上げたが、その代父関係には大いに議論があるとされる。ナポレオンがのちにセントヘレナに囚われの時、自分の関与を吹聴していたというが、カール十四世はそれを否定しており、おそらくジョセフ・ボナパルトのほうが代父だった蓋然性が高い。ナポレオンはその当時はエジプト遠征の総指揮官をつとめており、ベルナドット家はジョセフの家族と親密な関係にあったのだから。

　ただここでデジデーリアのことに言及したのは、なにもナポレオンとの関係を強調したいからではなくて、カール十四世とその王妃、つまりその夫婦間の言動に際立った矛盾分裂があるのに注目したいからである。カール十四世は先にも書いたように、グスタフ四世をひどく冷たくあしらっているのに対して、その妻は宮廷が見向きもしなかった前王の名誉回復を華々しく盛りあげたという印象が強い。ただしかし、こうした相違も冷静に観察すれば、先ほどあげた例を見ても、いわば政権交替にまつわる単に細かい事務処理的なものともいえる。この蔭には、むしろ自分を養子にとりたてたカール十三世の指示が働いていた、とするほうが自然だろう。そうとれば、夫婦間の矛盾分裂というのは表向きの印象にすぎず、妻の行動はカール十四世にとっては、すでに内諾済みだったのかもしれない。デジデーリアは寒冷なスウェーデンをきらって、多くはパリに住んでいたとのことであるが、こうしたおおやけの舞踏会を催したのはスウェーデンでのことであろう。

八、余録——クリスチャン・アウグスト・フォン・シュレースヴィヒ゠ホルシュタイン゠ゾンダーブルク゠アウグステンブルク

この辺でもう一度 Christian August von Schleswig-Holstein-Sonderburg-Augustenburg（クリスチャン・アウグスト・フォン・シュレースヴィヒ゠ホルシュタイン゠ゾンダーブルク゠アウグステンブルク、一七六八〜一八一〇）に戻ってみたい。実はすでにグスタヴ三世の暗殺やフェルセンの虐殺にからんで触れてはいるが、それぞれの主題のほうに重点をおいて、付随的な説明に終わった嫌いがあるように思い直したからである。そこでこの人物をもう少し詳しく見てみよう。

クリスチャン・アウグスト（のちにスウェーデンの王位承継公子としてカール・アウグストと改名、一七六八〜一八一〇）は、すぐれた教育を受け、ドイツのいくつかの大学に通ったが、そのうちでもとりわけライプツィヒ大学が第一にあげられよう。それからデンマークに戻って軍務につき一七九〇年に歩兵部隊の少将となった。一七九六年にはオーストリアのカール大公が率いる軍隊にリュネヴィル和平締結（一八〇三年）まで勤務したが、有能な士官だ

ったものだから司令官にとりたてられ、その面での名声も大きくなった。この結果帰郷してのちも、彼は一八〇八年南部ノルウェーの歩兵連隊の隊長、そしてフレードゥリクステン要塞の司令官、さらにAggershuus（アッゲルスフース）やChristiansand（クリスチャンサン）地区の歩兵および軽装備隊の視察官となり、その上これらの地区の司令部将軍ともなった。ノルウェーの人々にとっては、彼が来訪して国内に滞在することが大いに望まれていたし、彼の人当たりの良さで人々の間では大変人気があっただけでなく、慈善団体や教育施設にも関心を向けていて、一八〇七年にはノルウェーにひとつの地方的な政府が設置されるや、デンマークとノルウェーの間の意思疎通が途絶える場合を想定し、ノルウェー向けのスウェーデンの計画を予想しながら、その政府はノルウェーにもっと自由でもう少し独立的な動きを許容するものだった。デンマークはフランスの革命政府に協力するという愚策をとり、フランス側の政策に引きずられるまま、一八〇八年にスウェーデンに宣戦布告し、ノルウェーにとっては芳《かんば》しくないことが起こりそうな気配だった。というのも、独英戦争がほとんどの輸出入を切断していて、最良の手段をとったところで、この貧しい国は食料品の欠乏を耐え忍ばねばならなかった。しかしクリスチャン・アウグストはわずかな手勢で、あらゆる手段を使ってスウェーデン勢をノルウェーから追い散らし、スウェーデンをして戦闘中止に持ちこませることができた。

この休戦の間ストックホルムでは、頭の固いグスタフ四世・アードルフに対する退任要求、あるいは一種の革命（一八〇九年）が起こり、この王から王位が剝奪されたと宣し、王の叔父であるセーデルマンラン（ド）のカール公爵（一七四八～一八一八、スウェーデン王位一八〇九～一八一八）に、とりあえず摂政の権限が委譲された。それによってスウェーデンの王位が空位のままとなると、ありとあらゆる陰謀が蠢動《しゅんどう》し、特にデンマークのフリードリヒ六世（一七六八～一八三九、王位一八〇八～一八三九）は、自分の王冠のもとに三王国が再統一されることを夢見ていて、この方向でクリスチャン・アウグスト公子に働きかけようとしていたものだから、公子のほうもベストを尽くしていたものの、フリードリヒ六世やスウェーデン政権と何度か衝突が避けられなかったこともある。摂政役のセーデルマンラン（ド）公爵カールをスウェーデン王に選出（一八〇九年六月六日）したことが、スウェーデンの王位も手にしようとしていたフリードリヒ六世の希望を打ち砕いたために、このデンマーク王はスウェーデンとの新たな一戦も辞さぬ構えもみせた。新しく選出された王、カール十三世はかなり歳もとっていて子供がおらず（実は正室との間に男女二人の嫡子が生まれてはいたのだが、いずれも一年未満で早世している）、同時に後継者を誰にするかという問題がいつも念頭につきまとい、スウェーデンに特有な状況をつくっていた。もう少し掘り下げていえば、このカール十三世という人物はこの即位当時は六十一歳、老齢といってしまえるのかどうか迷うところであり、何も慌てることでもなさそうに思えるが、当時の側近の危惧もむべなるかな、どうやら早発性痴呆だったらしいのである。それはともかくスウェーデンの政権内部では、ここで三つの派閥が台頭してきた。若いヴァーサの公子といわれたグスタフ四世の息子を担ぎあげるグスタヴィアン派と、デンマークのフリードリヒ六世を担ぎ出す小勢力と、最後に第三の派閥で、すなわち実力があって有能な摂政である人物を望みながら、その具体的な人物として当面の敵国で活躍中のクリスチャン・アウグストが適任、と思っていたアードレルスパレ派である。慎重に検討をつづけ、意見を右に傾け左に揺らしながら、いろいろな理由の軽重を考えた末に、結局アードレルスパレ派が王国議会において、私利私欲から王冠に目がくらむはずのない公子クリスチャンの選出に成功した。

その結果、七月十八日にクリスチャン公子が、スウェーデン議会によってスウェーデンの王位承継者に選ばれたのである。しかし、この公子はデンマークのフリードリヒ六世の統治下で、軍司令官として活躍していたのだし、ほんの数カ月前までは当のスウェーデンを敵にまわして戦っていた立場もあって、選出前には拒否の態度を明瞭にしていたのだから、形式的な承認の手続きも整えられているにしても、その選出を二つ返事で受け入れる気はなかった。それゆえにアードレルスパレにもフリードリヒ六世にも、どちらにも束縛されない立場を確保して、不満と苦情を率直に表明していた。王、つまりはフリードリヒ六世に対しては、王の同意も得られず平和がもたらされない限り、王冠を手にするつもりはない、と態度を明確にした。この言葉に対してフリードリヒ六世は妙なことにこう答えた。スウェーデンに拒否してくれたことに対して公子に礼を述べ、公子をノルウェーの代理総督に据えると同時に陸軍元帥に任命する、と。つけ加えて、スウェーデンとの戦闘の司令官は、クリスチャン公子には不向きであるから、Friedrich von Hessen-Kassel（フリードリヒ・フォン・ヘッセン＝カッセル、一八一〇年からノルウェーの総督、一七七一～一八四五）が担うことになろう、ともいったのである。クリスチャン公子にとっては試練重大な時期だった。コペンハーゲンの人々は公子が裏切り者だと王に対して罵詈讒謗《ばりざんぼう》することに熱心で、公子が無条件にスウェーデンの王位を受けいれても、ノルウェーをスウェーデンに譲ることには難渋を示すだろう、とアードレルスパレは幻滅におちいっていたほどなのだから。

しかしながら選出が確定する前に、デンマーク、及びロシアとスウェーデンとの間に和平条約が結ばれ、公子がそのどっちつかずの立場から解放されることが必要だった。ロシアとの和平は、いろいろの交渉を経て、九月十七日にフレードゥリクスハムン（筆者注、ハミナというのが現在の呼称、キュミ［ヨキ］川がフィンランド湾に注ぐ港町）の地で成立、陰謀渦巻くデンマークとの条約も長いすったもんだの末に、十二月十日にイェンチェーピング（筆者注、先の注で紹介したヴェッテルン湖の南端にある町）で結ばれたが、クリスチャン・アウグスト公子を選ぶのにあらゆる妨害工作が蠢いた。公子が突然死に襲われ、フェルセンの虐殺への導火線となったことはすでに前の項で紹介したが、陰謀によると臆測してもおかしくなかった。さらにナポレオンまでも首を突っ込んできたが、すべては最終目標に漕ぎつけて落着した。

公子のクリスチャンという呼び名は、遠くクリスチャン二世（一四八一～一五五九、デンマークおよびノルウェー王位一五一三～一五二三、スウェーデン王位一五二〇～一五二三）の悪夢*をスウェーデンでは呼び起こしかねないところがあった。そのために、クリスチャンという名の代わりに、カールという名前を採用しさえした。まさにこの公子が一八一〇年一月一日のノルウェーからの最後の文書にも、すでに「カール・アウグスト、スウェーデン王国の王位承継公子」と署名している。一八〇九年十二月三十日に、クリスチャン・アウグスト公子はノルウェーの代理総督の職を辞し、一八一〇年一月四日にノルウェーを去り、彼を心底から愛し尊敬していたその土地の住民の祝福の言葉に送られて、一月七日にスヴィーネスン（筆者注、ノルウェー、オスロ湾に臨むハルデン近郊）の町からスウェーデンに入国し、そこでも歓呼の声に迎えられた。注目すべきはスウェーデンに入ってから、急に体の不調をきたし、それもなかなか回復せず、結局はこの王位承継者の急死を招いたことである。彼の死を惹き起こしたのが、公子を亡き者にしようとして盛られた薬物だったのかどうかは、簡単になされた調査からは推し量れない。簡単に済ましたのも、裏に何らかの意図が働いていたともとれる。一月二十日、ドロットニングホルム城で王国議会の代議員から渡された確約書に彼は署名し、次には養父たるカール十三世の御前に出向いた。一八一〇年一月二十二日にストックホルムに入城し、一月二十四日には議会ホールで等族たち（王国議会の構成員で、貴族、聖職者、市民階級、農民階級の代表者）の前で宣誓式をとり行なった。こうして公子は新しい環境に自分を慣れさせ、政府の仕事の手順に親しんでおこうとした。ただ自分から手を出さず、そのことはまたの機会にとっておいた。いろんな噂が飛びかっていたので、彼は結婚するのだ、と――相手が誰かについては明言こそしなかったが――断乎として宣言することによって、まずはつまらぬ流言蜚語《ひご》に民心が惑わされるのに先手を打った。しかし、この予定された結婚話に、カール十三世は自分の膝で孫をあやせると思って喜んでいたにもかかわらず、運命の行きつくところそうはならなかった。というのも公子の体の不調は、ストックホルムでの厳格な食事養生にもかかわらず、日増しに進行するばかりだった。死が間近に迫っているという嫌な予感が彼を苛《さいな》み、彼の侍医であるロッシはこの時ばかりはそばにいなかった。一八一〇年五月にはショーネン（スカニア）地方に足を伸ばした。主要にはデンマークから国境を越えてやってくるアウグステンブルク公である兄、Frederik Christian II.（フレーデリク・クリスチャン二世）に会うためであった。兄弟は出会い、相ともにうちとけて一日をすごし、一八一〇年五月二十八日、ヘルシングボルイでお互い袂を分かった。カール・アウグスト

＊悪夢というのは、かつてデンマークのクリスチャン二世が一五一八年にスウェーデンに侵攻し、二代目の Sten Sture［ステーン・ストゥーレ王国代表職、一四九三～一五二〇］によって撃退されたが、再度の侵略を試み、ステーン・ストゥーレは重傷を負って撤退の途上でついに絶命、クリスチャン二世は結局スウェーデンの王冠をものにした。自分に刃向かった者も恩赦するとたばかって、宴席に招き寄せ、百人以上の貴族や聖職者を斬首、または溺死させた。世にいう「ストックホルムの大殺戮」のことで、この王にはクリスチャン暴君という綽名がついた。のちに Gustav Eriksson Wasa［グスタヴ・エーリクソン・ヴァーサ、一四九六～一五六〇、王位一五二一～一五二三］が、この一件を自国の貴族に想起させ、祖国奪回に立ちあがって、初志を貫きヴァーサ家を興した。

はその際、この道中を通じて前からずうっと苦しそうにしていたが、非常に心を動揺させていた。昼ごろ Claidinger Haide（クライディンガー・ハイデ、筆者注、あくまでも ADB «Allgemeine deutsche Biographie» の表記に従ったものだが、今日でも通用している地名でないのか、これに似通った地名は特定できなかった。別の資料では Kvidinge［古くは Qvidinge］という町の名があげられ、その町の Haide または Hede となっているから、同じくヒースが生えていた練兵場らしい）で、メルナー麾下《きか》（筆者注、これは後に出てくる議会での有力者ウトゥ・メルナーと綴りが同じだが、別人のようだ）のフザール軽騎兵連隊が彼の視察を受ける予定になっていたが、その査察の際に公子は突然馬上から転落し、即座に意識を失って死亡した。大きな目標に向かって素質のあったこの領主の急死の引き金となったものが、脳卒中なのか秘匿された毒物なのかは、すでに前述したように、いわば例のフェルセンの虐殺にもからむ問題だが、今日まで未解決のままである。いずれにせよカール・アウグストの死は、デンマークがかなり強く求めていた王位請求の主張を頓挫させ、Karl Otto Mörner（カール・ウトゥ・メルナー男爵、一七八一～一八六八）が、精力的に推進したポンテコルヴォ（イタリアのローマとナポリの中間にある地域）の領主ベルナドット（本名ジャーン・バティスト・ベルナドット、一七六三～一八四四、スウェーデン王位、一八一八～一八四四、フランスの将軍ながら、いろんな曲折を経てカール十四世ヨーハンと改名して、まずはスウェーデンの王位承継公子となった）を、次の候補者選びの筆頭とするめぐり合わせになった。

九、カール十三世の曖昧性と一種のハーレム形成

ところでこの「カール十一世の幻視」にまつわる逸話の掉尾《ちょうび》を飾る人物、セーデルマンラン（ド）公、すなわちのちのカール十三世のことに話題を向けよう。カール十三世（一七四八～一八一八、スウェーデン王位一八〇九～一八一八、カール二世としてノルウェー王位一八一四～一八一八）は、実際にはこの名前による王としては七番目にあたるが、この称号名を名乗った先蹤《せんしょう》者のカール九世（王の空位時期の摂政位一五九九～一六〇四、スウェーデン王位一六〇四～一六一一）がフィクティブなスウェーデン史からひっぱり出して、この序列制を踏襲したもの。カール十三

世は、生まれてあまり日数《ひかず》もたってもいないのに、公子としてすでに海軍大将に任ぜられた。宮廷のアマチュア劇場での上手な踊り手ともいわれた。一七七二年に、彼の兄グスタヴ三世の革命的な諸企画に協力し、その論功行賞のしるしにセーデルマンラン（ド）公の地位が与えられた。

この王については、ほかの関連項目のところですでにかなり触れたと思うので、これまで触れなかった点にできるだけ絞ることにしよう。彼はほかの人たちに頼りがちで弱気なところから、人からの影響を受けやすく、他方で自分だけの逸楽にふけがちだといわれた。例えば秘密結社や超常現象や神秘主義に異常なほど興味を見せた。すでに別の視点から触れたことだが、当時名高かった占い師の Ulrica Arfvidsson（ウルリーカ・アルヴィドソン、一七三四～一八〇一）の上客のひとりだったし、政治的な助言を求めさえした。

ここでこのアルヴィドソンについて少し敷衍して、ちょっとした逸話に触れておこう。一七八三年のこと、Carl August Ehrensvärd（カール・アウグスト・エーレンスヴェールド、一七四五～一八〇〇）と海軍総提督の Trolle, または Henrik af Trolle（ヘンリク・アーフ・トゥロレ、一七三〇～一七八四、筆者注、もとはデンマークの海軍大将、イエーオル・ヘルマン・フォン・トゥロレの息子として生まれたが、父がスウェーデンの軍籍に連なったため、同じくスウェーデン勤務となった。軍人としての働きに顕著なものがあっただけでなく、自費でオランダに見学旅行に出かけ艦船の建造や要塞の建築技術にも造詣を深めた。一七七二年のグスタヴ三世の王側からの革命の際に、半島守備艦隊の司令をこなした報奨に、ドイツでいう „von“ に当たる „af“ の貴族称号が与えられた）が、身分を隠して彼女を訪ねたことがあった。彼女はじっとコーヒー占いをしてから二人の素性を言い当て、エーレンスヴェールドがトゥロレの地位の後釜になろうと宣《のたま》った。エーレンスヴェールドがトゥロレの職位の後任人事に、これまで指名されたことなどなかったほどだから、とても起こりそうになかった。しかし一七八六年になって、王（グスタヴ三世のこと）がイタリアに滞在している間にトゥロレが死亡し、王が書き置いた手紙によると、もしトゥロレが死んだ場合には、エーレンスヴェールドがその後任に当たったらいい、とあったという話が伝わっている。また、一七八六年、または資料によっては一七八八年の十二月ということになるが、ほかの別人をよそおった王のグスタヴ三世から、実名を明かさぬままの訪問を受けた。ウルリーカ・アルヴィドソンは、王が初対面の人だというふりをして、王とそのエスコート役のJacob De la Gardie（ヤーコプ・ドゥラガルディ、一七六八〜一八四二、筆者注、一七八五年に近衛師団の軽騎兵になることで勤務を始め、一七八八年には隊長となったが、八九年の王国議会の間は政治的な理由から除隊した。九二年王陛下直属師団の中尉となり、王宮との関係が密に結ばれ、一八二九年に王妃をお守りする師団の元帥となった。こうした経歴と生没年を推し量れば、時期的には確かに合致するが、王に近侍したのはまさに弱冠二十歳前後ということになる）伯爵にあまたの予言をした、という。彼女はそのなかで王に「佩剣《はいけん》の男に今晩あなたは遭《あ》うことでしょうが、その者に気をつけるように、というのはその男はあなたの命を狙っていますから」と語った。王と伯爵が見料を払って宮廷へと家路についたが、怪しげな人物はいったい誰のことなのか、すこしも見当がつかなかった。伯爵は王に「あの女が言ったことなんか、あまり気になさらないように」と申し出た。王の応答は意外やこうだった。「しかし、彼女が言ったほかの多くのことは、すでに本当だということがわかっているのだぞ！」と。こんな話を交わした後で彼らは宮殿の中に入ったが、階段のところで腰に剣を下げた男に出会った。王の義妹にあたるヘートヴィヒ・エリーザベト（またはヘートヴィヒ・エリーザベト）・シャルロッタが住んでいた宮殿の別棟から、その男は出てきたところであった。彼女の夫は王の実弟で、のちのカール十三世であるが、王に対する謀反を疑われたことがあった。そして帯剣していた男とは、Adolph Ludvig Ribbing（アードルフ・ルードヴィグ・リビング、一七六五〜一八四三）であり、一七九二年王の暗殺に加担した人たちの一人であった。のちに王は、一七八八〜一七九〇年の対露戦争の間、アルヴィドソンによく忠告をくれるように働きかけたという。つまりこれは、アルヴィドソンの予知能力がどのように発揮されたかを示していると同時に、裏を返せば王のグスタヴ三世自身も、こうしたオカルト的側面を多少持っていたことになる。この女占い師の素性をいえば、王室世話人のErik Lindberg（エーリク・リンドベルイ）とAnna Katarina Burgin（アンナ・カタリーナ・ブルギン）との間に儲けられた娘として、一七三四年に生まれている。父の死後、母親が王室管理長をしていたArfvid Arfvidsson（アルヴィド・アルヴィドソン）と一七四〇年に再婚し、ウルリーカは近郊で苦労もなく育てられたが、ハイソサエティーの噂やゴシップも頻繁に耳にしていて、宮廷外の多くの人たちが知りたがっていることについて、彼女はかなりの情報通であった。彼女の初期の段階のことはあまり知られていない。どうやら施設から逃亡したらしく、新聞の広告欄で尋ね人として探し求められたことがあったらしいが、一七八〇年に入って忽然と占い師として知られるようになり、その依頼人もいろんな社会階層の人たちで、急速に繁盛しだした。いわば生まれた環境から習い覚えた点もあるだろうが、生来の直観の冴えも磨かれたということなのだろう。

さらにまた、のちのカール十三世は、Henrik Gustaf Ulfvenklou（ヘンリク・グスタフ・ウルヴェンクロウ、一七五六～一八一九）なる霊媒も贔屓《ひいき》にしたが、この男は一七八三～八四年の時期に都市の貴族の間で霊媒として大評判をとり、公爵に大きな影響を及ぼした。公爵はウルヴェンクロウと同じくするフリーメーソンのメンバーでもあった。一七八三年にストックホルムに姿を現した時には、陸軍中尉の肩書を持っていた。すでに霊界に召された母后のルヴィーザ・ウルリーカ（またはルイーゼ・ウルリーケ、一七八二年、死亡時六十一歳）と交信できたという触れ込みで、カール公に対する影響力を動かしがたいものとした。グスタヴ三世がイタリアに滞在の折、ウルヴェンクロウは王に、これは予言なのだからといって警告文を送りつけたという。その具体的な内容の詳細は不明ながら、ために王と公の間に一悶着となるきざしをつくった。すでに紹介済みのレゥイテルホルムはこの男を嫌っていて、自分のパトロンをとられるかもしれないという嫉み心からか、一七八五年に王が帰国した際に、ウルヴェンクロウが除け者にされるように謀り、王に彼の欠点を洗いざらい「暴露」した。そのために彼は神秘家というキャリアに終止符を打たねばならなかった。ただし、彼は公爵との文通をつづけ、そういう形で影響を与え続けた。

Mattias Loman（マティアス・ローマン）なるウェブサイトの Mystikern Henrik Gustav という標題の記述によれば、彼は一七九一年に Eva Helena Ehrenstråhle（エーヴァ・ヘーレナ・エーレンストローレ、一七六七～一八一二）という女性と結婚したという。それはともかく、いまここで参考にしている資料は、ウルヴェンクロウがいかに胡散臭い人物であるかを端的に示しているもので、「どこぞのプリンセスの金銀財宝の隠し場所」なるゴシック印刷体での特別記事をおこして披瀝している。それによると、ストックホルムのバゲンス街二三番地とエスターロング二四番地（筆者注、メーラル湖にはみ出た一種の半島のように湖に突き出た市域 Staden（スターデン）にあり、二つの街道は通りとして並んでいる。のちに旧市街として知られるようになる）にまたがるあたりで家屋が建ち並ぶ地下に、金銀財宝が埋蔵されているらしいという噂が、何世紀にもわたって囁かれていたという。一七〇〇年代にこのあたりに建築ラッシュが起こり、当然ながら共有地下貯蔵所にも手が入ることになった。一七六七年七月にストックホルムのポスト新聞の広告に、その家屋の一郭が売りに出されるとの告示が載った。その物件の所有者はマグヌス・アールストレムといい、かつて船長をしていたが、自身は有名なジュールゴールデン地区に住んでいて、その勿体ぶった言い方ゆえに「オットーマン式玄関野郎」(筆者注、トルコの玄関は一般に装飾がど派手でごてごてしているところからの命名らしい)という悪口に近い仇名で通っていた……。

アールストレム自身は、それまでの何年間も市の占星担当官Lars Anders Chierlin(ラールス・アンデルス・シエールリン)と一緒に組んで、くだんの財宝を探すのに没頭したことがあった。うっとりするような王女が現れ、彼に掘り進むように命じたが、彼はいった。……しかし、ただのひとつのお宝も出てこなかった。この伝説の約束手形をめぐる一連の大失態をつきつけられ、彼は利害関係者の代わりに、どこかの会社が買い取るように申し出た。銅貨にして一八万ダーラーで二軒の家を引き継いでくれないかということであった。ところが誰一人として耳を貸した投資家はいなかった。

財宝にまつわる噂が本当ならば、儲けになる投資であったろう。金の薄い延べ板が一五〇〇年代にはおよそ一〇万王国ダーラーで、一六〇〇年代では一〇万ダーラー銀貨に相当していた。一七〇〇年代には、金の延べ板での価値は下落したが、それにも拘らず換算すれば一七六七年には、三万三〇〇〇王国ダーラーになったのだから、まさにその金額の一三〇倍に匹敵する見通しがもてた(筆者注、あくまでも資料文献のままで、これらの計算がまっとうなものなのか審らかにしない)……

ところが、一七六七年には莫大な財宝にまつわる風評を真に受けて、そんなに多額の金銭をつぎ込むほど充分に信じる人間は、一人もいなかった。このような富に野望を抱いている以上、アールストレムのような人は大いに孤独だったかに思われる。それとも彼は、さらさらそう思っていなかったのかもしれない、銅貨で一八万ダーラーぐらい出しても、自分の事業理念に役立つためなら、と信じ込んだのだろう。

しかしそれから数年もたった一七八四年、新規蒔き直しに深い地下蔵で秘密の検査が始められた。今回は神秘主義がかったところが少し当代風に変わった。グスタヴ三世の弟、カール公爵はフリーメーソンの「権力ある大マスター」だった。公爵自身、枢密顧問の Fredrik Sparre（フレードゥリク・スパレ）、男爵 Eric Ruuth（エーリック・ルート）、及び伯爵 Gösta Stenbock（イェスタ・ステーンボック）などが、ここでにわかに登場してくる中尉で、神秘家のヘンリック・グスタフ・ウルヴェンクロウの指導を受けて、――全員がフリーメーソンの会員である――一七八四年二月の早朝、バゲンス街二三番地とエスターロング街二四番地に通ずる地下通路へ、と音を忍ばせて降りて行った。この探索はさらにこの年の五月まで続けられたが、なんの成果もあげられなかった。なおもこのウルヴェンクロウはあきらめず、（«Swart Gubbe»）「黒のおっさん」なる腕利きを探し出してきては、孜々《しし》営々《えいえい》と没頭したが、結局は失敗に終わった。

この資料は、いよいよレゥイテルホルムが登場したことや、残念にも彼の面目をあげられなかったことなど、まだほかにも縷々述べているが、ウルヴェンクロウやカール十三世との怪しい関係は、ある程度明らかにされたことと思うので、この辺で打ち切ろう。

カールはセーデルマンラン（ド）公としての時期にいくつかの公的な仕事を負わされた。一七七七年にグスタヴ三世がロシアに滞在していたときには、政権代行者として、一七八〇年の王のスパ滞在のときには、正式な総司令官としての役割を果たした。一七八八年の露瑞戦争勃発に際しては、艦隊提督として、とりわけフーグランドの戦闘（一七八八年六月七日）やエーランド海戦（一七八九年七月六日）には多大な功績をあげた。後者の場合には、彼の副司令官のリーリエンフールン海軍大将のなんとも説明しかねる不注意さえなかったら、大勝利を収めていただろうといわれている。しかしながら、これは昔の日本の大本営発表みたいなところがあって、スウェーデンの歴史で喧伝されているほどには、赫赫たる戦勝だったわけでない、ともいわれている。一七八五年には、クールラント（ラトヴィアの南部の旧名）公爵領の貴族たちから、カールはその公爵の地位を提供され、兄のグスタヴ三世の勧めもあったが、就任までにはいたらなかった。

カールはグスタヴ三世の反対派とかなり親密な繋がりがあり、王を暗殺する計画を知っていたか、これを裏からサポートしたのでないかという疑いも持たれたが、これにも議論の余地があるとされる。一七九二年のグスタヴ三世暗殺を受けて、その息子グスタフ四世がまだ成年に達していなかったので、カールは一七九六年まで甥の摂政役についた。しかしながら、事実上の摂政を担ったのは、前にも触れた Gustaf Adolf Reuterholm（グスタフ・アードルフ・レウイテルホルム）で、カール公に対するその影響力は絶大なものがあったとされる。この四年間はおそらくスウェーデンの歴史上最もみじめで頽廃的な時期と考えられ（よくいわれたことながら、黄金の年代につづく鉛の年代と呼ばれた）、気まぐれなジャコバン主義と無慈悲な専制主義とが交互に入り乱れた時期、と簡潔に形容することもできるだろう。グスタフ四世アードルフが成年に達するや、一七九六年の十一月にいち早く承継権の実《じつ》をとろうとする段になって、この公の摂政役は終りを告げる。

一八〇三年、ブーエマン事件が持ち上がるや、グスタフ四世アードルフと公爵夫妻との間に深刻な軋轢《あつれき》が生じた。神秘主義を奉ずるこの Karl Adolf Andersson Boheman（カール・アードルフ・アンデルソン・ブーエマン、一七六四～一八三一）は、Magnus Stenbock（マグヌス・ステーンボック）によって公爵夫妻に一七九三年に紹介されていたが、オカルトの秘密について科学的に暴いて見せますよと約束して、夫妻の歓心を買っては多大な影響力を手に入れたという。ブーエマンはフランス革命が起こりそうになったとき、フランス王と王妃を逃亡させるのに、例のアクセル・フォン・フェルセン・ジュニアに手を貸してやり、有名なアントワネットの宝石箱を盗み、たんまり私腹を肥やしたという話が伝わっている。しかし、これは根も葉もない噂ともされる。ブーエマンは、デンマーク王の父であるカール・フォン・ヘッセン＝カッセル（一七四四～一八三六、筆者注、同姓同名が多くて紛らわしいが、娘のマリーが一七九〇年にデンマークのフリードリヒ六世と結婚しているので、舅《しゅうと》に当たるのを踏まえた表現）が所有していたデンマークの居宅に居候していた。カール公（のちのカール十三世）のために Avignon erleuchtet［アヴィニョン啓明会］なる団体の活動をし、そのためにスウェーデンをたびたび訪れるようになった。この団体については、Illuminés d'Avignon として Lennhof/Posner,

«Internationales Freimauer-Lexikon»（レンホーフ及びポズナー共著「国際フリーメーソン事典」）に詳しいので、そちらを参考にしていただきたい。ブーエマンはカール公夫妻らを秘密結社に入会させ、一八〇一年当時としては珍しく、男女どちらも入会資格が持てるフリーメーソンの支部と称する組織を設立し、Ruuth（ルート）及びBrahe（ブラーエ）伯爵並びに伯爵夫人にとどまらず、同時に王妃の母君までも入会させた。ここでの王妃とは、グスタフ四世アードルフの妻、Friederike Drothea Wilhelmine von Baden（フリーデリーケ・ドロテーア・ウィルヘルミーネ・フォン・バーデン、一七八一〜一八二六）のことを指すのだろうから、その母君とはFriederike Amalie von Hessen-Darmstadt（フリーデリーケ・アマーリエ・フォン・ヘッセン＝ダルムシュタット、一七五三〜一八三二）ということになる。それでは果たしてこの母君がスウェーデンに行ったことがあるのだろうか、という疑問が当然湧いてくる。資料に出てきたものを鵜呑みにせず、そうした疑問をまず明らかにしておかねばならない。

多少横道にそれて手間どるが、確かにフリーデリーケ・アマーリエのこの時期のスウェーデン滞在が、ほかの資料で確かめられる。アマーリエは一七七四年に従兄のKarl Ludwig von Baden（カール・ルートヴィヒ・フォン・バーデン、一七五五〜一八〇一）と結婚していたが、娘の一人Luise（ルイーゼ、一七七九〜一八二六）がのちのロシアのアレクサンダー（またはアレクサンドル）一世に一七九三年に嫁いでいたものだから、カール・ルートヴィヒがその生活ぶりを覗きに妻を伴いロシアの地を訪ねた。さらにその帰途、遠回りしてスウェーデンに立ち寄ったのは、今やスウェーデン王妃となったもう一人の娘フリーデリーケを案じてのことなのであろう。カール・ルートヴィヒ夫妻はこの再会も果たして、グリプスホルム城から故国ドイツへと一八〇一年十二月十五日に家路についたのである。ところがストックホルムを出たばかりのアルボーガという町で、馬車がスリップしひっくり返った。この事故のためカール・ルートヴィヒは卒中の発作に襲われ、十六日に亡くなった。その遺体は銅製の棺に入れられてカールスルーエに移送された。一方で一八〇二年一月十七日にストックホルムのリダールホルム教会に埋葬された。ところで英語版のFree encyclopedia（自主的百科全書）のPrincess Amalie of Hessen-Darmstadt（ヘッセン＝ダルムシュタットのアマーリエ公女）の項で、「彼女はスウェーデンに家族とともに（ということは娘のフリーデリーケのことを指すだろう）、一八〇二年五月までとどまっていたとされる。彼女の出国の少し前に、ブーエマンによってフリーメーソンの一支部のYellow Rose Lodge（黄色い薔薇ロッジ）に入会させられた」と紹介されているので、おおよその疑問が確かに解けた。

ブーエマンはそれだけで終わらず、君主すら会員に誘おうとしたかどで逮捕された。グスタフ四世は、革命をたくらんで協議をしていたと彼を責め、追放処分にした。ブーエマンのほうは、出てきたデンマークにあっさり引き下がるまでのことだった。しかし、デンマークからも放逐され、ドイツへと逃避を強いられたが、その後自分の損害補償を求めて再びストックホルムに現れたため、またも追い出されたという。一方で公爵夫妻は君主（つまりグスタフ四世のこと）による非公式な審査を受け、公爵夫人は王国諮問委員会にも引き出され尋問された。いわば王の縁戚の間に、いやもっといえば王権の近辺に微妙な亀裂状態を生じさせた事件だったわけで、それが今後の二世代にわたって問題視されたのだとすれば、かなり重大な葛藤相剋《そうこく》を生じさせるに充分だった。要するにこのブーエマンは、れっきとした市会議員のアンデルス・ブーエマンとレギーナ・カタリーナ・シェレとの間の息子としてイェンチェーピングに生まれたが、一七九〇年代にはデンマークに暮らし、神秘主義を奉ずる団体で活動していたという。何か胡散《うさん》臭い人物と見なされるところがあったのだろう、「国際フリーメーソン事典」執筆担当者のGottfried Josef Gabriel Findel（ゴットフリート・ヨーゼフ・ガブリエル・フィンデル）は、詐欺師だと断を下している（前掲書の「国際フリーメーソン事典」一九九頁参照）。

振り返ってみるに、グスタヴ三世の死を迎えたとしたら、カール公爵は王位承継の点で長子相続の観点に立つ以上は、グスタフ四世が正式の跡継ぎと目される一番手なのが当然の成り行きだとしても、グスタヴ三世とは二歳しか違わない弟なのだから、グスタヴ四世に次ぐ位置にあると考えていいだろう。それにも拘らず当初、カール公を王に担ぎ出そうとする勢力や動きもなかったらしいのは不思議だ。むしろこれまでの文献資料では、アンヤラ事件でも、王によるクーデターでも、さらには先ほど述べたブーエマン事件でも、カール公はいずれの場合にも、グスタヴ三世の意向とは反対方向に動いていたかに見える節がある。それも決して軽微とはいえぬ仕方のものであり、王位につくということになれば、厳しく詮議されねばならぬ理由となっても当然と思われるところだ。王位を請求するだけの権利があるのに、前に七章にあげたアウグステンブルクを自分の老いを理由に王位承継者として推挙したところとか、最終的にスウェーデンとは血筋のうえで無関係なベルナドットを次期君主に選出したところなど、このセーデルマンラン（ド）公には何か繊弱性とかどっちつかずの曖昧性がつきまとう。一八〇八年、グスタフ四世アードルフがフィンランドに滞在したときには、カール公が再び総司令官に返り咲いた時期もあったとされるが。

　ところでオカルトやフリーメーソンが出てきて多少面白くなった段階ながら、ブーエマンを含む事柄がマグヌス・ステーンボック伯の紹介によるという先の記述は、どうにも納得がいかない。なぜなら、この名の人物の生没年は一六六四～一七一七年なので、カール十一世やカール十二世などの世代ならまだしも、一七九三年にはすでに生存していないのだし、相手が誰だろうと「紹介」しようもないのは明白だからである。ウィキペディアも万全でなく変な落とし穴がある。同姓同名の誰か別な人物なのかもしれないと思い、ステーンボックを名乗る系統リストを調べてみたが、年代的に該当しそうでも、スウェーデンの当代の宮廷に接点がありそうな人物は特定できなかった。ただし、先に挙げたレゥイテルホルム（一七五六～一八一三）なら年代的に見ても大いに可能性がある。この人物は、カール十三世がまだセーデルマンラン（ド）公爵だった時期、グスタヴ三世亡きあと幼君の摂政となった時期、さらに王位についてからも、かなり親密な関係を保持していたからである。それとは対照的に前王のグスタヴ三世が政権を担当している間、レゥイテルホルムはその政権の表舞台からできるだけ身を退《ひ》き、スヴェーアボルイ（ヘルシンキ）に Johan (Jan) Anders Jägerhorn von Spurila（ユーアン〔ヤーン〕・アンデルス・イェーゲルフールン・フォン・スプリラ、一七五七～一八二五）という人物と、共同設立した Walhalla ヴァルハラ教団を通じて、この前王に絶えず反対の立場を崩さなかったし、一七八九年にはほかの反抗分子とともに投獄されさえしたことがある。このヴァルハラ教団というのは、La Constance（ラ・コンスターンス、変わらぬ誠実）と呼ばれたスウェーデンの擬似フリーメーソン的秘密結社から派生した教団で、その歴史や性格の詳細はくだくだしくなるのでやはりここでは避けるが、フィンランドの独立を内々に目的にしたものらしく、前に紹介したアンヤラ事件にかかわってグスタヴ三世に叛旗をひるがえし、一時的にも窮地に追いこんだ経緯があったのは確かなようだ。こうして調べていくうちに、同じウィキペディアのブーエマンの項に、カール公を中心とした王家との接触の橋渡しをしたのは、レゥイテルホルムである、とはっきり書かれている記述に出遭った。先に示した筆者の推論にも見合うので、マグヌス・ステーンボックではなく、グスタフ・アードルフ・レゥイテルホルムが、王族にブーエマンを紹介したというのが正しいようだ。もちろん紹介の労というのは、必ずしも一人と決まっているものでもないし、別の誰かが相前後してとりはからったとも考えられよう。いずれにしてもレゥイテルホルムは、グスタヴ三世の目を盗み、王の周辺の親族たちにとりいり、自分の権益が有利に働くよう着々と手を打っていたらしい。しかし、前にもすでに触れたが、一七九六年十一月一日にグスタフ四世アードルフが王位についたとき、これまでこの新王の事実上の摂政役についていたのに、むしろその間の衝突ないしは軋轢が災いしてか、グスタフはレゥイテルホルムをストックホルムから追放した。一八〇九年にアードレルクレイツによってこの王が拘束されたあとで、レゥイテルホルムは復帰の機会到来とばかり帰国したけれども、カール十三世に面会することすら許されず、再び国外に去ってその三年後に死去した。かつて影の摂政におさまり、むしろ王を操っていた実権者も、最後には相応の扱いも受けられぬほど軽視されたことになる。ただ、遺体はストレングネースの大聖堂に葬られたという。

一八〇九年三月十三日、グスタフ四世アードルフを退位に追い込んだ人たちは、カール公爵摂政を王位に指名し、公爵は最終的に四等族から成る議会で王に選出された。しかし、先ほども触れたように、この時期までに彼は早発性の老耄症を見せ、王位承継権を認められた公子ジャーン・バティースト・ベルナドットが、一八一〇年にスウェーデンに渡るや、すみやかに政権を受け渡した。ところでプロイセン、オーストリア、ロシアが同盟してナポレオンを敗退に追い込んだライプツィヒの戦い(一八一三年十月)により、これまでフランスと同盟を結んでいたデンマークが、ノルウェーを手放さざるをえない羽目になった。ここに一八一四年十一月四日にスウェーデンとノルウェーの同君連合の成立が可能になり、カール十三世がノルウェーではカール二世の名のもとにノルウェー王ともなった。カール十三世は王として単に称号のみの八年ののちに、嫡出《ちゃくしゅつ》の相続人を得られぬまま一八一八年二月五日に亡くなり、ベルナドットがカール十四世ユーアンと改名して彼の後を継ぐことになった。

一七七四年にカール公爵の兄、すなわちグスタヴ三世が、彼の従妹《いとこ》の Hedwig Elisabeth Charlotte von Holstein-Gottorf（ヘートヴィヒ・エリーザベト・シャルロッテ・フォン・ホルシュタイン＝ゴットルフ、一七五九～一八一八）との結婚をアレンジしてくれた。その婚姻関係はとてもよそよそしいところがあり、はじめは美しく愛らしい結婚相手を喜んでいたが、生涯の大部分は離れればなれに暮らし、両人とも婚外情事を持った。彼が王となった老齢期に、彼女のまわりをうろつき始め、同じ質問をくりかえしては彼女をいらつかせたという。

カールは情人の一大ハーレムをかこっていたとささやかれているが、そのなかに前にも触れた Augusta von Fersen（アウグスタ・フォン・フェルセン、一七五四～一八四六）のような貴族出身の者や、Charlotte Eckerman（シャルロッテ・エッカーマン、一七五九～一七九〇）のような歌手や俳優も含まれていた。そうしたよく知られた愛妾の一人に、Charlotte Slottsberg（シャルロッテ・スロッツベルイ、一七六〇～一八〇〇）がいるが、王にかなりの影響力をふるった。王となってから新たに彼の愛妾となった女性に、貴族出身の Mariana Koskull（マリアナ・クースクル、一七八五～一八四二）がいたというふうに、逸史ならぬれっきとした正史にも、その名が連ねられている。

十、余録――カール十三世の情愛カルテ

前章でおおざっぱに名を挙げた情人、ないしは愛妾について、出てきた順にどんな人物か少しく調べてみよう。あるいは単なる寄り道になるかもしれないが、何かとてつもない真実が見つかるかも知れず、なにもせず初めから決めつけてしまうこともないだろう。

まず**アウグスタ・フォン・フェルセン**（一七五四～一八四六）であるが、詳しくはクリスティーナという洗礼名がもうひとつ前につく。宮廷では「優雅の三女神」の一人とされ、前に登場したアクセル・フォン・フェルセン・ジュニアの従姉《いとこ》で、貴族出身の女官をしていた。ちなみに三女神のほかの二人というのは、Ulla von Höpken（ウラ・フォン・ヘプケン、アウグスタの姉、一七四九～一八一〇）と Louise Meijerfeldt（ルイーゼ・メイエルフェルト、一

七四五〜一八一七）である。アウグスタはのちに、ドレースデン宮廷のスウェーデン大使をしていたFrederik Adolf Löwenhielm（フレーデリク・レーヴェンイェルム、一七四三〜一八一〇）と一七七〇年に結婚した。この結婚でGustav Karl Fredrik Löwenhielm（グスタフ・カール・フレードゥリク・レーヴェンイェルム、一七七一〜一八五六）をもうけ、カール公との間にはCarl Löwenhielm（カール・レーヴェンイェルム、一七七二〜一八六一）なる子をなしている。ウィキペディアの表記どおりとするなら、血筋にもとづいた命名でないことになる。カール公がヘートヴィヒ・エリーザベト・シャルロッテ・フォン・ホルシュタイン＝ゴットルフを妃に娶《めと》ったのは、先にも述べたように一七七四年のことであり、御年二十六歳になっていた。アウグスタとカール公との関係は、一七七一年から七七年にかけてつづいたようで、いわばカール公の結婚前からのことだったらしい。一七九五年にアウグスタは宮廷を去ったが、母后付きの女官長だった自分の母親が実際は寝たきりで、その地位から追われたのに抗議しての退去で、表向きは母の健康介護のためとつくろったが、実際は解雇されたらしい。さらに一七九九年には**Lolotte Forssberg**（**ロロッテ・フォスベルイ**、一七六六〜一八四〇）なる娘を宮廷にお披露目したという記述がなされているが、そうした唐突な登場の仕方では、この娘はいかにもアウグスタと特別関係の深い娘であるかのような錯覚を与える。そこでこの娘の項をウィキペディアで探ると、意外にもアードルフ・フレードゥリク王（在位一七五一〜一七七一）の私生児だったらしく、アウグスタは単に紹介役を買っただけのようだ。

王の身だった人の私生児だということになると、しかもグスタヴ三世やカール十三世の義理の姉妹ということにもなるのだから、もう少し道草を食わないわけにいかない。この娘ロロッテのほうは、おおやけには王の宮廷の召使の子ということになっているが、アードルフ・フレードゥリクと貴族出の女官Ulla (Ulrica Elisabeth) von Liewen（ウラ［ウルリーカ・エリーサベト］フォン・リーウェン、一七四七〜一七七五）との間の子だという噂が広まっていた。アードルフの妃ルイーズ（ルヴィーサ）・ウルリーカは、夫が控え目にしている限りは夫の情事を我慢するようにいわれ、王も公認の愛妾は持たず、愛妾がいることはおおやけにしなかった。王のアードルフ・フレードゥリクが一七七一年に亡くなったが、ロロッテはEric Forssberg（エーリック・フォスベルイ）とHedvig Charlotta D'Orchimont（ヘートヴィヒ・シャルロッタ・ドルシモン）夫妻の養子となったという。王妃ルイーゼ・ウルリーカが一七八二年に他界したとき、彼女は娘のソフィーア・アルベルティーネにロロッテを託し、この子が幸せになるように見守ることを要請したという。ウィキペディアではやや複雑怪奇な説明になっているが、かいつまんでいえば次のようになる。

一七九五年の四月か五月頃、ソフィーア・アルベルティーネの夕餐のテーブルの上に手紙が置かれていたが、差出人も名宛人も不明なままで、当時王女の女官だったロロッテの誕生や幼児期にまつわる事情を伝えていた。つまりロロッテは七カ月の月足らずで生まれたが、実は王アードルフ・フレードゥリクの娘で、ある商人の庇護に委ねられたというのである。母なる人の名指しは曖昧にぼかされ、その言葉づかいから、王妃のルイーゼ・ウルリーカとも、誰かほかの王の情人とも、どっちにもとれるものだった。一七七六年に王妃の室内係のフランス人マダム・ディヴォリの提案で、すでに寡婦となっていた王妃お付きのフランス人女官長夫妻の保護のもとに預けられたという。その夫妻を通じて王妃自身が彼女の面倒を見ることができたし、養母となった人は守秘宣誓をさせられた。時がたってロロッテはマダム・ディヴォリの推奨で、ルイーゼ・ウルリーカの世話係り女官にとりたてられ、ウルリーカはプライベートのときにはわが子のように扱った。手紙は宮廷の内情に詳しい人の手で書かれたらしく、なるほどと腑に落ちる情報まで含まれていた。そこでソフィーア・アルベルティーネとその義姉のヘートヴィヒ・エリーザベト・シャルロッテ・フォン・ホルシュタイン＝ゴットルフ（のちのカール十三世の妻で、前者とは同年の生まれ）とがこの一件の調査に乗り出し、ロロッテの養母に問いただすと、養母は自分が実の母だと確言したが、その態度は彼女が真実をいっているのを疑わせるに充分だった。一七九五年十月十二日にソフィーア・アルベルティーネは、母の筆跡の手紙と印章のついた匿名の女性からの手紙を受けとった。手紙は匿名女性の書いたもので、

「ロロッテはあなたの妹だと請け合います、養母のほうは何事も明かさないでしょう、グスタヴ三世が生きている間は特別の理由からこの事実を他言しない、と妻のルイーゼ・ウルリーカがアードルフ・フレードゥリクに約束をしていたのですから、ルイーゼ・ウルリーカはもしも自分が死んでいなかったら、ロロッテのために貴族との結婚をお膳立てするつもりだったようです」と述べていた。

手紙には真珠の首飾りとダイヤモンドのほかに、アードルフ・フレードゥリクの肖像を描いた細密画の入った包みが同封されていた。その手紙の書き手が誰であるか正体をつきとめようと、ソフィーア・アルベルティーネは十一月三十日に、Dagligt Allehanda という新聞（筆者注、「日々の諸事報道」の意で、スウェーデンの最初の日刊新聞、一七六七〜一八四九年の間にわたって発行された）に言葉を慎重に選んで広告を出した。アルベルティーネはいまや自分でもロロッテが妹であることを確信し、この一件を事実として摂政役のグスタフ・アードルフ・レゥイテルホルムと王家一族に報告した。一七九九年一月、アルベルティーネはこの話を法務大臣ヴァハトマイスター伯にもうち明けたが、伯はその話を自分も信じるが、証拠がない限りは認知されるわけにはいかないと語った。

王（時代的にはグスタフ四世のこと）がロロッテの養母なる人物に質問してみると、秘密を守ると誓いを立てたのですから、と何事も口を割ろうとしなかったものだから、君主と法務大臣による調査命令が出された。一七九九年にアルベルティーネは、ロロッテが自分の妹であることを、スウェーデンとドイツの地域に向けおおやけに表明した。この表明はドイツとプロイセンの王室では、初めはスキャンダルとみなされ、アルベルティーネとロロッテがベルリーンに到着したときには、受け入れを拒絶された。グスタフ四世アードルフはロロッテの誕生秘話についておおやけに否定したが、結局は公式にアルベルティーネの女官とすることや、宮廷内でのお披露目は黙認した。貴族社会の内輪では、ロロッテがアードルフ・フレードゥリクと女官のウルリーカ・エリーサベト・リーウェンとの娘である、と噂は名指ししており、ありそうな真実とみなされながらも確証はなかった。

王妃のルイーゼ・ウルリーカがロロッテの出生の秘密を守り通し、この子の将来に心遣いをする約束をしたのも、アードルフ・フレードゥリクとリーウェンとの関係の秘密が、守られているという条件のもとでのことで、実際は夫の不義密通に心中深く傷ついていて、当時フレードゥリクは、バレリーナの Marguerite Du Londel（マルグリト・デュ・ロンデル、旧姓モレル、一七三七〜一八〇四）との間に、ほんの少し前に男の子を儲けていた事情もあった。この子は父親の名をとって Fredriksson（フレードゥリクソン）、または Frederici（フレデリシ）と呼ばれた。一七七一年に王が他界した後では、フレデリシは王妃と新たな王（グスタヴ三世のこと）によって保護された。新王はこの子が物故した王の血を受け継いでいると宣言したが、ほどなくして死亡してしまった。モレルがルイ・デュ・ロンデルと結婚したのは一七五九年で、スウェーデン王の情人となったのは、およそ一七六〇年ごろからといわれ、公認の王の愛妾とは決していえないにしても、二人の関係はおおやけに知られていた。しかし、一七七一年このフランス人の舞踊団一座がグスタヴ三世によって解雇を告げられた。王室の年金を与えられた唯一のカップルとなったが、一時メッツ（フランスではメス）に居を移してのち、一七八〇年ごろパリに在住したらしい。彼女の夫が母方に貴族出身の王党派がいたため、フランス革命が起こるやフランスでは身の安全が保てなくなり、一七九二年に再びスウェーデンに戻ったとされる。一七九三年に夫が亡くなり年金も失うことになるが、ここで注目したいのは、王の情人となりながら自分の夫婦関係を王の生前から維持していたことである。果たしてこうしたことが普通なのか、王の情人となったほかの例ではあまり見られないように思われるし、その間に生まれた子についても早世のため語るべきものも少ないとされたのか、生没年の記述まで伏せられている。

ロロッテのほうは、その点の伝聞情報量でも優遇されている。ロロッテはカール・エードヴァルド・イュルデーンストルペ伯と婚約したが、一七九八年にこれを破棄し、一七九九年一月にソフィーア・アルベルティーネの廷臣グスタフ・ハラルド・ステーンボック伯と新たに婚約した。アルベルティーネはこの両人の結婚をとり持ったが、伯はかつてスウェーデンの王妃だったカタリーナ・ステーンボック（一五三五～一六二一、筆者注、グスタヴ一世ヴァーサがすでに五十六歳になっていたが、二番目の連れ合いのマルガレータ・エーリクスドッター・レヨンフーヴド（一五〇七～一五五一）の死後、ほんの十七歳の身空でこの王との再婚に応じた。彼女の母が死亡した王妃の妹だったという事情から、当時の大主教から反対されたが、結婚そのものは年齢差が大きかったにもかかわらず幸福なものだったとされる）に連なるれっきとした由緒ある人物だから、表向きは召使の子にすぎぬととれば、ロロッテにとっては異例の抜擢《ばってき》ということになる。後になって、王の私生児だったという筋書きは、彼女が伯爵と結婚できるように仕組まれたのだ、とささやかれ出した。ロロッテと結婚すれば王家と姻戚関係になるもの、とステーンボックは信じこんだ。二人の結婚は貴族のあいだで嘲笑の種にされた。前にすでに述べたように、ロロッテがおおやけに宮廷に紹介されたのは、アウグスタ・フォン・フェルセンによるが、日付は一七九九年五月十日のこととされる。王女アルベルティーネの偏愛ぶりから、ロロッテは実は王女自身の隠し子なのだという噂にまで発展した。ロロッテはアルベルティーネの話し相手にとりたてられたのが一八〇〇年、そして一八年には王女の女官、二三年には女官長となった。ソフィーア・アルベルティーネの逝去の際には、その遺言状にロロッテの名が書きとめられたという。ただこの娘も養子縁組の形をとったのか、姓はフォスベルイのままだったようだ。

Charlotte Eckerman（シャルロッテ・エッカーマン、一七五九〜一七九〇）、通名によるまたの名シャルロッタ・ベアータは、スウェーデンのオペラ歌手で女優であった。王室騎馬隊の隊長 Bengt Edvard Eckerman（ベングト・エードヴァルド・エッカーマン）を父、ジャーナリストの Catharina Ahlgren（カタリーナ・アールグレーン）を母として生まれ、両親の離婚後は父親の保護下にあり、ほとんど孤児のようにして育てられたという。彼女には二人の兄弟と一人の妹がいたが、父の再婚による数人の異母兄弟もいた。妹のユーリエ・エッカーマン（一七六五〜一八〇一）もまた高級娼婦であり、ストックホルムの市長の Carl Sparre（カール・スパレ、一七二三〜一七九一、官房長でのちに最高裁判所の一員となったフレードゥリク・スパレとは腹違いの兄弟にあたる）の情人であった。最初はコーラスガールを皮切りに、評判だったプリマドンナの代役を務めてからめきめき頭角を現し、グスタヴ三世にドラマの才能を認められ、貴族のアマチュア劇場のスター、Maria Aurora Uggla（マリーア・アウローラ・ウグラまたは Owl オウル、一七四七〜一八二六）により、演《だ》し物の主役のパートを演じられるように訓練され、この女性が実際に演じたオペラに感激したカール公は、「ミス・ウグラ！　ミス・ウグラ！」と音頭をとって囃《はや》したてると、挙げ句にボックス席にいたウグラだけでなく、よくぞこの役にエッカーマンを投入してくれた、とオペラ作者たちや聴衆までがほめたたえたという。一七七六年にオペラの歌い手として契約を結ぶことになり、一七八一年まで活発な舞台活動をした。シャルロッテ・エッカーマンは一七七四年から高級娼婦のような生活ぶりを示して、一七七九年に王の弟、カール公のおおやけに認められた愛妾となった。噂によれば、彼の弟のフレードゥリク・アードルフ（一七五〇〜一八〇三、筆者注、三男坊に当たるが、父のアードルフ・フレードゥリクをさかさまにしただけの名で、大いに紛らわしい）の進言によって愛妾に迎えたとされるが、カールが最初に選んだMaria Sophia Rosenstierna（マリーア・ソフィーア・ルーセンシェールナ）伯爵夫人は、女官として王妃に実直に仕えており、その覚えめでたかったため断念、いわば正室に気兼ねしてのことだったようだ。カールの正室が非常に人に親しまれていたこともあり、王妃に対する同情心から、この女官との間に亀裂が入るのを恐れたようだ。カール公は、グスタヴ三世にもおおやけの側室を持つことを働きかけようとして、エッカーマンがフランスの女性で男たらしだったモンズーヴ（またはド・モンズーヴル）夫人を推薦したが、この試みは成功しなかったらしい。一七八一年カールはエッカーマンとの関係を終わらせた。その理由はスキャンダルのせいだといわれているが、むしろカール公がフリーメーソンに加入したために、関係清算が必要だとみなしたかららしい。それにしても、フリーメーソンとの関連ももう少し説明が必要なのでないかと思われる。一七八一年エッカーマンは、スウェーデン王、グスタヴ三世との軋轢葛藤《あつれきかっとう》に巻き込まれた。エッカーマンはこの王に嫌われたというのだが、人の口の端にのぼった理由は、王に敬意を払わず、世に持てはやされている王の理想を風刺することがあったからだという。カール公との艶事《つやごと》も終わりその庇護も期待できなくなり、王はオペラ座から彼女を解雇しようと画策し、ドロットニングホルムの宮殿から追放した。それどころか、ストックホルムの市長であるカール・スパレに、彼女を逮捕し監獄に送るように、命令さえ出した。王が挙げたその罪過の名目は、エッカーマンが子供を産み落とし、その子をひそかに闇に葬ったとか、前にも出た例の王位承継の正統性に関する噂を広めるのに手を貸した、などというものであった。後者については前述したことであるが、世継ぎ公子の父は実は王でなく、王の指示に従った厩舎長のアードルフ・フレードゥリク・ムンクなのだという噂が生じ、それも王自身の母であるルイーゼ・ウルリーカによって広められたのであり、王夫妻からムンクにその報酬として贈り物が下賜されたとの別証言が出るや、そうした流説を勢づかせた。前に述べたようにエッカーマンの妹のユーリエを情人としていたスパレは、王がエッカーマンを苦々しく思っていたことを知っていた。スパレはエッカーマンに対する王の告発を調査し、彼女が子殺しを犯したことを示すものは、何一つ発見できなかった。

シャルロッテ・エッカーマンは、王子の正統性にかかわる噂を広めたとされる告発をきっぱり否定し、そんな流言を流した犯人は王の小姓の Georg Johan De Besche（エーオルイ・ユーアン・ドゥベッシェ）だ、と訴えた。王位承継権を有する子供の誕生に見合うほどの贈り物を、王妃がムンクに与えた、とドゥベッシェがつい口をすべらせたのだという。こうした事情を斟酌《しんしゃく》し、スパレはエッカーマンの逮捕を拒否し、裁判所からの法的裁定もなく、君主が一市民の自由を危機に陥れようとするのは、スウェーデンの法に反すると指摘した。事件そのものはすべて沙汰やみとなった。エッカーマンは監獄送りにならず、王もそのことをさらに口にすることはなかった。ただしその少し後で、エッカーマンは故国を去ったが、王に追放を食らったからのようだ。シャルロッテはそれ以降フランスはパリの都で暮らしたが、マダム・アールグレーン（母方の苗字）という名で高級娼婦として生きていた。一七八四年のこと、Gustaf Mauritz Armfelt（グスタフ・マウリッツ・アルムフェルト、一七五七〜一八一四）は、グスタヴ三世が仕事上の問題でフランスを訪問したときに、王と会う機会をアレンジしてくれ、彼女は王と和解し、スウェーデンへの帰国が許されたという。シャルロッテ・エッカーマンは、イタリアで数年過ごしたのちの一七八六年に故国にもどり、今度はスパイとして活動することになった。ストックホルムに駐在している外国の使節などをスパイすることを条件に、高級娼婦の資格を当局から認められた。彼女の晩年は、オランダのスウェーデン大使 van der Bork（ヴァン・デル・ボルク）男爵の愛妾となった。Anders Sparrman(n) アンデルス・スパルマン、一七四八〜一八二〇）という動物磁気も研究した医師に磁気療法を施されている間に、彼女はすっと眠りに入り、目覚めることなくそのまま幽明の境を異《こと》にしたとされる。このスパルマンという人物は、有名なリンネの教え子でその学識を買われ、ある船長の指示のもとに船医となり、見慣れぬ外国の風物に興味を抱き、いろんな土地を経めぐった。ドイツの作家として有名なヨーハン・ゲオルク・フォルスターの父ラインホルト・フォルスターの助手として働き、キャプテンクックの二次遠征にその父子と連れ立って参加した経験を持つ学者だともいう。

さて次には **Charlotte Slottsberg**（**シャルロッテ・スロッツベルイ**、一七六〇〜一八〇〇）のことになるが、Slott は宮殿の意でBergは山の意から、英語圏文献ではCastle Rockが通名にされたようだ。当時のスウェーデンのプロ・バレリーナといえば、フランスかイタリアの出身者が普通だったが、スロッツベルイは珍しくも純国産であり、ヨーロッパ随一のダンサーになるだろうといわれていたし、ロイヤル席からのいつもの拍手喝采ぬきには舞台にのぼらなかった。彼女は高級売春婦と広く見なされていて、懐を豊かにしてくれる金持の情人を持っていたが、ダンサーとしてのキャリアがあってのことだった。普通の愛妾と違うのは、政治的にも積極的だったといわれている点である（これには反論もあるようだが）。一七九〇年にカール公の兄であるグスタヴ三世から、カール公の気持をうまく動かすのと引き換えに、奨励金を得ていたとささやかれた。つまりはカール公の愛妾になっていたのだ。**Magdalena Charlotta Rudenschöld（マクダレーナ・シャルロッタ・リューデンシェルド**、一七六六〜一八二三）が、アルムフェルト事件に絡み反逆罪で有罪とされ晒し台に立たされたときに（一七九四年）、あの女の代わりに晒し台に立つべきなのはスロッツベルイだ、という声が群衆の中から上がったともいわれている。

これには次のような裏話があった。リューデンシェルドは、政治家のCarl Rudenschöld（カール・リューデンシェルド）伯とChristina Sofia Bielke（クリスティーナ・ソフィーア・ビールケ）伯爵夫人との間に生まれたが、彼女の父が一七六六年に王国議会の議員の地位を失い、家族が経済的に逼迫《ひっぱく》した状態に陥り、母は自分の力の及ぶ限りのコネを通じて、フランスの利害が有利に働くような動きをとるのと引き換えに、フランス政府から秘密の手当てを受けていた。これが本当なら、一種のスパイ役をしていたことになる。一七八四年、マクダレーナ・リューデンシェルドは王の妹ソフィーア・アルベルティーネ付きの女官に指名された。彼女は美人で知性があり情熱的で、一人の成功者というふうに宮廷ではいわれていた。彼女は王の弟カール公と、すでに何度も登場願った王のお気に入りの貴族アルムフェルト（一七五七〜一八一四）の両方からつきまとわれ、公爵のほうは断わって、アルムフェルトとは激情も抑えきれぬほどの恋に落ちた。アルムフェルトは一七八五年にHedvig Ulrika de la Gardie（ヘードヴィグ・ウルリーカ・ドウラガルディ）と結婚し、リューデンシェルドを情人とした。この情人は、内密にアルムフェルトに二人の子供を産み与えた、と信じられている。そのうちの一人は一七八七年に、ソフィーア王女のお供で出かけたドイツのクヴェードリンブルク（ドイツのハールツ前山《まえやま》にある町、筆者注、実はこの王女は、一七八七〜一八〇三の間、ここの女子修道院長もしていたことが背景にある）で出産した。グスタヴ三世があえなく斃され、グスタフ四世アードルフに玉座が約束されたものの、まだ成年に達していなかったので、カール公が形の上だけの摂政になったが、公のお気に入りのレゥイテルホルムが実際の摂政におさまり、摂政政府の実権を握った件は前に紹介した。一方こうした時期に政府のなかに足場を築こうとしていたアルムフェルトは、リューデンシェルドを残し一七九三年祖国を退去した。彼には内密の計画があった、つまりロシアのバックアップを得て摂政政府を倒し、彼自身を首班とする新しい政治体制を設けようと図っていたのだ。愛人として彼の帰国を待ち望んでいたリューデンシェルドに、アルムフェルトがしきりに手紙を出しているが、今度はメッセンジャー役に使い始めた。彼の意見に耳を貸す人たち、つまり若い王（グスタフ四世）やロシアの大使館員たちとコンタクトをとるよう、彼女に要望していた。こうした数々の使命の少なくとも一つを、彼女は実行していたとみなされた。

　ところが、この二人の文通の証拠が、事実上の摂政レゥイテルホルムと名目上の摂政カール公の二人の手に渡る結果となった。それらの手紙の写しをとり、売りつけようとハンブルクの郵便局が謀《はか》ったからである。レゥイテルホルムはリューデンシェルドを一七九三年十二月十八日に逮捕した。彼女は、この謀議にからんで拘留された最初のひとりだった。リューデンシェルドは多少の書類を焼却したが、未処分のなかに、執拗なカール公からのラブレターが見つかった。現在の政権を廃して後をひき継ごうとするアルムフェルトの目論見が、その他の手紙などから明るみに出されたとされる。リューデンシェルドにつきつけられた証拠は、言い逃れできぬきついものでなく、彼女も持ち前の知性と精神力で自己弁護ができた。彼女は強権的に有無をいわさず収監されたが、「恐ろしい牢獄で、太陽も月も目にしなかった」と述べた。しかしながら、アルムフェルトの屋敷が捜索され、リューデンシェルドの彼への手紙が千百通も見つかった。その数通のなかに、カール公およびレゥイテルホルムに対する侮蔑の言葉が述べられていたので、彼女の立場を悪くした。カール摂政は、以前彼女に言い寄ってはねつけられたことをいまだに根に持っていたし、レゥイテルホルムは自分に対する彼女の評価に腹を立てた。アルムフェルト宛の彼女の八通の恋文は、摂政とレゥイテルホルムによって印刷公刊され、それには、「旧王宮にカール（筆者注、ここではリューデンシェルドの父のことを指しているのはお分かりであろう）の娘マクダレーナ・シャルロッタとして知られた一貴婦人が収監され、マグヌスの息子グスタフ・マウリッツとして知られた叛逆者アルムフェルト男爵に宛てた、彼らの数々の情事についての書簡」という表題が付された。そのいくつかにアルムフェルトに孕まされたのちに、彼の助けを借りて流産を試みたことが述べられていた。公爵とレゥイテルホルムが手を組み彼女に向けた脅迫的な態度は、むしろ公衆の同情を得る方向に逆効果を及ぼし、一七九四年の四月にもっと有利な証言に勇気づけられると、彼女はアルムフェルトへの全幅の信頼ゆえに加担したにすぎない、と白状した。ここでソフィーア・アルベルティーネ王女が調停に動き、ご慈悲を垂れるようにと摂政に要望し、最初にほのめかされていた流産の責任については、お咎《とが》めなしとするよう説得した。一七九四年マクダレーナ・リューデンシェルドは有罪とされ、アルムフェルトが欠席のまま（外地にとどまっていたので）、ともども叛逆罪で死刑の宣告が下された。他に二人の共犯者 Johan Albrecht Ehrenström（ユーアン・アルブレヒト・エーレンストレム、一七六二～一八四七、筆者注、フィンランドの貴族政治家で、古い木造家屋の構造によるヘルシンキの町が、一八〇八年の大火で焼尽した後に、新しい都市再改造に当たったことでむしろ有名。アルムフェルトとの関係は未詳）と Johan Fredrik Aminoff（ユーアン・フレードゥリク・アミノフ、一七五六～一八四二、筆者注、これもアルムフェルトとの関係は未詳）も連座した。しかし実際はリューデンシェルドの刑は、牢獄生活のあと晒し台にくくられることに減刑された。大臣のフレードゥリク・スパレは彼女を鞭打ちの刑にしたらと提案すると、当初はレゥイテルホルムも賛成同意をしたものの、公衆の憤激の的にされた。これ以降スパレは、「鞭打ち大臣」という綽名で呼ばれるようになったという。

この後に他の人の記録やこの女性自身の手記を引用して、リューデンシェルドの晒し台に立たされた場面の克明な描写もあり、アルムフェルトの推薦により、前述のスタール夫人の庇護を受け、スイスはコペで暮らした晩年への言及もあって、それなりの興味もあることながら、むしろスロッツベルイがこの女性の身代わりになるべし、との声が聞かれた先の説明につなげられる段階なので、ここで切り上げておこう。

スロッツベルイは、カール公の寵愛をいいことに、好きなように馬車を乗りまわしていたが、これも周囲の人たちの非難の的にされた。宮廷の女官用に特別仕立てられたこの馬車は、カール公家お誂えの制服に身をつつんだ衛兵の警護つきで彼女に使用が許されていたのだが、カール公が彼らの関係があまりオフィシャルなものでない、と認める必要を感じた一七九五年までで、廃止させられた。実は妻のヘートヴィヒ・エリーザベト・シャルロッタ（テ）の不満が、夫の耳に述べ伝えられたことにもよっていた。つまりスロッツベルイはカール公「専属の」女性なのではなかった。いわばカール公とて、彼女の顧客のひとりにすぎなかった。それでも最も長期間にわたる情人だったわけで、一七七七年から一七九七年までの二十年間もつづいたのである。すでに一七七四年に高級娼婦として、「醜悪で年寄の」オーストリアの外交使節の愛人だったという評判があった。さらにほかの情人のなかには、政治家のフレードゥリク・スパレ伯（一七三一〜一八〇三）とかC・W・セーレ（筆者注、平民出のアドニス［ギリシァ神話で女神アフロディテに愛《め》でられる美少年」と呼ばれ、外出、帰宅、乗馬のたびに、日に三、四回着替えをしたことで知られている若い王室秘書官、一七六五〜一八〇三）という人たちもいた。スパレ伯宛の手紙のひとつに、カール公爵からの手紙が彼女の部屋から持ち去られたことに気づいていました、とスロッツベルイが伝えていたものがあった。この手紙はのちにスパレの収集品のひとつになった。彼女はまた騎兵隊員であるハイトミュラーと恋に落ちたことがあるが、この者はカール公爵から彼女に贈られた宝石類を質草に流すような輩《やから》だった。彼女の暮らしは贅沢三昧で、Ulriksdal Palace（ウルリクスダール宮殿、ストックホルムからほぼ北に一〇キロ行ったところ）近くのJärva（イェルヴァ、ソールナという町の砂礫層から命名された地名）に相当の地所を持っていた。一七九九年に元海軍将校のキャプテン・アードルフ・グランホルムと結婚した。彼女と同年輩でルックスはいいのだが、牡牛のごとく愚鈍だといわれた。彼女の知り合いを通じて、彼女は極めて堅実な財産を手に入れた。流産ののちに心臓発作によりストックホルムで亡くなった。死後、以前の情人であったカール公は、まだ生存していた夫や母親の抗議にもかかわらず、彼女の財産を没収した。彼女の全財産に匹敵するほどの負債を、彼女は自分に負っているという申し立てなのだ。いくらなんでも「全然王族らしからぬ行為」だと噂になったというが、それが常識だろう。彼女の遺体は丁重に葬られた。

最後にあがっている**Marianne Koskull（ヘンリエッテ・マリアナ**〔またはマリアンネ〕**シャルロッテ・クースクル**、一七八五〜一八四一）は、スウェーデンの貴族で女官であり、カール十三世及びヨーハン（ユーアン）・カール十四世の王室認定の愛妾だった。マリアナ、ないしはフランスの影響下にあった宮廷では、しばしばマリアンネと呼ばれたが、Gustaf Fredrik Koskull（グスタフ・フレードゥリク・クースクル、一七五一〜一八一三）とAnna Charlotte Gjelstrup（アンナ・シャルロッテ・イェールストゥルプ、?〜一八一五）との間に生まれた。彼女はヘートヴィヒ・エリーザベト・シャルロッテ・フォン・ホルシュタイン゠ゴットルフ王妃の女官に指名され、宮廷の社交グループの中心となった。そこでは彼女の音楽的才能（ハープ弾きの名手だった）が賞賛され、しばしば素人劇場の主役をつとめた。一八〇九年にカール十三世が玉座につくことに決まってから、その愛妾に指名され認知されたが、カール王の後継者であるベルナドット（王位についたのは一八一八年）に対しても、ときとして愛妾の役まわりをつとめた。歴史家のなかにはときによって、彼女が愛妾の役を本当に果たしたのか、単に外見だけだったのか、疑問符をつける人がいる。

前にあげたベルナドットの妻デジレ・クラリがフランスへ戻った後で（一八一一年）、ベルナドットがマリアナに熱をあげている間は、王も横取りするわけにいかないので、彼女の情人のように振舞っていたのだとは、ヘートヴィヒ・エリーザベト・シャルロッテ王妃の日記の述べるところである。ベルナドットはこの情事を隠そうとしたのに、クースクルのほうは反対に大っぴらにするところがあったようだ。一八一五年六月シャルロッテ王妃は、その日記にこう記している、クースクルが見せてくれた宝石は相当に高価なもので、明らかにベルナドットからの贈り物だとわかった、と。自分の兄弟グスタフ（生没年は不明）を近衛連隊の大尉に昇進させてもらえるよう、クースクルは一役買ったことがあるらしい。音楽のミューズとして彼女を描いた一つの画が、王のサロンの一室に飾られていたことがある。その画を裏返すと予言者のイメージを表わす別の画になっていて、その画像が時たまひっくり返してあれば、その日は王とご一緒の日です、とベルナドットへのメッセージとなり、ミューズのイメージが表向きにされている場合には、彼女はベルナドットと一緒に時をすごしても構わない、という意味を表わしたのだという。

あるとき、彼女は王位承継権のある公子、のちのオスカル一世を火遊びの相手にしたとき、公子の家庭教師Germund Ludvig（またはLouis）Cederhielm（イェルムンド・ルートヴィグ（またはルイ）・セーデルイエルム、一七五五〜一八四二）は、「後生だから、お姐《ねえ》さん、三世代目はよしなされ、お姐《ねえ》さんは彼ら全員を骨抜きにしようとしているんですぜ！」と、怒鳴りつけたことがあったという。

十一、ヘートヴィヒ・エリーザベト・シャルロッテの強《したた》かでしなやかな人心操縦力

前章では、単なる女性との情愛関係だけでなく、もしかしたら歴史的事件の鍵となるものが潜んでいるかもしれないと調べまわったが、残念ながらとり立てていえるものは見つからなかった。王宮に影響力のあったアルムフェルトと関係したリューデンシェルドとか、当時でいえば前代の王だったアードルフ・フレードゥリクの隠し子と目されるロロッテ・フォルスベルイとか、を挙げることができるかもしれない。いずれもきわどいスキャンダルに類し、ひょっとしたら時間に埋もれた歴史の暗部を照らし出してくれるのでないか、と大いに期待されるところもあったが、特にカール十三世やグスタヴ三世などの政権担当者に直接結びつくものではないし、ましてやどう転んでも本題のカール十一世の幻視への足掛かりにもなりそうにない。

そういうことがわかってくると、筆者がカール十三世の婚外情事にかまけて、重要なことを見のがしているのでないかと気がかりになってきた。なにしろカール十三世にはヘートヴィヒ・エリーザベト・シャルロッテ・（フォン・シュレースヴィヒ＝ホルシュタイン＝ゴットルフ）〔これが本来のドイツ名であるが、スウェーデン宮廷では旧名のまま通用したのか、ヘートヴィグ・エリーサベト・シャルロッタというふうにスウェーデン語風に呼ばれたものか、正確なことはわからない。王妃の公式名としてはシャルロッテという、とのウィキペディアの断わり書きがあるが、いちいちそう断わってまわるのも煩雑にすぎるので、便宜上ここではスウェーデン語風でいわれたものとしておく〕

というれっきとした正室がいたのだし、それぞれ婚外事情にあったとはいえ、表向きの宮廷行事や外交折衝の場では形式的にでも夫妻の体裁を整える必要があった。それにお互い不倫関係にあったのは事実としても、夫婦仲が外から想像するほど親密性を失い、敵愾心《てきがいしん》をむき出しにしていたわけでもないらしい。特にシャルロッテ公妃、のちの王妃は、膨大な手紙形式のメモランダムを書き残していたことで世界的にも有名で、その間の夫との接触を完全に断ち切っていたわけでもなく、むしろ夫を同情的に捉えていたことが明らかにされている。

こつこつとこまめに書き溜めたこの記録魔的なところは、そもそも何が発端で、それを営々と持続させた意志力が何によるものか不明であるが、ゆくゆくは公刊する意向も見せていたとされる。そうした点を押さえれば、自分の経験したもろもろの事態を客観的に捉え直すだけでなく、事態に即応した自分の感慨にすら偏見を排する目も養った、と思われる。

そう考えれば、この公妃のことを改めておさらいしておく必要が生ずる。もちろんウィキペディアの資料を参照しなければならないが、いわば公妃の人柄や政治的潜在力に的を絞ることにしたい。

シャルロッテ（一七五九～一八一八）は、フリードリヒ・アウグスト一世・フォン・ホルシュタイン＝ゴットルフ公爵とウルリーケ・フリーデリーケ・ウィルヘルミーネ・フォン・ヘッセン＝カッセル公女との間の娘として、オイティーンに生まれたが、彼女の従兄でセーデルマンランド公爵だったカールと一七七四年七月七日に十五歳で結婚した。結婚式は当時王位にあったグスタヴ三世の取り計らいによるものだったが、スウェーデン王位の承継をつつがなく全うさせせんと願ってのことだった。というのも、王自身が結婚の総仕上げとなる床《とこ》入りを遂げておらず、世継ぎをつくる仕事を弟のカール公に委ねようと決めたのである。王もすでにソフィーア・マクダレーナ・フォン・デンマーク（一七四六～一八一三）を妻に迎えている身であったわけだが、一七七〇年にマクダレーナと結婚して以来、もう七年もたつというのに一人の子も儲けておらなかった。マクグダレーナは信仰心が篤く何事にもおずおずしていて、こうした男女の関係にも控え目であったらしい。王のほうも歴代の王と違って、近くの女性にちょっかいを出すとか、正室のほかに複数の愛妾と情を通じるとか、浮ついた風評が一切聞かれなかった稀な人物とされる。そうした事情にあったものだから、グスタヴ三世は世継ぎを産めない伴侶ならば、と離婚に踏み切ろうと考え、侍医に相談したところ、診断認定書の作成を拒否され、離婚後の王妃に子供ができる可能性もあるし、そうなったら王が嘘つきとされ、自分で不能者だと申し立てるのと変わらなくなりますよ、と諭され、ようやく思いとどまったという。

この一件は、王の母后であるルイーゼ・ウルリーケ・フォン・プロイセン（フリードリヒ大王の第五番目の妹）が、のちのちおおっぴらに触れまわった噂へと結びつけられる。一七七七年にいよいよ床入りの晩となった折しも、王夫妻は交合に難渋し、召し出したアードルフ・フレードゥリク・ムンクなる厩舎長が、ねんごろに手ほどきをした、という話なのだ。いわばその男が王の身代わりとなって王妃と交わった疑いが持たれることから、王は男としての面目丸つぶれとなり、卑猥なエロ話なんかでは済まなくなる。以前、弟の結婚式に躍起になったのも、もともと同じ理由に根ざしたものだろう。ちなみに《The Esoteric Curiosa》なる英文のブログが公開されているので、興味のある方は参考にされたらいい。

ところで一七七五年七月にシャルロッテが妊娠したとの報が、宮廷内に飛び交った。これで承継問題は解決したと誰もがほっと一息つき、誕生を待ち望む人が教会の祈禱に参列した。しかしながら、その知らせはすぐに誤報だとわかった。政略結婚とまではいわないが、政権維持の道具として王がせかした結婚のように見えるし、この誤報のニュースは一方で、王が結婚の総仕上げに自ら踏み切るきっかけをつくった。王に一矢を報いるつもりだったのかどうかは別にして、王にそこまで決心させたことはひとつの功績といえよう。こうして一七七七年の床入りとなり、嗣子《しし》のグスタフ四世アードルフの誕生と相成ったのだから。母后の人騒がせな噂は、自分がほったらかしにされた恨みつらみから歪曲されたものであろうが、真偽が確かめられないうちに、まさに瓢簞から駒となって後代の政治に影を落とすことになる。グスタヴ三世とはほとほと不運な君主だったことになる。

シャルロッテは潑溂《はつらつ》とした性分ゆえに、人とのつき合いも難なくこなして、王宮の中心人物におさまり、ときどき非公式に「お嬢さま公妃」と呼ばれ、その美貌と活発さと言葉を扱う当意即妙さとで注目された。こうした資質を持っていたので、彼女は当座のみんなの模範とされ、彼女が女王として迎えられた時世よりも、グスタヴ三世の宮廷での役割のほうが、歴史上ではもっと重要視されている。引っ込み思案《じあん》な王妃、ソフィーア・マクダレーナに較べてみれば、「ロッタ公妃」は生き生きして機転がきいて、きわどい口をわざときいたりして、いろんな仕方で宮廷の女性が集う場づくりに勤《いそ》しんだ。彼女はよく人にいわれることがあった。「もっと愛らしくて、もっと快活なことは誰も想像つかないでしょう。彼女はいわば喜びそのものだ。彼女の最大の喜びは、冗談や馬鹿げたことを仕出かすことです。こうした風習を彼女が採り入れても、生来少しメランコリックな国民性には、元気をつけて盛りあげるなにかが必要なのですから、推奨されることでしょう」と。

彼女は素人劇場にも、女優としてもダンサーとしても参加したが、これはグスタヴ三世の御世の宮廷内にあっては、重要なパートであった。彼女のダンスは人によってはスキャンダラスなものと見られていたのも、当時のバレーダンサーは売春婦と見なされていたからである。彼女及び義妹である公女ソフィーア・アルベルティーネ（一七五三～一八二九）が、快楽を追い求めるあまり王の目を国家事業からそらしている、という批判にさらされて屈服してのち、シャルロッテもそのステージから一七八三年に引退した。

彼女の結婚生活はよそよそしく、彼女とその夫はともに婚外情事にいそしんでいた。カール公は彼女よりも愛人のほうに心遣いしたし、ちょうどこの二人の婚儀の頃合いには、アウグスタ・フォン・フェルセン（一七五四～一八四六、アクセル・フォン・フェルセンとは従姉弟同士）へのご機嫌結びに真っ最中だった。公妃のほうは、ソフィー・フォン・フェルセン伯爵夫人（一七五七～一八一六、アクセル・フォン・フェルセンの妹で、のちに結婚してソフィー・フォン・ピーパーとなった）に対して親愛の情を見せたことから、真偽のほどはともかく、異性同性のどちらにも好みがあるとの噂が、さらなる噂を生み、のちに王妃に成り上ってもその間ずっと尾を引いた。一七八六年のフランシスコ・デ・ミランダ（一七五〇～一八一六）とか、のちにはフリーデリーケ・フォン・バーデン（一七八一～一八二六、グスタフ四世の妻）とかの両人によって繰り返された、という記載が英語版のウィキペディアに見つかった。後者のことはほかでも指摘があるが、前者のほうは疑問符が必要。一七八三年来、彼女はカール・ピーパー伯爵とかなり長い期間にわたって関係があったわけだが、ソフィー・フォン・フェルセンへの秘密の書簡で、彼のことを自分の愛人だと呼んでいた。一方公妃の情人と取り沙汰されているなかには、マリー・アントワネットの情人との噂があったアクセル・フォン・フェルセン伯爵（一七五五〜一八一〇）がいた。アクセル・フォン・フェルセンとの情事がいつ始まったのかは知られていないが、マリー・アントワネットの死後フェルセンがスウェーデンに戻ったときに、彼女のほうが再び復縁を願って、フェルセンがそれを断わったことだけが知られている。このことは、一七八四年の夏にグリプスホルム宮殿に王室一行が滞在した折、たまたま起こった単なる一時的な出来事と推量されていた。シャルロッテはさらに、アクセルの弟、ファビアン・フォン・フェルセン伯爵とも関係があった。ファビアンとの情事は、一七八〇年代の後半に始まったと推測されているが、一七九七年のファビアンの結婚でやっとお熱も冷《さ》めたようだ。シャルロッテの懐妊（シャルロッテ自身が最初の本当の妊娠だと語っていた）は、一七九二年の流産に終わったが、ファビアン・フォン・フェルセンが原因だった、と当時ささやかれたものだ。彼女の不倫情事は、一七九七年の二番目の懐妊情報の間、度重なる注視を浴びたが、死産の女子を生んだだけだった。翌年の一七九八年には男児をあげたものの、六日しか生き延びなかった。結局彼女は子供を産むことができなかった。

〔ここで途中ながら、先ほど出たフランシスコ・デ・ミランダの引用があった部分について、少々注釈をつけ加えておかないといけないだろう。あくまでもウィキペディアの英語版をそのまま引くとそういうことになるが、この部分は削除したほうがいいように思う。というのは、デ・ミランダは調べてみると、ベネゼーラ出身の革命家として有名な人物あり、フランス革命を前後して、ヨーロッパ各地を東奔西走したようだが、基本はアメリカのスペイン領だった地域に独立運動を煽動して歩き、結局はその運動が挫折し、自身も牢獄に繋がれて不運に終わったとされる。デ・ミランダにつきウィキペディアをさらに調べてみても、革命家としての生涯についての記述は詳細広範にわたるが、いざ、ヘートヴィヒ・エリーザベト・シャルロッテとの接点、または交点があったのか、ということについては皆目どこにも記載が見当たらない。あるとすれば、ミランダが一七八三〜一七九二のヨーロッパ旅行中というのが自然であるが、つまり直接両人が会ったことがあるのか、間接的にでも誰かを通じて耳にしていたのかが審らかにできなかった。そして、英語版のシャルロッテについての記載に筆者としては疑問を抱かざるを得なかった。ミランダがシャルロッテのことを噂だけで知っていたしても、男女両性に興味を抱いたという微妙な領域のことであるからには、相当に熟知しているほど親密な関係があり、そうした事情が周辺の人たちにすでに知られていると思わざるを得ない。ところが、そうした前提となる説明も抜きにして、降って湧いたようにここでミランダが登場するのは、なんとも解せない話なのである。念のために重複となるかもしれないと思いつつ、スウェーデン語版のヘートヴィヒ・エリーザベト・シャルロッテに当たると、もっと詳しい情報が盛られているが、ミランダに関する言及はまったくなかった。英語版が典拠にしているのは、My Hellsing “Hovpolitik. Hedvig Elisabeth Charlotte som politisk aktör vid det gustavianska hovet” (Court Politics. Hedvig political actor at the Gustavian court) Örebro 2013 という文献だが、原著そのものはウィキペディアで意外にも簡単に入手できることを知った。スウェーデン語、フランス語の両言語で書かれ二六〇頁を超えるもので、デ・ミランダに言及している箇所はざっと見る限りでは発見できなかった。この注釈の完遂のために時間をとっていては次に進めないため、今のところペンディングにしておくことにする」

彼女は自分の連れ合いの情事には無関心で、それだけ一層自由に自分が振舞えるチャンスが授かった。彼女の夫が愛人に事欠くと、彼女のほうに注意を向けて来て、彼の猜疑心や愚痴に向き合わされ、自分のフラストレーションになる、と彼女はぼやいた。「夫が数人の愛妾を相手にしている間は、事はまだましだったが、最後となった愛妾なんか、王に対して不遜な態度をとったかどでお払い箱にされてから、新しい女を手に入れられなくなって、夫の気持がすさんで悪くなるばかり、おかげでわたしは感情の暴発に毎日さらされなければならなかったけれども、お付きの者たちの面前でさえ、そうした癇癪を落とされたことがある。こうした邪険な行為は、冬の間ますます激しくなり、わたしの忍耐の限界に達してしまいました」と彼女の日記に記しているという。

シャルロッテが、愛と性交渉についての自分の見解を披瀝し、グスタヴ三世が、亡くなった母宛の何通かの手紙をほかの者たちと一緒に検分していたところ、母后ルイーゼ・ウルリーケとCarl Gustaf Tessin（カール・グスタフ・テシーン、一六九五〜一七七〇）伯との間に噂が立った情事とか、テシーンが王妃ルイーゼ・ウルリーケに慇懃《いんぎん》を通じたことに、スウェーデン王たるアードルフ・フレードゥリクが苦言をもらしたとか、の情報がその手紙に書かれていた。

〔ここに出てくるルイーゼ・ウルリーケとテシーンとの艶聞について、果たして実際にあったことなのか、単なる噂なのかは、やはり追究しきれない。テシーンについてウィキペディアを参照すると、彼はいわゆる「キャップ派」の有力者Count Arvid Horn（アルヴィド・フールン伯、一六六四〜一七四二）にとって、そのウイットと雄弁と、そして押し出しのきいた態度で、手ごわい敵対者ぶりを発揮していたとされる人物。一七七四年、特命大使の筆頭としてベルリーンに派遣され、フリードリヒ大王の妹のルイーゼ・ウルリーケ、つまりスウェーデンの承継王子アードルフ・フレードゥリクに選ばれた花嫁を、ストックホルムに無事お連れする任務が与えられた。新しく設けられたばかりの王室のöverhov marskalk（侍従長）として、王位に連なるお二方の気心を急速に捉えた。さらに彼は、アードルフ・フレードゥリクが一七五一年に王位につくにあたって、ロシアの女帝イェリザヴェタの影響から、この王位承継者を難なく救い出すことに成功し、これによってスウェーデンの独自性の維持に寄与した。……などと記載されている。個々の人物に関するウィキペディアの報告は、どうしても表向きの記載で終始せざるを得ず、スキャンダラスなことの真相までは踏み込めないのだろう〕

一七八二年ルイーゼ・ウルリーケの臨終の間際にシャルロッテは、グスタヴ三世とその母との話し合いの調停役を買って出た。世継ぎの公子は非嫡子であり、アードルフ・フリードリヒ・ムンク・アーフ・フルキラ伯の落とし胤《だね》だったという風聞や、母后もそれに同調した一七七八年来の悶着騒動に、終止符を打つためだった。

露瑞戦争（一七八八〜九〇）の間に、シャルロッテは政治問題に参入した。スウェーデンの同盟国フランスは、この戦争に不快感を抱いていたため、フランス大使と折衝するに当たって、グスタヴ三世は彼女に斡旋役として働ける仕事を与えた。彼女は一七八三〜八九年間にスウェーデンのフランス大使の娘で、自分と親しかったCamille de Bois de la Motte（カミーユ・デュ・ボワ・ドゥ・ラ・モット、ポーンス侯、ルイ・マルクの娘という紹介がなされるだけで、一種のスパイ活動に従事していたせいか、生没年が不詳）と協力し、君主と大使の間の文通を取り持ち、その両人の秘密会議を設定したこともあり、君主の要請に基づき彼らの立会人としての役も果たした。シャルロッテが実は大使の意図を疎外するために利用されたと気づいたときに、このことが彼女と王との間に亀裂を生む原因となった。後にアードルフ・フリードリヒ・ムンクが王の見つめる目に気圧《けお》され、彼女に汚名を着せたことがある、つまりはスウェーデンの戦闘突入の計画のことが、カミーユ・ドゥ・ラ・モットの友情の発露となってフランス側に筒抜けになっていた、と非難したのである。彼女の文通書簡が読まれているのは先刻承知のこと、彼女は自分自身の通信網を通じて極秘の文通を維持していた。

一七八九年の王国議会の期間中シャルロッテは、その義妹ソフィーア・アルベルティーネと連れ立って、集会の会議室を眺められる秘密の窓を通じて会議に出席していた。「統合と安全条項」のために王が貴族を反対にまわすような立場に追い込まれた。貴族の女性メンバーは、Jeanna von Lantingshausen（ジァーンナ・フォン・ランティングスハウセン、一七五三〜一八〇九）によって指導され、王宮の生活に参加するのを拒否することで、王を社会的にボイコットしよう、と政治デモを起こした。その傍らでシャルロッテやアルベルティーネの居室の訪問を続けていたのだが。この二人は「安全条項」に反対だということは周知のことだし、声明を出して一端を担うのは拒否することで、自分たちの立場を明らかにしていたのである。このことは効果的だった。当時の王妃、ソフィーア・マクダレーナは隠遁同然で、シャルロッテとソフィーア・アルベルティーネが宮廷の態度表明の大方を代弁していた面もあったが、グスタヴ王は人の先頭に立っていると彼女を非難した。「自分たちをどんなものよりも上にあると保護者ぶる。自分らの美貌と才能で人の感覚をとりこにしてしまい、見解や利益を統制しているのだからな」と。王はジァーンナ・フォン・ランティングスハウセンを宮廷から放逐し、自分の妹や義妹に接触するのを一切禁じたとき、デモ行動は効果的に鎮静化した。

ヘートヴィヒ・エリーザベト・シャルロッテは、自分が利用してはそのお返しを提供した実力ある男性の組織網を持っていた。それらのうちにErik Ruuth（エーリク・ルート、一七四六〜一八二〇）、Rutger Macklier（ルトイェル・マクリール、一七四二〜一八一六）、Carl Göran Bonde（カール・イェーラン・ボンデ、一七五七〜一八四〇）、Jacob De la Gardie（ヤーコプ・ドゥラガルディ、一七六八〜一八四二、筆者注、この名でよく引用される一五八三年生まれの陸軍元帥は、あまりに年代が開きすぎるので違うと思われる）、Gustaf Mauritz Armfelt（グスタフ・マウリッツ・アルムフェルト、一七五七〜一八一四）、およびGustaf Adolf Reuterholm（グスタフ・アードルフ・レゥイテルホルム、一七五六〜一八一三）がいた。この最後の人物とは、彼女はフリーメーソンの活動を通じてずっと関係を保っていた。グスタフ四世アードルフが未成年のまま摂政統治下にある間、事実上の摂政に登りつめるにあたって、シャルロッテはレゥイテルホルムに援助の手を差し伸べた。一七八九年の王国議会の会期中、彼女は反対派のリーダーであるAdolf Ludvig Stierneld（アードルフ・ルードヴィグ・シェールンエールド、一七五五〜一八三五）を支援し、彼が監獄に入れられたときには、グスタヴ三世からの赦免を願い出るよう、アルムフェルトに頼んだ。

一七八九年の秋、シャルロッテはグスタヴ三世を廃位に追い込み、わが夫カール公を王位につける準備をしていた。一七七二年のスウェーデンの憲法こそ彼女の理想であったし、啓蒙啓発された貴族社会にとってはその憲法こそ格好の手段である、と彼女は見なしていた。戦争や「統合と安全条項」は彼女をして、反対派の指導的位置に追い上げた。彼女はスウェーデンの公子フレードゥリク・アードルフ（義弟）とグスタフ・アードルフ・レゥイテルホルムと協定を結んだ。この計画は、時機到来の節は反対派の旗印として働くよう、カール公を無理やり行動させることにあった。しかしながら、カール公はその時機が到来した矢先に逡巡拒絶したものだから、実際にはこの一揆は頓挫してしまった。

一七九二年、彼女の夫は、甥グスタフ四世アードルフの未成年の間、その摂政職についた。実際上の権力は、彼の寵臣であるグスタフ・アードルフ・レゥイテルホルムの手に握られており、彼女はその摂政政治に影響力は持たなかった。一七九八〜九九年の間、この夫妻はドイツやオーストリアを巡る旅に出、カールスバート、ベルリーン、ウィーン、それにハンブルクにも足を運んだ。一八〇〇年には公爵夫妻は、素人宮廷劇場の「ダマスティカ・アカデミー」を宮廷のなかに創設したが、グスタフ四世王によって閉鎖された。

一七七六年五月二日にストックホルム・パレスにおいて、シャルロッテのフリーメーソン入会の儀式が、スウェーデン・フリーメーソンのグランドマスター、つまりは彼女の配偶者カール公によってとり行われた。彼女は、Le véritable et constante amitié（真実で変わらぬ友情）という正規のスウェーデン・フリーメーソンの下部組織、養子縁組制の女性ロッジのグランドミストレスに指名された。このロッジは、ストックホルム・パレスにある男性組織と同じ会場を使用した。このロッジの組織規約は、フランスの男性並びに女性フリーメーソンのグランドマスター及びグランドミストレスであるオルレアン公のルイ・フィリップ二世とバティルデ・ドルレアンによって、一七七六年五月八日に批准された。女性ロッジのよく知られた会員を挙げると、ソフィー及びヘードヴィグ・エレオノーラ・フォン・フェルセン伯爵夫人、ウルリーカ・カタリーナ・クースクル伯爵夫人、それにシャルロッテ・イルデーンストルペ伯爵夫人などである。このロッジについてはあまり多くは知られていない。しかしながらカール公は、妻の位階を正規の男性フリーメーソンの初級第三位の位階まで近づけさせた。ブーエマン事件で紹介したKarl Adolf Boheman（カール・アードルフ・ブーエマン、一七六四〜一八三二）によれば、彼女がカール公に、女性フリーメーソンを男性フリーメーソン組織に参加させてもらえないかと頼んだ、というのがその発端とされた。公は同意しなかったが、男性フリーメーソンの初級第三位の位階への接近は許し、加えて女性組織のために男性の式典をよりよく説明できるよう、式典行事の教典の入手も許した。シャルロッテが男性フリーメーソンの初級第三位階について説明し、にも拘らず女性メンバーが正規のメンバーになれないのは、組織の好戦的な観念のためだと述べていて、それを文章化した報告書が残されているが、開示されずに残っている秘儀が女性に隔離されている理由には全然ならない。この報告書には日付が記されていない。ブーエマンは、公爵夫妻に一七九三年にマグヌス・ステーンボックによって紹介された、という記載はすでに訂正済みだ。ブーエマンは一八〇二年に、男女共用の縁組制のロッジ「黄色の薔薇」を創設して、公爵夫妻を指導メンバーに仰いだ。男女両方のメンバーがこのロッジに入会、そのなかには王妃の母親に当たる方も含まれた。ブーエマンは一八〇三年にグスタフ四世アードルフを入信させようと試みたが、王は拒否した。そのロッジは実際には王に謀反を謀るイルミナティの組織なのだ、というグスタフ・マウリッツ・アルムフェルトの警告に従ったのである。このことがいわゆる《ブーエマン事件》に発展して、王（ここで述べているのは、グスタフ四世アードルフのこと）と公爵夫妻との間に長引く亀裂を惹き起こしたのである。カール公が王命でブーエマンをフリーメーソンから追い出すように強制された後で、ブーエマンは逮捕、追放された。公爵夫妻は、君主による非公式の審査に引っ張り出され、公妃は王国顧問官たちの面前で査問を受けた。

一八〇九年に公爵夫妻は、クーデターのあと王位の座に担ぎ上げられた。クーデターの間中シャルロッテは、「わたしはクイーンになるなんて望んでいない！」とのたまっていたが、別の位置につくのは事態を混乱させることになると悟ったのだ、と後によくいわれた。

彼女の夫から自分が王なのだと聞かされたとき、シャルロッテが夫にこう語った、わたしはあなたの信頼できる忠告者でお友達になりましょう、けれども国家の出来事には不介入を守っておきます、と。王として統治している間、朝の起きがけに話をしようと、王のところに彼女は毎朝ご機嫌伺いに足を運んだことで有名だった。彼女が王と一緒に戴冠したのは、一八〇九年六月二十九日のことだった。戴冠式の際には、彼女は優雅で威厳に満ちていたが、いつもの生き生きした潑溂さも失っていなかった、と書き留められている。

かくて女王となったシャルロッテは、自分ではそんなことはないと否定しているにもかかわらず、政治の大きな影響力を発揮するもの、と当時の人たちから信じられた。シャルロッテは「グリーンテーブル」と呼ばれたサロンを開いたが、そこでは婦人方が縫い物をしながら政治論議をしていた。

以前、女王位についていたフリーデリーケ・フォン・バーデンに対して、シャルロッテは親近感を寄せていて、前王が王位剝奪の憂き目に遭うと、その妃であったフリーデリーケが幽閉中の身を案じて見舞ったことがある。そして以前は王族だった家族の釈放のために力を貸した。前王がその家族と再会して一緒になることが許されたのは、彼女の尽力のおかげだった。最初はそれぞれの住まいが別々のままの監禁だった。

王位承継に関する協議交渉の間、彼女はグスタヴィアン派の後押しをしているが、この派は廃位に追い込まれた前王の息子、つまりは以前クラウン・プリンスといわれたグスタフ・(フォン・ヴァーサ)を、次期王位承継者と認めることを願っていたのである。ある晩餐会の席で、将軍で男爵の Georg Adlersparre(イェーオルイ・アードレルスパレ、一七六〇〜一八三五)は、シャルロッテ王妃にこう語った、ジャーン・バティスト・ベルナドットが自分に、王は何人かのお子をお持ちですかと訊ねたことがありましたが、王には子がいないとわかったとき興味を示しました、と。王座に座るのは廃位された王の息子が自然だと考えられています、と王妃が意見を述べたとき、アードレルスパレはこう申し立てた、クーデターをあおった人たちの誰もその意見を受け入れますまい、あの少年が王になったら、父の仇を討つだろうと戦戦兢兢だし、そうはならないように彼らは動き出して、引きずりおろした王が実は女王ソフィーア・マクダレーナとアードルフ・フレードゥリク・ムンク・アーフ・フルキラ伯の間で儲けられた庶子だ、という昔の噂を持ち出しかねませんよ、と。

王位承継者の地位につく候補者は、フランスの将軍ジャーン・バティスト・ベルナドット、ペーター・フォン・ホルシュタイン゠ゴットルフ公子、デンマークの公子でカール・アウグスト・フォン・アウグステンブルクが挙がっていた。いずれの場合にも、スウェーデンの独自性に関してシャルロッテは危惧していた。スウェーデンがフランス帝国か、ロシア(ペーター・フォン・ホルシュタインはロシアの皇女と結婚していた)か、デンマークの一部になってしまうのでないか、と恐れたのである。庭園でのアードレルスパレとの会談中、彼女は「わたしがスウェーデン人になって非常に幸せです。フランス人やロシア人やデンマーク人になりたいとは思いません」と表明していた。結果的にアウグステンブルクが選ばれた。フィンランドを返還する穴埋めにノルウェーをスウェーデンにもたらすもの、と期待が彼にかけられたのである。

一八〇九年の憲法改正について、彼女が数人の政治家と議論していたことは知られているが、彼女が何らかの影響力を持っていたかどうかは知られていない。党派分立は好まないが、絶対王政も好まない、と彼女はいっていたし、民衆は自分らに関する問題について「選ばれた代表者たち」で決定することを望んでいた。

アウグステンブルクがスウェーデンに到着する前に、王は脳出血に見舞われ、統治するのが困難になった時期には、彼女は王の代わりに王国顧問会議の司会役を務めた。グスタヴィアン派は、彼女に王の代役につき、新就任のアウグステンブルクを排し、以前の戴冠公子グスタフを正式の世嗣《せいし》とすることを求めた。

これではまるで、彼女とグスタヴィアンによるクーデターの趣きだった。アウグステンブルクの到着の準備が整った後に到来したアードレルスパレは、王の臥せっていた寝室をはばかって外で彼女に面会し、こう尋ねた。「どうやら王妃陛下には、もうお近くに侍らないほうがよろしゅうございましょうね」と。それから会話が始まった。「それはどういうことなの」「陛下が私のことをお怒りになっていらっしゃると思いまして」すると彼女は笑ってこう答えた。「どうしてそんな質問ができるの。何故こちらにいらっしゃったの」と。彼はそれに答えて、世嗣に関する王の訓示を受けに来たのだとか、アウグステンブルクの任命に当たって、彼に対する一般の見解がどうなのか尋ねに来たのだとかを口にした。彼女は彼に求めた、誰にも偏見を持たないようにアウグステンブルクに伝えるように、と。アウグステンブルクのスウェーデン招来を認める許可証をうけとった後で、彼は彼女にどう思っているのか意見を聞いた。アウグステンブルクはまだ到来していないし、彼が王につくのを望んでいるのかどうか、直接回答をしていないのですからね、というのが彼女の言い分だった。それに対して彼はいった。「彼は来る気がないのだ。そうなると陛下はロシア帝国と同じ役を演じることになりますよ」とエカチェリーナ大帝が自分の夫を皇位から退けたことを引き合いに出した。彼女は答えた。「わたしはいつだって、権力を持とうと願ったためしはありません。私はあの女のように夫を殺したこともありませんし、どんなイヴァン皇子だってね、そもそもそんなことはできません。そんな調子で話をしたくありません」アードレルスパレは応じた。「陛下は正しい。摂政役になる機会は多分絶対にないでしょう」と。

摂政位にお付きになっては、という申し出を彼女は断わったし、先述のクーデターは実行されなかった。政治家のCarl Johan Adlercreutz（カール・ユーアン・アードレルクレイツ、一七五七〜一八一五）は、もしも陛下が死んでしまつたら、事態は違ったものになっていたろう、と述べていた。つまり、「デンマークとの平和条約がなされ、クリスチャン・アウグストがまだノルウェーにとどまっている前に、もしも王のカール十三世が亡くなっていたら、グスタヴィアン派の計画を支持していたシャルロッテ王妃は、かなり重要な役を果たしていただろう」と。

アウグステンブルクのことを良心的ではあるが粗野なところがある、とシャルロッテは見ていた。

その彼は、前の承継公子グスタフを喜んで世嗣として迎えようと主張していた。民衆の間では人気があったアウグステンブルクは、一八〇一年に突然亡くなった。反グスタヴィアン派は、彼はグスタヴィアン派によって殺されたのだ、と噂を流すことにした。

承継公子がグスタヴィアン派によって殺されたのだし、王妃は吊されてしかるべきだと主張するパンフが、首都中にばらまかれた。グスタヴィアン派であるアクセル・フォン・フェルセン・ジュニアは、一部の民衆にリンチにされ、アウググステンブルクの突然死が殺害によるもので、フェルセンが加担したと疑われたのだ。暴徒化した輩《やから》は同時にフェルセンの妹ソフィー・ピーパー伯爵夫人をも捜し求めた。伯爵夫人は王妃の友人であり、王妃に影響力を持っていたからである。暴徒のやからは、夫人が王妃と一緒にハーガ宮殿にかくまわれている、と聞かされた。

王妃とその女官たちは守備隊もなしにハーガ宮殿（筆者注、ストックホルムの北一〇〇キロもない近郊地にある英国式の公園を、イタリアのカンパニヤ・ロマーナに刺戟されたグスタヴ三世が（一七八三～八四）造営一新した。Brunnsviken（ブルンスヴィーク）湖の景観を取り入れ、瀟洒な城館が建てられている）に放置されていたので、いつ襲撃を受けるやもしれぬと戦戦兢兢であった。街に出てはなりませんぞ、と王妃は警告されていたし、もしもリンチの暴徒がハーガに押し寄せてくることがあっても、全員が退避できるように船が送り出されていた。王妃はしかし、エスコートなしに街に出かけることに決意した。女官のWilhelmine Taube（ウィルヘルミーネ・タウベ）伯爵夫人は、そうはなさらないように、と懇願したが、それに対して王妃は答えた、「臆病ね、あなたは、ミンナ！　そんなに怖いの、じゃわたし一人で行くわ、死ぬのは恐れないわ。死なんか無視できる。マリー・アントワネットのように死んで見せるわ。さあ、出かけましょう！」女官たちは王妃に思いとどまるように勧めた。そして王妃が彼らに出かけるように求めると、彼らは落ちつくようにいさめた。結局は何事も起こらなかった。反対があったにもかかわらず、王妃は当時もっとも不人気だったソフィー・ピーパーなる名前の汚名を雪《すす》ぐのに力を貸したのだ。

王位を継ぐ新しい世嗣を選ぶ会議が、Örebro（エレブルー、筆者注、ストックホルムから西南に二〇〇キロ離れたところにある。国内で四番目に大きな湖とされるイエルマレン湖にそそぐスヴァスヴァルトン川のほとりにあって、アルボーガ水路やメーラル湖を通じてストックホルムに繋がっている）で開かれた。王妃が最初にサポートしたのは、前の承継公子グスタフで、ホルシュタイン出身のペーターが二番目だった。選出の期間中、王妃はストレゥムスホルム宮殿に禁足されるべきだとの決定がなされたが、彼女が妨害工作に出る、と大方が信じたからである。

最終的にジャーン・バティスト・ベルナドットが選ばれたとき、政府はその報告のためにシャルロッテのもとへ、政府代表として Fredrik August Adelswärd（フレーデリク・アウグスト・アーデルスウェールド、一七七九〜一八一四）を派遣した。アーデルスウェールドは、ベルナドットは非王室関係の出ですから、シャルロッテさまの杞憂は本物になりました。しかし君主の健康のことを考えて、幸せそうな顔をなさるようにしてください、と頼んだ。王さまはあなたがご不快になっていないか心配しておられますから、ともいった。彼女は、安定をもたらしてくれるような方がおられるのなら、どんな方だろうとわたしは幸せになれるでしょう、と答え、こう結んだ。「そうなったら、きっとうまく行きますよ、その方はわたしと出会ったら頼みになる友人と思うでしょう。その方ももし才能があって良心がおありなら、血統がどうのということはわたしには意味を持ちませんよ」と。彼女はエレブルーへ行ってもいいかと訊ね、「決して政治に干渉しません、誰だって違う見解を述べていいわけですけどもね」と態度をはっきりさせた。

ベルナドットは彼女に非常に好印象を与えたし、二人の間は良好なものだった。最初の顔合わせのときに彼は彼女に「マダム、私がこちらに参りまして、あなたにどんな印象をもたらしたものか、充分以上に理解しているつもりです。でも、最初の王は成功から恩恵を授かった武人だったことを、どうか思い出してください」といった。彼女はそれにこう返した。「そのことは今お話しにならないでください。あなたはあなたの成功をかちとったのです。そのことは、そうなるよう生まれついたことよりも、価値のあることです」と。彼は彼女に助言を求め、国政のことで彼女と議論した。彼もまた、アクセル・フォン・フェルセンの国葬の準備に彼女の相談に乗った。一八一一年、ベルナドットを摂政役に指名するよう王を納得させ、ベルナドットが王位に就くのを受け入れるように、顧問会議の人たちから彼女は求められていたが、彼女はそのいずれをも果たした。

王妃はベルナドットの妻 Désirée Clary（デジレ・クラリ）を、心根がよく、寛大で、快活で、決して裏にたくらみがあってではなくて、進んでそうしたくなるときだけそうしている、しかし大人になりきれておらず、どんな要求も嫌悪し、どんな形の説明も聞き入れようとしない「駄々っ子」のところがある、と描き出している。彼女はデジレのことをフランス的でなければ、どんなものも嫌いで文句を言うたちの「骨の髄までフランス女性」だとし、「そのために結果的に誰からも好かれない」とも描写した。

ベルナドットは、廃位に追い込まれた王族を思い出させるものは、何もかも撤去するように命じた。シャルロッテはグスタヴィアン派寄りの見解を持っていたので、反グスタヴィアン派の人たちは、ベルナドットが彼女に対して猜疑心を起こすように仕向けた。彼女が元の王妃フリーデリーケとの文通をとりやめることにしなければならなかった（一八一三年）が、ベルナドットとの彼女の関係は良好なままだった。彼がノルウェーを征服しようという案を、彼女は後押しし、一八一四年にはノルウェーの女王になった。一八一六〜一七年の間、総督 Baron Olof Rudolf Cederström（ウーロフ・リュードルフ・セーデルストレム男爵、一七六四〜一八三三）は、重要な諸海戦で数々の武勲をあげた人物だが、クラウン公子とその息子の命を狙って毒殺を謀ったとする疑惑の一件に、彼女を巻き込もうとした。彼女は自分を誹謗しているのだと彼を問い詰めたが、このことが戴冠公子との関係にひびを入れることになった。にも拘らず、公子オスカルとの彼女の関係は、かえって深まったのである。公子はこの事件に関しては、彼女の側にまわったからである。

カール十三世の死に際して、自分は彼の死後長くは生きていないでしょう、と彼女は語っていた。葬儀の後、寡婦《やもめ》となった元王妃と現王との間にある衝突が起こった、と伝えられている。王との個人的な晩餐がすんでから、書き物をするために部屋に彼女は退きさがった。そしてその同じ夜に彼女は気を失い、果《は》かなくなった。

ヘートヴィヒ・エリーザベト・シャルロッテは、日誌様の記録を残したことで有名であるが、一七七五年八月から一八一七年十月の間のスウェーデン王室の様子を書き残した貴重な史料となっている。この大部の日誌はフランス語で書かれ、初めは（一七九八年三月まで）親友のソフィー・フォン・フェルセン、つまりはアクセル・フォン・フェルセンの妹に宛てた手紙の形で書きだされた。この手紙は郵便で出されたわけではなく、ソフィー・フォン・フェルセンへの賛辞のような形で書かれた。これらの日誌は公刊の意向をもって書かれたのだが、この王妃によって条件が付与されていたのは、歿後五十年にということだった。これはスウェーデン語に翻刻され、一九〇二年から一九四二年の間に九巻となって刊行された。最初の三巻は Carl Carlsson Bonde（カール・カールソン・ボンデ）により、あとの残りの巻は Cecilia af Klercker（ツェチーリア・アーフ・クレルカー）によって訳されている。

この日誌は、スウェーデン史研究のなかでも、貴重な参考文献の典拠としても使われている。国内および国際関係の両方の出来事に触れ、政治的なテーマと同じく、スウェーデンの王宮や貴族社会内部に持ちあがったゴシップ、たくらみ事、社会現象のようないろいろのテーマを扱い、同時代人のそれぞれの人物のプロフィールまで提供している。それが描出しているのは、一七八九年のフランス革命、一七九二年のグスタヴ三世の弑逆、ナポレオン戦争、そして一八〇九年のグスタフ四世アードルフの退位などである。シャルロッテの収蔵品もまた、ほかの種々のドキュメントと同様、彼女の文通書簡も入っているが、その中のいくつかは公刊された日誌にも引用されている。しかしながら、いまのところ完全な日誌は、スウェーデン語によるものだけが刊行されている。ここで採りあげた内容は、かなりの部分をその日誌に負っている。

結論に向けての多面的な考察

一、「幻視」の文書の存在証明にあらずして非在証明なり

さて、王位に就き政権を担った人たちやその周辺の人たちをめぐって、これまでウィキペディアを参考に、「幻視」にまつわる主な人物がどんな人柄であり、その人物をとり巻く状況がどんなものであったかを見てきたつもりであるけれども、そのことで主要に問題にしようとしていたカール十一世の幻視の文書への緒《いとぐち》が、見つかったかというと、それらしきものはまだ見つかっていない、というのが偽らざるところだろう。むしろこの文書そのものが、捏造《ねつぞう》されたもの、偽書だ、とほとんど九割がた認定されてしまっているのだから、文書にかかずらうこと自体が無意味だと反駁されかねないだろう。そうかといって逆に、この文書はそもそもなかったものだとして切り棄て、はいこれでお終《しま》い、としていいものなのかどうか。すでに最初にヴァージョン別にして紹介したように、少なくとも何人かの著名な独仏の作家が題材に採りあげた姿勢には、当然ながらそれぞれの作家なりに異なっているにしろ、これを読む側の興味をそそるに充分な真摯なきらめきが窺える。だからといって今ここで、そのことを根拠に、文書としての存在証明になるなどと主張するつもりはない。さらにまたこの『カール十一世の幻視』が、何か類例を見ない奇想天外な記録だとか、人生の真実を衝く特別魅力的で大切な教訓話だ、と特別視するつもりもない。

この文書をもう一度よく検証してみると、予言が指しているはずの当該の出来事を、何年の何月何日に起こるというふうに、必ずしも微細な点にわたって指摘しているわけでないし、その出来事に該当する後継の王のために、遺言

状として歴代の王が言い伝えるように、と断わっている部分もあるにしても、その点が明確に伝達されたのだとも決してとれない。なぜならのちのち後継者に伝える側も後継者側も、いつ伝達すべきなのかについては明確に意識できるわけがない。そうなると戒めの強弱または軽重の意味も一般化され、インパクトが希薄になる嫌いがある。ところがこの予言は、今から何代目の王のときに起こる、という程度のことしか伝えておらない。すでに触れたように、これを間接的に伝える作家たちが、五代から七代までとまちまちな伝え方をしているのも、こうした大雑把で漠然とした言い方に原因があるのかもしれない。ただ、国の政権を担う者が突然交代せざるを得ないことも起こるかもしれない。戒告を与える側から（この場合でいえば具体的にはカール十一世）は、予知能力を万全なものとして宣《のたま》ったものだとしても、受けとる側（つまりカール十一世以降のすべての後継の諸王の立場）に立てば、百年もの歳月の間に何が起こるか、神ならぬ人間の身であるからには予測不能である。死すべき人間である限り、突如《とつじょ》、死に見舞われることだってあるかもしれない、事実として起こったカール十二世の例を引き合いに出すまでもないだろう。何十年もの時の流れの間、しかも戦争や政争に明け暮れていた時代にあっては、予期せぬ事態に巻きこまれ命を落とすのも稀でなかったのだから。また別の観点からいって予言というものは、逆にあまり詳細な部分を明らかにせず、むしろ避ける傾向を持つ。つまり逆説的ながら予言の信憑性、または確実性を担保せんとするためにか、不明の部分を残しておくことで緊迫感の効果を強化する方向に働く。今後絶対に注意をしなければならぬ戒めだという場合、その緊迫性は一層大きいものとなるだろう。結果論的ないい方で当然すぎると響くだろうが、アンカルストレム（実はこの下手人の名すら、暗殺事件の当座、現実化も特定化もできないのであって、カール十一世の御世には、ますますこの名を挙げることもできなかったはずであろう）の暗殺を阻止できなかったことが、とりもなおさずその辺の事情を端的に説明している。

いまここで、「この物語」をもっと単純化して要点だけに絞ってみよう。

どうやら罪深いことを犯したらしいある者が、その犯行が露見してしまい、斬首の処刑を受けざるを得ない状況にあった。ただしカール十一世の立場に立てば、それは過去や現在に起こった話なのではなくて、あくまでも未来に出来《しゅったい》する事柄なのである。ところが一方、目前の建物の窓が夜に妙に煌々と明るんでいることに王が不審の念を抱き、そうした現象をただ月光の反射のせいだとして、少しも疑いをさし挟まない側近の者たちを叱咤激励して駆けつけてみたところ、あろうことかその罪人の処刑現場に遭遇してしまった。しかるに王が目にしているのは実際の現実なのではなく、いわば一つの夢、悪夢と解しても構わないような幽界の幻視だったという点が一つ。さらにはこうした幻視を現実かと疑心暗鬼に駆られた王は、もしやわが身に降りかかるのでないかと危惧恐懼《きぐきょうく》したらしく、目の前で展開された出来事が一体いつ起こることなのかと訊《たず》ねる。訊ねられた者の返答は、五代から七代後のことだと伝聞《ヴァージョン》によって差異がみられるが、いずれにしてもはるか後世に起こることだとし、まさに一世紀以上も先の未来を予言している点が二つ目となる。

いわば幻視を通じて王が幻想の世界に誘《いざな》われながら、のちに出る予言によって後世の史的実在人物に関係を持たされることになるのだから、主人公である王が二つの異なる秩序の世界、つまり幻想の世界と現実の世界に同時に身をおき、または時間の境界を容易に飛び越え、自由に行き来できたといえるかもしれない。しかしながら、幻想と現実というふうに言葉だけを並べれば、二律背反的で対立するものと捉えられやすいにしても、物語で展開されている実態を検討すれば、そんなふうに単純化できるとは思えない。なぜなら、ここでの後世の人物とは確かに血統のうえで繋がっているにしても、百年もの時間を閲《けみ》した後代の人物なのだから、王（カール十一世）にとって直接の接触も関与も持てるはずもなく、あくまでも想像、または妄想の世界の存在にすぎず、これをどのように見立てようと現実の世界とはいえないのだから。現実は常に時間に制約されているのに対して、幻想はどのように捉えようとその時間や空間からの掣肘《せいちゅう》を受けない。先に要約したように、王は幻視で見たものを現実と解し、そこで体験した出来事がいつ起こることなのか、と正直に訊ねている。正直にといったのは、王の心理状態が無意識のうちにさらけ出されていることを示唆したかったからである。つまり「いつ起こることなのか」という質問は、目の前で行なわれたことを確かにひとつの現実と認めながら、さらにそれとは別次元の世界にある現実と連携させていることになり、いわば時間的に連続並列した二つの現実か、入れ子のようにふたつの違う現実のコマの積み重ねぐらいにしか、認識していないことを表わしている。

それと同時に、王とお供をした側近たちが一緒に見た幻視は、ほぼ百年後のことだと明言されているのだから、王には危険が何ひとつ迫っておらず、むしろその身は絶対的に安泰な状態にある。別言すれば、王が「幻視」で見ているものは、実は本当の現実でないことを、すでに王自身が認識していると捉えてしかるべきであろう。このことを認めるならば、この王は、現実とか幻想とか、との境界線を引いて峻別しているのでなく、その真反対にそもそも別次元に存立しているものを渾然一体化していることになる。

さらに一種の戒告、一種の夢のお告げの類のようなところがあるにしても、代々の王位承継者が言い伝えとして、承継していかねばならぬ差し迫った性質ともいい切れない。予言で明確に示されている限りにおいて、何代か後に起こると定まっているのは確かなのだから（といっても実際場面では、予言を読み解く作業を必要とし、その作業が困難を伴うかもしれない）、優に百年もの時間の流れの間、自分とは当面関係がない王たちは、われ関せずという態度をとれるだろうし、予言が指している王（文書に従えばグスタヴ三世になろうか）本人に対してのみ注意喚起すれば済むことともいえる。さらに内容的におさえこめば、例えばある暗殺事件が出来《しゅったい》するにしても、予言はその出来《しゅったい》を予告しているだけであって、前もってそれを避ける予防策までは示していない。「気をつけろ、気をつけろ」と警告を発するだけで、どうしたら阻止ないしは回避できるのだろう。危険な結果を招かないように道筋をつけず、いわば予言の暗示性、曖昧性を本質的に含みこんでいるのだから、いわば古典的な神話の神託と等しく、読み解く側の解釈次第で、予言の中身が変わるかもしれない。

いずれにしても、先に紹介したように«Démenti donné à un fantôme»（「幻影の否認」）及び«Extrait d'une lettre d'un employé principal, aux archives de suède.»（「スウェーデンの記録文書館の主任からの手紙の抜粋」）というLöwenhielm（レーヴェンイェルム）の釈明文が、われわれに伝えられていた『カール十一世の幻視』と題された古文書の存在そのものを、明確に否定する役目を果たしている。カール十一世当時、起こったとされるある奇怪な事件が題材にされているのであるが、それを仔細に点検して客観的な事実関係だけをおさえこめば、到底起こり得ないこととしてその非存在を確かに証明していることになる。しかし、もっと基本的にはその文書に書かれている内容の事実性による、としたほうが正確かと思われる。これだけでは説明不足だとのそしりを免れようとするには、多少迂遠の道をとらざるを得ないだろう。というのも、文書の内容として展開されている状況にあって、そこで応対している王の態度にはかなり不透明なところがあるからだ。本稿の最初の段階で四つのヴァージョンは紹介済みであるが、その「王の態度」なるものを中心にもう一度整理してみよう。

王の態度といったが、それがどういうふうに外に現れているかというと、「幻視」の目に収めた幽鬼亡者どものパーフォーマンスに対して、疑問を投げかけたところに出てきている。それをもう一度ヴァージョン順に再現してみると、

(一)、アルント(=クライスト)の場合

――「余はまたも声をあげた。おお。神よ、このことが起こるのはいつのことだというのか、と。ところが、余の問いはまたも返事が得られなかった。しかし、ほかの威儀をただした男たちがそれぞれの本を強く敲《たた》いている間、年若い王は何度も首を振っているばかり。余は以前にも倍する声を張り上げ、おお、神よ、このことはいつ起こるというのですか。そうだとしたら、どうか大いなる神よ、どうかお慈悲を垂れたまえ、そしてそんな時にはどうすべきか教えたまえ、と。すると年若い王は余にこう答えた。『このことは御身の時代に起こるわけではない。そうではなくて御身から六代目の統治者の時代に起こるだろう。その者は、いま御身が目にしている当方に年齢も姿格好もまさにそっくりの者であろう。ここに立つ者は、その後見人がまさにこの通りの容姿であることを示している。王権はちょうど後見人の最後の年に、数人の少壮貴族によって転覆されるであろう。しかしながら後見人は、その統治下でこれら少壮貴族たちを追及し、自分の責務として任に当たり、周囲の面々も王権をもっと強固なものにし、スウェーデンに以前はなかったし、将来も絶対に現れることもないほどの偉大な王となり、その御代にスウェーデンの人々は幸

せになろう。その人物はめったに見られない高齢に達し、王国を借財皆無とし、国庫に数百万の財貨を残すであろう。しかし、そういう人物が玉座の地位を万全にする前に、スウェーデンの地にこれまで起きたことがなく、その後も起きるはずもない大きな流血の惨事が起こるであろう。御身はその人物にスウェーデンの王としてよき訓戒を与えられよ』――(本稿の一一～一二頁参照)

(二)、アレクシスの場合

――「大いなるヴァーサの悲劇そのものを、余分なところはそぎ落として現代風な運命劇に練りあげるために、カール十一世の有名な幻視が一枚つけ加わる。ある真夜中、どんよりほの明るんだ王国の議会会議場で、王は玉座に座っている一人の子供を目にし、その薄明りをすかして処刑の斬首と流血の屍骸を目にした。『このことはこれから誰に起こるというのだ』と、この君主は気味悪い薄闇にむかって叫んだ。するとその子供の声がこう答えた。『汝から下って七代目の者にだ』と。この言葉を王の随員たちも耳にしたという。幻視は微細な点では、それぞれ違ったふうに語られている。しかし、多くの人たちが語り伝えてすでに長い時がたち、スウェーデンの第一身分にあって教養ある人士は、われわれにこう話していた、自分たちの仲間うちでは幼い時からお定まりの幽霊譚《たん》のように見なされていたものだが、王冠か首そのものかが、転げ落ちて惨血にまみれた子供は、ほかでもないグスタヴ・アードルフであり、しかも同じ名を名乗る四世なのだ、と。この王がウプサラで戴冠式のために乗り出そうとしたとき、その乗馬が棹立ちとなり、若き君主の身から王冠と王笏《しゃく》がずれ落ち、王自身も馬上に跨っていられなかったことは、誰にも知られていたことだし、また事実と認められたとされている。この奇妙だが、ありのままの説明も、俗信で凶兆とされる考え方を弱めることはできなかった」――(本稿の一六～一七頁参照)

(三)、フォンターネの場合

――「そこでは、首が次から次へと刎ねられ、とうとう鮮血が床面にそってだくだくと流れ始めた。カール王と随行の者たちは、仰天してこの光景から顔をそむけた。再びそちらに目を向けたとき、玉座は崩れ落ちていた。王は内膳頭ビェルケの手を握りながら、大声でしかも頼むように叫んだ。『余が耳を傾けるべき統治者の声というのはどんな声なんだ。神よ、いったいこういう事態はいつ起こるというのだ?』と。さらに神よ、と三度も呼びかけたとき、答えがこう響いた。『このことは御身の御世には起こらない、しかし、御身から六代あとの統治者の御世に起こることになろう。こんなことがこのスウェーデンの地にいまだ起こったことのないほどの流血の惨事となろう。しかし、そのあとで偉大な王が現れ、その王とともに平和と新時代が到来するだろう』と。この言葉が響いたと同時に、その光景は消えた」――(本稿の二五頁参照)

(四)、メリメの場合

――「この時までは、驚愕が王の口をこわばらせていた。が、この身の毛のよだつ光景に接すると、彼の舌はほぐれた。王は演壇の方に向かって二あし三あし進み出たと思うと、執政官のマントを着た幽霊に向って、誰も知っている例の文句を臆せず投げつけた。

――『神の世界から来たのなら、物を言え、悪魔のところから来たのなら、人騒がせをするな』

亡霊はゆっくりと厳かな調子で王に答えた。

――『王シャルルよ! その血は汝が治世には流れざるべし……(ここで声が不明瞭になった)されど五代の後……。ヴァーザの血に災いあれ』」――(本稿の三三頁参照)

以上の四つの描写を比較してみると、しばしば「神よ」と呼びかけているところが見られるが、まずもって王は特定の人に向かって質問を向けたのでなく、出来《しゅったい》した事柄の背後に何かただならぬ圧倒的なものを感じとって、それをほぼ神と見なしているらしいのだ。それを悪魔と見なしても構わないわけだが、そう匂わせているのは(四)の場合しかない。メリメはこのことを悪の系譜ととらえ、ある意味で不吉の前兆にからめとらせているようだ。なぜなら、メリメにならえば「ヴァーザの血に災いあれ」とされているからである。

さらにはカール十一世の問いに答えたのは、問いかけられた神ではなくて、あるときは年若い王〔(一)の例〕であり、あるときは玉座に座る子供〔(二)の例〕であり、また別のときは、マントを着た幽霊〔(四)の例〕であり、またあるときは単に「答え」〔(三)の例〕にすぎない。四つのヴァージョンのいずれにも、押しなべて模糊としたヴェールに覆われた幽界の存在らしい特性が与えられている。返答をするのが神とは違う別の幽界の存在にしたことに、どんな意味があるのだろう。年若い王であれ、子供であれ、礼装のマントを着た亡霊であれ、いわば神の御《み》使いの役を仰せつかっているのかもしれない。神はこういう世俗的な世界に現れるものではなくて、一段と神聖で神秘的な場に出てくるものと考えているのかもしれない。そう考えなければ「神よ」と返答を神に求めているのに、実際に返事を返すのが神以外のある存在であるのは、合理的には説明できない。確かにそういえるにしても、それではといって逆にもしも神がここに現れて、王の問いにいちいち返答したのであれば、幽霊譚であるべき物語も、変に解説的な童話かおとぎ話になってしまったかもしれない。ところが、あくまでも事実の話として述べようとする話者の姿勢が、こうした枠組みを呼び込まざるを得なかったのだろう。

つまり、ここでの神というのは、なにも西欧のキリスト教の伝統を踏まえる神なんかではない。救済を願う人間の側からは、苦難と困窮とを打破して、新しい幸《さきわ》う時代を待望させることになるという点では、確かにそんな意味合いを担っているかもしれない。たとえば具体的には、(一)と(三)の例のように。

ただ、「このことはこれから誰に起こるというのだ」という王の質問は、表現が多少の違いを見せながらも、四つのヴァージョンすべてに念を押すようにはっきり表明されているわけだが、このことがどんな役割なのかといえば、単に神の予言告知にすぎないと思える。すでに前のところでも少し触れたように、王が幻視を通じて目にしている現実は、確かにひとつの現実と呼べるにしても、「……これから誰に起こるというのだ」と叫んだ王の気持に立ち戻れば、現在ただいまの現実と決して認知したわけではないようだ。なぜなら、「これから」起こるという言い方は、きわめて当たり前のことながら、過去や現在の時点での事象ではなく、未来の時点で起こるらしい事象をさし示しているからである。幻視によって王が見ているのは、いわばある舞台での一挙一動《いっきょいちどう》とほとんど変わらず、ある種の夢を見ているのに似ているともいえるだろう。過去の事象とか現在の事象とかいってみても、目の前にしているのは輪郭のはっきりした実像なのではなく、むしろ虚妄とか幻想とかに類するもので、形も色もぼやけ、あるともないともいえる存在だと認めないわけにいかない。なにしろ、王が自分の疑問を再三にわたって訊《たず》ねていたのに、少なくとも最初は何の受け応えもしてもらえなかった。それどころか王や王の随伴者たちをそれと認識していたのは、夢または幻視に映りだされている相手側のうちには誰もおらず、ただ幽霊的な存在に終始していて、こちらの世界に対しては没交渉を決めこみ、話しかけるどころか耳を貸す動きすら見せなかったのだから。いわばこの幻視は、現代でいえばひとつの映画のスクリーンに見立てられる。スクリーンに向かっていくら大声を張り上げようと、何の返答もして貰えなかったのも道理だし、虚像でしかない人物たちは、虚妄の世界、異界または幽界に棲んでいて、こちらの世界の出来事に対し聴く耳も持たないだけでなく、返答に応じようとする関心すらなかったといわざるを得ない。この物語のやや怪しげな面は、そう理解すれば氷解するのだが、反面、王が呼び出そうとした神ではなく、最終的には若い君主がすべての回答を引き受けているように見てとれる。このことが筆者に疑問となった第一の点である。ただし、もっと微細なところまでいえば、この反応も四つのヴァージョンの間では多少違いが見られ、(一)では確かにそういえるし、(二)でもその通りであるが、(三)では答を発したのは単に「声」となっていて、神とも若い君主とも、また別の何者かともとれる。(四)では「亡霊」となっている。一見これは神と読み替えることが可能であるかに見えて、若い君主の左隣にいながら「スウェーデンの昔の執政官のマントを着て」いる、年老いた一人の男のことになり、若い君主のことではなくなっている。従って最初に考えていたように、王が質問を向けた神が答えを返しているのではなく、若き君主であるのか年老いた男であるのかは別にして、神ならぬ人間としなければならない。ここでさらに否定的な付言を強いられるが、その人間なるものも生身の存在ではなく、やや霊的な存在に化していることに注意が向く。霊的というならば、それはもはや神ではないかとか、メリメの示唆しているように悪魔ともとれる、などと議論はあらぬ方向に行きそうになるが、いいたいことは要するに、返答しているのは神なのではなくて、その代行をさせられたか、神なるものに憑依された人間なのだということである。

さらには、王が幻視で見た現実が、過去や現在の現象ではなくて未来の現象だ、とどうして王は迷うことなく即座に判断できたのだろうか。これが第二の疑問点である。幻や夢で見ているものが、過去や現在の時期以外、つまりは未来のものだという識別指標がないことには、誰にしたところで一体いつのことなのかは、はっきり識別、あるいは分別《ぶんべつ》できるものではない。普通には外にとって現れる服装や建物の違いやなんかがその指標となるのだが、そのことに関して（三）と（四）のテクストのなかに、ほんのわずかな言及が見られるだけで、未来のことだとどうして捉えられたのか、その外的根拠には必ずしも触れていない。あるいは、過ぎ去った過去のことでもなければ、いままさに身をもって体験している現在のことでもないとしたら、幻視で認めた現実というものは、当然ながら残されている未来でしかない、と判断したということなのだろうか。しかし、これではあまりに単純な三段論法的な論理的推論でしかなくなる。いやいや、直観的な現実把握をしただけのことなのだ、という見方をとってもいい。ただ問題なのは、いま接している場面が過去にも現在にも起こっておらない、とどうして即座に認識できたのかということである。

そもそも王は、なぜ幻視で見た光景をただ黙って見すごすことができなかったのだろうか。なぜこんなときに質問を発する必要があったのだろうか。この幻視が過去のことか現在のことか、はたまた未来のことかは問わず、血にまみれた処刑の惨《むご》たらしさに、仰天して言葉を失っていたような状況で、自分の後に登場してくるだろう未来の王を気遣って、いま目にした光景のようなことが起こらぬようにと願ったからなのだろうか。それとはまったく逆に、攪乱戦術的な指摘をすれば、そういうことが起こって欲しいと思ったからなのだろうか。——いかにも唐突で陳腐な論法にとられそうだが、そう望むことが絶対にないといえない限り、むしろ一大決心のもとにそう願ったのかもしれない。こんな思い切った問い方をし直したのも、そんな悲惨な事態がいずれ克服されてしまった暁には、かつてなかったほどの偉大な王と称賛される、と（一）や（三）で触れられていたことを挙げてもいい。つまり、この後段に出てくる「偉大な王」を大きく浮かび上がらせるためにとった手法、または伏線のように思えてくる。——些細に思える疑問も、よく考えれば意外に重要性を帯びてくることもある。しかしながら、これらの疑問に答えられるようなどんな説明も、この物語のなかに探し求められそうにない。

しかし、答えは言葉としての説明はなくとも、その言葉で構築された物語のテクストに潜んでいるものである。政権を代表する人物が質問を向けているのに、なかなか反応してくれない中断の間《ま》をわざと設けることで、ひょっとしたら物語の展開に緊迫感を持たせようとしたのかもしれない。いわばドラマのような結構をとって、これから出来《しゅったい》することは極めて重要だ、と強調することに眼目があったのかもしれない。いわば文章上の表現効果がひとつの狙いとも考えられる。まさに幽界での人々の立居振舞いがそのまま映し出される映像のようなもので、一時代前の一種の白黒の無声映画といっていい。さあ、そうなるとその映像をどのように見とるかは、見物する側の自由に任されているといいたいところだが、事実はさにあらず。その事態の成り行きは、もう筋書が決まっていて見物側の思惑とはまったく無縁の仕組になっているのだ。王の質問は、まさに［何代後に起こる］という返答を相手から引き出している点を見ても、Predestination（運命予定説）のひとつであるからには、前々から決まっていることなのだ。従って物語が一時止まりかけようとしたところに、再びインパクトを与えようと、いわば物語を進展させるための表現手法としか考えられなくなる。すでに指摘したように、物語で展開されている状況のもとで、カール十一世が過去や現在のことはおっぽり出して、目にしているのは未来に関することだと判断し、躊躇なくこんな質問を発することがどうしてできたのだろうか。かように質問を執拗に繰り返してみれば、王には鋭敏な感受性と人並みすぐれた推理能力が備わっていたと考えなければいけなくなるが、どうにも出来すぎという感じが免れないし、そういう前提にしなければ説明がつかないのである。この点の説明が物語テクストとして、何らかの形で触れられてしかるべきなのに、それが見当たらないのは、不自然な作意が混ざりこみ、全面を覆うてしまったせいのように思われる。

『カール十一世の幻視の文書』という古文書が、存在したかどうかという問題の前に、この文書の内容そのものに怪しげなところがあるのを、二つの疑問点をもって示した。従って前述したLöwenhielm（レーヴェンイェルム）伯爵の釈明文（本稿九八頁以降、参照）は、この古文書が書かれたとされる時期などの外側にある事情に触れ、あくまでも冷静で客観的な態度を保ち続けながら、やはりこの文書が存在し得ないことを縷々説明しているのだとすれば、ここで展開した筆者の説明は、いわばテクスト内の矛盾、あるいは内的破綻を潜在させている点を明らかにしたものといえ、こうしてまさに外と内の両側面から相補う根拠が示されたことになると思われる。

二、文書の内容のオカルト性は何を示すのだろうか

文書が偽造のもの、あるいは捏造のものと決まったにしても、さらには百年もたつ間に換骨奪胎させられたにしても、前にあげたアルントも含め五人の作家たちが多少の差異を見せながら、伝承として述べ伝えていることは大筋で齟齬は見られないのだから、少なくとも最初のオリジナルの文書があったことに間違いなかろう。さらには、これらの五人の作家を惹きつけた物語構造の核が、歴然として存在したことも間違いなくいえるのだろう。それでは一体どうしてこういう文書が書かれる必要があったのだろうか、というのが次に上がってくる当然の疑問である。もっと端的にいえば、いったい誰が、何の目的もって書いたのだろうか、ということになる。

いまその疑問に直行する前に、最初に紹介したヴァージョンや、内容面の点検のために王の態度を中心にさっき四点にまとめ上げた要約（本稿の二二五頁以降）とは別に、むしろ今度は逆に、それぞれの差異の部分よりも、できるだけ類似の部分に注意を向けて、この「カール十一世の幻視」物語のサブスタンスを見てみよう。

――「ある真夜中、王が眠れずにいたところ、王の居室から見える広間――そこは王国議会に使われる会場でもあった――が煌々と明るんだ。その現象について王と重臣たちとの間に問答があった。〔その窓が明るんだのは、月光の反射とも、広間で火事があったともとれて、各ヴァージョン間で違う描写がなされており、特にアレクシスのものにはそういう描写が一切省かれているが〕、ともかく、王がその広間に向かう誘い火となった。そこへ入ってみると、そこでは法廷が開かれ裁判が行なわれていたらしい気配が感じられる。そして裁判がどんな中味だったかは省かれ、いきなり斬首の場面に移

行している。〔そこに登場する被告人の数も、ヴァージョンによって異なるが、アレクシスの場合には、「処刑の斬首と流血の屍骸」という言葉で片付けられて、詳しい数の報告はない。この処刑による流血が王の上履《うわばき》に染みをつけたかどうかという問題になると、メリメの場合には幽界の幻視の確証という特別の意味を担わされており、アルント＝クライストの場合と真反対な意味づけに転換されている〕、そしてここで斬首による血の奔出が描かれる。その惨劇を見て王はどう対処していいか戸惑い、恐らくこの出来事の奥に潜み事態を動かしているらしきものに向かって、まずは「神よ」と呼びかけてみる。

ただし、〔フォンターネの場合は、むしろ「余が耳を傾けるべき統治者」というふうに一人の対峙者として意識した言い方をし、「神よ」というのは単なる祈願欣求《ごんぐ》の言葉に化している。一方メリメの場合には、この話は実際にあった出来事だというふうに前提していて、単なる夢想や幻想と誤解される危険を避けようとしてか、神に対する呼びかけは一切ないのに、執政官のマントを着た幽霊に向かって、『神の世界から来たのなら、物を言え、悪魔の世界から来たのなら、人騒がせをするな』と呼ばわり、これまで敢えていわなかった神を最後に持ち出して総括的に結んでいる点がある〕というふうに幻想的な世界にしようとする動きと、反対に王の上履に流血の染みをつけさせて、あくまでも現実の話なのだとする主張とぶつかっているところがある。

いま現に幻視だと見た出来事がいつ起こることなのか、と必死になって王は問いただした〔それに対する返答が誰によってなされたかという点や、そのことが起こるのが何代目の王のときなのかという点について、ヴァージョンによってそれぞれ異なっていることは、前に見た通りであるが、そして、いま目にしているような出来事が起こるときの王は、いま返答している「自分」と年齢と姿形が似ている者だろう、ということや、少壮の貴族の叛乱に出遭うだろうし、その叛乱が鎮められたあとでは空前絶後の偉大な王と見なされているだろう、という予言がなされるが〕。その答えが発せられるや否や、幻視で見ていた光景はすっかり消えた。王は随行した者たちを伴って自室に戻り、これらのことを文書に記録し、ほかの随行者とともに目撃証人として署名した。〔ただしヴァージョン間での相異も確かに存在していて、幻視の描写を極端に切り詰めたアレクシスの例を除けば、他のヴァージョンがほぼ一致しているかのような錯覚に陥りそうになるが、メリメの例は独自色が強く、実は予言の形で言われているわけではなく、あえて言えば最後尾の作者の説明文によるものにすぎないし、「偉大な王」への言及はどこにも見当たらない。さらに敷衍《ふえん》すれば、署名そのものを具体的に再現しているのは、アルント＝クライストの例だけで、ほかの例は別の文中でそれと匂わしているだけである〕」

一応、以上のような要約を描けることと思う。前言で「差異の部分よりも類似の部分に注意を向けること」と断わったものの、実際にはむしろ差異の部分をきちんと整理づけておく必要があることがわかった。そこであえて注釈的に〔……〕部分を補足してみた。それは今後につながる問題にも参考になると思ったからである。いやいや、かえって煩雑にすぎるという方は、右の要約のなかの〔……〕部分を飛ばしてくださって構わない。ともかく今後の推論へと推し進める前に、粗筋を整理しておかないことには、推論の合理性を検討して貰うわけにいかない、と思ったからである。

そろそろこの物語がどういう事情のもとに成立したのか、という問題に入りたいが、あくまでも状況証拠を積み重ねたうえでの推論にすぎないことを最初に断わっておきたい。

第一にこの文書は、オカルト趣味の人によって書かれたものと見ていいだろう。急に煌々と輝きだした窓に不審を抱いた王がお付きの者たちと現場に行ってみたまでは（アルント＝クライストの、もっとわかりやすい言い方ではクライストの夕刊新聞の第一日目の記載に当たる）、ある意味で物語の紹介部分であり、伝達したいことの序段を描いているとしていい。しかし、その後半段階、つまり新聞では第二日目の記載部分では、扉を開けて議会会議場に踏み入った途端、まさにそこを境にして現実界が途絶された別の世界、つまり幻想界に突き進んだようだ。証言者が最後に確言している通りであるならば、王と同時にお付きの者たちが、全員そろってそこで同一の「幻視」を見ていたことになる。ここまでくると、集団妄想、または集団暗示に罹《かか》っているのならいざ知らず、王と従臣という身分関係の差もあれば、個々の個性や情念や意思の違いもあるのだから、現実としてなかなか起こりにくい事例、つまりは超常現象といっていい。第二に幻視で見たことは、同時に未来に起こることの予言でもあった。このこともやはり超常現象と解していいだろう。ただ果たしてそのことが「幻視」で見た、または語られた通り起こったのかと問い直せば、叛乱が鎮められた点までは首肯できるにしても、以前にも以後にもなかったほどの偉大な王として讃えられるというに至っては、いくらなんでも、これから起こる未知数の未来に関することであり、価値評価を伴う事柄なのだし、いかにしても主観色が強すぎる観が否めない。これはむしろそうあって欲しいという待望論に近く見える。

この文書を記述した主人公は王自身ということになっていて、ほかの人たちの確認証言が麗々しくなされたということになっていても、主従関係も絡んでいるのだから、その信頼度には疑問の余地が残されている。その場の雰囲気に気おされて、目撃者、もしくは幻視の遭遇者たちは、確かに集団的に同じ幻想に陥ったのかもしれない。そうだとしても、王が見たことを王の立場からのみ記述されているだけで、お供の者の立場からの言葉は一切触れられていないのだから、どう考えても一方的な王だけの視認としかいいようがない。幻視で見た内容がどんなものかここでつきつめて考えれば、叛乱を起こして捕まった少壮貴族たちの斬首の場面だというに尽きよう。ただし、このことは後世実際に予言通りに起こったというだけのことではなくて、むしろ対峙《たいじ》しているのが為政者だという点を意識させるに充分な象徴性も帯びて来ている。臣下の者たちが間接的ながら絡みとられているとはいえ、特に積極的な関心をもって臨んでいるわけでもなければ、注意助言の類を自分から申し述べようとしなかったのも、家臣としての遠慮からなのだろう。しかし先にも述べたことながら、王が文書にしたためたことをそっくりそのまま認めることになり、随行者たち自身のなまの証言はどこにも見当たらない。あるのは王の網膜というフィルターを通した情景、または王の言葉で綴った記録だけということになるのだから、王の文書が客観性を持ちうるためには、やはり同じ目撃者の側からの追認となる証言が必要だろう。例えばメリメの場合を引き合いに出せば、斬首による流血が王の上履《うわばき》に染みをつけたと述べ伝えていて、一方で王の文書の客観性を強調する要素になっている。しかしながらそのことは反面、明らかに王の文書に真っ向から反証をつきつける形のものになっている。ここで王の文書が偽物かどうかの議論をまたもや始めようというのではない。お供の者たちの傍観者的な立場と、統治に関与して責任を負うべき立場との違いが、はっきり浮き彫りにされている点を指摘したいのである。

この物語がオカルト趣味の人によって書かれたという前に述べた点に戻るが、この文書を書き残したとされるカール十一世も、さらにはカール十二世も、十七世紀後半からオカルト志向の動きがスウェーデンでも活発化したらしく、一種特別な秘密結社の会員だったことが知られている。とすればカール十一世が書き留めたこと自体に、疑義をさしはさむ理由はない。ただし、Löwenhielm（レーヴェンイェルム）が「パリ評論」誌ですでに指摘したように、カール十一世が一六七六年十二月十七日に書き残したとするには、どうしても時期的なアリバイに疑問が生ずるので、誰か別の王が書いたか手を加えたのでないか、と想定することは許される。歴代の王のうちでほかにオカルト的な結社に関連したと特に記録が残されているのは、グスタヴ三世とカール十三世だけである。そのうちでグスタヴ三世は、のちにカール十三世となる弟の結社入会を勧誘した張本人らしいが、特に自分自身がはまり込んだという節《ふし》は見られない。それどころか、初めの動機がどんなものだったのかはいざ知らず、グスタヴ三世は次第に秘密結社から距離をとりだした。この前後の時期に、弟、つまりカール公またはカール十三世が、絶大な信頼をおいたグスタフ・レゥイテルホルムが王に紹介されている。とすればこの男は、王と同じ結社仲間になるが、グスタヴ王のほうは彼を寄せつけず、どちらかといえば人間的にあまり評価せず放逐状態においた。この背後にはレゥイテルホルムのほうに、王に対する恨みつらみがあったからともいわれている。以前のキャップ派が優勢を誇っていた時期に、レゥイテルホルムの父親は王国の枢密顧問官の役職についていて、グスタヴ三世が上からのクーデターを敢行したときに逮捕され、刑務所で病気に罹り、釈放後まもなくして死亡した事情が絡んでいる。まさにこのレゥイテルホルムこそ、のちにグスタフ四世アードルフが成人するまで、カール十三世の代わりの後見役として、片棒担ぎをさせられた人物となる。

つまりこの男については、カール公（十三世）が重んじたのに、グスタヴ三世が軽んじたということになるわけだが、兄弟間のそうした齟齬が、性格とか考え方の違いから来たのだろうし、その反作用で心理的にも葛藤を生じさせたことは間違いなかろう。ただそれが政治的な磁場に表面化しなかったのは、いつも指摘されるように、カール公の優柔不断に理由があったのだと思われる。グスタヴ三世が生まれたのが一七四六年の一月、カール公が一七四八年の十月であるから、確かにほぼ三歳の開きがあったにすぎない。しかし、それが単なる時間の差で終わらないところがある。一方はれっきとした一国の王であるのに、他方はただの名誉職然としたセーデルマンランド公爵でしかない。

そうした誰の目にも歴然とした差をつくりだした。二人とも王家に生まれながら、長子相続という優先順位のはっきりした定めのために、自分の意思で選びとるといった選択権を越え、いわば個人の性格とか能力とかを隔絶した運命の網目に絡めとられた問題なのである。運命に耐え運命を切り拓くのも個人の才能や判断力だろうが、逆にその才能や判断力を培うのもまた運命であるというふうに、常に錯綜した面を伴っている。そこで挫けるかそうでないかで、人間的な性格の伸展に大きな違いをもたらし、また脆弱な立場におかれた者には嫉妬心や羨望感が生じる。あるいは今に見ておれという見栄に走りがちになる。どうやらカール十三世には、こうした鬱屈した心理が働いていたように思われる。まずこのことを確認しておこう。

三、この「幻視」物語に隠された制作意図

すでに前に指摘したように、この物語を述べている文書が偽書であり、捏造されたものであることは、ほとんど確認されているわけであるが、だからといって、その瞬間から議論どころか一顧だにする意味すらも失う、という結論にはならないだろう。そうではなくて、ここに述べられた物語が単なる噂話であり作り話であるにしろ、伝聞としてなんらかの記録に残されていた事実そのものは否定できない。いったいどんな理由があって作成されたのだろう、ともう一度その地点に戻って考えてみよう。文書が作成されて以後の五代から七代にかけて、とヴァージョンによって差異を見せているにしても、その意図は何百年かのちの統治者にくれぐれも警戒するよう呼びかけることにある、としている。少なくとも最初に掲げたアルント（＝クライスト）のヴァージョンでは、そう示唆されているのだから（この点は、ほかのヴァージョンでは明確に捉えきれないけれども、かといって最初のヴァージョンの意図を否定する何ものも認められない）、こと改めて筆者が無理に正当化しているわけではない。むしろ筆者は素直に原本の作成意図に従っていると思っている。ただ文書のほうが時の経過を経て、まさに「偽書、または捏造書」という言葉に変容されてしまって、問題を複雑化し、意図を混迷化したものと思われる。それがどれだけ意図的だったのかさえわか

らぬままであるため、われわれにはなかなか入っていけなくなっている。

つまりいったい誰がこの文書に介入し、手を加えて改竄《かいざん》したのだろうかということである。政治体制上、第一に為政者、または統治者しか介入する権利もチャンスも持ち得ないはずである。あるいは立会人としてごく稀に高官が介入したと想定されないわけではないが、これまでいろんな資料に当たってみても、それに類する条件を充たせる統治者は見出せない。強いていえば、ウルリーカ・エレオノーレ（一六八八〜一七四一）とフリードリヒ・フォン・ヘッセン＝カッセル（一六七六〜一七五一）の夫妻が挙げられるであろうか。ただしかし、カール十二世が狙撃されて急死を遂げた（一七一八年十一月三十日）後をうけたエレオノーレは、甥のカール・フリードリヒ・フォン・ホルシュタイン＝ゴットルフ（一七〇〇〜一七三九）と、王位をめぐって争奪戦を演じているのは確かにしても、まともに法律論、手続き論で勝負を挑んでいて、問題の文書に手を加えなければならない必要性、または理由は考えつかない。また文書の内容からして、今直ちに王権の獲得を決するのに喫緊《きっきん》のものと捉えたのかどうか、このことについてはどんな資料も触れておらない。

一方、夫のフリードリヒのほうはどうかというと、カール十二世のノルウェーへの遠征時（一七一六及び一七一八年）に、王の顧問たちに気に入られてつき従っているが、そのために王殺害を直接にか間接にか企んだのではないか、と疑われる経緯が確かにあった。王（カール十二世）は未婚であり承継者もいない状態だった一方で、フリードリヒのほうは前の妻と一七〇五年に死別しており、すでに一七一五年にエレオノーレとの婚礼の儀式を済ませていたこともあって、王冠奪取の最短距離を駈けのぼろうとしたのだ、と一時的にしろ疑われたことがあったらしい。いうならばそれは、暗殺によって誰が一番効率的に利益にありつけるかという、ごく一般的な臆説だろうし、歴史の結果をみればそれは否定されてしまうだろう。もうひとつ別の視点からみて、エレオノーレとの結婚を承諾してくれた現王を弑逆《しいぎゃく》して、自分が新たに王にのし上がるにしても、義理の関係を結んだ王を死に追いやった場合、実の兄を殺害された妻がどんな心理状態に陥るかに思い到れば、果たしてそんな行動に踏み切れたかどうかは、やはり疑わしい。また、確かに戦闘に明け暮れ鍛えられた軍人の側面もあり、天下取りの野望があったとしても、王国に繁栄をもたらしたのは何はともあれカール十二世の功績の大きさといえようし、自身が王となった暁に確乎とした見識を示せて王政を推し進められたかというと、むしろ議会の権力に引きずられるばかりで、おのれの信念を強靭に貫けるところが少なかった、と報告されている。さらにはフリードリヒが果たしてこの文書に気づいていたかどうか不明だし、いったん王権を握ってしまえばこんな文書など興味もなかったろう。

次に来る統治担当者はアードルフ・フリードリヒであるから、前に紹介したことから周知の通り、その状況は前任者と似たりよったりといいたいところだが、影響力をほしいままにしていた王国顧問に抗して、権力挽回をはかって王側からのクーデターを試み（一七五六年）、それがあえなく失敗したこともあって、かえって自分の権力行使の範囲を狭める結果に終わり、むしろ三角帽派とキャップ派の権力争奪戦を激化させただけの王だったのである。

その次の君主というのはもうグスタヴ三世になる。文書で予言されているらしく読める主君謀殺の当のターゲットというわけである。ここでも再度、偽の文書であると前提する限り、完全に無視すべきかどうかの問題が微妙にまといついてくる。

例えばプロスペル・メリメは多少の間違いを犯しながら、創作者として「さて、もしも諸君がグスタフ三世の死と、下手人なるアンカルストロームの裁判を思い浮かべるならば、諸君はこの事件と上述せる不可思議な予言のなされたる諸状況との間に、少なからぬ関係あることを見いだされるであろう」と述べている。またその一方で、「ただ一つシャルル（カール十一世）の上履《うわばき》が一点の赤い染《し》みをとどめていた。たとえこの世の数々の光景が彼の記憶に深く刻みつけられなかったとしても、これ一つだけでこの世の光景を思い出させるには十分だったであろう」ともいって、文書（筆者注、現在の段階で厳格な意味での文書と呼べるものが確定できないので、一応便宜的にアルント〔＝クライスト〕を原本と捉えられたい）に書かれてあるものとずれを見せている。多少の間違いと先ほど指摘したのは、文書では見ていた幻像の全体が消えたと同時に、すべての痕跡も残っていないことになっていたのに対して、メリメでは逆に記憶を鮮明化するために血痕の染みが残っていたこととし、その小道具に使われたからである。現実を客観化する限りは、メリメの描写は実際に起こり得ない現象であるはずだが、幻想が現実を踏み越えたシュールレアリズムの手法をとったともいえる。メリメの場合は記録文書とは違って、もともと創作という立場からのものだから、参考にした文書にとらわれることなく自由勝手に語っても一向にかまわない。ところが首尾一貫してメリメは、自分の物語は事実を踏まえたレアルなものだという結構をとっているのだから、読者に幻視を生々しく印象づけようとして、幻視が退《ひ》いて現実に戻った後までも、斬首による血痕をわざと王の足に張りつかせたままにした。これは印象を強調するには効果があったかもしれないが、レアルな創作態度に齟齬をきたすまさに汚点の染みとなったことになる。

ここが一番大きなポイントであって、ほかには王が書き残した文書との相異がないかというと、それが結構多く、たとえば王妃の肖像画への言及とか、夜な夜な幽霊となって徘徊しているとの噂をつけ加えているし、さらには幻視のなかでの処刑場面に参集した人の数は、雲霞《うんか》のようだといい表わされているのに、王の文書のほうでは十六人と極めて少なく、しかも数が確然と示されている。もっと細かく調べれば、王の文書との相異点はまだまだ出てくるかもしれない。

そうした細かい相異点を引き出したことで、いささか話が横道にそれたかのように見えるが、意外にもかえって事の本質に近づいたのかもしれない。なぜなら、どんなふうに相異しているか、またはどんなふうに架空の空言を加えているかは、まさに文書の改作捏造の問題と絡んでくるからである。先ほど触れたメリメのケースでは、幻想と現実の境界をとり払うところまではいいとしても、幻視が終焉《しゅうえん》したと語っていながら、そののちまでも血の痕跡と化して幻視に自己主張させている。そうなると語られたそこだけでなく、ほかのところもでっち上げなのでないか、と疑問を抱かせかねない。そう捉えると重要なミスとなり、前にも挙げたように「レアルな創作態度に齟齬をきたす汚点」というほかないものだ。メリメはひとつの伝承を読者に伝えるという立場をとりつづけながら、ここでその立場を棄ててしまうのも忘れて、つい創作者としての着想に夢中になったのかもしれない。これは、ちとお遊びがすぎたということになろう。

それはそうと文書なるものは、いかようにも改作、または加筆が可能なものだ。メリメの作品がひとつの実例を見せてくれているが、いくら原典となる文書を実際に目にしても、これをどうしても書き改めなければならないと考える人がいなければ、何事も始まらないことを裏書きしてくれたわけである。そして前にも言及したように、実際に文書に触れる機会があったのは、そのときどきの統治者かその側近しかいないのもはっきりしている。そんなことを踏まえたうえで、この問題に絡んでいると疑えるフリードリヒ一世やアードルフ・フリードリヒを、先ほど改めて引き合いに出して検討したが、これらの人物からはこれといった証拠も取り出せなかった。

こういうふうにこれまでの資料に照らして、その内容のネガティブな面をひとつひとつ確認してくると、前から疑わしいところのあったカール公とレゥイテルホルムが、やはり最後まで残されてくる。その意味合いで、もう一度丹念にカール十三世とレゥイテルホルムに関する資料を読み直して、これまで気づかなかった重要と思われる点を箇条書きにしておく。

（一）、カール公は世代的に見れば、グスタヴ三世の次に王位を継ぐべき位置にいたものだから、彼の兄に対する対立候補に使えるとして、グスタヴ三世の反対派からかなり早くから目をつけられていた。すでに一七六〇年代に、キャップ派の政治家 Adam Horn af Kanckas（アーダム・フールン・アーフ・カンカス、一七一七〜一七七八、前に出てきたアルヴィド・フールンの息子）の娘 Brita Margareta Horn（ブリタ・マルガレータ・フールン、一七四五〜一七九一）伯爵嬢と昔馴染みだった関係につけこんで、王位承継者の兄、グスタヴ三世に対抗させようと、キャップ派はカール公を抱き込もうとしたことがあった。これに対してグスタヴ三世は、反対派によってカール公が利用されるのを常に注意深く警戒していた。その兆候が一七六八年の危機とされた時期にその最初の動きがみられたが、結局カール公がキャップ派に利用されずに済ませることができた。一七七〇年に入って、彼はドイツとフランスを独りで（公的付き添いもなくという意味だろう）、憂さ晴らしの旅行をしてまわった（筆者注、カールは当時二十二歳、結婚を前に悩み多き思春期を過ごしていたらしい）。

（二）、父であるアードルフ・フレードゥリク（またはフリードリヒ）が一七七一年に死んだときには、承継王子だった彼の兄がちょうど国外に滞在中だったので、兄がスウェーデン王に昇進するのを阻む動きが出て、その勢力がグスタヴ三世の対抗馬として再び彼にすり寄ったし、彼の母であるルイーゼ・ウルリーケは、太后としての自分の権能に敬意を払って欲しいものだから、この機会を逃さずキャップ派に自分の存在をアッピールした。ところがカール公は、一七七二年のグスタヴ三世による改革（あるいはクーデター）に反対する素振りを見せながら、結局は協力する結果となった。初めはキャップ派の連中と親しかったところから彼は動き出したが、キャップ派のなかの一部の同志たちと組んで、王に対抗する側の戦闘力を無効にする働きをし、軍隊を動員することで南部地域を確保する仕事を与えられ、その役目を成功裏に成就した。セーデルマンラン（ド）公爵の称号が与えられたのも、この表彰のしるしとしてである。

（三）、前項に出たルイーゼ・ウルリーケは、もともと子供たちの結婚を外交政治のカードに使おうと考えていて、彼女にとっては姪であり、従ってカールにとっては従妹に当たるPhilippine von Brandenburg-Schwedt（フィリピーネ・フォン・ブランデンブルク＝シュヴェート、一七四五〜一八〇〇）を、カールと結婚させようと図っていたらしい。この案には一七七〇年にはカール自身が同意していたが、経費を理由に政府によって拒否されたという（筆者注、この「政府」という言い方のなかには、父であるフレードゥリクが当時まだ存命中であったのだから、次代の王の意思、つまりグスタヴ三世の主張が働いていたのかもしれない）。

アードルフ・フレードゥリクが一七七一年二月に死亡し、あとを継いだグスタヴ三世の王位就任とそのクーデターの後では、王が弟の最初の婚姻を白紙に戻し、母の意思とは反対に一七七二年の十月には、別系列の従妹のヘートヴィヒ・エリーザベト・シャルロッテ・フォン・ホルシュタイン＝ゴットルフとの結婚にゴーサインを出した。王が自身の床入れをまだ果たしていなかったので、王位継承者づくりの仕事は、弟のほうに譲ってもいいという気持だったのかもしれない。カールは一七七三年の八月に結婚に同意し、翌年挙式が催された。

その二年後、ヘートヴィヒ・エリーザベト・シャルロッテが妊娠したと申し立てたが、その知らせが虚報だとわかった後（一七七五年）に、王自身がなんとか床入りにこぎつけた。シャルロッテの流産は、ひとつの動機となったものと考えられる。王夫妻はこれまで互いに没交渉な生活を送っており、それぞれ婚外事情を持っていた。一七七八年の王位承継権をめぐるスキャンダルが湧き起こったときに、特にルイーゼ・ウルリーケがグスタヴ三世の初子、グスタフ四世アードルフの出生の正統性を疑問だと持ち出したときには、カールは母に反対して兄の王の側にまわった。ところが、この出生の正統性にかかわる噂を母に漏らしたのは、実はカールその人だったのであり、兄の王には内緒にしておいた事柄だったとされる。

(四)、カールが一種のハーレムを形成していた話は前にも触れたので省略するが、マクダレーナ・リューデンシェルドという女性に言い寄ったものの、カールの申し込みはあっさり一蹴された。そのためにマクダレーナと恋仲だったアルムフェルトの陰謀事件の捜索中、彼女の取り扱いが一段と手厳しかった理由だと指摘されたことがあった。一七九〇年代をすぎてから、カールはリューマチに頻繁に悩まされ健康も危ぶまれたころ、正室シャルロッテとの関係が修復され、だんだんに彼女の影響下におかれるようになった。こうした時期のことだろう、のちに第六項にあげる事態が起こったとされるのは、もう一つ理由がはっきりしないが、必ずしも意外とも思われない。

(五)、超常現象や神秘思想に凝《こ》ったことや、秘密結社に惹きこまれたこともすでに先述してあるが、ここでは一八一一年にカール十三世勲章制度、プロテスタント系フリーメーソンのみに授与され、騎士のスウェーデン勲位を創設したことだけを追記しておこう。カール公はその爵位保有期間中、いくつかの政治的な任務が与えられた。一七七七年には、グスタヴ三世がロシアに滞在した時には代行役を務め、一七八〇年には同じく王のスパ滞在の折には、公式上の総司令官の役を務めた。同年グスタヴ三世は、彼の息子が本来なら王の代行をすべきところ、まだ成年に達していなかったので、カール公を摂政に任命した。しかしながら、王がイタリアやフランスに旅に出ている間(一七八三〜八四)は、正式に摂政に任命されなかったし、それに続く何年かはカール公の仲間たちが、君主に反抗的だったグスタフ・アードルフ・レゥイテルホルムの影響下にあったものだから、グスタヴ三世に信用されなくなりだしていた。一七八五年、クールラント(ラトヴィアの南部地域)の公爵位を公爵領の貴族から提供され、グスタヴ三世の後押しもあったのに、受諾するには至らなかった。これにも裏があったらしい。つまり、一七七〇年代の終わりごろ、クールラントは経済的にも繁栄していたこともあって、グスタヴ三世のほうが手をまわし、その公爵の位置につけようとしたというのだ。その真の理由は資料にはあまり説明されていないが、外国の公爵領を自身の関係者に統治させる形で、自国の政治勢力のバランスをとろうとしたのかもしれない。「この画策が水泡に帰したとき、グスタヴ三世はどうせ周辺の問題でしかないとして、カールとの共同作業をつづける気持を失ってしまった」と書かれているからである（後にも引用する「カール十三世——en doldis på tronen〔王位に関する秘話〕」による）。

一七八八年の露瑞戦争が勃発したとき、カール公は自国の船隊の提督として赫々たる戦果をあげ、特にフーグランド海戦（一七八八年六月七日）とエーランド海戦（一七八九年七月二十六日）での働きは素晴らしかったとされる。本国のメディアでは大々的な勝利と祭り上げ、後々スウェーデン史にもそう書き残されたが、実態はロシアの船隊が休養のために、濃霧をついてクローンシュタット港（サンクト・ペテルブルクの近郊）に引き下がっただけのようだ。海戦そのものはスウェーデンにとって軍事的に勝利したものの、戦略的には失態だったとされる。

（六）、一七八九年の秋頃には、ヘートヴィヒ・エリーザベト・シャルロッテは、グスタヴ三世が辞任引退し、その代わりに彼女の夫カール公が王位についたらいいのに、と願っていたとされる。彼女は一七七二年の憲法を自分の理想と見なしていたが、それを啓蒙的な貴族制を進めるうえでのよき手段だと考えるようになり、憲法の付帯条項である「統合と安全条項」は、彼女をして反体制のリーダー役に転身させた。彼女は公子フレードゥリク・アードルフ〔グスタヴ三世の三人兄弟のいちばん末の弟で、父の名を逆にひっくり返しただけの命名〕やレゥイテルホルムと助け合うことにした。時さえ順調であれば、「統合と安全条項」をシンボルにして、カールに蹶起するよう追い込む算段だった。しかし、前にも触れたことながら、行動に出る時が到来しても、カールは拒みとおし、ために実際上の決定打は不発に終わった。カールはグスタヴ三世に反感を持つグループと親密な関係にあったし、王を暗殺する計画についても前々から知っていたともいわれるが、それを積極的にサポートしたかどうかについては、議論の余地が残されているとされる。

（七）、一七九二年、グスタヴ三世の暗殺の際には、カール公は自分の甥であるグスタフ四世王のために、スウェーデンの摂政としての役をこなし、その状態を一七九六年までつづけることになった。一方グスタヴ三世のほうは、その初期の段階でカール公を摂政にさだめようと思っていた。ところが、まさに息を引きとろうとする間際になって、王はその意思を翻し、未成年の遺児の後見役になる以上カール公であっても、長期にわたって制約も受けず統治できるわけでなく、グスタヴ三世の支持者から成る政府によって制限が加えられることとしたのである。しかしながら君主（つまりはグスタヴ三世）亡き後、カールはその王の意思なるものを無視し、一人前の摂政として無制約の権力を手に入れることに成功した。ところが、この公爵摂政は実地面において国政を運営する意思がなく、腕を揮うことも覚束なかったのである。活動力や強引さに欠けていたのがその理由だとされる。その代りにカールは行政的な権力を、彼のお気に入りで顧問でもあったグスタフ・アードルフ・レゥイテルホルムに委《ゆだ》ねたが、カールに対するその影響力は絶大なものがあった。グスタヴ三世の弑逆《しいぎゃく》のあと、カールは以前とは違って、敏捷でもあれば目的意識的でもあるといった素振りが見えた。グスタフ四世アードルフの摂政政府の指導者として、彼はおっとり刀で新しい助言役の地位に飛びついていった。これがカール公の本心を表わしているのだろうが、ただ実際面の地力がないために、自分の信頼がおけるお気に入りにすべてを託したのだろう。

レゥイテルホルムは異論の余地なき摂政として、事実上摂政の全期間を勤めあげ、「ただ、ほかからの圧力にはめったに煩わされなかったが、カール公の意思ならどんな意思でも優先した」という（筆者注、ここにはもうひとつ、フリーメーソン内部規則として、高位にある者に対しては、下位の会員は絶対服従の義務を負うべきとされた。カール公はまさしく絶対権力を有したグランドマスターの地位にあったのだから、レゥイテルホルムとの関係はかなり複雑微妙だったものと思われる）。グスタヴ三世王の殺害に連座した者たちにくだした意外に軽い判決は、人々の注意を惹きつけるものだった。若い王（つまりグスタフ四世アードルフ）のロシア皇女との結婚協議に失敗したことが、ロシアとの間にぎくしゃくした関係を惹き起こし、革命に突入したフランスと同盟を結んだことがほかの国内勢力から大いに嫌われた。こうしたことが、のちにレゥイテルホルムの命とりに繋がり、正式に王となったグスタフ四世に即刻追放を食らったときには、救いの手を差し伸べる人は誰もいなかった。

（八）、一七九六年十一月にグスタフ四世アードルフが成年に達したとき、公爵の摂政期間は終わりを告げた。カール公の甥に対する接し方は、誠意あるものであったが、決して親密なものではなかった。その摂政期間の間、彼は全幅の信頼を得ていたわけではなかった。一七九七年、続いて一七九八年、カール公夫妻にはお子たちが授かったものの、最初の子は女児で死産だったし、次の子は男児だったがほんの六日の命だった。こうした不幸があってから、夫妻はドイツやオーストリアをめぐる癒しの旅に出た。ほかにカールスバート、ベルリーン、ウィーン、ハンブルクにも寄った（一七九八〜九九年）。

（九）、一八〇三年、ブーエマン事件が、グスタフ四世アードルフと公爵夫妻との間に深刻な悶着を惹き起こした。この神秘主義者で詐欺師のカール・アードルフ・ブーエマン（一七六四〜一八一一）については、すでに少し前に詳述した。マグヌス・ステーンボック伯爵（一六六四〜一七一七）が公爵夫妻に紹介した、とウィキペディアの一部で述べていたのは、繰り返しになるが間違いだ。そんなことはともかく、グスタフ四世が叔父夫妻を表向きながら、王国政府の査問会議に引き出したことは、夫妻にとっては屈辱だったろうし、尋問する側の若き王にとってはつらい苦渋の仕事だったろう。

一八〇八年カール公は、グスタフ四世アードルフがフィンランドに滞在していて留守の間、再び総司令官となった。彼は直接絡んでいないとしても、一八〇九年にグスタフ四世アードルフを廃位に追い込む計画については、気づいていたらしい。カール摂政は王に対するクーデターが起こっている間は、むしろどっちつかずの態度をとっていたが、退位させられた君主が別に生命の危険に置かれていないと確認してから、クーデターに成功した連中による新しい国家代表に推されたポストを受諾した。カールは初め王冠を受けるつもりはなかった。しかしながら前王の息子（ヴァーサの公子）のことをだいぶ憂慮していたともいわれている。

（十）、一八〇九年三月十三日に、グスタフ四世に退位を迫った人たちが先ずはカール公を摂政に指名し、最終的に王国議会により王として選定した。参考にした nordisk familiebok（『スカンディナヴィア親族名鑑』）では、グスタフ四世の王位就任によって、カール公が摂政役を辞し単なる私人に戻ってから、すぐまた呼び戻されたかのような説明になっているが、グスタフ四世が王としての実務についたのが一八〇〇年としても、王位を剝奪された一八〇九年まで優に九年は経っているのだから、カール公が完全にプライベートな時間を持てたのは、そんなに短期間だったとはいえないのである。

さらにカール公が実際に王冠を手にしたのは、一八〇九年の六月六日なのだから、前王の退陣から考えても意外なことに三カ月も経過したのちになる。戴冠するだけでこんなに時間がかかったのは政治的な手続きもあったろうが、健康上の理由もあったのだろう。あとから考えればということになるが、やはりすでにそんな徴候があったのかもしれない、新王は同年十一月に心臓麻痺に襲われ、政治の現場に参加できなくなった。新しく導入された憲法もまた、彼が政治にたずさわることを難しくした。一八〇九〜一〇年の王権を拡大しようという計画が試みられ、実行に移すことができなかったが、彼の不決断と健康状態のためであるのが大きかった。

すでに前に触れたことながら、カール十三世が次の王位承継者にChristian August von Augustenburg（クリスチャン・アウグスト・フォン・アウグステンブルク）を指名したのは、すでに一八〇九年の八月であった。そしてこの人物が急死したためにまた次の候補、フランスの軍人として名高いジャーン・バティスト・ベルナドット（のちのカール十四世ユーアン）を選ばねばならなかった。ただ、クリスチャン・アウグスト・フォン・アウグステンブルクにしても、ジャーン・バティスト・ベルナドットにしても、よく考えてみればスウェーデン本来の出自ではない。前者はデンマークを本拠にして、比喩的な表現となるが昨日まで敵味方に分かれて戦っていた人物であるし、後者はフランスの優れた将軍であっても、スウェーデンにはなんら係累を持たず、ヨーロッパ全体を巻き込む戦争によって、たまたまコンタクトを得た人物としかいえない。いくらなんでも端《はな》から外国に探し求めるまでもなく、自国のなかにも傑出した人物もいたことだろうに、と筆者ならずとも誰しも思ったのではないだろうか。それとも自国の内政には疎いほうが、御しやすいとでも判断するような何か事情でもあったたのだろうか。こうした選択がどういう経緯を通して決定されたのか、ごく単純明快な説明がなされている資料にはまだ出遭えていない。

四、物語の展開の仕方と物語の焦点の向け方との矛盾が顕わにしているものは何か

以上十項目に分けて概ね年代順にそいながら、カール十三世の人物像に目を注いできてみると、これで何か動かぬ証拠に出遭えたということでないにしても、伝聞として残されてきたこうした記録類であっても、カール公とレゥイテルホルムとの関係が政治の場まで隠然とした大きな影響力を落としていることが、明らかにされているように思う。いうなればここで展開されているスウェーデンの王交替劇に焦点を当てれば、この二人は現実の歴史の流れのなかで、いや、文書の予言からしても、圏外に押し出されていかにも関係がなさそうに見える。そのことが原因なのかどうかわからないが、ほかの研究者からも等閑に付されてきたのかもしれない。

ともかく前に要約的にまとめた十項目を丹念にたどって、その時代相に戻してみれば、目の前の君主を追い落とそうとする動きが、再三再四にわたって、カール公（または十三世）の周辺にもちあがったことは確かである。それがいわば君主の反対派のキャップ派による煽動もあれば、公爵の妻の一時的な働きかけもあった。ただしいずれの場合も、カール公が決定的な行動力を欠いたために、寸前で挫折したことも明らかとされている。

さらに第七項に書いてあることはかなり重大である。つまり、先に見た「グスタヴ三世はその初期の段階では、カール公を摂政に指名しようと思っていた。ところが、まさに息を引きとろうとする間際、王はその意思を翻し、成年に達していない遺児の後見役になる以上カール公は、長期にわたって制約も受けず統治できるわけでなく、グスタヴ三世の支持者から成る政府によって制限が加えられることになった」とされる。しかしながら君主（つまりはグスタヴ三世）亡き後、カールは今度こそ「その王の意思なるものをはっきり無視し、一人前の摂政として無制約の権力を手に入れることに成功した」という文章は、はっきりそうだとは書いていないが、この最後の摂政役を引き受けた段階でカール十三世が、グスタヴ三世の死の間際に遺言《テスタメント》に明記したことを無視し、もっといえば改竄したらしいことがうかがえる。うかがえるというと、かなり曖昧に聞こえてしまうだろうが、筆者の立場からははっきりした推断であ

る。これまでは、カール十三世にはいつも優柔不断というキャッチフレーズがついてまわったが、ここへきてまさか自分が権力を手中にすることまで遠慮したとはとれない。レゥイテルホルムの入れ知恵もあったろうし、周囲に大いに焚きつけられてもいて、前の摂政時代の経験から、誰にもうるさく掣肘《せいちゅう》されたくない思いも一入《ひとしお》だったろう。ましてや前の摂政役とは違い、れっきとした君主となったからには、多少の横車を押そうが許される、と思ったところがあったのではないか。

これは単なる状況証拠にすぎないようにみえるが、少なくとも先に挙げた十項目を踏まえても、相当の蓋然性があると思われる。その論拠なるものを次に展開していきたい。まず、古文書らしきもの——といって、いまとなってはもはやこれが原典だ、と提示できないわけだし、最初に挙げたほかのヴァージョンの文書のうちでは、アルント＝クライストとした文書が原典の文書に一番近いと考えられるので、ここではやはりアルント＝クライストの文書を基本にするほかないが——まさに幻視が消えかかるその最後の段落に注目してみよう。

「このことは御身《おんみ》の時代に起こるわけではない。そうではなくて御身から六代目の統治者の時代に起こるだろう。その者は、いま御身が目にしている当方に、年齢も姿格好もまさにそっくりの者であろう。ここに立つ者は、その後見人がまさにこの通りの容姿であることを示している。王権はちょうど後見人の最後の年に、数人の少壮貴族によって転覆されるであろう。しかしながら後見人は、その統治下でこれら少壮貴族たちを追及し、自分の責務として任に当たり、周囲の面々も王権をもっと強固なものにし、自分はスウェーデンに以前はなかったし、将来も絶対に現れることもないほどの偉大な王となり、その御世《みよ》にスウェーデンの人々は幸せになろう。その人物はめったに見られない高齢に達し、王国を借財皆無《かいむ》と成《な》し、国庫に数百万の財貨を残すであろう。しかし、そういう人物が玉座の地位を万全にする前に、スウェーデンの地に起きたことがなく、その後も起きるはずもない大きな流血の惨事が起こるであろう。御身はその人物にスウェーデンの王としてよき訓戒を与えられよ」（本稿一一～一二頁参照）

こんな文章がもっともらしく並べられている。このことは六代後に、つまりは何世紀か後に起こることだとの予言がこめられていて、前にこの文書がどういう意図があって書かれたのかと疑問にしたときも、悲惨な「事態が起こらぬようよき訓戒を与えんがため」の文書である、とまさしく答えてくれたものだ。しかし、よく考えてみると、大いに怪しげな文章なのである。

なぜなら、「後見人の最後の年に数人の少壮貴族によって転覆されるけれども、後見人が頑張って王権を立て直し、基盤を盤石にした」という意味の文章にも読めるようになっているし、最終的には経済的にも繁栄して「借財皆無と成し」として安定した国土を築いたとしながら、さらに再び「しかし」が続き、「そういう人物が玉座の地位を万全にする前に、スウェーデンの地に起きたことがなく、その後も起きるはずもない大きな流血の惨事が起こるであろう」という言葉が、またぞろ続くのである。つまりは一度安定した基盤を築き上げながら、天下をひっくり返すような擾乱《じょうらん》に、今一度見舞われることを念押ししているとしかとれなくなる。これではどんなに立派な人間も必滅だといっていて、人間の歴史はかくなるものぞ、と一般概念を説いているのと同じで、次の世代、そしてその次の世代にも末永く悲劇が生ずることだろう、とある意味で当然なことをご託宣しているだけで、予言でも何でもなくなってくる。ここはあくまでも歴史上たぐい稀なる国王が出て来て、至極平和な時代を住民にもたらすことを謳いあげたいところだったはずである。ところがここで、「しかし」が二度も重なることで、一種の二重否定を演出したことになり、いったい何を眼目にした表現なのか、得体のしれないものになってしまっている。要はこの表現を用いた人自身が、大いに迷いつつ結びの文章に練《ね》りあげようと必死になっている感じがする。部分的に見る限りではごく普通の文を連ねていても、全体的には矛盾した事情背景を産んでしまう。

さらにこの段落に対する第二の注目すべき点を挙げよう。むしろ最初のほうの文である。

「……ここに立つ者は、その後見人がまさにこの通りの容姿であることを示している。王権はちょうど後見人の最後の年に、数人の少壮貴族によって転覆されるであろう。しかしながら後見人は、その統治下でこれら少壮貴族たちを追及し、自分の責務として任に当たり、周囲の面々も王権をもっと強固なものにし、自分はスウェーデンに以前はなかったし、将来も絶対に現れることもないほどの偉大な王となり、その御世《みよ》にスウェーデンの人々は幸せになろう。……」

ここの「後見人」という言葉は、„Vormund" の訳語であるからといって、特に語源辞典を引き合いに出すまでもなく、「後見人」という日本語の言葉で充分理解されると思う。幼少者の後ろ楯になり相談にものる人物と簡単に定義づけていいだろうし、それが政権担当の場で重々しく摂政と別の呼び方をされるだけなのだろう。ここの後続の「自分はスウェーデンに以前はなかったし、将来も絶対に現れることもないほどの偉大な王となり、……」という文章は、時間的経過をも踏まえたいい方になっていて、少なくともここではまだ王に成りあがっていないことを暗示している。つまりは、後見人であることと王であることをかなり意識的に分別《ぶんべつ》しているのであり、王となる前に後見人、または摂政として働いたことを示唆していることになる。このことは、カール十三世を歴史的な時間軸で捉えられる者には容易に了解されるが、現実の歴史を抜きにすれば、単なる抽象的な訓戒として読み流されてしまう危うさもある。

さて、このことが是認されるならば、次のようなことがいえないだろうか。

この文章は、後見人をつとめてから王になったという割に細かい経緯を知っていて、しかもそのことを気懸かりにしている者が書いたのではないか、と思われる。というのは、歴代の王がどういう統御の仕方をしたのかを顧みるに、あくまでも王としての業績を踏まえて観ているわけだから、後見人とか摂政という過去の経歴にはあまりこだわる必要なんかない、と普通は考えられるのではないか。そして、初めから王として君臨しているのかどうかなど、読み解く側も特に問題視するはずもない。つらつら思いめぐらせてみると、歴代の王のうちにそういう人物に該当するのは、たった一人、つまり、カール十三世しかいない事実がここに浮上してくる。もしもそういうことだとしたら、この文書が予言の予告という体裁をとっているが、実際にはいわゆる vaticinium post eventum（事象後の予言）ということになって、驚くほどぴったり一致する部分になるし、やはりこんな口上が出てきても不思議ではなくなる。

さらに、最初の部分の「……ここに立つ者は、その後見人がまさにこの通りの容姿であることを示している。……」とあった。これはこの幻視のなかに出てきたファントームなのであるが、同時に何世紀か後に実在化する被後見人でもありながら、ここではカール十一世に tête à tête（面と向き合って）紹介されていることになる。混同しないように念を押しておくが、カール十一世のことであって、カール十三世のことではない。言葉こそ交わしていないとしても、一世紀にわたる時間を経過した人物と直接に見交わしたということでなければならない。このことはファンタジーの世界では別に意外なことではなく、ある意味で日常茶飯のことだろうが、現実の話としては絶対に起こり得ないことなのである。それはそうだろう、百年以上も時間の隔《へだ》たった世界に生きた人物同士が、ここで相まみえるということは、まさに幽霊譚、ファンタジーの世界にしか起きようもないからである。従ってこの物語全体が、現実の話だと前提する限り矛盾していることになり、前に指摘した矛盾点にもう一枚加わるわけだが、そのことは措くとして、いまはむしろカール十一世とグスタフ四世アードルフとが蓬遇《ほうぐう》したことに注目しておこう。これはやはり充分に超自然の現象といえる。

カール十一世の文書そのものが偽書であることは否めない事実であったとしても、どうしてこういう形で残され、それぞれいろいろの異文のごとくに伝承として流し伝えられたのだろうか。

振り返ってこの文書なるものの内容を眺め見るに、どうしても後世何代かにわたって語り繋いでいかねばならないものだったのかというと、さてその通りとは必ずしもいいきれないところがある。というのは、語り継ぐべき核心がここに出てきた幽霊譚そのものにもとれるし、いやむしろもっと理念的に、こうした悲劇に陥らないようにとの思いから、国政の、または王統の存続に必要不可欠な訓戒だともとれる。いや、この物語の主旨は、訓戒をのちのち後代に伝えていくことにあったことは確かだろう。しかし、その幻視で起こった斬首の場面があまりに強烈にすぎて、ほかの場面の印象がぼやけ、かすれてしまったのかもしれない。その反面、斬首の場面に費やされた描写は決して長いものではない。多くを見積もっても四行から五行にわたるだけで、承前した後半の幻視の報告文書の全体三七行に対する比率からすれば、ほんの微々たるものといえる。何も文章量の多寡が重要度を決定する、などと思っているわけではないが、どこに焦点があったのかは、おのずから明瞭だろう。

カール十一世が幻視で捉えたものは、なにもショッキングな斬首処刑劇だけでない。先ほど指摘した百年ものちの王と玄玄孫との邂逅《かいこう》もある。これもこそショッキングな話だろう。ただこれを幽霊譚として聞くだけの立場と、実際に目撃した立場とではまさに雲泥の差が生ずる。「実際に目撃した」というのは、何分にも幻視の世界であることを前提にしての話だが。

世間でよくいわれるように、耳で聞くだけと目で受け止めるのとの大違いを、われわれも充分承知させられているのだから、というだけでのことではない。そうしたインパクトを受けた王でありながら、ただ警告するだけで終わっていいわけはない。カール十一世が幻視の世界で出遭った出来事が、そのことに直面するぞと予告された当事者〔先走って指摘すればグスタヴ三世〕に襲いかからぬように、前もって警告するために署名入りの文書を作成したことになってはいる。このようにおさおさ怠りなく処置を講じたはずなのに、まんまと予言が実現されたのだから、その処置は上手の手から水のごとく漏れ落ちたように、多少手ぬるいところがあったのだろう。幻視を見た王がこれを予言、または予告と見立てた以上、文書として書き留めておいて、これを見たままの事実だとして認定し、その証しとして署名し、廷臣たちにも署名させた。しかし、署名はお守札のように呪符にはならなかった。なぜだろう。つまりそこに書き連ねた自分が身をもって体験した者であるのに、物語や人の話として後世に伝え聞いた者と、大きな開きが出てきてしまったといえるのかもしれない。少なくともカール十一世の側の咎に帰するだけでは片手落ちなのだ。訓戒を受ける側にもそれなりに受ける条件や事情が絡んでくるのだから。

この文書が偽造だったかどうかは、いつも纏《まと》わりつく問題であるが、それと切り離して考えることを試みれば、カール十一世は本当にこの幻視を見たのかもしれない。そして確かに見て文書として書き残し、そこにほかの四人の目撃者も引っ張り込んで同じく署名させたのかもしれない。

しかし、後世の何世代かの果ての王がどんな人物か、年齢やら姿格好はまだ想像できるにしても、その性格や人となりにまで、誰にしても予《あらかじ》め思いがいたるはずもない。そこへお誂え向きのように、文書には年齢や姿格好の描写がなされている。ただ人間の実質である人となりまでは、そんなに鮮明に描かれておらない、というより描けなかったというのが本当だろう。これは先ほど指摘したように、まさに vaticinium post eventum ということなのだろうから、外形的な部分のみはすらすら描けたが、人物の中身についてては避けざるを得なかったということなのだろう。何百年かの時間の隔たりを超えた両王の相まみえる件《くだり》で、時計の針をあえて早回しに逆進させてみれば、若い君主にしろ後見人にしろ、姿格好がまさに見たままと同一だといっているのも、従って至極当然なのだ。

　いってしまえば当然すぎるあまり、ここいら辺に何らかの作意が、あるいは改竄の意図が見え隠れしている気がする。同じ部分の引用になってくどくて申し訳ないが、「王権はちょうど後見人の最後の年に、数人の少壮貴族によって転覆されるであろう。しかしながら後見人は、その統治下でこれら少壮貴族たちを追及し、自分の責務として任に当たり、周囲の面々も王権をもっと強固なものにし、自分はスウェーデンに以前はなかったし、将来も絶対に現れることもないほどの偉大な王となり、その御世《みよ》にスウェーデンの人々は幸せになろう。その人物はめったに見られない高齢に達し、王国を借財皆無《かいむ》と成《な》し、国庫に数百万の財貨を残すであろう。しかし、そういう人物が玉座の地位を万全にする前に、スウェーデンの地に起きたことがなく、その後も起きるはずもない大きな流血の惨事が起こるであろう。御身はその人物にスウェーデンの王としてよき訓戒を与えられよ」という文章を問題にしよう。

　この「王権は……」以下から「周囲の面々をもっと強固なものにし」までは、ほとんど事実をそのまま引き写したといっていいだろう。ところが「自分はスウェーデンに以前はなかったし」以下から、「その御世にスウェーデンの人々は幸せになろう」というくだりに来れば、果たしてそんなことがいえるのだろうか、と首をひねりたくなる。なにしろスウェーデン髄一の偉大な王だと褒めたたえていることになるわけだから。そしてよく考えれば、誰もがそう認めたということではなくて、ある特定の人がそう評価しただけだというに他ならない。この論議をほんの少し進めるだけで、レゥイテルホルムの主観の反映としか思えなくなる。「その人物はめったに見られない高齢に達し……」という部分からは、歴史上の事実と明らかにずれており、ここにひとつの隠蔽工作を見てもおかしくないし、それが逆効果となってかなりの綻《ほころ》びや矛盾を見せてくる。前のところでは、二重否定を演出していると評したが、何度も「しかし」を連発しているのも、後見人だった者がスウェーデン一の偉大な王となると祭り上げた手前、さらに未曾有《みぞう》の流血の惨事が起こるというのは、ある意味で形容矛盾、またある意味で論理矛盾になるのに気づいたのかどうか。「しかし」はそうした躊躇《ちゅうちょ》、または逡巡《しゅんじゅん》を表わしてもいるといえる。もうここで、改竄の動機は恐らくはカール十三世の偶像崇拝化にある、といっていいのでないか。

さらにこの引用の最後の文章「御身はその人物にスウェーデンの王としてよき訓戒を与えられよ」は、よくよく考えたらおかしいのでないか。「御身」とはカール十一世だろうし、「その人物」とは本来グスタフ四世のことと考えられたはずなのに、いつの間にか文脈上ではカール十三世のことに移ってしまっている。こういういい方では、歴史的時間の流れなど無視し、各人ともすでに同じ幻視のさなかで相まみえいるのに、言葉は交わしていない点をどう捉えたらいいのだろうか。しかも人物交差の構図からいえば、本来的内容からして、ここはカール十一世とグスタフ四世との邂逅、とすべきところと思わざるを得ない。なぜなら訓戒を与えるべき相手は、文脈からすればグスタフ四世でなければならないし、もしもカール十三世を指しているのだとしたら、王のうちの王として図抜けて頭角を現した王であるはずだから、ことさら忠告を与える必要はなかろう。もはや屍体となったグスタヴ王でなくて、処刑の一端に立会うカール十三世ということにしたのは、王統の優先系列を恣意的に並べ替え、ただひたすら現王の優越さを顕彰しようとしたのに違いない。これをこそ改竄捏造といわずして、何と呼ぶべきだろう。

ある歴史的な時間を取り外して考えることが許され、ただ現在入手できる文書に示された論理だけに基づいて事柄の継起をたどることが許されるのであれば、多分、以上の推論が自然の理といえよう。

五、筆者の推論の傍証、レゥイテルホルム及びカール十三世に関する公式的な解説

もうここまで来たら、これまで問題にしてきた文書の捏造、または改竄《かいざん》が誰の手によるものか、一応結論らしきものが出されたと思う。自分のパトロンであるカール十三世を美化して祭り上げるために、レゥイテルホルムが文書に手を加えたものということになろう。そのことが果たしてレゥイテルホルムにとって、どれだけ利益をもたらしたのかは、問題にならないだろう。

これまで繰り返し述べてきたことで分かるように、このカール十一世の文書なるものは、若くて強権志向的なレゥ

イテルホルムが主導的に動き、カール十三世がそれに乗せられる格好で、両人が合作捏造したのだと思わざるを得ない。あくまでも筆者の推論にすぎないが、今まで接したいろいろの資料に基づき、この奇譚的な物語の奇妙な点に注意を向ける限りはそうなる。

　ところで、この「幻視」の文書が世に出回ったのは、女王となったほうのウルリーカ・エレオノーレが亡くなってからのことだ、という説明がすでにあったことが思い出される。とすればこの文書は、その没年の一七四一年まで遡って考えなければならないのではないか、と抗議が出てきそうだ。確かにその反論には一理あるのだが、一七四〇年代に出回っていたとされる古文書なるものは、実際にわれわれが目にできないか、あるいは入手できず、われわれが手にできる古い文書が精々アルント（＝クライスト）どまりなので、今新しく公文書館で再発見できるか、古書界に出回らない限りは、文書間の差異の推移を比較検討し、総合的に分析、解釈に持ち込むことは、ほとんど不可能だろう。そんなふうに考える一方で、こうした文書を修正改竄するには、逆にそれなりの事由があるにきまっているはずなのだから、そんな事由を類推できる手掛かりさえつかめば、意外とその問題は解きほぐせるのかもしれない。ところで一七四〇年代からグスタヴ三世の最期を迎えた一七九二年まで、そんな事由を想起させるようなことは、歴史的にも政治的にも起こっていないようだ。さらにそれでなくても、こうした文書を改竄してどんな利益を期待していたのだろうかと考えれば、それに応えられるほどの問題点など見つかりそうにない。むしろレゥイテルホルムやカール十三世の追加補筆によって、例えばアルント＝クライストの文書すら元の形をとどめているものなのかも怪しい。それほど改竄者側が手を加えたことで、前に挙げた四つのヴァージョンとさらなる未知のヴァージョンに、どれだけの悪影響を与えたか。アルントにしろクライストにしろ、この逸話を扱ったのは一八一〇年代になる。一方のレゥイテルホルムやカール十三世が手を染めたのは、いつになるのであろうか。当然ながらその二人が生存中ということになろうし、二人の間が特別親密な時期だったろうということになりそうだ。そう設問すれば、一七九二～一七九六の間ということだろう。しかし、推論を試みている者からすれば、文書の内容を複雑化し、手の内を包み隠そうとする改竄者側の企みがある以上、簡単に年代の順列できめ難いことも、拳拳服膺《けんけんふくよう》しておかねばならない。

レゥイテルホルムとカール十三世がこの文書の改竄に手を染めたもの、と筆者は推論してきたのであるが、まだまだ根拠が薄弱と見なされるかもしれないので、ここでその二人に関するかなり客観的な解説的著作のなかから、補足的な傍証をあげておきたい。英語版とかドイツ語版により、かなり違いを見せるようなウィキペディアでは、バランスもとりにくいので、スウェーデン語版の著作に依拠し、拙訳で紹介することにする。原語の標題を載せたのは、原典を明示するためだけでなく、わりに標準的で公正な立場のものであることを明瞭にするためである。傍線その他の注記は筆者が添えたものであるが、筆者の見解と合致するか、バックアップしている、と思われる箇所を強調するためである。

一、グスタフ・アードルフ・レゥイテルホルムについて――（1）

（Nordisk familjebok. Uggleupplagan. 23. Rtzius-Ryssland）（『スカンディナヴィア親族名鑑』フクロウ版、二三、Ritzus から Ryssland まで）

-a digital facsimile edition from Project Runeberg（ルーネベルグ企画からのデジタル電送版）

男爵、先述の項に出る人物の息子。政治家。一七五六年七月七日に Svidja（スヴィジャ、訳者注、フィンランドのヘルシンキから西に一〇キロほどの小さい町（北緯60／東経24）、相当大きな地図でないと記載が見あたらない）に生まれ、一八一三年十二月二十七日に Schleswig（シュレースヴィヒ地方）で死亡。ウプサラ大学での学業を終えたのち、Västmanland（ヴェストマンランド）の連隊の少尉となった。しかし、一七七七年に宮廷ユンカーとなるために軍務を去り、つづいて一七七八年に王妃 Sofia Magdalena（ソフィーア・マクダレーナ）の侍従に指名された。

レゥイテルホルムは、その祖父や父に似て勤勉であり、整理好きで文献収集に熱中した。父に似ている点は、党派的であり、自説に固執し、支配欲が旺盛で復讐心に燃えることだった。しかしながら、父親の欠陥が一面的な偏りがあったように見えるにしても、力強く男性的な性格のちょっとした過《あやま》ちととれるのに対して、息子の場合には、ひどく興奮して極度に神経過敏であり、最も異質な印象に対して敏感なところがあり、ほとんどヒステリックで突発的な症状を見せることがあったが、それも恐怖心からと同様に激怒からも起きた。

このような性格は実は生来のものであるが、十八世紀の後半年代に文学上で流行した感傷性に、大いに感化されたところがあるようだ。そして神秘主義的・宗教的な潮流に没頭する一方で、そんな時代に見合った理性的な「啓蒙精神」といつも肩を組んで歩き、とりわけフリーメーソンへの熱狂ぶりにそのことは顕著に現れていた。彼の性格にいたる一番確かな手掛かりを形づくっているのは、何はともあれ彼の虚栄心なのである。これによってつき動かされ、政治的役回りをしようと願い、才能は中程度のものでしかないのに、自分は相当な文人だと思われるのを願った。そういう気持があったので、自分の感傷性のなかにばかげた人気とりを混ぜ込むことができ、彼が友情を必要とする原因となったわけだが、その友情というのも、実をいえばおべっかを飽くことなく追い求めるよう煽っただけであり、この「神経過敏な魂」は自分が傷つけられると、最も復讐心の激しい暴君に変貌したのである。つまりはスケールの小さなRobespierre（ロベスピエール）になった。ロベスピエールこそ、同時代人に疑いもなく多くの点で注意を喚起させたのだから、敵たちですらも極めて的を射た言い方でとらえていたのである。

同時代の熱狂と同じく、彼はRousseau（ルソー）の自由思想に熱中し、従ってフランス革命の勃発を歓喜して迎えた。しかしそうしている間に、彼はある自己欺瞞の犠牲になっていた。ルソーも、そして革命の自由という理念も、デモクラティッシュなものであるが、レゥイテルホルムには、家柄血筋を鼻にかける高慢さが非常に際立つ性癖が見られた。彼がフランス革命の本当の性格に目を向けることができるようになるや否や、革命への賛美は嫌悪と恐怖に変わった。実のところ、レゥイテルホルムの自由を熱愛するのがなぜなのかは、彼を取り巻く家柄の環境と――それに虚栄心に求めてしかるべきであろう。両親の温かい愛情が注がれ、キャップ派の基本原則によって育てられていたので、自分も一員である派閥ばかりでなく、父親その者の権力の両方とも奪いとった一七七二年の革命当時のGustaf III（グスタヴ三世）を決して許すことができなかった。この王に対する憎悪は、次のようなことでますます増大したのである。つまり、王がレゥイテルホルムの文学的才能を少しも認めないどころか、政治家の仕事にも不適格だと判断したのだ（グスタヴ三世の統治期間中のレゥイテルホルムの唯一の公務は、一七八七年に総括関税司令官室のメンバーになったことである）。

とくにレゥイテルホルムは一七八六年に、王国顧問（riksråd）になるようM. Ramel（ここで挙げたマルテ・ラメルは、同名を名乗った祖父もいるが、生没年が一七四七〜一八二四のほうらしい）の指名を受けたのに従い、その宮廷任務を目ざそうとしたのに、この願望が王によって決して受け入れられなかったことは、絶対に忘れることができなかった。こうした状況下にあって、グスタヴ三世に反対する派閥の人たちに与《くみ》することに熱心になったのも、当然の成り行きだった。憎悪に目がくらんで、革命理論が貴族政権を危うくする面があるのを初めから見ておらず、むしろスウェーデンの「暴君」と戦う単なる手段にすぎないと見なしていた。

王国議会では、彼は決して顕著な役割を果たしていたわけでない。一七八九年には、彼は確かに「統合と安全条項」の施行によって、数人のほかの貴族の反対者とともに逮捕される「栄誉」に「浴する」こともあった。しかし、彼は短い拘束期間を、実際は友人であったカール公爵の私室ですごしてもお構いなしとされ、「統合と安全条項」についてどれだけ多くの憤懣を個人的には見せたとしても、議会での場面ではそれに反対だという行動はとらなかった。確かに同時代人が知りたいとさえ思ったのは、——利己的動機からか、または恐怖心からか——カール公爵が反対派だった勢力を見棄て、この法律に好都合になるよう賛意を表明するようにと力づけたのは、ほかならぬ彼だったことだ。一七八九年の議会ののちにレゥイテルホルムは、自分の「不運なる祖国」を去り、パリを訪問し、そこで一七八九年の十月の五日と六日に暴徒まがいの示威運動の行進（ヴェルサイユ行進）の目撃証人となった。Avignon（アヴィニョン）では、啓明会《イルミナート》の奥儀に参禅し、最後にローマにやって来た。一七九〇年の帰国の際に、グスタヴ三世の側からははっきり嫌われたが、革命をプロパガンダする者たちとの関係を疑われたためであり、一七九一年には再び外国旅行に向かうのが得策と考え、またもやローマに足を運ぶこととなった。そこでグスタヴ三世が殺害されたという報《しら》せを受け、いまやついに、彼の野望を実現させる時が来たと思った。一七八二年来、レゥイテルホルムはフリーメーソンの教団に入会していたが、グスタヴ三世の弟で、実は功名心が強くて言いなりになりやすいカール公を手玉にとり、彼に対する絶対的な支配力を掌握していた。まず何よりも神秘化した架空の作り話を持ち出すことによってだが、その秘密の教団の保護のもとに、一緒に身を委ねることだとしており、それは普通の意味でいえば、公爵がスウェーデンの救済主にして支配者ともなるだろう、ということに関する予言のことだった。こうした状況におかれ、時はもう一七九二年ともなり、公爵がGustaf IV. Adolf（グスタフ四世アードルフ）の摂政役を引き受けることになるが、レゥイテルホルムがスウェーデンの運命の手綱を操るには、若干の年月を要するための措置だった。王の逝去後六日もたつと、もう公爵は自分を補佐させるためにレゥイテルホルムを呼び戻し、そのための旅費を仕送った。帰還（一七九二年七月三日）の前に、レゥイテルホルムは寡婦となった王妃の侍従長となり、その直後に王妃の会計検査長に迎えられ、公爵の顧問会議の常任会員の一人ともなったが、その会議の実際の主宰者は彼であった。一七九三年に彼は「国家功労章叙勲士の一人」に指名された。レゥイテルホルムが全体に及ぼす権力を握りだすと、最も重要な変化が伴った。新しい出版自由法を発布し（一七九二年七月十一日）、レゥイテルホルムはそれによって一気に自分の自由志向を明るみに出し、グスタヴ三世の政府の基本原理を断罪する機会とした。王殺害者たちを減刑、いわゆる「グスタヴィアン派」と見られる人たちを行政官僚の高い地位からはずし、反グスタヴィアン派をさし替えた。さらにロシアとの国交断絶と革命を遂行したフランスへの接近が画策された。スウェーデンの外交政策の方向急転換は、しかしレゥイテルホルムの仕事だというよりは、ほかの隠れたフリーメーソン仲間であるE. M. Staël v. Holstein（E・M・スタール・フォン・ホルシュタイン）の仕事だったように思われる。この人物は、レゥイテルホルムの帰国する前から、フランス側の代理人《エージェント》Verninac（ヴェルニナック、訳者注、レイモン・ドゥ・ヴェルニナック・サン＝モル〔一七六一―一八二二〕のことらしい）と協議交渉を開始するよう、すでに公爵を説得済みだったからである。ここでいわれている噂の中身は、こうだったように思われる。つまり、グスタヴ三世とロシアとの同盟を維持していたグスタヴィアン派が崩壊状態にされるのを、エカチェリーナ二世が食い止めようと動き出しそうだったからだ。しかし、レゥイテルホルムとその復讐心の間に割りこもうとする彼女の企てが、どうやら事の発端だったらしい。その結果レゥイテルホルムは、グスタヴ三世のフランス攻略計画の放棄に満足しただけでなく、スタールによって始められた「三角帽派外交」

も受け入れたようだ。フランスではエカチェリーナの干渉政策に対する反対支援が得られ、ロシアの代償をフランスの供与金（subsidier, Subvention）で、埋め合わせられるだろうと期待してのことであった。そんなものはわたしと外交断絶をすれば無駄になるさ、とエカチェリーナに脅迫されて（実際に確かにそうなったのだが）、潰されてしまった。どうやら利己的な動機もまた働いていたためか、レゥイテルホルムはその外交政策に関しては、家族の伝統的経験知を守るのをあきらめていたのかもしれない。一七九二年の秋スタール・フォン・ホルシュタインは、フランスとの連携を実現するためにパリに赴いたとき、「フランスとの同盟組織のほうに優位を認めたスウェーデンの内閣メンバーの間」から、ひとつの使命を受けた。すなわち、一二〇万リーヴルを請求し、その金額はスウェーデンにそうした体制のための気運づくりに使われるべきだ、という狙いだった。

しかしながら、スウェーデンの閣僚級のうちで、フランスとの同盟案を知っていた者は、公爵を除けばレゥイテルホルムただ一人だった。要望した総額のうち実際に支払われたのは、三〇万リーヴルだけだった。一七九三年五月十七日にスタール・フォン・ホルシュタインが受け取ったのは、ある種の防衛同盟並びに供与金協定に向けてのフランスの外務大臣の署名だった。しかし、その後ロベスピエールが権力を握るようになると、フランス政府はこの一件の批准を拒否するにいたった。それに代わって、スウェーデンとフランス間の中立条約を図るロベスピエールの提案（供与金も含めて）が持ち出され、これは本質的に武装中立同盟に向かう根拠となった。同じく、レゥイテルホルム及びスタールは公爵を説いて、一七九四年三月二十七日にデンマークとの和平条約を締結させることができた。しかし、こうした動きが前と同じくフランス政府をして撤回へと向かわせた。さらにフランスではいわゆる恐怖政治がかなり長く続き、そのために約束されていた資金供与を受けようとするすべての試みは、実現を見ないままに終わった。いわゆるArmfelt（アルムフェルト）の謀反の発覚（一七九三年十二月）は、レゥイテルホルムとエカチェリーナ二世との両者の敵対関係を拡大悪化させ、前者すなわちレゥイテルホルムは、フランスに改めて以前の試みを提案し、それ以後もっとしっかりした正規な関係が始まった。一七九五年四月二十三日にフランス革命政府が承認され、同年九月十四日にこれをもってフランスと同盟を結ぶに至った。その結果実際にスウェーデンに供与金の総額をもたらした。そうこうしている間にも、約定されていた供与金の残額が不履行のままで、エカチェリーナが戦争を始めるぞと脅しをかけたら、レゥイテルホルムはそんなに長くは決して彼女に抵抗しきれず、前にやった試みを早くも再度とりあげ、若い王（即ちグスタフ四世アードルフのこと）とエカチェリーナの孫娘アレクサンドラとの間の婚約を内密に進めることで、この女帝の心をつなぎとめるよう取り計らった。レゥイテルホルム自身が一七九六年にペテル（ス）ブルクへの旅に随伴して、この婚約をどうしても成立させるはずのものだった、ところがそうはならずに若い王の頑迷さゆえに破綻にいたる。レゥイテルホルムが枢要理事会に配慮して、早くもそのリベラルな見解を棄て（カール十三世について――（1）の項参照）、独裁的権力を冷酷に利用するようになったが、まさにこの導入こそ、グスタヴ三世を非常に手厳しく非難したものに他ならず、こうなったことについては、ひとつにはレゥイテルホルムが独裁的な気質を持っていて、自分自身がのちに権力を握ると、他人からの反対を決して許さなかったという点や、さらにもうひとつにはフランス革命の理念に関してとった彼の態度が、よく引き合いに出されるように、どれだけ経験不足なものであったかという点の、説明がつけられる。

スウェーデン・アカデミーに対する悪名高い閉鎖命令（一七九五年）は、彼自身がその協会（アカデミー）に選出されていなかったので、そのことに対する彼の憤慨に大部分は依っていた。とはいうものの、国内の問題に関してレゥイテルホルムが一番忙殺されたのは、いわゆるアルムフェルト謀反事件であった。アルムフェルトとその友人の何人かがロシア側からの援助をたのんで、レゥイテルホルムを倒そうと画策していたという限りでは、確かにこの人物は紛れもなく有罪だった。しかし、当座はその事柄は漠然とした計画の状態にとどまっていただけで、実はそれ自体としてはとるに足らぬことだった。ところがレゥイテルホルムは、その傷つけられた虚栄心と怯《おび》えによる妄想を前にして、最大限にまで膨らませて邪推してしまい、その復讐心を満足させんがためには、どれだけ費用がかかるかも怖れず、一切の気遣いも忘れた。この一件にレゥイテルホルムが深入りしたこともまた、ほかの何かで傷つけられる以上に彼の評判を損なった。

グスタフ四世アードルフが政権の座に就いたのは一七九六年十一月一日であるが、それであっという間にレゥイテルホルムの権勢に終止符がもたらされた。その強要するようなせっかちな振舞いによって、レゥイテルホルムは若い王の不興を自らに呼び込み、すべての官職からの引退をあまりにも急テンポに催促したものだから、そのことを承認されたばかりでなく、首都からの追放（十一月二日）まで求められた。彼の失墜は、いたるところに歓喜の渦を巻き起こした。というのも、彼の虚栄心や専制的な行為や嫉妬心が、すべての関係者に憎悪に満ちた気持を起こさせていたからであり、――反対派はもちろん、彼の後押しでなんとかある程度の権力にありつけた人たちにも、憎々しげに振舞っていたからである。レゥイテルホルムはこうなった上はと、外国に出かけ、一七九七年に帰国するも、ここで新しく施行された身元保証条令にひっかかり、王に対する反感をあからさまにし、同じく公爵に対しても不平を鳴らしつづけたものだから、こうした事情のもとでは、公爵も彼を迎え入れることを拒否した。一八〇〇年、レゥイテルホルムは再びスウェーデンを後にし、その後数年の間、Tempelcreutz（テンペルクロイツ）という名のもとにあちこちをさまよい、被害妄想に苦しめられ、憎悪と嘲笑の的にされた自分の功名心にこだわっていた。とうとう最後に彼は一八〇九年のベルリーンで、この「迫害された時期」に、彼が熱病のように切望した出来事についての報らせを受けとった。すなわちグスタフ四世アードルフの退位とカール十三世の王位就任であった。彼の喜びは、確かに一八〇九年の「フランスの雛型に合わせて採寸した悲惨な」政権形態のために、貴族の特権が制限されたというニュースによっていささか曇らされたが、それでもなお彼は早速スウェーデンに出かけ（一八一〇年八月）、そこでRiksdrots（未詳の官職名）になりたいと望んだのだ。カール公爵との仲違いののちでも、公爵とはときどき文通を続けていたが、通常は金銭的な援助を熱望するためのものだった。そして、スカニア地方にたどり着いたときには、彼は一書をしたため、謁見を賜わるようにと要請した。レゥイテルホルムの手紙に対する返事は、大臣の一人であるL. v. Engeström（ラールス・フォン・エンゲストレム）の手で作成された文書となり、新王にお目通りするのは禁止項目なれど、ちなみにスウェーデンに滞在するのは一向に構わず、というものだった。このために憤激でわれを忘れ、まずは彼の高位にある昔のパトロン（訳者注、つまりカール十三世）に対して一番激しく憤《いきどお》り、自らすすんで追放の身に戻って（一八一〇年九月）、そのまま彼の死（一八一三年十月）までつづいた。彼は一八二一年にSträngnäsdom ストレングネース教会内の（Olivekranska grafkoret）（訳者注、「月桂冠のあしらわれた聖壇場」とでも訳すのか、不明）に葬られた。そこには彼の父、Esbjörn Kristian Reuterholm（エスブイェルン・クリスチャン・レゥイテルホルム）も埋葬されている。レゥイテルホルム一族は一八六四年をもって断絶した。

―― 参考文献 O. P. Sturzen-Becker, «Reuterholm. En fotografi» (1862), Schinkels «Minnen», S. Boëthius, «Gustav IV Adolfs förmyndareregering och den franska revolutionen» (i «Hist. tidskr.», 1888-89) och O. Malmström, «Till G. A. R:s historia» (läroverksprogram, Örebro 1907)

二、レゥイテルホルムについて――（2）

Minnesteckning av herr Lönnroth（「レンルート氏の伝記」）

（このレンルート氏は、いわばグスタヴ三世の男色好みを疑われたとき、その弁護の指揮をとった人物の係累に属するのだろうが、その人物とは別人物のようだ。というのも、この記述は二〇〇一年に、スウェーデン・アカデミー主催の会合での発表となっているからである）

グスタヴ三世は死ぬ以前、遺言状を作成してカール公を後見役の摂政職に指名していたが、王位承継公子Gustaf Adolf（グスタフ・アードルフ）が成年に達するまでは、王国を統治しなければならないとした。このことは、Gustaf Mauritz Armfelt（グスタフ・マウリッツ・アルムフェルト、一七五七～一八一四）によって、その回想録のなかで問題視されていた。グスタヴ三世とカール公爵は、ずっと以前からお互いにあまり親しい関係になかった。グスタヴ王は自分が抱えていたのと同じ助言者とともに政権を担当するように、と公爵に義務づけたいと思っていたが、公は王の死後、そのような方法では自分が束縛されると心配して、摂政を引き受けるのを拒否した。公の拒否は尊重されて、彼はそれで自分の選択にそって助言者を使用することができた。

　グスタヴ三世の死後、カール公爵はイタリアに滞在していた信頼する友であるGustaf Adolf Reuterholm（グスタフ・アードルフ・レゥイテルホルム、一七五六一〜一八一三）に手紙を書いた。すみやかに帰国するように、そして今や自分に義務づけられた職務を助けてくれるように、と。なんとも奇妙な展開ながら、公爵夫人であるHedvig Elisabet Charlotta（ヘートヴィグ・エリーサベト・シャルロッテ）もまた、レゥイテルホルムに同様に手紙を書いていたのである。またはヘートヴィヒ・エリーサベト・シャルロッテ）もまた、レゥイテルホルムに同様に手紙を書いていたのである。御身《おんみ》は帰国すべきであるけれども、カール公爵の意見に同調しないで、むしろ私の個人的な助言者になってくれるように、と。このことの内訳はどうやら次のようなことらしい。公妃は恐らくEriksberg（エーリクスベルイ、訳者注、同名の地名のものがスウェーデンにもう一つあるが、セーデルマンランドにある城館を擁した大所領地のほうだろう）在の農場主で、男爵Bなる人物とひそかに文通していたことがあり、その男の文書庫にその文通の物証が残されたままだったので、その秘めごとの揉み消しのようなのだ。レゥイテルホルムは帰国し、公爵のところに出向いた。そのまま公爵の助言者となった。そしてこれは賢明な選択だった。カール公爵はよい理解力を持っていたが、自信の強さに欠けていて、ここぞという重要な決断の支えとなるものを必要とした。彼は一七九二年の七月にはどうしても、そういう人物を見つけなければならなかった。王殺害者に対する判決を必要としていて、それとともにグスタヴ三世に反対する者たちのリーダーたちとの調整を必要としていた。公爵は摂政として兄の政治路線をつづけるべきだろうか、新しい政治体制を始めるべきだろうか、決断を迫られた。

　カール公爵は後者の道を選んだ。彼は国内の厳しい反対意見をやわらげ、ある程度平穏な国を治める可能性が得られるよう望んだ。そのためには、矛盾がなくあまり挑発的でない政治が望ましかったし、そのような場合にはレゥイテルホルムはうってつけの助言者のように見えた。彼は新しい出版条例のための草案を持ちあわせていて、いろいろの意見を慎重に検討した。彼が背景に持っていた政治的な隠然とした勢力が、彼にとっては政策システムの交替に寄与するのを容易にしてくれた。

　G・A・レゥイテルホルムは、スウェーデン王国内でグスタヴィアン派隆盛の時期に、際立った役割を果たすようになったかなり多くのスウェーデン＝フィンランド出身の貴族の一人であった。彼はEsbjörn Christian Reuterholm（エスブィェルン・クリスチャン・レゥイテルホルム）の息子であった。父は、以前のキャップ派が優勢を占めていた時に、王国の枢密顧問官におさまっていたこともあり、一七七二年のグスタヴ三世による上からのクーデターの際に逮捕された。彼は刑務所で病気になり、釈放後まもなく死亡した。父親や旧姓 Gyllenstierna（イーレンシェルナ）である母親を深く愛着していたレゥイテルホルムは、このことを絶対許さなかった。彼は一七八九年の Riddarhus（貴族会館）での会議の主要な反対派の一人だったし、政治的には父親と同じキャップ派の若き一人だった。——特権からは排除されている農民の願望にも、思いやりを示したいと思ったのだ。

G・A・レゥイテルホルムは、一八〇〇年代のスウェーデンの歴史書では中傷されていた。すなわち „storvizir"（強権大臣）（訳者注、最初の stor は大きなとか、重要なとかを意味する。ただし、トルコ渡りの言葉（vizi(e)r）を使ったのは、そのことで揶揄の意味をもたせたのかも知れない）として、国の統治の責任をカール公爵におっかぶせていた、と。そうした書き方は完全な間違いである。レゥイテルホルムは、そんな権力のある地位についたことは一度もなかったのだ。

一七八九年十一月七日にレゥイテルホルムは、グスタヴ三世の不興を蒙るのを免れるために、一時王国を退去した。その日にカール公は、Karlskrona（カルスクルーナ、訳者注、スウェーデンのバルト海のハーヌー湾に臨む港町）でフリーメーソンの儀式をとり行なうことを指示した。そのフリーメーソンの協会組織の保護者で監督官であるG・A・レゥイテルホルム、及び彼の随伴予定者の C. G. Silfverhielm（シルヴァーイエルム）に関して、これからの旅の無事息災を、参会者が一緒になって祈れるように、そして目前に迫った外国旅行に際して、彼らの仕事が協会組織や祖国の両方に役立ってしかるべきだから、危険を無視して出かけても大丈夫だと彼らに保証した。それらの儀式は〈主の祈り〉で終わるもので、スウェーデンのメーソンのグランドマスターたるカール公によって指導され、公はレゥイテルホルムに自分の肖像画を与えたが、愛着を抱いた自分のことをずっと覚えてくれるように、と願ってのことだ。レゥイテルホルムは、フリーメーソンの規則に従って盲目的なほど義務を負い、グランドマスターに対しては従順であり、その命令を几帳面に実行しなければならなかった、たとえ彼自身の確信に反してでも。

このことは、摂政時代のカール公の助言者として、レゥイテルホルムにとっては必要とされる条件となった。彼はその任務を忠実に遂行した。その仕事の内容を決めたのは、自分の意向では決してなかった。公爵は確かに彼の誠実な友人だったが、レゥイテルホルムの能力を自分の政治に利用したのだ。そのことに関する一例は、一七九五年のスウェーデン・アカデミーの閉鎖である。これは彼がそのメンバーに一度も選ばれなかったために、レゥイテルホルム側から起こした復讐だと見られていた。しかし、Henrik Schück（ヘンリク・シュック、訳者注、一八五五〜一九四七、スウェーデンの文学史家、ウプサラ大学学長）がそのアカデミーの歴史で明らかにしたように、レゥイテルホルムはアカデミー会員への選出に無関心だったことが判明していた。アカデミーの閉鎖は、革命思想の温床だと見なされ、その責任をとらされたのが理由だったのだし、同時にとりわけいつまでも居座っていた、秘書官の Nils von Rosenstein（ニルス・フォン・ルーセンステイン、訳者注、一七五二〜一八二四、スウェーデンの官吏、哲学者）に代表されていた、とみられていたのである。ルーセンステインは科学アカデミーで、自由思想を基本内容としたあるスピーチを行なったことがあるが、彼の敵としたのは決してレゥイテルホルムなのでなくて、グスタフ・マウリッツ・アルムフェルトなのであった。アルムフェルトは未成年だった王の教育係だったところから、若い王に対するその影響力をとりわけ恐れていた事情がある。

カール公もまた、ジャコバン派の国内の影響力に危惧を抱いていた。彼は臨時の摂政として「統合と安全条項」にそって無制限の政治権力を代表していたし、ジャコバン派は王や皇帝などの命を狙う脅威と見なされていた。公爵はそのために、ルーセンステインに対しても同じく不信感を抱いていた。アルムフェルトの心は、ロシアの女帝エカチエリーナへの哀訴に従えば、レゥイテルホルムとルーセンステインの二人を、王国の権力中枢から遠ざけたい、ということにあった。レゥイテルホルムがスウェーデンのロベスピエールたらんとしている、とアルムフェルトは見なしていたが、それは完全な間違いであった。レゥイテルホルムはロベスピエールを嫌悪していた。なにしろ独裁的な君主と同程度の僭主だ、と彼は思っていたのだから。これとは反対にレゥイテルホルムは、革命が主導する思想に対する理解力を抱いていたし、会議における Staël von Holstein（エーリク・マグヌス・スタール・フォン・ホルシュタイン、訳者注、一七四九〜一八〇二、フランス宮廷の代理大使に選ばれ、一七八五年にはフランス大使となった。一七八六年フランスの蔵相ジャーク・ネケールの娘で、のちにいわゆる「スタール夫人」として有名となった女性と結ばれたが、のちに離婚した）のスピーチに、共和国の承認とともに同意した。彼は社会的な良心を持っていて、郷里の自分の家族の所有地 Svidja（スヴィジャ）の執事 Gös（イェース）氏を、一日の仕事の割り当てを完遂することができない農場の小作人に対しても、寛大になるようにと叱責したことがあった。

レゥイテルホルムにとっては、ロシアからの軍事的な脅威が、ほかのすべての政治的な顧慮に影を落とした。ペテル（ス）ブルクの外交使節 Curt von Stedingk（クルト・フォン・ステーディンク、訳者注、一七四六〜一八三七、スウェーデンの陸軍元帥、外交官）との彼の私信は、フィンランド国境でのロシア軍の動静について、彼がどれほど綿密に調べることに汲々としていたかを示している。彼のロシアに対する反感は、一八〇九年もすぎて、埋葬してあった両親の遺体をフィンランドの教区民教会 Sjundeå（スユンデオー）から、ストレングネースの大寺院教会に移した、という彼の措置からはっきり見てとれる。ほかのこのような問題では、彼はアルムフェルトの完全な反対者であった。アルムフェルト及びその一党に対して、彼が裁判で仮借なき態度をとったのは、国家反逆罪に関して動機づけられたものであって、ただ単に個人的な敵愾心《てきがいしん》によるものではなかった。たとえ公妃のエリーザベト・シャルロッテすらも彼を批判したというような表現が、くり返されたにしても。

レゥイテルホルムは、serafimerriddare（セラフィム勲爵騎士、訳者注、ヘッセン＝カッセル家出身のスウェーデン王フレーデリク一世の七十二歳の誕生祝いに一七四八年に創設された勲位制度、ただしこの来歴は十三世紀のマグヌス一世ラドゥロースに遡るとされ、その授与者は王家出身男子を除けば二十四人に限定、のちに三十二人に緩和されたが、いずれにしろ王家に次ぐ地位とされるほどの名誉だった）に非公式に指名されたが、恐らく男によく見られる虚栄心のひとつの証拠だろうし、そうでなければ、きらびやかな肩書のある高官すらも避けたかもしれないような地位である。彼は王妃の侍従長であることに満足していたのだから。

勲章での表彰は公爵の仕事であり、そして未成年の王の決定事項だったたし、さらに彼らの共通の反抗者であるアルムフェルトが、デンマークの承継王子に対するグスタヴ三世の圧力によって、特例として応じられたひとつの勲章、つまりデンマークのエレファント勲章（訳者注、デンマークのクリスチャン一世により創設され、教皇の認可を受けた勲章で、この由来もかなり古く、クヌート六世治世下の一一八八年の教団組織の設立とも、エーリク二世（一四一二〜一四三）の設立ともいわれているが、当初は「聖処女マリアの同胞団」という名称だったとされ、当時その象徴像も聖処女が誕生したばかりのキリストを腕に抱いたものだったが、すでに一五八〇年頃、象の形に変わっていたという。北欧で南方系の動物をシンボルにするのは珍しいが、知恵と優れた資質の表徴とされた。すでにティコ・ブラーエが授与されているように、王家出身以外でも、内外の有名人にも発行されていて、クリスチャン五世によって根本的に改められ、一六九三年騎士の数は五十から三十に減らされた。ここに出るグスタヴ三世による圧力とは、どんな経緯なのかは審らかにしない）をすでに手にしていたことから、これに張り合わんとする措置なのである。セラフィム勲爵騎士は医療や貧者救済の監視に従事する習いだったが、一般大衆に対するレゥイテルホルムの懸念とむしろ一致していたのである。ところでこの男は、どんな振舞いをしたところで、決して人気を博せる人物ではなかったし、魅力があるといえるどんなものも欠いており、決して指導的なタイプではなかった。彼が業績をあげることができたというのは、助言者としてであって、誰からも認められた決定的な権威としてではなかった。

摂政政府の末期、婚姻によってデンマーク王宮の一員となったヘッセンのカール公子の援助のもとに、彼はデンマークに赴いたことがある。カール公子はシュレースヴィヒの総督だったし、レゥイテルホルムはそこで自分の晩年を過ごした。ヘッセンのカール公子との接触は、フリーメーソンの仲介によって実現されたものに違いない。

G・A・レゥイテルホルムは、はなはだしく自己中心的な人物だった。彼は重い病にかかった時期をすごしたことがあったが、そうした自己中心性が形成された背景ともなっている。彼は概して深い宗教心から判断を下すところがあり、年頭に当たって自分の祈願を書きおろしたことがある。それを見ると、彼が世界の運行が神の支配にあるという点を、完全には納得していないことが明らかにされる。彼の敵たちが、本来そうあってしかるべき深刻な不運に遭っていないのに、自分のほうは適正な名誉回復を得られず、多くの侮辱を耐え忍ばざるを得なかったのだから。シュレースヴィヒで一八一三年に死去した際には、彼は誰にも振り向かれることもない男だった。

エゴイスティックな権力者だった彼について、郷土で披露された追悼文は不当なところがあり、実際は彼がどれだけ孤独だったかを示している。

外国では、レゥイテルホルムがスウェーデンの政治に著しい影響力を持っていた、と誰もがかなりはっきり理解していた。先に紹介したステーディンクが彼宛ての手紙に書いていたことだが、エカチェリーナ二世がレゥイテルホルムに疑念を抱いたのも、彼が彼女に対して敵意ある気持を見せていたからだ、とされる。フランス共和国のストックホルム駐在大使は、一七九三年の夏にこう書いていた、スウェーデンの宮廷、つまりカール公爵が、フランスとの同盟条約の批准を遅滞させている、と。大使であるスタール・フォン・ホルシュタインが承認し、熱心に支持して構わない同盟条約だったのだから、ひょっとすると未成年の王のご意向をとり結ぶために、レゥイテルホルムを犠牲に差し出そうと人々が願ったことに原因があったのかもしれない。共和国と同盟を結ぶという方向に傾いていたのが、レゥイテルホルムの政策だったことについては、フランスでは知られていた。ロシアの地ではその父祖の見解に刷りこまれているのと同じように、この若い王もその類なのだ、と思われたのだ。

レゥイテルホルムは実際には、フリーメーソンとしての確信に依存していた。ロベスピエールの死後、彼がフランスに旅行したときに、アヴィニョン近くのローヌ川河畔の土地に赴こうとした。そこでは彼のためにひとつの特別の祭壇がしつらえられ、さらにそこでは彼が最高位の人を前にして、フリーメーソンの規則に常に従う、と荘重にも宣誓の言葉を唱えたのである。重大な決意を迫られている際なので、自分自身の衝動に従っている暇は、彼には長く与えられていなかった。

ところがカールの外交政治は、レゥイテルホルムの考え方とかなりな部分で一致していた。ステーディンクがロシアの攻撃に対する不安を誇張していたのだ、と公爵が思っていたのは確かだが、エカチェリーナ女皇のスウェーデンに対する非友好的な態度に関しては、ステーディンクの知らせからの印象と受け取ったのだし、レゥイテルホルムを通じて、ステーディンクの熱意を自分の評価として伝えたのだ。こうしたことが、女皇を説得するのに重要なことになったのだ。スウェーデンがフランスと同盟締結しているのだから、共和国を敵にまわす対仏同盟戦でスウェーデンが中立を守るのは、少しも矛盾したことでない、と女皇に納得させ、Lars von Engeström（ラールス・エンゲストレム、訳者注、一七五一～一八二六、スウェーデンの伯爵、政治家、外務大臣）を宮廷大臣へと指名することが、エンゲストレムにはポーランドとの関係があるにも拘らず、著しく敵対的なものでないことを納得させるのも重要だった。アルムフェルトがロシアの地で生計をたてていたことは、確かにエカチェリーナも否定してはいなかった。しかし、彼の妻のHedvig De la Gardie（ヘードヴィグ・ドゥラガルディ、訳者注、一七六一～一八三二）は、Tsarskoje Selo（訳者注、普通はTsarskoye Seloツァールスコイェ・セーロ？（＝the royal village）といわれ、ペテル（ス）ブルクの中心から二四キロ南にあるロシア皇帝の離宮。十七世紀にはスウェーデンの貴族の所領だったが、名前はフィンランド語の「島」を意味する„saari“から„Saaren Kylä“＝„Island village“といわれていたのが、十八世紀にロシア人が„Sarskoye Selo“と訛り、のちに„Tsarskoye Selo“に発展転訛した。さらにここに創設された学校を卒業したプーシキンの名を冠した町名にもなったが、有名な「琥珀の間」などもあって、最近とみに喧伝されている世界遺産のひとつに登録されている）において女皇から多大な恩恵に浴していたこともあり、レゥイテルホルムにとっては不信感のほうが優勢だった。

特に紛糾混迷を招いたものは、グスタフ四世アードルフとエカチェリーナの孫娘のアレクサンドラ皇女との縁結び計画で、グスタヴ三世時代からの懸案だった。レゥイテルホルムからステーディンクに宛てた一七九五年四月十三日の手紙によれば、この件は„absolument passée et finie“（「完全に過ぎ去ったことで片付いたこと」）だったのだから、ロシアの宮廷内では全然話題にもあがっていなかったとのことだ。しかし、女皇の口実に使った表現のひとつである過去という言葉に、若いスウェーデン王を痛ましく思いいたわる気持が、うかがえたのである。

一七九五年十月十三日にレゥイテルホルムは、ステーディンクに宛てこう知らせていた。グスタフ四世アードルフがメクレンブルクの王女と婚約をとり結んだ、と。このことは、レゥイテルホルムの政治的観点と完全に一致したものであり、十一月十三日の書簡で強調するほどに重要なことであった。さらに、王、カール公、そして王家の家族全員が、メクレンブルクの王女を選んだことに満足しているということも重要だった。婚約はスウェーデンの宮廷に受け入れられたことは確かだが、若い王の個人的な願望に対する表現、とも疑えば疑える。そのことはとりわけフォン・シュヴェリーンという若い男爵の特使によって、女皇エカチェリーナに告げ知らせるべきだったが、この人物は全然迎え入れられず、それどころか、Viborg（ヴィボルク、訳者注、この表記では、デンマークの西イュートラントの都市ということになるが、どうやらコンテクストからVyborg〔ヴィボルク〕のことらしい。とすればペテル〔ス〕ブルクの南西にある港町のことで、ロシアの地名をスウェーデン語らしくViborgと表記したらしい）に足留めを食わされていた。このことはグスタフ四世アードルフに対する無礼な振舞いだったが、何にもましてカール公とレゥイテルホルムに対する女皇の不満の表明だったのである。ロシアとの婚姻関係についての計画は、この二人の外交政策上のやり方に矛盾していた。というのは、宮廷間でそのような接触を持てば、エカチェリーナ二世にスウェーデンの国内状況に影響をもたらす格好のチャンスを与えてしまう、と恐れていたからだ。他方、ステーディンクとレゥイテルホルムの私的な文通から、次のことが明らかになる、ロシア軍がバルト海で海軍力の強化増備を図り、フィンランド国境周辺に部隊を集結させ、有能な将軍の指揮下で奇襲攻撃に出る気配があったが、そのことは摂政政府の指導のもとにあるスウェーデンに対する女皇の敵対的な態度の当然の帰結だった。公爵はエカチェリーナのはっきりした態度決定を知りたかった。というのも、公爵もレゥイテルホルムも何が起ころうと、ロシアが攻撃者と思われるのを意図しているとは信じがたく、むしろほかの誰かが解決策を探っていると思ったのだから。そのために彼らは、自分たちの立ち位置を二者択一の問題としてロシアとの婚姻へと切り替えたのだ。そうすればこのような状況が、統治する二つの宮廷間に平和を確実にするだろうと考えたのだ。

今や優勢を占めているスウェーデンの歴史文献では、この方向転換のことを通例のことのように、»storvizir«（強権大臣）のレゥイテルホルムの仮借なき利己主義の表われと解釈されているが、新しい政治のイニシアティヴの行使によって、権力を保とうとする彼の試みなのである。野心的で長期にわたる計画を練りあげるレゥイテルホルムのような政治家は、自分の計画を自分で遂行しようと望むものだ、ということが受け入れやすいのは確かだが、方向転換へと向かうもっと強い動機は、疑いもなくロシアの優越する戦力の脅威に対する不安感だった。レゥイテルホルムは一七九五年十二月にいたるまで、若い王とカール公爵から無条件の支持を得ていたが、王からの自分宛てに送られた直筆の手紙をステーディンクに送った。レゥイテルホルムの祖国愛を賞賛する言葉やカール公の支えとなっている言葉とともに。ダイヤモンドをちりばめたセラフィム勲章が同封されていた。グスタフ四世アードルフは女皇の尊大な振舞いに侮辱されたのである。レゥイテルホルムはステーディンクに、陰謀をめぐらして王に感化を及ぼしたことなど絶対になかった、という話をペテル（ス）ブルクの上流社会に広めるように、と頼んだのだ。

カール公爵は、メクレンブルクとの婚約関係が彼の摂政としての時期に破談にすべきだなどとは、これっぽっちも望んでいなかった。――それとは反対に、スウェーデンとは平和的な状態にありたいと誰しもが望むように、これをロシアが保証してくれることを彼は待ち望んだのである。ところが、ロシア側との結婚案を不可能にしたのは王自身だったことになる、本当は彼がアレクサンドラと結婚したいと思ったにも拘らず。彼は自説をまげることなく、スウェーデンの基本路線を要求し、国母となるべき人はルター教会のメンバーでなければならない、と主張したのである。それと対照的に女皇のほうは、アレクサンドラがギリシア正教の玉座を見棄てるべきであるという要求に対して、譲歩することを拒絶した。こうした政治的な問題は、グスタフ四世アードルフがメクレンブルクとの結婚案をあきらめ、代わりにロシア大公アレクサンダーの妻の妹（訳者注、ここに登場したロシア大公はあくまでも原文の „Storfurst“ の訳だが、皇帝アレクサンダー一世のことで、その妻というのはルイーゼ・マリー・アウグステ・フォン・バーデン〔一七七九～一八二六〕のことだろう。この話題の時点では皇帝と呼べなかったのでこうした称号を用いたのかもしれない）であるフリーデリーケ・フォン・バーデン〔一七八一～一八二六〕と婚約することで、見かけ上の解決を得られた。この婚約は代理人による婚姻という形でなされたのである。

一七九五年の終わりごろから一七九六年の初めにかけての、ステーディンク宛てのレゥイテルホルムの手紙は、女皇に対する反撥心で満ち満ちていたが、同時に次のことを強調しているところがある。すなわち彼女がいう「私のやんちゃ坊主」に対する彼女の反感は、レゥイテルホルムが公爵や王の善意を頼っているのだから、（口にしたところで）大して意味をなさない、と。それとは反対に、両人に対する彼女の礼儀知らずが苛立ちの原因なのである。カール公は、エカチェリーナが平和を維持するという証を立てて、彼女の断乎たる表明を待ち望んでいたのだ。フランスとの防衛同盟がスウェーデンの中立の堅持と少しも矛盾しない点は、女皇には絶対に納得してもらわないといけなかつたのだ。

一七九六年の女皇エカチェリーナの死亡と、それに続くパウル皇帝の皇位就任は、前任者よりももっと激しやすくてバランスを欠いた人間が、ロシアの政治の手綱を受け継いだということを意味した。一方若いグスタフ四世アードルフのほうは、王妃の教会帰属問題に関して強情一点張りであり、妥協にいたる一切の試みを拒否する態度を見せた。こうしたことが結婚交渉の決裂を不可避にさせたのである。

王やカール公の支持があるとのレゥイテルホルムの思いこみは、根拠を欠いたものだった、ということが判明した。グスタフ四世アードルフは、カール公やレゥイテルホルムなどがフランス共和国との同盟を結びながら、外交政策システムを進めていることに関して、その政策に心からの同調者には決してなっていなかったし、G・M・アルムフェルトには売国奴との審判が下されたにもかかわらず、父からそのグスタヴィアン派にいたる伝統の影響のもとに引きずられていたのである。その新しいシステムへの変更を可能にさせたのは、一般に人気が高く尊敬篤かったアルムフェルトの妻のヘートヴィヒ・ドゥラガルディであった。彼女はフリーデリーケ・フォン・バーデンとの新しい関係が生まれるにつれて、宮廷では王の子供たちの教育者としての指導的な地位に選ばれ、そうなると次第に彼女の夫を売国奴と断罪しつづけることが不可能になった。アルムフェルトは心から迎えられるようになり、ウィーンのスウェーデン大使に任ぜられ、彼に向けられた訴訟も好転しだしたのだから、それによって叛逆罪の汚名から解放された。レゥイテルホルムはこれとは逆に、一七九六年十月に彼のすべての官職が剝奪され、多くもない年金に満足しなければならなかった。カール公も成年に達した王の信頼を同様に失い、目算違いで以前の摂政のような権能を堅持することができなくなってしまった。こうなるとグスタフ四世アードルフは、個人的なわずかな仲間うちだけにとり巻かれて、自分だけで解釈をするようになったが、その仲間の一人ルーセンステインが最も重要視された人物で、彼の命令によってクリングスポール（Wilhelm Mauritz Klingspor 訳者注、一七四四～一八一四、若くからの長い軍歴があり、対露戦でフィンランドの陸軍元帥）が、フィンランドでは軍事力の権能ゆえに第一等の地位についた。

一八〇九年のクーデター及び一八〇八年のロシア軍の侵攻は、すべてのシナリオを元に戻してしまったが、レゥイテルホルムにとっては、影響力を持とうとする何らの理由ももはや見出だせなかった。一八〇九年の立憲主義的な国家体制のもとで持つことができた自分の重要性を、彼は立て直そうと全然試しもしなかった。彼が自身で強調していることだが、自分は摂政時代のもとでは独裁を敷いた王国のもっとも主要な柱であったし、公爵の道具としての自分の役回りが好転したように、不人気も持ちこたえねばならなかったのだ。カール十三世は、責任制のある大臣という形の新規の助言者たちに取り巻かれた。レゥイテルホルムは今や、一八一二年のロシアに対する政策変更によって、彼がステーディンク宛ての手紙に書いたように、自分自身を制御できる道徳的な勝者であることで満足しなければならなかった。スウェーデン＝フィンランドの王国が一七〇〇年代の紛争以前の領土範囲を守ることができれば、と彼は望んでいた。彼の目標設定は、一八一二年の政治下ではとても維持することはできなかった。なにしろフィンランドの喪失が、スウェーデン＝ノルウェー間の可能とは思えぬ同君連合によって代用せざるを得なくしたのだから。北欧諸国の運命が、ナショナリズムの世紀にどれだけ展開をしただろうか、と考えをめぐらすのは不可能なことかもしれない、そもそもヨーロッパ諸国の国際政治下では、別な条件のもとになっているのだから。

　レゥイテルホルムは有能で忠実な王の召使であり、統治者の召使でもあった。――そのことは政治的に主要な敵対者である女皇エカチェリーナが、同様に認めるところであった。彼は追放のさなか、王の不興と、一八〇〇年代の歴史書の中傷を蒙ったまま亡くなった。彼についての思い出は、もっと良い運命を受けるに値《あたい》する。

三、カール十三世（一七四八～一八一八）について――（1）

(Nordisk familiebok Uggleupplagan. 13. Johan-Kikare

（『スカンディナヴィア親族名鑑』フクロウ版、一三、Johan から Kikare まで）

Adolf Fredrik（アードルフ・フレードゥリク）王とプロイセンの Louise Ulrike（ルイーゼ・ウルリーケ）または Lovisa Ulrika（ルヴィーサ・ウルリーカ）の間に第二子として一七四八年十月七日にストックホルムに生まれた。同地で一八一八年二月五日に死去。自分の洗礼日に等族（貴族、僧侶、市民、農民の四階級）によって、スウェーデンの大提督となることを宣言された。

彼に対する教育は、枢密顧問官 K. Fr. Törnflycht（カール・フレードゥリク・テルンフリュシュト、一七一一～一七六七）により総督として、ほとんど一七六六年まで伝授され、ある外国旅行に出かけるために終了した（一七七一年）。一七七二年に彼が初めて革命構想に手を染めてみたが、そもそも J. M. Sprengtporten（ヤーコプ・マグヌス・スプレングトポルテン、一七二七～一七八六）が考案した計画が、J. Kr. Toll（ヨハン・クリストファー・トル、一七四三～一八一七）によって改善されてからである。その際の彼の役目は、クリシャンスタで起こった軍隊の叛乱を鎮圧するという口実のもとに、動かせる軍隊全体をスカニア地方に集結させ、その後に叛乱軍と合体する、ということにあった。この新しい国家体制の遂行貫徹ののちに、彼は一七七二年九月十一日に Södermanland（セーデルマンランド）公爵という肩書きのついた地位に任命された。

これにつづくほぼ数年間は、兄のグスタヴ三世の政権下にあって、カールには公爵としての実際上の役割は全然なかった。彼は自分の道楽に大部分の時間を費やし、動爵位制度に熱をあげ、当時、ある特定の人には抵抗できないほどの魅力を持っていた神秘思想に凝《こ》りだしていた。特にフリーメーソンが公爵の興味を大いにひきつけ、彼のこうした興味がのちにカール十三世の勲章制度の設置によって、一つの持続的な記憶を形あるものにした。神秘問題に取り組んだ公爵の仕事は、実際上はG・A・レゥイテルホルムとの友情関係の基礎になったし、のちのち数年もの間、スウェーデンの運命に一定の重大事だったという点で、実に重要な意味を持つようになった。概してカール公爵は、兄との関係は良好な状態にあり、グスタヴ王と母親との間で不幸な衝突があった時でも、下の弟や妹と王との口論とは違い、公爵は同じように抑制心を保っていた。しかし一七八〇年代、とくにグスタヴ三世の長びいた外国滞在の後では、公爵は自分が軽視されているように思ったりして、兄弟間でもっと緊張した関係が生じたことがあったが、決定的な破局にまではいたらなかった。カール公爵は判断を示すことも意見を申し出ることもしなかったが、彼は快適にしており、自分の道楽にかまけていて、自分の信頼をうまくかち得た力強い精神の持主であれば、依存しがちになった。対ロシア戦争（一七八八～九〇）のときには、彼は海軍艦隊の最高指揮をとり、一七八八年のHogland（フーグランド）の海戦、一七八九年のÖland（エーラン〔ド〕）の海戦、一七九〇年のReval（レーヴァル、訳者注、エストニアの首府。現在はTallinnタリンという）の沖合、ならびにViborgska viken（ヴィボルク湾、訳者注、本稿二七二頁のVivorgの注を参照。「二列に組んだ隊列のなかを笞を打たれて走らされる刑に処されるように、この湾から一七九〇年にスウェーデンの艦隊が逃れた」という記載がウイキペディアに見られる）などで、個人的にも勇気のあるところを示した。一七八八年の秋に王がフィンランドから帰省した後も、それに伴って現地の軍隊に対する最高指揮権を受けついだ。その間に彼は、叛乱が目途のアンヤラ事件を起こした兵隊たちの影響を強く受けていたこともあって、国会を開き憲法を改正するように強要するために、大軍を艦船に乗せてスウェーデンまで運ぶという彼らの計画を、全然関知しなかったとはいい切れなかった。彼は特別の強制もせずHögfors（ヘーグフォス、訳者注、ヘルシンキより北西六〇キロ離れた町。その土地ではKarkkila〔カルキーラ〕ともいう）を撤退するがままにまかせ、自分は指令に反してロシアとの休戦を求めて交渉に乗り出した。しかし、彼は短期間のうちに、危険な策謀に目を開かれた、それはスウェーデンからフィンランドを分離させようという企みのことだが、スウェーデンの国内では王を信頼する国民的な人気が沸きあがり、しかも瞬く間に広がったので、士官たちの謀反の展望全体を不透明なものにしてしまった。公爵は叛乱を目指した兵士たちと関係を断ち、軍隊を冬営地へと分散させ、叛乱の首謀者たちを逮捕させた。こういうことがあったため、公爵は王への賛意を示す党派に与《くみ》し、自分の寵愛していた人々や自分の妻などが、貴族の反対勢力と関係を保持していたにも拘らず、一七八九年のクーデター遂行の際と等しく、王に加勢した。彼のもっとも重要な政治的な役目は、グスタヴ三世の死（一七九二年三月）の後になって、やっと自分にめぐってきた。そのとき彼は、一七八九年の遺書補則とともに一七八〇年のグスタヴの遺書の明証するところにより、グスタフ四世アードルフが未成年の間、王国後見人としての地位についた。グスタヴ三世の臨終に際して遺書に付け足した高官たちの追加事項は、そもそも本質的に後見人としての彼の権力を制限するものだったが、形式的な理由から無効とされた。帰国するよう呼び戻した友人のレゥイテルホルムが到着するのに、経過した何カ月かの間（レゥイテルホルムはグスタヴ王の殺害の報《し》らせをローマで受けとった）は、公爵は古い委員会のメンバーをほとんど元のまま保持していた。レゥイテルホルムの帰還（一七九二年七月三日）を迎えた直後、事態は別のものとなった。こうなると、これ以後カール公は現実にはレゥイテルホルムの掌中に握られ、ほとんど一つの従順な道具としかいいようもなくなった。元の「グスタヴィアン派の人たち」は大量に解任され、彼らの地位はレゥイテルホルムの支持者たちによって占められるに至った。グスタヴ三世が統治していた政府のもとでは、レゥイテルホルムはかなり進歩的で自由を主張した人だったし、グスタヴ三世の専制的な支配に対して反対を唱えた気骨ある人たちもまた、今や同様に摂政政治委員会にも受け入れられた。新しいリベラルな出版の自由を守る法律や、王の殺害者に対する穏便な扱いは、このことに対する証拠のように見える。しかし、このことは長くは続かなかった、まっさきに公爵が、そしてつぎにはその身贔屓たるレゥイテルホルムが、ほんのささいな民衆の暴動騒ぎに怖気《おじけ》づき、自由を敵視した前の時代の政策に後戻りしてしまった。摂政政権は同様に、外交政策の上でも恣意的で急激な方向転換を図って、妙に際立った動きを見せた。例えば、あるときは共和国のフランスとの関係交渉に入ったかと思うと、あるときはロシアと交渉するというふうに。一七九五年カール公はフランス共和国と援助金の協約を結び、結婚申し込みの件でロシアとの準備交渉が先行していたにも拘わらず、若い王がメクレンブルクの公女（訳者注、具体的には Luise Charlotte von Mecklenburg-Schwerin〔ルイーゼ・シャルロッテ・フォン・メクレンブルク＝シュヴェリーン〕、一七七九～一八〇一のこと。のちにグスタフ四世アードルフとの関係は不成立に終わり、彼女のほうは一七九七年に August von Sachsen-Gotha-Altenburg〔アウグスト・フォン・ザクセン＝ゴータ＝アルテンブルク〕と結婚し一女を儲けた）との婚約をしてしまうのを放置した。フランスとの協約がほんの短期間のうちに、見積もっていたほどよい結果にならないと判明し、ロシアが脅迫的な態度を打ち出してきたものだから、公爵はもう早々と翌年方向を転じ、メクレンブルク家との婚約を破棄し、摂政と被後見者の両人がレゥイテルホルムに伴われてペテル〔ス〕ブルクに赴いた（一七九六年八月）のも、以前の婚約の下交渉を再開するためで、若い王の疑義にも拘らず土壇場になって頓挫してしまった。ただ突然に出来《しゅったい》したエカチェリーナ二世の逝去と摂政政府の終焉だけが、ロシアとの新しくも深刻な決裂に歯止めをかけた。それゆえに摂政委員会は危うく動揺をきたしたにもかかわらず、国土の平和を乱されることなくそのまま維持するのに成功した。デンマークとはすでに一七九三年に、スカンディナヴィア諸地域の軍事的中立に関する条約が締結されていて、船舶の航行と通商にとっては有益な影響を与えているように見えた。摂政政府は内政において、多くの功績を収めていた。委員会は組織の強化を図り、行政のなかにもっと積極的に倹約を導入し、比較的重要な法案を発布して、農耕作業、運河掘鑿、さらに着手されていた軍隊の再編成などを支援した。恵まれた数年間が続いたことで、このような場合の政権の精力負担が緩和された。摂政委員会はそうした功績にもかかわらず、少しも人気を得られなかった。それだけかえって増大する極端な臆病心や専制主義、とりわけ失墜したグスタヴィアン派の人たちの憎悪に燃えた迫害（特にG. M. Armfelt〔グスタフ・マウリッツ・アルムフェルト、一七五七～一八一四〕の一七九四年の高等裁判所の審議過程に見られた）などが、委員会の評判を履し、顕著な党派的な嫌悪すべき性格を与えた。

グスタフ四世アードルフが一七九六年十一月一日に政権を自身で担ったとき、カール公はただの私人の生活に戻っていて、一八〇九年三月十三日にはもう、グスタフ四世アードルフをひきずりおろした人たちから、委員会の先頭に立って一歩踏み出すよう再び呼び戻される前には、この生活を棄てなかった（訳者注、実際は十三年あったことになるが、これを長いと見るか短いと見るかによって、この説明の印象が違ってくる）。公自身は一八〇九年の革命計画（クーデター）には完全に無縁な立場にあった。その計画についていささかも関知していないとは、決していい逃れできないけれども。スウェーデンの静謐にとっては、そのことは間違いなく大きな利益であった。なにしろ、こうした危機的な時期には彼の人柄に近づけることが誰にもできたのだから。しかし、今からはもはや彼が提供できるものは、彼の名前のほかにはほんのわずかしか許されなかった。齢《よわい》六〇になんなんとして同様に身体的にも弱々しくなり、彼は依然としてどんな強靭な精神の持主にも引きずられやすかった。彼が政権を担当した続く何年間かは、摂政時代にくらべてもっと清廉《れん》な日のもとにあると思われているが、このことは疑いもなく第一に周りの状況のお蔭であるし、今やリーダーシップを受け持ったスタッフのお蔭でもあり、性格という点でも権能という点でも、レゥイテルホルムよりも上に立つこととなった。この人物がまたも公爵の信頼に巧くとりいろうとする試みは、幸運にも新たな諮問会議によって断わられた。公爵が相続法を理由にして王冠を要求しても構わないだろうし、そのあとで初めて新しい政治体制に関する問題を熟考すべきだ、というアードレルスパレの試案は強い懸念の表明に出くわしたので、公はいやいやながらであるが、その案を完遂する考えをあきらめ、同時に新憲法を受け入れたのちに等族の人たちの手から（一八〇九年六月六日）、彼に提供された王冠を受けとるだけで満足しなければならなくなった。新しい政権は、極度に困難な状況にありながら、スウェーデンの運命の手綱を引き受けた。ロシア勢を Västerbotten（ヴェスターボッテン、訳者注、スウェーデンの北部地域）から追い出そうと益のない試みののちに、必要やむなくロシアと難航した平和条約にフレードゥリクスハムン（ハミナ）で署名するに至った（一八〇九年九月）。デンマークやフランスとはそれぞれイョンチェーピング（一八〇九年十二月）で、さらにパリ（一八一〇年一月）で平和条約が結ばれた。平和条約の締結がなされたとともに、王位承継の問題がにわかにはっきり浮かび上がってきたが、もっとも焦眉の急とされたのは、王（訳者注、このころ公爵は王とはっきり呼称された）の以前からの病弱の問題だった。カール自身の同情はどうやら放逐された王の息子、ヴァーサの公子の上にあったようだが、彼は個人的な意思を主張する力を全然持っていなかった。そして一八〇九年の八月にはすでに Kristian August von Augustenburg（クリスチャン・アウグスト・フォン・アウグステンブルク、一七六八～一八一〇、訳者注、その名がスウェーデン人にとっては忌まわしい過酷な歴史を思い出させるため、王に推挙された機会にクリスチャンをカールに改名した）が、次のスウェーデンの王位承継者として選ばれた。この公子の思いがけぬ死の後、Pontecorvo（ポンテコルヴォ）の公子（のちにカール十四世ユーアンとなる）を等族たちは一八一〇年に選んだ。新しい王位承継権公子は、幸いなことにその養父の信頼を完全にかち得た。新しく選出された公子のほかに、ひょっとしたら外務大臣の Lars v. Engeström（ラールス・フォン・エンゲストレム）も王の最晩年の数年間、この王の耳代わりの役を果たしたのかもしれない。スウェーデンの数人の統治者たちが極力努力しても、空しく実らせられなかった目標に達したという名声を、カール・ユーアンがその力強い政策によって、彼の身にもたらした。つまりノルウェーをデンマークより分断し、スウェーデンに併合した奮闘のことである。一八一四年十一月四日にカール十三世は、ノルウェーの王に選ばれた。カール十三世はリダールホルム教会に葬られた。彼の立像（その経費は彼の養子のカール十四世ユーアンが支払い、Erik Gustaf Göthe〔エーリク・グスタフ・イェーテ、一七七九～一八三八、訳者注、初め建築家を志すも、のちに彫刻家として大成し、名高い「坐せるバッカス」の彫刻〔一八〇八〕がルーセンダール宮殿に収められる〕の雛型に依ったもの）は、一八二一年十一月五日にストックホルムの王立庭園で除幕された（栄誉ある Bengt Erland〔または Benedict〕Fogelberg（ベングト・エルランド〔またはベネディクト〕・フーゲルベルイ、一七八六〜一八五四）の模型にならって、立像の周りを四匹のライオンが囲んでいる）。Johan Niclas Byström（ユーアン・ニクラス・ビューストレム、一七八三〜一八四八）のモデル構想にならったカールの彫像は、一八六六年に皇太后ジョセフィーナから下賜として王国艦隊に下げ渡され、一九〇二年五月二十三日にカルスクルーナのフーグランド公園に設置の場を得た。——彼は一七七四年七月七日に、従妹の Hedvig Elisabet Charlotta von Oldenburg-Delmenhorst（出身のドイツ語名では、Hedwig Elisabeth Charlotte von Schleswig-Holstein-Gottorf ヘートヴィヒ・エリーザベト・シャルロッテ・フォン・シュレースヴィヒ＝ホルシュタイン＝ゴットルフ）と結婚した。二人の間に生まれた唯一の実子 Karl Adolf（カール・アードルフ）は一七九八年七月三日に生まれ、Värmland（ヴェルムランド）の公爵位を与えられたが、同月の十日にすでに他界。（J. H.　L.S.）

四、カール十三世について——（2）

Berättelser ur svenska historien / Tionde bandet. Carl XIII. Carl XIV. Johan（Carl Georg Starbäck, Per Olof Bäckström）
『スウェーデンの歴史から拾い上げた逸聞録』第十話、カール十三世、カール十四世ユーアン
（カール・イェーオル・スタールベック及びペール・ウーロフ・ベックストレーム著）

Adolf Fredrik（アードルフ・フレードゥリク）と Lovisa Ulrika（ルヴィーサ・ウルリーカ）の次男として、一七四八年十月七日に生まれ、十一月十八日の洗礼日に Carl（カール、一七一五〜一七八六）という名前を授けられた。王の子供たちの家庭教師を仰せつかった Carl Fredrik Scheffer（カール・フレードゥリク・シェファー、訳者注、一七一五〜一七八六、家庭教師としての任は、一七五六〜一七六二）伯が、一七五六年の王国議会の際に特別委員会に提出した報告書には、

公子カールについて次のようにいい表わされていた。「彼は温和で、しかも何事にも人の調子に合わせようとする公子である。彼の理解力は、その兄に較べれば確かにいささか緩慢なところがあるが、持ち前の教えやすさと、すべての知識を得ようとする意欲がその代りになっていて、その学習に関していえば当意即妙な機転に欠け、進歩や向上へのすべての希望を放棄しているところがあった。その性向に関しては、すでに前に小生が述べたばかりであるが、何につけ万事順調のところがある。ある種の尊大さがおそらく、時折の振舞いにぱっと際だつわけだが、美徳とか、ある真実の名声とかに対する愛情があるので期待され得るとしても、そのような楽しみは公子の心のなかで決して優勢を占めそうにはならないだろう」と。同時に、公子カールの激しい気質が嘆かれたものだ。

すでに三歳にしてカールの兄グスタヴは、Olof von Dalin（ウーロフ・フォン・ダリーン、一七〇八〜一七六三、訳者注、医学、哲学、歴史を学び、一七四二年代の半ば以来、王妃ルヴィーサ・ウルリーカの恩寵に浴し、一七五一年にグスタヴの教師に招聘された。スウェーデンの詩人、歴史家）のなかに特別の師を見出した。一方、公子カールのほうはまだ十四歳になったばかりで、一七六二年以前のことではないが、彼の教師として、ウプサラのアカデミーで当時ギリシア語とヘブライ語の教師をしていたJonas Apelblad（ヨーナス・アーペルブラッド、一七一七〜一七八六、訳者注、この参考文献はFonasと表記しているが、Jonasのほうが正しいのだろう。この綴りで調べたウィキペディアの説明が、ここで紹介されている状況にぴったり一致している。ちなみにスウェーデンの匿名辞典の著者とある）が任命された。この人物は特にその旅行記を著《あら》わしたことで名声を博し、lagman（訳者注、ラーグマン、本来、古代アイスランドの法権威の職務・地位であったが、スカンディナヴィア諸地方に九三〇年ころ導入され、ときに王家に向かって説諭するほどの栄誉があった）の称号を獲得していた。同様にまだ揺籃にあって、すでにスウェーデンの大提督に選ばれていた公子は、長じてのち当時の海軍大尉でのちに副提督となったJohan Nordenanckar（ユーアン・ヌーデンアンカー、一七二二〜一八〇四）から、海洋に関する肝要事について特訓を受けた。この二人の教師の熱意と有能さが、枢密顧問官のCarl Fredrik Törnflycht（カール・フレードゥリク・テルンフリュシュト、一七一一〜一七六七）伯によって太鼓判をおされたが、一七六二年にはこのテルンフリュシュトのほうが、カール及びフレードゥリク・アードルフ（訳者注、三人兄弟のうちの末弟）の二人の公子の家庭教師となった。

ところがカール公子は健康状態がすぐれず、体質も虚弱だったから、両親の心配の種となり、一七七〇年の八月に枢密顧問官であるJakob Filip von Schwerin（ヤーコプ・フィリップ・フォン・シュヴェリーン、一七五一～一八二八）伯を伴い、アーヘンへの旅行を試みるのを赦されたが、その町の温泉を療養のため利用するのが狙いだった。さらに旅行をつづけオランダ、ニーダーランド、フランス、ドイツへと足を伸ばしたが、公子はその母方の伯父フリードリヒ二世を表敬訪問し、この伯父から親愛なる友人として迎えられ、十一月の半ばスウェーデンに帰着した。

翌年、彼の兄がスウェーデンの王となり、この王に対する彼の関係についてわれわれは前の部分で言及したが、同じくわれわれは前段で、グスタフ三世死後の政権での彼の行動ぶりを引き合いに出した。

のちに一七九六年十一月一日に彼は、政府の統治権と彼の甥の摂政の地位も辞退し、すべての職務から公爵の地位だけを留保した。それまで彼が手もとに残しておいたのは、近衛連隊の司令官の座のみであり、この連隊に対して彼は自分の資金から出来高給で支払っていた。さらに静かで慎ましい暮らしを営んだ。そのため大抵は、幼少期に等族たち（訳者注、貴族、聖職者、市民、農民の四階級の人々で、王国議会の構成員）からの贈物として、贈与された離宮であるRosersberg（ルーサースベルイ）ですごした。彼はしょっちゅうといっていいほど金欠に見舞われたが、政府の仕事から資金もなしに離れたのが、自分の栄誉になるにしても、グスタフ四世アードルフにとっては、決して名誉になるわけではないので、叔父のことをもっとよく面倒を見なかった。その叔父のほうは私利私欲もなく誰からも無視されていたので、まさに自分自身のことだけを心配していればよかったのだから。

けれども公爵が一番厄介なことだと思ったのは、親しい友人のReuterholm（レゥイテルホルム）から切り離されてしまったことだった。そして二人が親密な文通によって、このことについて慰め合おうとしたこととか、にも拘らず、レゥイテルホルムが若い王（グスタフ四世アードルフのこと）の極度に激高した不興をわが身に招いたこととか、さらにそのような状況下では、公爵もこの友人の厄介な要請にそって、首都に迎え入れるのがどうしてもできなかったとき、レゥイテルホルムがこのことを根に持って公爵に一通の手紙を書き、これがもとで二人の間に亀裂が生じたことなどについては、われわれは前のところで触れた。

ちなみにこの年代に公爵は、父となる喜びを抱きながら、二度もあえなく裏切られる不幸を味わった。一七九七年七月一日、公爵夫人が死産の娘を分娩し、一七九八年七月三日に息子が生まれたが、この子はCarl Adolf（カール・アードルフ）という名を賜り、王（グスタヴ三世）から《Wermland》（ヴェルムランド、訳者注、Vermlandと表記が変わっている場合も見かける）公爵の称号が授与されたが、同年の七月十日に他界した。

公爵とその夫人の両人は健康を損ね、今やカールスバート（訳者注、現在チェコに属し、Karlovy Vary カルロヴィ・ヴァリと呼ばれる）に湯治をするために、外国旅行に出かけねばならなくなり、それにかかる費用を捻出するために、その間のすべての経費予算をきりつめられ、同様にすべての彼の持ち馬が売却された。公爵夫人は自分の資金から八〇〇〇rdr（訳者注、Riksdaler 王国ダーラーの略）を出すことを承認し、王（ここではグスタフ四世アードルフのこと）が二万五〇〇〇rdrの寄付金を交付した。節約が王室の方針だった手前、経費も一万六〇〇〇rdrが利用され、公爵の借財として分割払いにされたという。一七九八年八月一日に公爵および公爵夫人は、Vasa（ヴァーサ、訳者注、現在の表記。以前はWasaとも書いた時期がある）伯爵および伯爵夫人の名をお忍びの名に使って、自分たちの外国旅行に出かけたが、それにお供したのはただ二人の騎馬の陪臣と二人の宮廷女官だけであり、一七九九年十一月の初めにストックホルムに帰還した。公爵夫妻は冬をウィーンにすごし、一七九九年の夏にはカールスバート及びピルモント（訳者注、ドイツのハーメルン近在）を訪ね、さらに秋のしばらくの間ベルリーンに滞在するという過ごし方だった。

公爵と王との間の関係は、今や親しい友好的な状態のままにあると思われていて、王に対する信頼関係が以前よりますます篤《あつ》くなったが、それというのも、王が一八〇〇年にノルチェーピングに滞在していた間、王国議会が継続中には、王がストックホルムにおける最高指揮官を公爵に命じたからである。

こうした良好な関係はしかし、特別に長くつづくということはなかった。神秘思想や勲章制度への傾倒の余り、公爵は目が曇らされた、と一般には思われていたが、出たとこ勝負の山師のBoheman（ブーエマン、一七六四〜一八三一）と連携をとり結び、この男が一八〇三年二月に逮捕されたことによって、王と公爵の間にかなり激しい反目が始まったようだ。公爵は自分の秘書官の逮捕に対して、きわめて真剣な反対表明をした。このことはしかし結局は、公爵とその夫人をブーエマンの神秘思想の集会にまたも参加させるだけに終わり、八日の間、公爵やその関係筋に彼らの部屋を自由に使うことが禁じられ、また彼らの関係書類が押収処分にされた。

それと同時に疑心暗鬼に駆られていた王が、注意を怠らぬように誰からも促されたのは、公爵の連隊勤務の将官、親衛隊に志願した歩兵が、特別に公爵の好意に包まれていて、ルーサースベルイでは本当に親密な関係に立脚しながら公爵と生活をともにし、公爵に対して大いに親愛の心をささげていたことだった。一八〇三年の夏、王が外国旅行に赴こうと思っていた時に、その留守中にその軍隊を、公爵の裁量に相変らず任せる危険を王に進言する人がいた。そしてそうなる前に王の命令が下され、その軍隊は「フィンランド防衛隊」に昇格され、フィンランドに出発すべしとされたが、王位承継公子のグスタフ（訳者注、Wasa の公子と呼ばれたグスタフ四世アードルフの息子のことだろう。一七七九～一八七七）がオーブー（訳者注、フィンランドでは Turku トゥルクといわれ、フィンランドの南西部沿岸にある港湾都市、東経22／北緯60）で学生生活を送る予定だったので、その警護隊編成が名目にされた。軍の移動が事実となり、ルーサースベルイにおれば快適な生活ができたはずのところ、やはり軍隊が移動させられた Borgå（ボルゴー、訳者注、フィンランドでは Porvoo ポルヴォーといい、フィンランド湾に面した港湾都市、東経25／北緯60）では、そんな思いとはひき換えにかなり不便な宿営生活を強いられたので、公爵と将官たちの両方に強い苛立ちを惹き起こした。

グスタフ四世アードルフは、その政府が終局に向かうころ、ますます頑固になりだし、結局はそんな状態では永続きしないと誰もが気づきだすと、何人かの有力者たちが公爵に接近をはかり始め、なんらかの政変が起きれば、公爵に委員会の舵取りの先頭に再び立っていただきたいので、その準備をしておかれるようにと迫った。公爵と Armfelt（アルムフェルト、一七五七～一八一四）との間の和解は一八〇七年の夏に実現を見たが、アルムフェルトが翌年西部方面部隊の指揮官となったとき、公爵と彼との間に熱心な文通がとり交わされた。しかしながら、陰謀が企まれたということにはなんらの証拠となる痕跡もなく、もしあったとしたら、むしろ手早くその陰謀から、公爵がアルムフェルトに手を引くようにさせたのだと思われている。ベルリーン在の当時のスウェーデン公使、Lars von Engeström（ラールス・フォン・エンゲストレム、一七五一～一八二六）もまた公爵に近づき、自分の協力を申し出た多くの人たちの一人だったが、もしも政変が起こったときは、公爵に委員会の先頭に立って貰う手はずに賛成だった。ついでのことながら公爵は、Klingspor（クリングスポール、一七四四〜一八一四）とかAdlersparre（アードレルスパレ、一七六〇〜一八三五）、それにSkjöldebrand（シェルデブランド、一七五七〜一八三四）などと親しい関係にあったが、これまで確かめられた限りにおいては、これらの人たちとなんらかの陰謀にとり組んだというわけではなくて、この人たちがのちに政変が生じた際に、積極的な役割を演じたというだけのことであるらしい。反対に対ロシア戦のさなかに、政体がますます心配なものになりかけたと思われたとき、公爵が王に接近をはかり、一八〇八年六月にグスタフ四世アードルフがオーランドに出かける直前に、公爵と王の間に和解の交渉が進められた。そのことは、公爵の近衛軍所属の陸軍中佐で、副官総代のBerndt Wilhelm Fock（ベルント・ヴィルヘルム・フォック、一七六三〜一八三六）を、オーランド地区に集結した軍隊の総監に任命することで始められた。王はフォックを呼び寄せ、彼をこの任にあずからせた自分の意図についていい含めた。しかし、同時に王が口にしたのは、この任命について叔父の公爵とこれから相談するということだった。そう語ると、フォックが、そのことはすでに済ませています、と平生通りの口ぶりで語り、公爵殿も言明しておられますが、ひとり本官のみがそうなのではなく、公爵の近衛軍隊全体が喜んで主君の御意のままにお仕えします、と。この返事がグスタフ四世アードルフを感激させ、直ちに叔父のところに馳せ参じた。叔父に会い、王は不満を抱いたきっかけについて説明し始め、陰謀の一端を担ったのだと思い込んだものだから、とした。そして、これらの説明は互いの約束で結末を迎えた。つまりこれまでの警戒心のことは完全に忘れ、将来に向かって友情と信頼をはっきりと保証し合おうということだった。もしも王が利用するご意志があるときには、公爵はすべての彼の近衛部隊と、さらに彼の廷臣並びに彼自身を含めて協力することを申し出た。それに対してグスタフ四世アードルフは、オーランドに滞在中の節は、公爵をスウェーデンの全軍隊を統括する総司令官に任命することで応えた。

公爵がこのような信頼を悪用するどんな理由も見出せないし、また王の命令に几帳面に従うほどの熱意のなかに、あまりに調子にのりすぎただけだといって、誰も少しも本心を見ようとしないならば、そんなときに何か警告とか忠告とかといったものをあえて自分からしないでおこう、そんな警告や忠告は良好な関係をどうやら又もぎくしゃくさせる、と思ったらしい。それに対して王のほうは、叔父の「気遣いを和らげようとする労《ねぎら》いを見せ、彼の意に副《そ》おうとする熱意溢れる努力」について、自分の特別な満足感を表明した。

一八〇九年の国家転覆に関する複数の特別報告は、いずれも次の点で一致していた、つまり、公爵がクーデター問題にはわれ関せずという態度をずっととりつづけ、グスタフ四世アードルフが政権からひき離されてしまうと、途端に公爵は政府の頂点に出ることを引き受けたのである。

以前に指摘されたことではあるが、実際面ではクーデターは彼抜きで進められたのであり、彼はいわば単に名目上のものでしかなかった。すでに摂政時代に彼が顕わにしていたことながら、彼に欠けていたのは主に意志力だったし、その度合がさらに王位に就いてからますます濃厚になって、それと同時にますます病気がちになり、彼の精神および肉体の両方の力を弱めることになった。初めのうち閣議は事実上、有力者の集まりであったし、通例は決定事項を自分に教えてくれた人たちの意見に王が最後に賛成したのである。そののち、カール・ユーアン（ベルナドットのこと）が到来した後では、王が実際の統治者となった。しかるに彼は、元の王（つまりカール十三世）に非常にデリケートな気遣いをいつも払い、その上にいろんな点で彼に恩義を感じている気持を表わしていた。そういう状態でありながら、次第に増大する自分の手元不如意のもとでは、収入に見合うように支出を兄弟のうちのどっちが調整してくれるか、といったようなことをカール十三世はほとんど理解できなかったので、カール・ユーアンは彼に相当な額を前貸し、養父が養子に対して特別の満足感をさまざまな機会に表明さえした。そして等族の人たちも彼に資金を提供した。

ところが来る年来る年あらたな病気に見舞われ、あらゆる救済策を熱心に講じてみると、医術は提供する力を持っていて、王はなんとか命を引きのばし、一八一八年一月二十六日の祝宴にはまだ同席することができたが、その饗宴は新王（カール・ユーアン）の誕生日の祝うためのものだった。しかし、それによる緊張感のせいか、急に肉体的およびに精神的な力の衰退を招き、終焉に近づいていることが次第に明白になった。二月四日の夕方、彼は告解牧師でもある上席宮廷説教師 Hedrén（Johan Jacob Hedrén ユーアン・ヤーコブ・ヘドレン、一七七五〜一八六一）を呼び寄せ、この人物と長い談話を交わし、最後の聖餐を施してもらった。翌日彼は承継公子（ここではカール・ユーアンのことをさすのだろう）とエンゲストレム伯両人の訪問を受けたが、そのときにはまだ意識ははっきりしていた。しかし、そのすぐ後に死出の眠りに落ち込み、一八一八年二月五日、夜の十時に彼の命の灯火《ともしび》は消え去った。

カール十三世は、スウェーデンでは必ずしもすぐれた為政者ではなかったし、とりわけ王としてはあまり重要ともいえないところがあった。しかし、彼は若かったときにはさまざまな機会に、心情も理解力も不足しておらないところを見せていたし、一般的にかなり善意ある人物であることがおのずと伝わってきて、個人的な勇敢さを見せたことも少なからずあった。それに反して、前にも述べたことながら、彼が特に欠いていたのはその意志力だった。彼は御しやすかったたし、そのことで非難すべき行動については、責任をかぶるとわざとらしいところを見せた。もしも彼がもっと自分自身の判断や、正しいと思う感覚に従っていたら、きっと彼の思い出を濁らさなかっただろう。彼の判断力はしかしながら、早くから神秘思想的な些末な詮索に曇らされている一方で、全生涯を通じてほかの何よりも彼の関心を生き生きさせたと思われたものなのだが。大体において一般論的にいえば、彼はしばしばなされた観察からなんらかの例外をつくらず、ほかの何かに滅多に見られないほど、勲章づくりに強く熱中したのだ。

彼の妻の Hedvig Elisabeth Charlotta（ヘドヴィグ・エリーサベト・シャルロッタまたはヘートヴィヒ・エリーザベト・シャルロッテ）王妃は、彼よりも決して長く生き延びたわけではなかった。彼女はいつも親愛の情のこもった夫人だったたし、夫の別口の情事に関しては、かなり寛大なところを見せた。彼女は陽気で開けっぴろげなところがあり、人々が彼女の高い地位にちゃんとふさわしいと考えるよりも、しばしばもっとずっと度を越していて、冗談を飛ばすのが好きで、言い方を選ぶのに自分自身のことか、それとも他の人のことかの選り好みは一切せず、ひとえに当意即妙で相手を元気づける気持からだったのである。彼女が好み理解したものは、音楽と芝居だった。自分で弾けたのは、ハープとピアノだったが、宮廷のサークルのなかで、さまざまな役を演じて大喝采を浴びた。彼女は人知れず仕事に打ち込むのを好んだし、彼女の受けとる内々の年金額は、彼女の資産に比して決して些少なものとはいえなかったが、その資産に非常によく頼っていたので、臨時の出費のときには、二〇から三〇 rdr（王国ダーラー）までの借金をしなければならないのも、稀なことではなかった。同じく彼女の公的な慈善行為もまた、彼女の資産から予想できる以上の大幅な支出だったことがあるし、彼女は特に慈善事業に温かな関心を寄せ、一八一二年に Djurgården（ジュールゴールデン、訳者注、元来、動物園の意ながら、ストックホルムの有名な公園の名）に聾唖者や盲目者のための施設を設立した。ついでながら彼女は、義理の妹で王女の Sofia Albertine（ソフィーア・アルベルティーネ）に対して、自分が誠実な友人であることを身をもってよく懇ろに示したが、それと同等の度合で、グスタフ四世アードルフの夫人（訳者注、Friederike Dorothea Wilhelmine von Baden フリーデリーケ・ドロテーア・ヴィルヘルミーネ・フォン・バーデン）に対しても親愛の情を抱き、それと同時にグスタフ四世アードルフの息子である公子グスタフが、スウェーデンの玉座に就くか、あるいは少なくとも王位承継者に選出されることに、躍起になるほどの興味を示した。そのために、カール十三世の後継者に Carl August（カール・アウグスト、訳者注、デンマークの出自でクリスチャン・アウグストだった本来の名を、スウェーデンの承継公子に選ばれた一八一〇年の一月を機に正式に改名）が選ばれることにも、カール・ユーアンが選ばれることにも、穏やかな顔をして眺めているわけにはいかなかったのである。前者があまりに質素で市民的すぎるその存在によって、自分の気持をいらつかせたとすれば、それに反して後者の身だしなみには、自分は強い意外性を感じたとし、自分が期待した軍人の粗暴さの代わりに、古き良き時代の上品さがすべてに見出される、と彼女の気持を表明したのである。彼女は同じくいろんな機会に、彼の多くの輝かしい特性に対する賛美を口にしたが、先に上席に坐ってしまったことを、完全に忘れるわけにいかなかった。グスタフ四世アードルフとフリーデリーケの間の息子が座ってしかるべきだ、と彼女が見なしていたのだから。それにも拘わらず外見では、いつもこの王妃とカール・ユーアンとの間にごく当然の態度が観察されたが、この点については時に見間違いがあったかもしれないとしても、カール・ユーアンの側にはそんなことは十中八九見られなかった。

彼女の夫が死亡する以前から、この王妃はすでに病気がちであったので、彼の死よりも先に彼女が亡くなるだろう、と誰もが予想したほどである。ところが、彼女は夫よりほぼ四カ月ほど生き永らえて、しかも以前よりも良好な健康状態にあると思われていたその矢先、一八一八年の六月二十日、思いがけなく急に卒中に襲われ、これを最後にその命数に終止符を打ったのである。

五、カール十三世について――（3）

Karl XIII – en doldis på tronen（「王位に関する秘話」）

Publicerade 20 Juli, 2008 (http://www.popularhistoria.se/artiklar/karl-xiii-en-doldis-pa-tronen/) Text: Thorsten Sandberg (http://www.popularhistoria.se/skribenter/thorsten-sandberg/)

「私は疲れた。胃が痛むのを感じるし、しゃべることができない」こういう言葉が震える手で、カール十三世によって一八〇九年十一月二十四日に書かれていた。彼はスウェーデンの王になって六カ月過ぎたところであった。ほとんど読み取りにくい文言が書かれた紙が、妻のヘートヴィヒ・エリーザベト・シャルロッテ（またはヘートヴィグ・エリサベート・シャルロッタ）王妃と侍医宛に送られた。カール十三世はある卒中に襲われていたのである。

王の急性のものであるが、小康を保っている病状は、脱力感と言語障害を伴っており、城中にさっそく知らされ、高官たちが彼のベッドに急行した。最初に駆けつけたなかに、Carl Johan Adlercreutz（カール・ユーアン・アードレルクレイツ、一七五七～一八一五）将軍がいた。彼は以前、春にグスタフ四世アードルフの逮捕に喜んでいたのであるが、その叔父であるカール公がカール十三世として王位に就任する道を開いた人物である。王はしかし、病気の危機を乗り越え、次第にかなり順調に回復した。一八一〇年の一月初旬には、ほぼといえるほど全復して、自分で着替える面倒もやってのけた。

しかし、カール十三世の政権の実効性は、試してみるかどうかの外に置かれていたし、晩年の時期になって病気と老耄がひどくなり、いよいよますます彼の気を滅入らせた。彼は記憶喪失にかかり、相手に自分を理解させることが難しくなり、閣議に参加しても君主というよりは、どちらかといえば受け身の見物人としてであった。カール十三世が一八一八年二月五日に、六十九歳を少し越したあたりで亡くなったとき、彼は時の流れの外に置き去りにされたほんの影法師だった。

誰かの意見では、生前早くから彼はあまり目立たぬところにたたずんでいることがあった、という。母親の Lovisa Ulrika（ルイーゼ・ウルリーケまたはルヴィーサ・ウルリーカ）は、そのあまり芳《かんば》しくない教育方針で知られるような振舞いだったが、一七四八年、息子の誕生の後で、この子について何もかも総合して愚鈍である、と述べたという話である。彼女は自分の母性愛を、二歳年長で才能にあふれ生き生きした王位承継公子のグスタヴに向け、さらに末弟の Fredrik Adolf（フレードゥリク・アードルフ）にも向けた。カールの成長もまた、嫉妬深くて強がり屋のグスタヴとの周期的な衝突騒ぎからの影響が、色濃く残されていた。

カールはルヴィーサ・ウルリーカの叱られ役を担わされていたわけだが、ウルリーカは大分のちになって、別の子たちよりも彼のことをあまり愛していなかったのに気づいた。それに反して、彼は父親のお気に入りであった。そうはいってもこの若者にとっては、何よりもましてウマがあったのは、学校友達との関係であった。友達関係に比すれば宮廷は、「ある種の嵐の海だった、水底で帆船を待ち伏せしているような、ね」と、彼は親友だった六歳年上の Claes Julius Ekeblad（クラース・ユーリウス・エケブラード、一七四二〜一八〇八）宛に二十歳のときに手紙を書いていた。

カールは友情に対して文字通りの信奉心を抱いていて、互いに誠心誠意を尽くすことを相手に、しかもかたくなに要求した。彼が王家の人であったから、と誰もが空虚なお世辞を振りまき平身低頭したところで、あずかるお恵みは決して多くはなかった。しかし仲間うちだけの交際が、いち早く別の行き方へと切り替わった。この公子は神秘思想や結社生活にとり憑かれ始めた。

カール十三世は早くも一七六七年にひとつの結社を設立したが、彼自身がもはやグランドマスターという地位にあった。兄のグスタヴは、カールが自らに何を課しているのか好奇心を覚え、結社の最高の庇護者としての役割を自分にひき受けた。結社の存在は、グスタヴとカールの間のひとつの連携であり続けた。王家の三人の兄弟全員が、一七七一年にはフリーメーソンの結社のメンバーになっていた。

しかし、結社がカールの精神面の生活を支配している間、――その結成はキリスト教的観念と社会的観念からの影響を受けたものであるが――グスタヴ三世は弟を支配する道具にこれを利用し、さらに政治的な手段としても利用した。フリーメーソン結社は国際的な広がりを持った組織であり、王が自分の名声を高めると同時に、ヨーロッパにおけるスウェーデンの影響力を増大させるためにも、これを利用した。

一七七二年のクーデターにおいては、カールはグスタヴ三世に対して忠誠の態度を見せ、そののちにセーデルマンラン（ド）の公爵の称号を授与された。強引な外交上の駆け引きで、グスタヴ三世はフリーメーソン的な特色を発揮して、一七七〇年代の終わりごろには、Kurland（クールラント）、つまり現在のラトヴィアに位置し、経済的にも繁栄した国に、弟をその公爵の地位に売り込んだのである。この画策が水泡に帰したとき、しかしグスタヴ三世はどうせ周辺の問題でしかないとして、カールとの共同作業をつづける気持を失ってしまった。

兄弟間の関係に生じた軋しみは、カールとフリーメーソン仲間であったGustav Adolf Reuterholm（グスタフ・アードルフ・レゥイテルホルム）との友情が嵩《こう》ずるのと同時であった。レゥイテルホルムは以前、グスタヴ三世の王妃のSofia Magdalena（ソフィーア・マクダレーナ）に仕えていた侍従だった。彼は神秘思想に特に造詣が深いと自称し、カール公に信頼されている友人だと自身を声高に売り込んだ。思いあがったレゥイテルホルムは、公爵を自由自在に操った。カールは一七八〇年代の初めから、国内にみるみる膨大化した貴族の叛乱に巻きこまれた。これらの仲間うちに感化されて、カールは王にだんだん批判的になった。同志なるレゥイテルホルムは、一七八六年に開かれた王国議会には闊歩して出てきたが、その議会ではグスタヴ三世に対する最も苛烈な反対派の一人だった。

ほかに反対していた音頭取りは、Carl Göran Bonde（カール・イェーラン・ボンデ、一七五七〜一八四〇）であるが、フリーメーソン仲間で公爵の宮廷の要人だった。ボンデはすでに一七九二年の一月に、グスタヴ三世殺害の謀議について情報を入手していたらしい。何かが起こりそうであるのをカール公が同様に知っていたかどうか、確実なことは誰にもわからない。

生涯を通じて見られたカール公の特性のひとつは、優柔不断ということだった。しかし、一七九二年の五月にグスタヴ三世に対する暗殺が行なわれた後では、彼は敏捷でもあれば目的意識的に動く素振りを見せた。グスタフ四世アードルフの摂政政府の指導者として、彼はさっと勢い込んで新しい助言役に割りこんでいった。──そうした人たちのなかにカール・イェーラン・ボンデもいたが──グスタヴィアンといわれた人たちと彼が疎遠になったのとちょうど時を同じくした。公爵もまた即座に、レゥイテルホルムをローマから帰るように呼び戻した。ローマでは彼は霊的修練に勤しんでいた。

カール公爵の政治的な忍耐力は、しかしほんの限定的なものだったし、活動力にみなぎり決断力のあるレゥイテルホルムに向かって、彼は権力の行使をせっせとシャベルで抛り出すように任せてしまったので、これを受けてこの男は、グスタフ四世アードルフが成人に達する一七九六年までの四年間、スウェーデンの事実上の摂政位にあった。グスタフ四世が成人となるや、レゥイテルホルムは首を飛ばされたが、主要にはスウェーデン王とロシアの皇女との結婚の協議不成立に依っていた。

カール公爵は甥の王位就任に際して、摂政としては計画通りに引退し、自分のプライベートな生活へと戻った。時間の大半を彼は、ストックホルムの北西数マイルにある、メーラル湖畔に建つルーサースベルイ城ですごした。彼の生涯のうちで、こうした時期は十三年に及んだ。つまり王位の交替が起こった一八〇九年の春までということになるが、そのときにグスタフ四世アードルフが退位を迫られたのである。

カール十三世の君主としての期間は、卒中の発作の連続で、その場しのぎに終始したようなものであった。すでに王位就任の際に、寄る年波と良し悪しの定まらぬ疾病が進行し、誰か後継者を速やかに決めておかねばならない、と信号を発していたのである。一八〇九年の夏に王位承継者に選ばれたのは、デンマークの公子カール・アウグスト・アウグステンブルクであるが、カール十三世によって一八一〇年一月に養子にとりたてることが認定された。

ところが、五月カール・アウグストは急死し、初めはグスタヴィアン派によって毒を盛られたという疑惑が生じ始めた。そんな噂を広めた人たちの一人は、カール十三世自身だった。国家大元帥のアクセル・フォン・フェルセンは、カール・アウグストの急死に関係ありとして告訴され、首都の真ん中で暴徒の一団からリンチを受けて斃《たお》された。虐殺にまで至ったこの騒動は、カール十三世の命令がありさえすれば、軍隊の力で抑止できたかもしれなかったのだが、彼は相も変わらずあなた任せであった。カール・アウグスト・アウグステンブルクは、カール十三世の願望にかなった人では決してなかったのである。

新しい王位継承者であるJean Baptiste Bernadotte（ジャーン・バティスト・ベルナドット）もまた、初めから王の好みに合っていたわけではない。しかしカール十三世の態度は、ベルナドットが一八一〇年の秋にスウェーデンに到着し、将来の養父に敬意を表わしたときに一変した。

こういうことがあったので、スウェーデン政治の以前の主導権が、新しい承継王子カール・ユーアンの手に渡るのに、さして時日を要しなかった。カール十三世が統治しているさなかに、スウェーデン歴史のなかで別種の一時期が始まったことになる。

カールは一七八八年のHogland（フーグランド）海戦の指揮をとった。

父のAdolf Fredrik（アードルフ・フレードゥリク）の軍事面の興味を受け継いだのは、王家の兄弟たちのうちではカールただ一人だったし、子供時代の夏などには、メーラル湖の辺りで学校の同級生と一緒に小旅行を遂行したことがあった。同時にこの公子は経験豊かな海軍士官から、船乗りとして一人前になるしっかりした訓練を施してもらった。

ロシアとの戦争が一七八八年六月の終わりごろに勃発したときに、グスタヴ三世は弟にスウェーデン艦隊の指揮権を与えた。しかしこの指名について大いに喜んだ者は、誰一人としていなかった。戦闘計画は二方面からロシアの首都に攻め込むのが狙いであり、スウェーデン艦隊の勝利を前提にしたものだった。

七月十七日に戦力のうえで優劣のつけがたいスウェーデンとロシアの艦隊は、フィンランド湾上のフーグランド島の西側で激突した。スウェーデン側は十五隻の三本マスト大型戦艦と五隻のフリゲート艦の体勢で、全体として一万四百の兵力を擁していたが、対するロシアの艦隊は、一万二千の兵力を十七隻の三本マスト大型戦艦に搭載させていた。

旗艦上からカール公はスウェーデン海軍の戦闘部隊の指令を発したが、まさに机上だけの指令ということになる。実際の指令は、彼の参謀長官Otto Henrik Nordenskiöld（ウトゥ・ヘンリク・ヌーデンシェルド）がとった。カールは、妻Hedvig Elisabet Charlotte（ヘートヴィヒ・エリーザベト・シャルロッテ）に宛てたある手紙のなかで、「四十歳にして仕事をし始めた見習い水兵として有名になった」と証言していた。

海戦は午後五時ころになって始まり、夕闇が迫りだすまで継続した。一休止するまで火砲同士の激しい撃ち合いに発展した戦闘の間は、風はずっと穏やかだった。夕暮れごろになって、霧が発生し見通しもきかぬ濃霧となったために、旗艦は戦闘艦船との間で互いの交信をとるのが不可能になった。

戦いは翌日になっても決して再始動される動きがなかった。スウェーデン軍は弾薬を撃ち尽くし、ロシアの艦船に甚大な損害を生じさせた。ロシア軍がクローンシュタットに撤退している間、スウェーデンの艦船はスヴェーアボルイの方向に転じた。死傷者は概数で、スウェーデン側が一二〇〇人台なのにロシア側は一八〇〇人台だった。

軍事的には勝負がつかないままに終わったが、この戦闘は戦略的にはスウェーデン側の失敗だった。ところがスウェーデンのプロパガンダには、フーグランド海戦は圧倒的な勝利として記述された。Carl Michael Bellman（カール・ミーカエル・ベルマン、一七四〇〜一七九五）はその祝勝歌を作詞したが、そのなかで他の事柄に混じって次のように謳われていた、つまり「公子カールは、自分の王から英雄及び弟として勝利の栄誉を受け、膝をかがめる」と。

同様に美術においてもこのスウェーデンの偉業がたたえられ、カール公は重要な地位を占めるにいたった。もっともよく知られた作品は、Louis Jean Desprez（ルイ・ジャーン・デプレ、一七三七〜一八〇四）の「フーグランドの海戦」という絵画であるが、大提督が旗艦で士官たちや乗組員たちから、勝利の祝賀を受けているところである。この絵画はルーサースベルイ城に飾られている。

（この後に『スェーデンにおけるフリーメーソン』及び簡単な『カール十三世の年譜』なる付記がなされているが、いまは割愛することにする）

すでに前に歴代の王やその周辺の人物を検討したときに指摘したことだが、文書を改竄捏造する必要性に迫られたと思われる、これといった統治者は見当たらなかったし、それではいったい誰だったのだろうかと推し進めていけば、怪しげな人物として浮上してくるのは、レゥイテルホルム及びカール十三世しかいない、という結論にいたった。ただ、こうした印象論法だけでこの二人に罪（？）を着せるのは、決してフェアともいえないし、そもそも改作によってどんな利益を得られるかという問いを出してみても、そう簡単に答えられるものでもない。というのも、いったいどの部分が改作されたのかということが、比較対照すべき原典なるものが入手できない今日では、どうしても追究できないところが出てくるからでもある。しかし、確かに具体的な証拠なるものは提示できないとしても、この二人の大体の人となりを、それぞれの例として挙げた引用文章から捉え、特に傍線部分を参考に併せ読んでいただければ、少なくとも実体とその影ほどに寄り添う部分が映し出されてきていると思う。最後になって、似た文献資料を史料価値として尊重して、そのまま引用羅列したことになるが、同じ説明が何度も繰り返されて、単にくどいだけでなく読みづらくしてしまった、と反省している。むしろ自分なりに整理すべきだったという一方で、できれば偏頗な臆説に少しでも蓋然性のある根拠を示したかったからでもある。

依然として筆者の推論にすぎないが、レゥイテルホルムはカール十三世に賛辞を奉ることによって、自分の保身を狙ったというよりも、公式文書に潜り込ませることでカール十三世の偉大性を誇大に強調し、おおやけに定着させようと図ったものらしい。すべてがレゥイテルホルムの目算通りに事が運び、どんな利得にあずかったものか、もはや筆者の知る由もないだけでなく、当面の問題の範囲を逸脱してしまうだろう。最終的にはカール十三世とレゥイテルホルムとは仲たがいに終わっているのだから、こうした共同作業が二人にとってさえ、どれほどの意味を持っていたのか、しかと見定めようもない。

補遺――Löwenhielm（レーヴェンイェルム）の問題

ここでもう筆を擱《お》こうとして、なにかもうひとつ気懸かりになっていることがある。それはLöwenhielm（レーヴェンイェルム）のことである。ご記憶の方もおられると思うのでもう少し丁寧にいえば、「スウェーデンの記録文書館の主任からの手紙の抜粋」を書いて、パリの知識人に冷徹な事実を伝え、もう少し冷静に検討することを要請した人物のことである。まず本稿の一〇一頁の署名では、単にLe comte de Lowenhielmとの署名がなされているだけであるが、実は「十、余録――カール十三世の情愛カルテ」の一九二頁で再びめぐり合うわけである。この表記について登場願ったときに、ある程度注釈を付してきたが、肝心のスウェーデンの文献でも微妙に違ったLöwenhjelmに変わっていたりして、かなり扱いに腐心したことを思い出す。ここからはそんな微妙な変化に関わらず、同じ人物の音読みの違いだけのことと解して、Löwenhielm（レーヴェンイェルム）に統一していこうと思う。

要するに、このレーヴェンイェルムは、もっと正確にいえばGustav Carl Fredrik Löwenhielm（グスタフ・カール・フレードゥリク・レーヴェンイェルム）ということになり、「十、余録――カール十三世の情愛カルテ」（一九一頁以降）のなかで触れたように、アウグスタ・フォン・フェルセンの息子に当たる。このグスタフ・レーヴェンイェルムには、一歳違いの弟がいてCarl Axel（カール・アクセル）と呼ばれるが、こちらのほうがアウグスタとカール十三世との情事によって生まれたとされる。ただ、「と疑われる」とか「と思われる」といった微妙な表現がなされて、公式には決して認めていない風を装っている。セーデルマンランド公を襲名せず、レーヴェンイェルム姓のままにしている点は、審らかな経緯に不明なわれわれ相手では、当時の貴族にとっていかようにもとれた隠蔽韜晦《いんぺいとうかい》なのであろう。

いや、いわゆる非嫡出子は、体裁を繕うために養父名義にする習慣だったのかもしれない。

いまそのことはおくとして、すでに本稿の一〇一頁に出てくる「パリ評論」でのフランスの読者向けの釈明では、その署名も単に Le comte de Lowenhielme とされていて、この関連性が必ずしも明白なものでなかったので、不問のままを通してきた。そのときは訳注のところで、「ö」のないフランス語では「o」で代行させたのだろう、としておくにとどめたが、どうやら「パリ評論」にこれを寄稿した人物もレーヴェンイェルムではないかという疑いは生じていた。

そう考えなおせば、「パリ評論」に釈明の論陣を張って「カール十一世の幻視」の非存在に火をつけたのも、やはり前に出たグスタフ・カール・フレードゥリク・レーヴェンイェルムということになりそうだ。次に掲げる「ウィキペディアによるグスタフ・レーヴェンイェルムについての解説」をとくと読んでいただければ、おそらく納得いただけるものと思われる。もちろん先にも挙げたように、レーヴェンイェルム伯というだけでは弟も含まれるが、カール・アクセルのほうは別途ウィキペディアで調べてみても、活躍したのは同じ外交畑でもむしろロシアが中心で、フランス、特にパリとの関係は薄いことが示されているので、多分グスタフ・カール・フレドゥリク・レーヴェンイェルムと同定して間違いなかろう。筆者の試訳によって次に紹介しよう。

Wiikipedia による Gustaf Löwenhielm についての解説（スウェーデン語版）

Gustaf Carl Fredrik Löwenhielm（グスタフ・カール・フレードゥリク・レーヴェンイェルム、一七七一年一〇月六日〜一八五六年七月二十九日）は、スウェーデンの伯爵、将軍、王国紳士の一人で、しかも envoyé（公使）である。レーヴェンイェルムは、宮廷秘書局長で外交官だった Fredrik Adolf Löwenhielm フレードゥリク・アードルフ・レーヴェンイェルムと、その妻 Augusta von Fersen アウグスタ・フォン・フェルセン（グスタヴ三世の宮殿では三人の優雅の女神の一人として知られていた）との間に生まれた息子であるが、Carl Gustaf Löwenhielm カール・グスタフ・レーヴエンイェルムの孫にあたる。グスタフ・カール・フレードゥリクには、Carl Axel（カール・アクセル）という弟がいるが、どうやら父を異にする兄弟であった、というのもこの弟は、実はのちにカール十三世となる人の非嫡出児だと見られていたからである。

グスタフ・カール・フレードゥリク・レーヴェンイェルムは一七八一～八七年にわたって、その弟とともにストラースブール大学で教育を受けた。そこはいろんな国々から貴公子たちが寄り集う集合点だったし、そのなかにはたとえば、メッテルニヒ侯等々の貴公子たちがいた。当時の風習にならい、レーヴェンイェルムはすでにまだ若いうちから、連隊名簿にその名が連ねられていたが、大学から帰省後に軽騎兵隊の中尉に任命され、そのうえ宮廷内の王陛下と直接接触できる近さのところに仕事の口を得た。一七八八～九〇年間に彼はその連隊を率いて対ロシア戦に参戦し、その戦闘で騎兵大尉に昇進した。一七九二年三月十六日の仮面舞踏会で、当時の王だったグスタヴ三世が、別の隊長だったヤーコプ・ユーアン・アンカルストレムに撃たれる事件があった。レーヴェンイェルムはちょうど、王のおそばで警護する当番隊長の任に当たっていた。それで事件の際に王の身辺警護役をして抜剣した者の一人となった。

グスタヴ三世逝去の直後の数年間、レーヴェンイェルムは完全に軍人職に専心することとなった。やがて騎兵連隊の監察官（一八〇四～〇九年）となった時期もあれば、そののちポンメルン及びザクセン＝ラウエンブルク[*1]の陸軍大佐にして将軍副官（一八〇五～〇六年）となった時期もあり、また一時、一八〇八年の対フィンランド戦の初めごろには幕僚長に昇進したが、Pyhäjoki（ピュヘヨキ）[*2]付近で重傷を負い、ロシアの捕虜収容所に収容される。一八〇九年代も終わるや否や、国家による半々ずつの捕虜交換の措置を受けたが、その直後に彼はVästerbotten（ヴェスターボッテン）[*3]への遠征に加わった。

一八一〇年の王位承継者の選考に際して、彼はデンマーク王の利権をはかる方向で動いていたが、彼や弟カール・アクセルがいつもお側についていたカール十三世から、事態がおさまったあと新しい承継者のカール十四世ユーアンを迎え入れるように、と弟とともに派遣された。彼は程なくカール十四世にもっとも近しい崇拝者にして協力者の一人となり、フランスの保護国からスウェーデンを解放し、フィンランドからノルウェーに視点を移し替え、承継王子の計画立案を実際に着手した最初の人たちの一人となった。それ以後の年代でも次第に彼は、こうした政策を遂行するのに必要とされる主要な外交使節にも採用されるようになった。レーヴェンイェルムはそのために、スウェーデンの王位承継王子の意向を何度もロシア皇帝アレクサンドルに申し入れ、Trachenberg（トゥラヒェンベルク）[*4]の会議〔一八一三〕に出席し、同意を見た作戦計画を紙に書き写し、ドイツ、フランス、デンマーク、さらにノルウェーの各地では、陸軍大将副官としてその作戦行動をとった（一八一三～一四）。ときどき彼は新たな特殊勤務を中断させられたが、次には平和条約締結後には公使に任命され、最初はウィーン（一八一六～一七）、次にはパリ（一八一八）が任地となった。

やはりこうした時期のあと、彼はほかの機会に接して特命任務に採用されたのも、カール・ユーアンが代行者の選定に特段の重きを置いていたからで、たとえば、王位承継権のある王女であるJosefine（ジョゼフィーン）[*5]の結婚とか、一八二三年のそのスウェーデン旅行とか、一八三八年のヴィクトリア王妃[*6]の戴冠式とかがそうである。レーヴェンイェルムは、八十五歳になってまでもずっとパリで、よく自分の本務の遂行に相つとめた。やはり彼が及ぼした影響力は、決して些細なものだとはいえない。一八三〇年の七月革命に際して見せた彼の尽力は、よく知られたことであるが、シャルル十世のために戴冠を助けようとできる限り努めたのだ。スウェーデンに対する興味から、歴史問題を扱っていたパリの著述家たちと、彼は親密な接触を保ったし、書き方の研鑽を積みそれらの文筆家に影響を与えたことは、一度どころか再三に及んだことは明らかである。たとえば「Suremain（シュルメーン）[*7]将軍の回想録」とか、Touchard-Lafosse（トゥシャール＝ラフォース）[*8]の「カール・ユーアンについての歴史」、その他である。

晩年、一八五六年の初めにちょっとした瘋癲《ふうてん》に罹り、旧式の人間には周囲との調子合わせが難航し、ごく短期間生き延びただけだった。――パリに滞在中、レーヴェンイェルムは陸軍大将に（一八二六）、そして騎兵連隊の総視察官に（一八三三）、さらに特任名誉職に（一八三七）それぞれ任命され、また同年中に推挽《すいばん》を受けて外務大臣についた。一般的なしきたりに従って、彼は王国議会に出席を許された身だったわけだが、一身を捧げるかのように喜んで議会に参加し、一八〇九年から彼の死に至るまで、その参加時間の多寡を別にすれば、議会の大半に長期間にわたって参加していた。一八三四年には元帥になってくれと強く口説かれたが、彼はその推奨を断わった。彼のヨーロッパ仕込みの経験知をもとに、自国内でも同じく事の進展に熱心に従い、時折、現下の状況について覚書に彼の考えを提出しておいた。その覚書は、いささか率直だったり、ずばり図星をさしたり、偏屈だったり、時にはいくらかドラスティックな言葉で書かれていた。連合機構の問題において、彼はそれゆえ（一八二八）、ノルウェーに対してひとつの目的意識を持った強力な政策を推薦した。彼の専門家としてのひとつの判断が、「委員会の組織について」（一八三〇、第四版、一八三四）というあるパンフに出すまでに拡張されたが、各省別の組織導入に影響を与えなかったとはいえない。彼は新しい Trollhätte（トゥロルヘッテ）[*9]運河を作ることを強く推薦し、その委員会の最初の議長となった。ほぼ六年間（一八一二年七月一日〜一八一八年五月二十六日）、レーヴェンイェルムは、彼のリーダーシップのもとで一体となって頑張る王立劇場の総監督でもあった。それ以後、修練生学校や全寮制学校も彼の設立した学校にならってつくられたが、そのことも彼の業績であった。

レーヴェンイェルムは、王立科学アカデミーのメンバーの四二四番目の人物として、一八三〇年に選出された。同じく彼は Serafimerriddare（セラフィーメリダーレ）[*10]であり、及び Svärdsorden（スヴェードゥスオーデン）[*11]の勲章授与者であった。

彼の遺した記録文書の大部分が、王立文書館に保管された。主に彼の外交官としての生涯に関しては、そんなに決して膨大とはいえないコレクションである。そのうちでも最重要な部分は、一八一二〜一六年間に由来するものである。おまけに歴史的な断片の若干や、専門的な評価の一定数の草稿とか、そういう類のものが見出される。そうした記録類のなかから少しばかり刊行されたものを挙げると、とりわけ『グスタヴ三世の思い出』と Fryxell［Anders Fryxell/Fryxell Eva］（アンデルス・フリュクセル／フリュクセル・エーヴァ）[*12]の『一七七二年以後のスウェーデン歴史への寄稿論文』のなかで、紹介されている Schinkel（シンケル）[*13]の思い出に関する若干の注釈ということになるが、それらには情報提供者としてのレーヴェンイェルムを含め、同様にあまり歴史的な情報が出されていない。さらにレーヴェンイェルムは、ひとつの論考（おそらく一八二八年以降）『スウェーデンにおける官僚機構の主要欠陥をめぐって』や、ほかに『ノルウェー問題一八二八年』を書いているが、両著作とも一九〇五年の『歴史的概観　定期刊行誌』に出ている（これらは両著とも、同じく彼の記録の一部が保管されている王立文書館の簡便な概要のなかに見出せる）。

【訳注】

*1 ザクセン＝ラウエンブルク　かつて神聖ローマ帝国の公爵領だったが、のちにザクセンの残余の公爵領の分割の際に、一二九六年にアスカニア家が新たに領邦を興した。領主の御座所はラウエンブルクとRatzeburg（ラッツェブルク）が定められた。現在のドイツのシュレースヴィヒ＝ホルシュタイン州の東南境地域に位置している。

*2 ピュヘヨキ　フィンランドのピュヘイェルヴィ湖からボスニア湾に流れ込む地点にある町、そこに流れる川の名でもある。地名辞典には別にOulu（オウル）との括弧書きが添えてある。これは広範な地域名でもあったらしい、と思っていたら、オウルという町名もオウル湖も立派に存在していて、しかもこの注記の町に近在しているので、間違わないように気をつけないといけない。経緯度で表わせば東経24／北緯64ということになる。小学館発行の「世界大地図」では、ピュハヨキと表記している。

*3 ヴェスターボッテン　スウェーデンの北部にある史的地名。東経19－21／北緯63－65の表記、ただし、地名辞典にはLänsipohja（レンシポイヤ）を見よとも書いてあり、そこを参照すると、北部フィンランドの史的地名とある。経緯度では、東経23－24／北緯65－68とあって、前記の地名の位置と少しずれている。フィンランド戦争（一八〇八～一八〇九）及びフレードゥリクスハムンの条約までは、フィンランドも含む包括的な地名だったらしい。ここは現在のスウェーデンの地名ととっておいていいのではないか。

*4 トゥラヒェンベルク　低シュレージエン地方にあってBartsch（バルチュ）川〔これもポーランドに帰属してからBarycz バリチュとなった〕に沿った町。現在はポーランドに属し、Żmigród（ズミグルト）という名に変わっている。かつてドイツ名でBreslau（ブレスラウ）と呼んだ大きな町（現在はWrocław〔ヴロツアフ〕）から北に約五〇キロあがったところ。一八一三年七月十二日にプロイセンのフリードリヒ・ヴィルヘルム三世とロシアのアレクサンドル皇帝、及びスウェーデンの王位承継王子カール・ユーアンが寄り集《つど》い、

クネーゼベックの起草した戦争終結案に署名した。

＊5　ジョゼフィーン　もともとJoséphine de Beauharnais jr. という表記で呼びならわされていたようだ。とすれば、このフランス式の表記に従って、ジョゼフィーン・ドゥ・ボアルネ・ジュニアとするのが妥当か。ヨーロッパの人名は、歴史的地理的に国または領土が何重にも絡んでおり、たとえば異国間で婚姻関係が結ばれれば、どちらの呼び方の習慣にならったものか、わかりにくい。この場合も恰好の例になる。スウェーデンではJosephina av Leuchtenberg（ユーセフィーナ・アーヴ・レウシュテンベルイ）と発音したものか、そもそもこの地は上部プファルツ地方にあった居城だから、ドイツ語の発音（ヨゼフィーネ・フォン・ロイヒテンベルク）をそのまま受け継いだものか、判断がつきかねる。この際、注の注釈を重ねたきらいがあるが、ご寛恕《かんじょ》願いたい。この女性は一八〇七年ミラノに生まれ、一八四四〜一八五九年の間スウェーデン、及びノルウェーの王妃となった。フランスの将軍Eugène de Beauharnais（ウージェン・ドゥ・ボアルネ）であるロイヒテンベルク公爵（ナポレオン・ボナパルトの継《まま》息子）と、バイエルンの王女アウグステとの間に生まれた長女だった。従ってフランスの皇妃ジョゼフィーンの孫娘でもあれば、同時にバイエルンの王マクシミーリアーン一世の孫娘でもあった。のちにオスカル一世となる王位承継権のある公子と一八二三年五月二十三日に結婚し、一八七六年に亡くなっている。

＊6　ヴィクトリア王妃　（一八六二〜一九三〇）大公Friedrich I. von Baden（バーデンのフリードリヒ一世）と王妃ルイーゼとの間に生まれた第二子で、ゾフィー・マリー・ヴィクトリア・フォン・バーデンと呼ばれ、カールスルーエに生まれた。一八八一年に王位承継権のあるグスタフ王子と結婚し、王子は一九〇七年にグスタフ五世としてスウェーデンの王となった。三人の子を儲け、最後の第三子の誕生に際して健康を損ね、エジプトに転地療養したが、その間に古代遺物の発掘に興味を抱き、のちに発掘した収集品《コレクション》ともどもエジプト学の研究所をウプサラ大学に寄贈した。

＊7　シュルメーン　シャルル・ジャン・バティスト・ドゥ・シュルメーン（一七六二〜一八三五）、もともとはブルゴーニュ生まれだったが、一七九二年に国外移住させられ、砲兵隊の隊長になり外国移民軍隊で働いていた。同じ年、De Geer（ドゥイエール）男爵家の子息たちの家庭教師の口にありつき、グスタフ四世アードルフに対しては戦争学の教師の役を務めた。のちに故郷のブルゴーニュの自分の所有地で余生を送り、Mémoirs du lieutenant general de Suremain（一九〇二年発行、«Sverige på franska republikens och kejsardömets tid. Generallöjtnant de Suremains minnen från hans anställning i svensk krigstjänst 1794-1815» 1902）という日記風の記録を残している。元のタイト

ルの原題を残したのは、後学諸子の参考にと思ってだが、フランス語で著わしたのが『ドゥ・シュルメーン中将のメモワール』で、これが原本。——スウェーデン語のものは、『フランスの共和国及び帝国時代のスウェーデンの軍務についた彼の勤務時期（一七九四〜一八一五）の回想』ということになる。

＊8　トゥシャール＝ラフォース　Georges Touchard-Lafosse（一七八九〜一八四七）は、フランスのジャーナリストであり、出版人にして文筆家で、骨董屋でもあった。第一帝政時代のもとでは元戦争委員であったが、王政復活時期にジャーナリストになり、リベラルな新聞のために筆をとった。十八世紀のいろんな辞書からとった歴史的な逸話の相当量を書き上げたが、彼の文学作品のなかでそれに再度出会うことになる。彼はとりわけ《Chroniques de L'Œil de bœf》や《Histoire des environs de Paris》の著者であり、今日まで中断されることもなく再版されつづけている。前者は「牛の目（もとは円形または楕円形の小窓ながら、概ねヴェルサイユ宮殿のルイ十四世の寝室に接する控えの間のこと）の逸聞」の意。後者は「パリの周辺地の逸話」の意。

＊9　トゥロルヘッテ運河　スウェーデンの西南部の巨大な運河システムで、ヨータエルフ、ヴェーネル湖、ウェッテル湖、及びその他の湖をつないで、北海とバルト海の往来を可能にしようとした運河。高低差のあるところが四カ所あり、全体で三三メートルもの高低差を持つ難点を回避するため、一七八七〜一八〇〇年間に八つの閘門《こうもん》をもうけ、のちにはさらにもっと拡幅した閘門を十一カ所増設した新しい運河を作り、大型の船舶の航行を可能にした。

＊10　Seraphimerriddare（セラフィーメ・リダーレ）　ドイツ語に意訳すれば、Seraphimenorden の Ritter ということになろう。Seraph は本来ヘブライ語由来で、その複数形が Seraphim とされる。旧約のイザヤ書、六章二節から六節にかけて登場する六翼の異形の天使をさす。この天使からイメージしたスウェーデンの最古でしかも最高位の勲章のこと。その色彩の全体的な印象から青綬《あおじゅ》とも呼ばれたが、一二八五年にマグヌス二世ラデュラスによって創設され、一七四八年四月二十三日にその七十二歳の誕生日を祝して、フリードリヒ（フレーデリク）一世が新規に作り直したともいわれている。

＊11　Svärdsorden（スヴェードゥスオーデン）　前注のセラフィーメ勲章や、さらにはそこで紹介されていない北極星勲章とともに、同じくフリードリヒ一世が整備したとされる。「刀剣勲章」のこと。

＊12　Anders Fryxell/Fryxell Eva（アンデルス・フリュクセル／フリュクセル・エーヴァ）　ここに挙がったのは父娘《おやこ》であるが、父のアンデ

ルス・フリュクセル（一七九五～一八八一）は、スウェーデンの歴史家である。ウプサラ大学に学び、一八二〇年には聖職者の地位を得、一八二三年には彼の生涯でも大きな仕事、「スウェーデンの歴史から拾った物語」を出版しだした。彼の仕事はなかなか終わらず、ようやく五十六年の歳月をかけて、遠大な企図のもとに四十六巻もある仕事をやり遂げた。しかし、この豊潤な労作は科学的体系だったものというよりは、むしろポピュラーなものと見なされたという。彼は一八八一年に亡くなるが、娘のエーヴァが一八八四年に原稿を掘り起こして、「私の歴史の歴史」を出版した。

＊13　Schinkel（od. Schinckel）　フルネームがどうやら、Berndt von Schinkel（ベルント・フォン・シンケル、一七九四～一八八二）という人物のようだ、スウェーデンの歴史に関する収集家。彼はもともとBergman（ベルグマン）と称していたが、一八四〇年に貴族に列せられるに及んで、上のように変更した。甥の著述家でもあったA. K. Bergmanを引き込んで、広範にわたる史料を読みこみ編集出版しようと、スウェーデンの最新の歴史にとって特に貴重な著作から、わずかながら一八五二年に出版にこぎつけた。つまり、«Minnen ur Sveriges nyare historia, samlade af B. von Schinkel»（『B・フォン・シンケルによって収集されたスウェーデンの近代の歴史の回想』）という表題の書物である。

このレーヴェンイェルムがどんな人物か、一通り説明されたことと思われる。スウェーデンとフランスの知識人の橋渡しの労をとった詳細にまで触れているわけではないが、これで、長らく筆者の気懸かりになっていた問題は払拭され、「パリ評論」誌に執筆した人物はGustav Carl Fredrik Löwenhielmと同定されたように思う。

後書き

「初めに」で触れたように、筆者がカール十一世の奇妙な体験録に出遭ったのは、クライストの作品を通じてであった。そのことは確かなことであるが、この作品、あるいはその典拠となった伝承が、何人かのほかの作家の興味を誘い、話題にされていたとか、それどころか作品にまで仕上げていたということなど、深く思いを致すことなく打ちすぎていたというのが正直なところである。

その蒙を啓いてくれたのが、Gero von Wilpert の «Die Vision Karls XI. bei Arndt, Alexis, Mérimée und Fontane» という論文であり、ここに挙がったアルントやアレクシスや、ほかにメリメやフォンターネという割に有名な作家も関連していることを教えてもらったことになる。ただ表題で分かる通りクライストが直接の研究対象には挙がっておらず、あれっ、どうしてなのかな思わざるを得なかった。論文を読んでいくうちに、Kleist の «Prinz Friedrich von Homburg» の名に出遭って、ひとまず安心したがよくよく読み進めると、残念ながらただの論文の前口上としただけだったのである。

クライスト自身の «Das Gesicht Karls XI. Königs von Schweden»「スウェーデン王カール十一世の幻視」を読んでいれば、アルントからの請け売りであることが明記してあるので、当然ながらアルントの名につきあたるはずである。そんな意味から、クライストはアルントにあまりに類似性が近すぎるために（もっと言うなら、ただ引き写しただけのものと捉えたためか）、ヴィルペルトの論文では無視されたのかな、と初めはそんなふうに単純に思っていた。しかしながら、ヴィルペルトを読み進むうちに、クライストに関する言及は、先の「公子フリードリヒ・フォン・ホムブルク」の枕に振った部分に限るだけであって、この論文の所論の対象にしているわけでないことがはっきりしてきた。この碩学にしてこういうことがあるのかな、と不審でならなかった。後にお誂え向きに«Die deutsche Gespenstergeschichte, Motiv – Form – Entwicklung»（「ドイツ幽界物語、主題－形態－伸展」が Kröners Taschenbuchausgabe Bd. 406（クレーナーのポケット版、第四〇六巻）の形で、同じ研究者が一九九四年に出版していることを知り、それを参考にしようと繙いてみたが、この後書きをまとめようとちょっと先を急いだせいか、クライストがベルリーン夕刊新聞の一八一〇年十月二十五日と二十六日とに分けて発表した、「スウェーデン王カール十一世の幻視」なる記事への言及は見当らなかった。ヴィルペルトがその事実を認識していなかったらしいのは、本文でも指摘したように、残念この上もないことだ。

ところで、このカール十一世の幻視にまつわる物語が、いま上で挙げた四人だけでなく、クライストも含めれば五人もの名手が興味を惹きつけられたということになり、それだけで話し種としても相当に奇妙奇天烈・絶品の味わいを持っている、と単純素朴に筆者は信奉しかねないところだ。事はそんなに簡単ではない。なにしろ歴史的に実在した人物の体験物語でもあり、さらにはその体験が事実だったとの本人の署名までがなされたという以上、そんなことが実際にあったのかどうか、という問いに答えられなければならない。ロマンは架空の不可思議の世界であっていい。しかし、本当に起こった事実性は、歴史的信憑性に常に絡めとられている点を無視できないからである。どんな創作だろうと、そこに書かれた事柄をその作り手が事実だと主張するかどうかには関係なく、本当らしさ、ドイツ語でいう Wahrscheinlichkeit が感じとられなければならない。すぐれたコメンタールを付記した最新のクライスト全集（Deutscher Klassiker Verlag 1991 年版）では、この「幻視」についてどう扱っているか覗いみたら、これが架空の作りものとあっさり切り捨てたのだろう、一顧だにしていなかった。

カール十一世の文書そのものが結局は捏造された紛い物、まさに創作、しかも何人かの手が加わったらしい合作、というのが結論のようだ。

最初この論文を書くにあたり、アルントとクライストは用字の違いを別にすれば、ほぼ同一の文章なのでアルント＝クライストと一つの作品に数え、四つの作品を並べて比較検討すれば何かが出てくると思ったが、事態はそんなに生易しいものではなかった。意に相違してというか、これをどう捌けばいいのか展望が開けず、ただ茫然として愚考を重ねるだけだった。そんな苦衷のひと時に、本文中でも何度か繰り返し触れたように、ヴィルペルトの論文が指針を出して、こちらの案内役を担ってくれたことである。つまりはこの論文で特に挙げられた他の研究者の論考を改めて確認することだった。たまたま筆者が所蔵している資料も参考にしたことも勿論である。幸いにしてその研究者たちの原資料もいろんな形で入手可能な時代になったのだな、とつくづく思い知らされた。

ただそうはいっても、ご推察いただけるように、出てくる資料は自分の専門領域ばかりでなく、英語、仏語、さらにはスウェーデン語で発表されているものが大方ときているために、かなり手こずった。白状するがスウェーデン語についてては、まったくの初心者であり、大学でお目にかかったこともなければ、こんな論文を書く気になるまで関心を持ったこともない。まさに八十の手習いで、大学書林の分厚い辞書と文法書を買い込んで、首っ引きの猛勉強をしなければならなかった。それでも信用くださって大丈夫だといえるところまでは行けたとは思う。

さて、同じ題材、または同じモティーフと思われる作品をただ年代順に押さえ込んでかなり辛抱強く観察してきたが、これらの根幹、または核となるものを見出したかとなると、その成果はお寒い限りである。というのも、これらの作品が題材として扱ったカール十一世の文書なるものが目指したのが奈辺にあったのかが、もう一つ捉えがたいところもあるからである。

つまりはいわゆるカール十一世の文書なるものが、かなり疑問性のあるものであるばかりか、極めていい加減なものであることが、調べていく過程でだんだん明確化されてきた。文書を書いたとする日付のときには、その当人が書いたとする場所にはいなかったことが証明されたし、ほぼ百年後の王を相手にしていながら、果たして即座に対処がとれるほどの文書の内容となっているのかも怪しい。五代か七代かは問わず、その後の為政者に戒告を発するためだという建前を装っているのだとしたら、ただ気をつけろ、だけでは伝え方があまりにお粗末に過ぎよう。どういうときに、どんなふうに気をつけないといけないのか、メッセージを伝える側がもっと慎重な対処の仕方で臨み、相手がそれなりに理解しやすい具体的な指標を与えるのが普通なのではないか。

そういう意味で筆者もこの幻視の物語には否定的になってしまったが、それではどうしてこの物語が存在したのか、一体誰が何のために作り上げたのかということが次の問題になってくる。これが誰かの偽作である、偽書であると切り捨てて終わりにしてしまっていいともいえないだろう。むしろこの文書にいろいろ手を加えたことで、この文書の性格を変えてしまったことが、さらにまた謎を誘い込み、研究者の歩む足を迷わせているように思う。ともかく最後に筆者は一定の推論を添えた。若い読者諸氏が筆者の論文全体にどう評価下されるものか、そうしてもしも関心を抱かれたら、どなたかでももう少しこの迷宮庭園に足を踏み入れてみては、と一石を投じたかったのである。

表記上のお断わりをしておきたい。本文ではヴァーサ家の開祖、グスタヴとグスタヴ三世にだけグスタヴとした。ほかの同名人物にはグスタフとした。スウェーデンではGustavがGustafにと変わったのはどうも近年のことらしく、文献でもそのまま残されているものも多く、まちまちであった。筆者の得手勝手な振舞いをお赦し願いたい。

末尾ながら、鳥影社の樋口氏にお礼を申し述べておかなければならない。印象からして七面倒な論文であるのに、いくつもの出版社をたらい回しにされて、やっと拾い上げて頂いただけでなく、いざ具体的な作業に入るや、実務的にも的確な助言と指示がなされ、こちらは大助かりであった。校正の仕事についても、ちゃんと細かい下見をしたうえでのことだったので、あとはしっかりやれよと言われているみたいで、非常に心強く感じた次第である。

二〇一八年一〇月　　高槻にて

索　引

ア

索　引

「グリプスホルムに関する書簡」 --7, 8, 35, 39, 42, 57, 64, 67, 70, 77, 117,

«Geist der Zeit»（「時代の精神」）--37,

『アルント選集』（August Leffson and Wilhelm Steffens による編纂）--78,

アレクサンドラ・パヴロヴナ　--167, 262, 271, 273,

アレクシス（Willibald Alexis）（実名、Georg Wilhelm Heinrich Häring）--13, 18, 35, 36, 37, 38, 44, 45, 46, 57, 61, 64, 67, 226, 232, 233,

「ヴィリバルト・アレクシス」--57

『スカンディナヴィア諸地域の秋の巡歴』第二部 --13, 38, 44,

アンカルストレム（アンカルストローム）（Jacob Johan Anckarström）--34, 40, 81, 88, 101, 110, 111, 113, 161, 162, 163, 164, 165, 222, 239, 300,

アンシャンレジーム --156, 160,

アンジャン公（Louis Antoine Henri de Bourbon-Condé duc d'Engien）--168,

アンジャン事件　--168.

アントーン懇勲王　--118, 119、

アンナ・ペトロヴナ（Anna Petrowna）--134, 135,

アンナ・カタリーナ・ブルギン（Anna Katharina Burgin）--182

アンネマリー・シリング（Annemarie Selinko）デンマークの作家　--174,

アンヤラ（事件）--150, 151, 188, 189, 277,

アンリ・ビルヴァン（Dr. Henri Clemens Birven）--124

イ

イエーゲルフールン（Johann (Jan) Anders Jägerhorn von Spurilla）--189,

イェース（Gös）（Svidja の執事）--268,

イェーテ（Erik Gustaf Goethe）--280

イェーナ　（Jena）--105, 118, 169,

イェリザベ（ヴェ）タ　--134, 136, 137, 139, 141, 145, 210,

イエールストゥルプ（Anna Charlotte Gjelstrup）--203,

イリッヒ（J. Illig）--103, 122, 123, 124,

イルデーンストルペ　シャルロッテ・イルデーンストルペ白爵夫人　--213,

イルミナティ（啓明会）--214, 259,

イレンシェールナ（Gyllenstierna）（Reuterholm の母の旧姓）--266,

イレンボルイ（Carl Gyllenborg）--141,

イュールデン　カール・エードヴァルド・イュールデン --195,

イョンチェーピング　--280

ウ

ヴァグラムの戦闘　--118,

ヴァーサ（Vasa）伯爵　カール公が旅に使ったお忍びの名 --284,

ヴァハトマイスター伯（法務大臣）--194,

ヴァルハラ教団（Walhalla）--189,

ヴァレンヌ＝アン＝アルゴンヌ事件（Varennes -en-Argonne）--156,

エ

オ

カ

キ

ク

ス

ヌ

ネ

ノ

ハ

ヒ

へ

マルストランド　--148,
ミ
ミュラー（Adam Müller）--64, 76, 77,
ム
無能王（rois fainéant）--144,
ムンク（Adolf Friedrich Munck af (von) Fulkila）伯爵 --148 , 166, 197, 198, 206, 210, 211, 215,
メ
メスールナ（Mössorna）及び Hattarne（ハッタルネ）--140,
メリメ（Prosper Mérimée）--13, 27, 35, 37, 41, 42, 45, 46, 47, 50, 52, 54, 55, 56, 59, 60, 61, 64, 67, 68, 69, 70, 71, 72, 73, 74, 80, 81, 82, 83, 84, 85, 86, 87, 89, 90, 91, 92, 94, 95, 96, 97, 98, 105, 106, 110, 111, 113, 114, 115, 116,117,120, 122, 227, 228, 229, 233, 235, 239, 240,
『カルメン』--27,『ラ・グズラ』--72, 73, 74, 81, 82,『シャルル十一世の幻視』--27, 74, 82, 88,『イルのヴィーナス』--85, 86, 89,『マテオ・ファルコネ』、『角面堡の奪取』、『タマンゴ』、『フェデリゴ』--85,
«Chronique du règne de Charles IX»『シャルル九世年代記』（岩波文庫）--60
メルナー（Karl Otto Mörner）--180,
モ
「モニトゥール」紙　--168,
モンズーヴ（またはド・モンズーヴル）--197,
ユ
ユハンナ・エレオノーラ（Johana Eleonora）--51
ユリアーネ・フォン・ヘッセン＝エシュヴェーゲ（Juliane von Hessen-Eschwege）--46, 47,
ユレンイエルム（Carl Carlsson Gyllenhielm）--51,
ユング＝シュティリング（Jung-Stilling、実名、Johann Heinrich Jung）--124
著書、«Theorie der Geisterkunde»『精神現象の理論』--124
ヨ
傭兵（Landsknecht）--154,
ヨーテボルイ（Göteborg スウェーデン）--148,
ヨハネス Johannes; «Prophezeiungen der berühmten Propheten und Seher»　--103,
ヨハネス・カスナシッヒ（Johannes Kasnacich）--122, 123, 124,
ヨハンナ・エリーザベト・フォン・ホルシュタイン＝ゴットルフ　--136,
ラ
ライプツィヒでの諸国民の戦い　--114, 118, 190,
『ラ・グズラ』（La Guzla）--72, 73, 74, 81, 82,
ラシュタット会議　--157,
ラスタプチン　--21
ラディヴォイ（Radivoï）--82,
ラーテノ襲撃　--48, 49、
ラメル（M. Ramel）--259,

ランティングスハウセン（Jeanna von Lantingshausen）--211,
リ
リイーカラ外交文書（Liikala-Memorandum）--151,
リクスドゥロツ（Riksdrots）レゥイテルホルムが追放後に所望したという官職名　--263,
リダールフース（Riddarhus）（貴族会館）--266,
リダールフース広場　--158,
リダールホルム教会　--100, 173, 187, 280,
リヒェルト（Hans-Georg Richert）--38, 43, 44, 57, 59, 60,
«E.M. Arndt als Quelle in Fontanes Vor dem Sturm»（『フォンターネの『嵐の前』の典拠としての E. M. アルント』）--38,
リビング（Adolf Ludvig Ribbing）--161, 162, 164, 182,
リューゲン島　--37, 48, 168,
リューデンシェルド（Carl Rudenschöld）--199,
リューデンシェルド（Magdalena Charlotta Rudenschöld）--199, 200, 201, 204, 243
リュードベック（T(h)ure Gustav Rudbeck）--142, 146, 147,
リュネヴィル和平　--175,
リリェンスパレ（Nils Henric Liljensparre）--162,
リリーフールン（Carl Pontus Liliehorn）--162, 164,
リリュエ（Gustaf Gustafsson Lillje）--46, 47,
リンドベルイ（Erik Lindberg）--182,
リンネ（Carl von Linné）スウェーデンの自然科学者 --198,
ル
ルイ・シャルル　--159,
ルイ十五世　--144,
ルイ十六世　–148, 156, 159, 160, 165,
ルイーゼ・ウルリーケ（カ）（Louise Ulrike）（グスタヴ三世の母后）--128, 139, 143, 148, 183, 192, 193, 194, 197, 206, 210, 242, 243, 275, 291,
ルイーゼ・シャルロッテ・フォン・メクレンブルク＝シュヴェリーン（Luise Charlotte von Mecklenburg-Schwerin）メクレンブルクの王女　--271, 278,
ルイーゼ・マリー・アウグステ・フォン・バーデン（Luise Marie Auguste von Baden）（ロシア大公の妻）--273
ルイーゼ・メイエルフェルト（Louise Meijerfeldt）--191,
ルイ・フィリップ二世　--213,
ルーサースベルイ（Rosersberg）--112, 283, 285, 293, 295,
ルーセンステイン（Nils von Rosenstein）--267, 274,
ルーセンダール宮殿（Rosendahl）--281,
ルソー（Rousseau）--117, 258,
ルート（Eric Ruuth）--185, 187, 212,
ルラシオン・キュリューズ（Relation curieuse「奇妙な話題」）--40, 41,

レ

レゥイテルホルム（Esbjörn Ch(K)ristian Reuterholm）--264, 265, 266,

レゥイテルホルム（Gustaf Adolf Reuterholm）--145, 166, 183, 185, 186, 189, 190, 194, 195, 200, 201, 212, 213, 236, 241, 243, 244, 245, 248, 249, 254, 255, 256, 257, 258, 259, 260, 261, 262, 263, 264, 265, 266, 267, 268, 269, 270, 271, 272, 273, 274, 275, 276, 277, 278, 279, 283, 292, 293, 296,

レーヴェンイェルム（Fredrik Adolf Löwenhielm）--192, 299,

レーヴェンイェルム（Carl Axel Löwenhielm）--192, 298, 299, 300,

レーヴェンイェルム（Gustav Karl Fredrik Löwenhielm）上記人物の異父兄　--101, 126, 192, 224, 231, 236, 298, 299, 300, 301, 302, 303, 306,

レーヴェンストレム（Reuterholmの親族の改易による）--165,

レーオポルト皇帝　--50, 157,

レストレンジ（Joseph L'Estrange）--73

レンルート（Erik Lönnroth）--149,

レンルート氏の伝記（上記の人物との血縁があるかは不明）--264,

ロ

ロシア・スウェーデン（露瑞）戦争（1741-1743）--134,

ロシア・スウェーデン（露瑞）戦争（1788-1790）--150, 152, 182, 185, 211, 244,

ロシア大公（«Storfurst»）--273,

ロシャンボー伯爵（Rochambeau）--154,

ロベスピエール（Robespierre）--258, 261, 267, 270,

ローマン（Mattias Loman）--183,

ロマン派　--73, 79, 172,

ロワヤル・シュエドア（Royal Suedois）--153, 155,

ワ

ワシントン（George Washington）--154,

原語による用語

«vaticinium post eventum»「起こった出来事の後の予言」--71, 124, 251, 253,

strict Observance（厳格な会則厳守）--149,

«Vicarius Salomonius»（ソロモンの代理）--149

La Constance（コンスターンス・心変わりしないこと）--189,

le véritable et constante amitié（真実で変わらぬ友情）--213

absolument passée et finie（完全に過ぎ去ってしまい片付いたこと）--271

H. von Pl.（Herr von Plauen）アルントの伏名なるも詮索にのぼった名　--65, 66, 117,

本文に触れたがあまり論じなかった参考文献

M. M. Laplanche et Pontalis ; «Vocabulaire de la Psychanalyse»　--87

Paul Gaulot ; «A Friend of the Queen.（Marie Antoinett—Count de Fersen）--164

Lennhof/Posner ; «Internationales Freimaurer-Lexikon --186

«The Esoteric Curiosa» インターネットで入手可能 --206

Carl Georg Starbäck/Per Olaf Bäckerström; «Berättelser ur svenska historien»（『スウェーデンの歴史から拾いあげた逸聞録』）--281

Gustaf Löwenhielm の残している Suremain 将軍のメモワールに関すものや、Touchard-Lafosse の『カール・ユーアンについての歴史』、ほかに引用されていた Berndt von Schinkel の『スウェーデンの近代歴史の回想』も参考にされたらいいと思います。--301-306

著者紹介

佐藤恵三（さとう・けいぞう）

弘前市に生まれる（1935）

京都大学ドイツ語・ドイツ文学科修士課程修了（1971）

京都産業大学名誉教授

主要著書：『ドイツ・オカルト事典』同学社（2002）

主要訳書：H. H. エーヴェルス『蜘蛛・ミイラの花嫁』創土社（共訳、1973）
G. マイリンク『緑の顔』創土社（1974）
H. H. エーヴェルス『魔法使いの弟子』創土社（1979）
G. マイリンク『西の窓の天使』上、下　国書刊行会（共訳、1985）
H. v. クライスト『クライスト全集』第三巻　沖積舎（1995）
H. v. クライスト『クライスト全集』第一巻　沖積舎（1998）
H. v. クライスト『クライスト全集』第二巻　沖積舎（2005）
H. v. クライスト『クライスト全集』第四巻（別巻）沖積舎（2008）

スウェーデン王カール十一世の幻視について
——奇譚迷宮の散策への誘い

二〇一八年一一月二〇日初版第一刷印刷
二〇一八年一二月　五　日初版第一刷発行

定価（本体二六〇〇円＋税）

著者　佐藤恵三

発行者　樋口至宏

発行所　鳥影社・ロゴス企画
長野県諏訪市四賀二二九—一（編集室）
電話　〇二六六—五三—二九〇三
東京都新宿区西新宿三—五—一二—7F
電話　〇三—五九四八—六四七〇

印刷　モリモト印刷

製本　高地製本

乱丁・落丁はお取り替えいたします

ISBN 978-4-86265-695-7 C0022